ITALIANISSIMO 2

INTERMEDIATE

Denise De Rôme

Language Consultant
Angela Letizia

BBC BOOKS

This book is based on material filmed and recorded for the
BBC Continuing Education television and radio series
Italianissimo 2 first broadcast from January 1994

The pack of four audio cassettes for this course is available
from booksellers: ISBN 0 563 36937 X

For information on the full range of BBC language books
and cassettes, write to:
BBC Books, Language Enquiry Service, Room A3116,
Woodlands, 80 Wood Lane, London W12 OTT

Television producer: Jeremy Orlebar
Radio producer: Nadine Welter
Audio editor: Mick Webb

Developed by the BBC Language Unit
Edited by Sarah Boas
Designed and typeset by Simon Bell and
Book Creation Services Ltd, London
Picture researcher: Frances Topp
Researcher: Antonio Borraccino

Lexis by Jeff Evans
Illustrations by Joy FitzSimmons
Map by Simon Bell

ISBN 0 563 36421 1

Published by BBC Books
an imprint of BBC Worldwide Publishing
BBC Worldwide Ltd, Woodlands,
80 Wood Lane, London W12 0TT
First published 1994
Reprinted 1994, 1996, 1998 (twice)

Printed and bound in Great Britain by
Butler & Tanner Ltd, Frome and London
Cover printed by Clays Ltd, St Ives Plc

Ciao   # Contents

VALLE D'AOSTA
Aosta

TRENTINO-ALTO ADIGE
Trento

FRIULI-VENEZIA GIULIA
Trieste

LOMBARDIA
Milano

Venezia

VENETO

Golfo di Venezia

Torino

PIEMONTE

EMILIA-ROMAGNA
Po

SAN MARINO

Genova

LIGURIA   Golfo di Genova

Bologna

Firenze

Arno

MARCHE

Ancona

MAR LIGURE   TOSCANA

Perugia

UMBRIA

MARE ADRIATICO

ITALIA

ABRUZZO
L'Aquila

Tevere
Roma

MOLISE
Campobasso

LAZIO

M. Vesuvio   CAMPANIA

Napoli

Potenza

Bari

PUGLIA

BASILICATA
Golfo di Taranto

SARDEGNA

MAR TIRRENO

CALABRIA

Cagliari

Catanzaro

MAR IONIO

Palermo   M. Etna   Stretto di Messina

SICILIA

Simeto

MAR MEDITERRANEO

Course menu level 3

Communication	Situations	Background	Grammar
11 Bella figura Expressing need Recommending/giving advice. Giving orders/telling people what to do Talking about accidents Saying how you felt Talking about health Talking about the future (what you will do)	Hiring skiing equipment Having a skiing lesson Dealing with the doctor Discussing how you felt Explaining your ailments **Wordpower** Idioms with the body Medical false friends **Profile** The work of a ski-instructor — Mauro Meneguzzi	Italians and health/body image **Reading** Pollution and health Stomach exercises Donating blood Social sins	Regular & irregular *tu*, *voi* & *lei* imperatives Position of pronouns with imperatives Reflexive verbs: *passato prossimo* Regular futures Irregular futures: verbs in *-rò* Impersonal verbs: *mi fa male: mi serve* Irregular plurals of nouns relating to the body
12 L'Europa unita? Talking about what you will do Talking about what will happen Discussing and making arrangements Dealing with deadlines Saying what you need Saying what you would like Requesting information	Discussing plans for foreign visits Phoning about deadlines Getting flowers sent The flower industry **Wordpower** Idioms with *fare* Idioms with plants **Profile** Work as a conference organiser — Monica Belmondo	Italy and Europe **Reading** Horoscope Change in Europe The care of houseplants Weather forecasts	Irregular futures: verbs in *-rò* Spelling changes in the future tense *Dammi, dimmi, fammi, stammi, vacci* Conditional, regular and irregular Combined pronouns: *me lo* *Ci* with verbs taking *a* *Valerci* *Niethe/nulla di, qualcosa di* *Qualche*
13 Paradisi terrestri Talking about length of stay Getting advice and making recommendations Finding out what others think Making polite requests and being persuasive Saying what you can do for someone Saying where you have been and whether you liked it Saying what you have liked Talking about your interests	Getting advice about accommodation Trying to get a hotel room Buying postcards Discussing holidays **Wordpower** *Tardi/in ritardo. Presto/in anticipo* Words with multiple meanings **Profile** Owning a hotel — Elisabetta Lombardo	Italy and tourism **Reading** The history of Portofino Letter of complaint Statistics for Italians' favourite holidays Two holiday advertisements	*Passato prossimo* **of** *piacere* Combined pronouns: *glielo*; reflexives combined — *se lo*; ne combined — *me ne* *Ne* with verbs taking *di* Conditional modal verbs Some uses of the conditional
14 Il senso storico Describing what things were like and what was going on Dating objects and buildings and finding out who something is by Finding out what things are for, what they are made of, who they belong to Describing when and where things used to happen Talking about what has been done and what is done Saying what you would like to do	Watching a craftsman at work Looking round a photographer's premises Looking at historic buildings **Wordpower** Suffixes Some figurative uses of language Some false friends **Profile** Restoring an old house in Tuscany — Pierluigi Zanetti	Italy's artistic heritage **Reading** Antiques postbag — readers' queries How to become an arts or antiques restorer The 1993 bomb in Florence	Imperfect tense Imperfect progressive Passive voice *Passato remoto*: a note on 3rd person forms Relative pronouns: *cui*, plus the use of *Quale, ciò che/quello che* A note on *far fare*
15 Città eterna Asking to have a look, discussing prices and getting a discount Comparing similar things Making proposals and expressing preferences Talking about alternatives Saying what happens and what will happen if, when, until, as long as	Bargaining in a market Student discussing markets Organising an evening out Talking about entertainments and jobs **Wordpower** Synonyms for praising things Antonyms — using opposites Some false friends **Profile** Student life — Raffaella Malito	Rome as capital city Church-State relations **Reading** Rome entertainment guide Job requests Young people's view of social problems Attitudes to work	Comparisons of equality More and more — and other comparative constructions Future perfect tense Use of tenses with *se, appena, quando, fino a/finché* Agreement of past participles with two pronouns + *ne* and with reflexive verbs Expressions of time with *in* *Sentirsela, andarsene, farcela*

End of Level 3 *Poems – Pavese, Pasolini; Portraits – Piero della Francesca, Modigliani*

4

Course menu level 4

Communication	Situations	Background	Grammar
16 Posso presentarmi? Talking about your personal history Describing your present activities and occupation Sequencing events: what happened before and after Explaining yourself: giving reasons for your actions Describing people and talking about relationships	Interview in a car sales room Talking to a guide Meeting a photographer Interviews with a mother and children **Wordpower** *Attuale, casuale, eventuale* Building on verbs and adjectives Animal idioms and words for describing people **Profile** Moving to the countryside – Pierluigi and Gabriella Zanetti	Uneven development of Northern and Southern Italy **Reading** Jobs of the future Setting up on your own Asserting yourself at work Lonely hearts column Test: how you relate to others	Pluperfect tense and its uses *Da* with present & imperfect tenses Use of infinitive with *prima di, dopo, grazie per, senza* Some uses of the gerund Using modal verbs with reflexives in *passato prossimo* and with *essere*
17 Organizziamoci! Talking about what you are supposed to be doing Asking others what they want you to do Finding out what people & organisations do Agreeing & disagreeing, being for & against Making proposals & counter proposals Interrupting & getting things clear Asking others how they feel about things & saying so yourself	Buying a ferry ticket Interviewing an environmental group, Marevivo Clearing up the beaches Portovenere in the past **Wordpower** Formal & informal words Wordbuilding: opposites The natural world: idioms & phrases **Profile** The work of a priest – Padre Carmelo di Giovanni	Voluntary organisations in Italy **Reading** Appeals from voluntary organisations Consumer column: complaint about the price of fish Campaign to clear up the beaches	Regular & irregular present subjunctive Some uses of the subjunctive Present subjunctive for referring to future time Avoiding the subjunctive: *volere/volere che; pensare di/pensare che*, etc. Verbs with two auxiliaries Further uses of the conditional: modal verbs
18 Identità Saying what seems to be the case Expressing degrees of conviction doubt, probability & possibility Making contrasts & qualifying your argument Making extra points & digressing Finding out to what extent something is true Leading questions & open questions	The laws & institutions of San Marino Discussing education Problems of cultural identity **Wordpower** Political metonyms Political nouns & adjectives The right word for the right context **Profile** The work of a journalist: Giancarlo Infante	Italian regional government: politics & institutions of San Marino & of Italy **Reading** Statistics: *il senso civico* San Marino brochure: good reasons for visiting The institutions of San Marino The ideal deputy: viewpoints Parliamentary reform: discussion Why I hate politicians: viewpoints	Perfect subjunctive Further uses of the subjunctive Further uses of the conditional: reporting/hearsay Impersonal *si* with adjectives Use of pronouns with impersonal *si: ci si* Further uses of the infinitive: as nouns Further uses of the gerund: with *pur* *Far fare* and pronouns
19 Lo scambio di culture Hearing and recounting stories & incidents Writing private letters (Systems)	Interviews with immigrants from Puglia & Sardinia **Profile** Helping immigrants – Fredo Olivero **Songs** *Canzoni degli emigranti*	Italy & emigration, migration, immigration **Reading** Questionnaire on racism Letter on racism & reply Leaflet against begging Immigrants & the Church in Turin	Revision Writing letters (1)
20 Punti di vista Interviewing & being interviewed Expressing views & building arguments Writing official letters (Systems)	Work & success: interviews with 3 women: a lawyer, a hotel owner, a director of tourism **Profile** Working for equal rights – Alberta Pasquiero **Songs** *Canzoni delle donne*	Italian women in the twentieth century **Reading** Men's views of themselves Test: Male chauvinist or New Man? Letter: confessions of an ex-MCP Marriage and living together Women's views on the Mafia	Revision Writing letters (2)

End of Level 4 *Poems – Quasimodo, Montale; Painting – Giorgio De Chirico*

Using the course

In each unit you'll be able to:

Hear and read the language in action in real-life situations
Interactions

Look at some basics
Key phrases

See how the language is used
Patterns

Practise what you've just learned
Practice

Build up your vocabulary
Wordpower

Avoid common pitfalls
Troubleshooting

Do some extensive listening
Profile

At the end of each level you'll be able to:

Look at the grammar in more detail – see how the language works
Systems

Do some more exercises
Reinforcement

Check up what you know and assess your progress
Review

Enjoy some paintings and poems
Cultura

At the back of the book you can:

Find the answers to the exercises
Answers

Sort out some basic grammar terms
Basics

Find useful verb lists and other detailed information
Reference

Find out where grammar points are explained
Index to Grammar

Check up on words you don't know
Lexis

Italianissimo 2 is the second part of a multi-media language-learning course, intended for learners who already have some knowledge of Italian. It can be used either as a follow-up to *Italianissimo 1* or as a new course for students who have acquired the basics elsewhere. The complete course consists of:

- this book comprising 2 levels of 5 units each
- 4 audio cassettes
- 10 x 15 min TV programmes and 5 x 30 min radio programmes (at certain periods)

The course is suitable for many different types of learner, as it offers them the opportunity to study at their own pace and in the way which suits them best: the various components of the course make it possible for the learner to study the same course material from different angles and with differing degrees of complexity. Depending on the nature and inclination of the learner and the time available for study, it will take as little as six months or as much as two years to complete the course, the end of which corresponds roughly to A level standard.

Cassettes, TV and radio

Whether you are studying intensively or in a more relaxed way, you are encouraged to listen to the language from the very start by using the cassettes. These are an essential component of the course and are closely integrated with the book. They are structured slightly differently from the *Italianissimo 1* cassettes: the exercises (**Practice**) are grouped together after each set of dialogues in order to provide the opportunity for uninterrupted listening. There is also an opportunity for extended listening in a series of interviews with Italians. These are the **Profiles** at the end of each unit, for which full transcripts are provided on the cassette leaflet. Cassette symbols in the text indicate where there is an accompanying recording: a number is also given so that you can find the right track easily on the cassette.

When they are on the air, the radio and TV programmes can be enjoyed in conjunction with the book/cassettes. They are aimed at providing the learner with related, but not always identical, viewing and listening material. You will find that they provide much encouragement in the form of extra practice and background information about Italy. In some cases the TV programme titles are different from the ones in the book, although the numbers correspond.

Structure of the course

Levels 1 and 2 are covered in *Italianissimo 1*

- **Level 3** Giving instructions, making arrangements and negotiating. Describing events, places and processes. Talking about the future.
- **Level 4** Explaining and narrating events, telling a story, expressing and enquiring about feelings and opinions. Interviewing and taking part in debate.

Although new material is introduced in each of the five units within a level, similar areas of language are 'revisited' throughout to reinforce and consolidate the main structures.

Working through a unit

A unit has two main parts and two supplementary parts and is designed to provide material for several hours study. Each of the two main parts is likely to require at least three to four hours to complete, but this will vary with the person and the approach chosen.

The supplementary parts – the **Profile** and **Troubleshooting** – will also require some hours study.

Introduction
aspects of Italian culture and society

Interactions 1
real-life language recorded in Italy

Patterns and Practice 1
language explanations and exercises

Wordpower 1
vocabulary building

Interactions 2

Patterns and Practice 2

Profile
for extensive listening at leisure

Wordpower 2

Troubleshooting
for reference

Interactions

These are conversations, dialogues or interviews in Italian and we recommend you listen to them on cassette without first reading the text. Cover this up and first make sure that you have understood the context by reading the introduction to the interaction: then make sure that you have understood the words in the **focus** section. Listen to each interaction twice; in units 11–16 it is accompanied by two sets of questions. The first set (which is in the focus section), is designed to draw out the gist of the conversation; the second set (which is not in the book), is there to draw attention to the key language points in the following **Key Phrases** section. With practice you will gain a great deal of confidence by realising you can grasp the gist of the conversation through guesswork and by building on what you know. The answers to all the questions are on cassette, but once you are satisfied that you have got as far as you can by listening, you will probably need to fill in any gaps in comprehension by studying the written text and the Key Phrases. To see how the language fits together and how to use the phrases in other contexts, move on to:

Patterns

These provide basic explanations of the key phrases, often in conjunction with new vocabulary and other useful related phrases. You will find that some of the examples are used in the Practice section which follows, so it is worth referring back if you get stuck. Learners wanting a full explanation of grammar points and further practice can make use of the cross references to the **Systems** section at the end of each Level.

Practice

This section provides follow-up activities – some of which are based on the cassette – in which you can use and rework the language presented so far. As realistic as possible, they provide practice in various language skills – listening, speaking, reading, writing, or a combination of them. A particular feature of *Italianissimo 2* is the large amount of authentic reading and listening material provided. The reading material is mostly taken from magazines, leaflets and newpapers closely linked in subject matter to the topic of the unit and is designed to stimulate discussion and self-expression, both spoken and written. At the end of the second Practice section in each unit there is an opportunity for extended listening in the **Profile**, which consists of a long interview with an Italian who talks about his/her life or occupation.

Profile
Although this section is linked to the topic of the unit, it is not essential to have completed it in order to be able to move on. The transcript and guidelines for use will be found on the cassette leaflet. You are encouraged to listen and learn to understand with minimal help, using your own resources and initiative to decipher the meaning at your own pace.

Wordpower
These sections are designed to help you widen your vocabulary and use a dictionary effectively. They provide you with information ranging from idioms to false friends or suffixes and they set the learner a range of tasks, most of which require a dictionary. (See the section **Using a dictionary**)

Troubleshooting
You can complete this section at your own pace, since it is designed for reference. As it deals mainly with grammatical pitfalls, you will find that the points covered are also to be found in the **Index of grammar** at the back of the book.

Learning to learn

Whatever you are learning, it helps to be able to assess yourself, whether you have a teacher or not. You should review your progress regularly, and you can do this on your own by referring to the **Menu** on pages 4–5. Check you are confident about the communications in each unit and if in doubt, refer to the relevant Patterns sections within the Units. Look over the Grammar sections of the Menu, particularly if you are studying intensively, and check items in the Systems. If you have not previously devoted much time to language learning, you will find that the **Working on your own** sections in Book 1 and the **Basics** section at the back of this book provide you with a useful reference to help you deal with language-learning strategies and linguistic definitions. In addition, look through the section on using dictionaries which follows.

Using a dictionary
The main types of dictionaries you will come across are:

- **Bilingual**
  English–Italian; Italian–English

- **Italian Monolingual**
  Italian words explained in Italian

- **Italian Synonyms**
  Italian words explained and similar words given, in Italian. Sometimes opposites are also given.

Learning to use dictionaries effectively is an important language learning skill. We recommend that you buy, or ensure you have access to, a large or medium-sized bilingual dictionary, since at this level a small pocket one is not satisfactory. In addition, if your ultimate aim is to achieve a high standard in Italian, it is also advisable to be able to consult a monolingual Italian dictionary and a dictionary of Italian synonyms.

Getting to know a dictionary
Familiarise yourself with the dictionary you are using, as no two dictionaries are alike. Make sure you understand the meaning of the various symbols included in the entries. At the

beginning it's worth spending time to look them up in the table of abbreviations to be found at the front of most dictionaries. It is useful, for example, to know that *s.m..* often stands for *sostantivo maschile* (masculine noun), that *a.* usually stands for *aggettivo* (adjective) and *v.t.* for *verbo transitivo* (transitive verb).

What information does a dictionary contain?

To make the best of your dictionary it is useful to have a clear idea about the information you may find there. Here are some of the most likely possibilities

- **Meaning(s)**
  The entries include examples of how the words are used, common expressions or idioms and set phrases

- Words with similar meanings (**synonyms**) and with opposite meanings (**antonyms**)

- **Pronunciation and stress patterns**
  e.g. is *telefono* or *telefono* correct?

- **Grammar**
  the class of a word, e.g. noun, pronoun, etc.
  verb irregularities, e.g. past participle: *vedere* (*visto*)
  noun irregularities or problems, e.g. plurals of nouns ending in *-go* or *-ia*, gender of nouns ending in *-e*
  which preposition is used with a given verb or expression

- Origin (**etymology**) of a word

- **Style and variety** of language
  e.g. formal/informal, slang; geographical region: *settentrionale, meridionale,* etc

- **Common abbreviations and acronyms**
  e.g. *p. es. = per esempio* (for example)
  CEE = Comunità Economica Europea (Economic Community)
  ONU = Organizzazione delle Nazioni Unite (United Nations)
  ACLI = Associazioni Cristiane dei Lavoratori Italiani

Few dictionaries contain all the above information, and not all of it is relevant to an intermediate learner. Nevertheless, for learners wishing to make progress on their own, a good dictionary is a valuable and often under-used

tool. So get to know the dictionaries you use and make a note of the information they provide. Bear in mind that you often have to use more than one dictionary: the definitions provided by a bilingual dictionary are sometimes not detailed enough, whereas a look at a monolingual dictionary may provide the necessary information. You will also generally find that the grammatical information provided by a monolingual dictionary is more complete – for example when it comes to irregular or controversial plurals.

Finally, learning a language can be a time-consuming task and may often seem like an uphill struggle. If you as a learner sometimes feel you have reached a plateau and are not making progress, you are not alone!
The key is perseverance. Try to *use* your Italian wherever and whenever possible: you will receive nothing but praise and encouragement from Italians. If you can't go to Italy, join a class or try it out in Italian shops and restaurants. You will soon discover that speaking Italian is a very rewarding experience.

Enjoy using *Italianissimo*.

Buona fortuna!

BELLA FIGURA!

You will be asking for advice and handing some out yourself, giving and receiving instructions, talking about your aches and pains and how you've been feeling. You'll also begin to discuss your actions in the future.

Health – **la salute** – plays an important part in the life of Italians. The average life span of 73 years for men and 80 years for women is one of the highest in the world, and suggests that Italians know how to take care of themselves. They also know how to get themselves looked after: there is one doctor for every 345 inhabitants in Italy – a high figure when compared with the average of 650 in Britain. A survey in 1991 revealed that 25 million people see a doctor every month and 90 per cent have faith in their professional skills. Even the smallest town has at least one **medico condotto** or **medico di famiglia** – GP, and no self-respecting **farmacia** is without a highly-trained chemist with a degree in **farmacologia**, who can dispense expert advice on a wide range of health problems.

   Italy has had a national health service – **servizio sanitario nazionale** – since the passing of Law 833 in 1978. By 1990 it was operating through local health administrations – **unità sanitarie locali** (**USL**), and was one of the most generous in Europe, with free access to most health care. But in 1988, in an attempt to reduce the huge health budget, a minimal prescription charge known as **il ticket** was introduced, along with an annual charge per capita for the **medico di famiglia**. In 1992 additional reforms reduced benefits further, but today's health budget is still very large, since it offers very comprehensive cover. For example, Italy has one of the best child support schemes in Europe, providing day nurseries even for young babies and generous paternity leave as well as maternity leave. Italians basically understand that **la bella figura** – making a good impression and looking well – cannot be separated from **lo star bene** – being well.

Interactions 1

Ascolta la cassetta per imparare le parti del corpo.

1

Anna Mazzotti and Alberto Janelli are in the Piemontese skiing resort of Sauze d'Oulx, not far from the French border, for **una settimana bianca** – a week in the snow.

focus

Alberto needs to hire his equipment as it is a long time since he has skied.

gli scarponi *ski-boots*
il numero *size*

a Does Alberto know his size in ski-boots?
b What else does he hire?

Paolo	Buongiorno.
Alberto	Buongiorno.
Paolo	Desidera?
Alberto	**Mi serve un paio di** scarponi.
Paolo	Sì, che numero porta Lei?
Alberto	Mah, di scarpa il 42, però di scarponi non lo so.
Paolo	Io le faccio provare adesso uno scarpone tradizionale a quattro ganci... [*Alberto tries them on*] Si alzi in piedi. Pieghi il ginocchio.
Alberto	Uhm... Ma Lei **quale mi consiglia**?
Paolo	[*getting out another pair*] Mah, questi sono più moderni, sono più comodi, ed anche più leggeri.
Alberto	Li provo? Grazie.
Paolo	Prego. **Le servono** anche **gli sci**?
Alberto	Sì, **mi servono** anche **gli sci**.
Paolo	Va bene. Adesso le faccio vedere che sci le posso offrire.
Alberto	Grazie.

a quattro ganci	*with four fastenings*
le faccio provare	*I'll let you try (on)*
si alzi in piedi	*stand up*
pieghi il ginocchio	*bend your knee*

key phrases

mi serve un paio di...	*I need a pair of...*
quale mi consiglia?	*which do you recommend?*
le servono gli sci?	*do you need skis?*
mi servono gli sci	*I need skis*

2

On the slopes Alberto finds himself in a class which includes children. The ski-instructor, Mauro, is giving a demonstration and handing out advice.

focus

Mauro is concerned about everybody keeping their balance.

piegare *to bend, lean*
fermarsi *to stop*
provare *to try*
girare *to turn*

a Which way does he keep insisting they lean?
b Do you think Alberto gets it right the first time?

Mauro	Allora...ben piegati in avanti, con le mani in avanti, prima da una parte *to one side* poi, su, piegare dall'altra. Su e ci fermiamo. **Prova**, Alberto, in avanti, così.
Alberto	Così va bene, eh?

Mauro	Beh, insomma, però così non riuscirai a mantenere l'equilibrio, Alberto!
Alberto	[*falls over*] Ahi! Aiuto! E allora come devo fare?
Mauro	Devi fare attenzione e stare molto più in avanti e spingere verso l'esterno con i piedi. Hai capito?
Alberto	D'accordo. Allora riproverò.
Mauro	Va bene. **Guarda**, devi girare il busto verso valle – parti e spingere bene verso l'esterno con i piedi. Così, così.
Alberto	Ah, sì, ho capito.
Mauro	[*to the children*] **Provate** tutti, bambini. Anche voi, **mi raccomando**, le racchette bene in avanti, eh. Proviamo ancora una volta e poi basta per oggi.

su	*come on*
non riuscirai	*you won't manage*
riproverò	*I'll try again*
il busto	*upper body*
verso l'esterno	*outwards*
verso valle	*downhill [lit. towards the valley]*
le racchette	*ski-sticks*

key phrases

guarda	*look [tu]*
prova, provate	*try [tu/voi]*
mi raccomando	*please, for goodness sake*

3 ③

Alberto's debut has not been auspicious and things don't improve ...

focus

farsi male	*to hurt oneself*
muoversi	*to move*
chiamare aiuto	*to get help*

a Why is it more serious this time?
b What does Mauro decide to do?

Alberto	[*falls over again*] Ah! Oh! Ahi!
Mauro	Ti sei fatto male Alberto? Stai fermo, **non muoverti**, eh? **Stai fermo**.
Alberto	Non mi muovo, non mi posso muovere.
Mauro	**Stai tranquillo** un attimo e vado subito a chiamare aiuto. **Aspetta** solo **che ti tolgo** questi sci. Non muoverti.
Alberto	[*cries out in pain*] Ahi, ahi!
Mauro	E vado subito a chiamare aiuto.
Alberto	Sì, **vai a chiamare aiuto**, vai a chiamare aiuto.
Mauro	Stai tranquillo, non è niente, dai.

ti sei fatto male?	*have you hurt yourself?*
non è niente, dai	*it's nothing, honestly*

key phrases

non muoverti	*don't move*
stai fermo/stai tranquillo	*keep still/calm*
aspetta ... che ti tolgo	*wait ... while I take off*
vai a chiamare aiuto	*go and get help*

Patterns 1

i) Asking for what you need

A common way is to use the verb **servire a** and the pronouns **mi, ti, le, gli, ci, vi**:

Ti	serve qualcosa?		*Do you need anything?*	
Le				
Vi				

Sì, mi/ci serve	un paio di scarponi	*Yes, I /we need*	*a pair of ski-boots*
	un paio di guanti		*a pair of gloves*

Sì, mi/ci servono	degli sci	*Yes, I /we need*	*skis*
	delle racchette		*ski-sticks*

See Systems, note 11, pp. 102–103.

ii) Asking for and giving advice

When choosing items, use **consigliare qualcosa a qualcuno**:

Quale/i	mi consigli/ia?	*Which (one/ones)*	*do you recommend (to me)?*
Che cosa		*What*	

Ti/le consiglio	questa tuta qua	*I recommend (to you)*	*this ski-suit here*
	questo giaccone qua		*this ski-jacket here*
	dei guanti imbottiti		*some padded gloves*
	degli occhiali paravento		*some ski-goggles*

iii) Telling someone what to do (1)

If your relationship is an informal one, you use the **tu** (singular) and **voi** (plural) command forms of the verb.

In the case of **–ere** and **–ire** verbs these are exactly the same as the present tense forms:

Chiudi/ chiudete	gli occhi	*Close*	*your eyes*
Apri/ aprite	la bocca	*Open*	*your mouth*

Stringi/stringete la mano		*Shake hands*
Vieni/venite a piedi		*Walk, come on foot*

With **–are** verbs the **voi** commands are the same as the **voi** present tense form, but the **tu** commands require the ending **–a** (and not **–i** as you might expect):

Prova, Alberto	Provate tutti, bambini		*Try ...*
Aspetta, Giorgio	Aspettate, ragazze		*Wait ...*
Aiutami, Mauro	Aiutatemi, ragazzi		*Help me ...*

See Systems, note 1, p. 100.
Any pronouns go on the end. See Patterns 2 i, p.22 and Systems, note 7, p. 101.

N.B.: The underlined syllable carries the stress.

Patterns I

Some common **-are** verbs have two command **tu** forms:

Stai	tranquillo/fermo	Keep calm/still
Sta'	zitto	Be quiet
Vai	a chiamare aiuto/a casa	Go and get help/go home
Va'	via	Go away
Fai	attenzione	Pay attention
Fa'		
Dai	un'occhiata	Have a look
Da'		

For other irregularities see Systems, notes 2 and 3, p. 100.

iv) Emphasising your instructions

Mi raccomando is often said as reinforcement especially when you're not going to be there to check up in person. Use it before or after the verb:

Mi raccomando	stai/sta' attento		*Mind you*	be careful
	state attenti			watch out
	alza	le braccia		lift your arms
	alzate			
	piega	le ginocchia		bend your knees
	piegate			

See Systems, note 12, p. 103 for plurals **braccia** and **ginocchia**.

v) Telling people what not to do

When addressing someone as **tu**, use **non** plus the infinitive.

With **voi**, **non** goes before the usual **voi** form of the verb:

Non	muoverti, Alberto	Non	muovetevi, ragazzi	*Don't*	move …
	fermarti		fermatevi		stop
	andare/venire		andate/ venite		go/ come
	ridere/fare chiasso		ridete/fate chiasso		laugh/ make a racket
	interferire/entrare		interferite/ entrate		interfere/ come in

You can combine this with **mi raccomando**:

Non toccare/non toccate, mi raccomando   *Mind you don't touch*

See Systems, notes 5 and 7, p. 101 and Patterns 2, p. 22.

Practice 1

Best-dressed skier

You're off on a skiing holiday and you go to your nearest ski shop to kit yourself out.

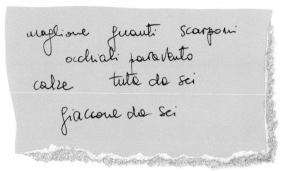

You tell the shopkeeper what you need and ask him which he recommends.

e.g. Mi serve un maglione – quale mi consiglia?

Colour counsellor

Your friends, who are with you in the shop, also want a few items but they have an extraordinary sense of colour. Advise them each to change their mind and choose a different colour instead. If you need to brush up on colours, look at Book 1, Unità 10.

e.g.:

Amico	Belli quegli scarponi arancione! Li compro.
You	*Non comprare quegli scarponi. Compra invece quelli blu scuro.*

Amica	Belli quei guanti rosa! Li compro.

Amico	Elegante quel maglione viola! Lo prendo.

And they both fall in love with some horrible goggles:

Amici	Stupendi quegli occhiali paravento dorati. Li proviamo?

Body talk

Get started on an Italian fitness programme. Can you keep up?

Emergenza

How good are you at coping in a tight spot?

Laying down the law

You sometimes need to assert yourself to get what you want. How would you deal with the following situations? Use the right phrase and be assertive!

non fate chiasso!	non interferire!
non toccate!	non muoverti!

1 You're trying to help an obstinate child on with his coat.
   Stai fermo ....

2 You're watching a fascinating TV programme with noisy friends.
   State zitti ...

3 You're totally fed up with your busybody sibling/ partner.
   Vai via ...

4 You've just painted the kitchen door and your friends arrive.
   State attenti ...

Senza fiato

TRAFFICO. *I ragazzini respirano all'altezza dei tubi di scappamento.*

Breathless

Look at the photograph and the headline.

1 What do you think the children are wearing, and why? What does the title mean?

Look at the diagram.

2 What does the diagram indicate? Scan the captions to find out what parts of the body are damaged by: smog; lead; exhaust fumes.

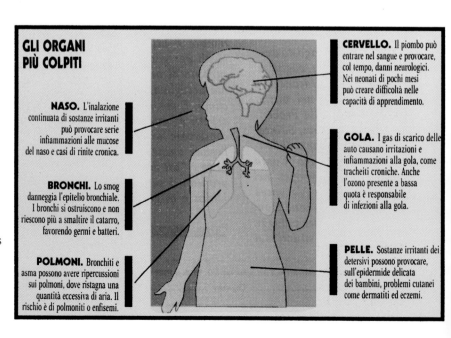

GLI ORGANI PIÙ COLPITI

NASO. L'inalazione continuata di sostanze irritanti può provocare serie infiammazioni alle mucose del naso e casi di rinite cronica.

BRONCHI. Lo smog danneggia l'epitelio bronchiale. I bronchi si ostruiscono e non riescono più a smaltire il catarro, favorendo germi e batteri.

POLMONI. Bronchiti e asma possono avere ripercussioni sui polmoni, dove ristagna una quantità eccessiva di aria. Il rischio è di polmoniti o enfisemi.

CERVELLO. Il piombo può entrare nel sangue e provocare, col tempo, danni neurologici. Nei neonati di pochi mesi può creare difficoltà nelle capacità di apprendimento.

GOLA. I gas di scarico delle auto causano irritazioni e infiammazioni alla gola, come tracheiti croniche. Anche l'ozono presente a bassa quota è responsabile di infezioni alla gola.

PELLE. Sostanze irritanti dei detersivi possono provocare, sull'epidermide delicata dei bambini, problemi cutanei come dermatiti ed eczemi.

Salute e Forma

VENTRE PIATTO

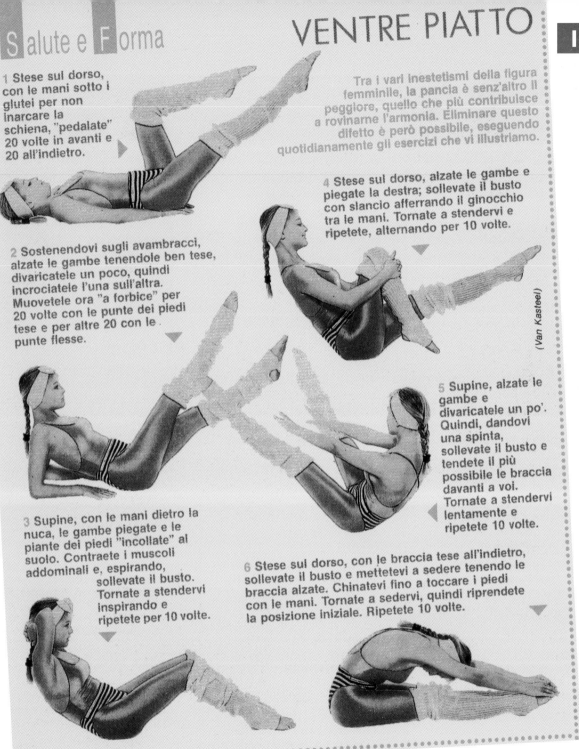

Tra i vari inestetismi della figura femminile, la pancia è senz'altro il peggiore, quello che più contribuisce a rovinarne l'armonia. Eliminare questo difetto è però possibile, eseguendo quotidianamente gli esercizi che vi illustriamo.

1 Stese sul dorso, con le mani sotto i glutei per non inarcare la schiena, "pedalate" 20 volte in avanti e 20 all'indietro.

2 Sostenendovi sugli avambracci, alzate le gambe tenendole ben tese, divaricatele un poco, quindi incrociatele l'una sull'altra. Muovetele ora "a forbice" per 20 volte con le punte dei piedi tese e per altre 20 con le punte flesse.

3 Supine, con le mani dietro la nuca, le gambe piegate e le piante dei piedi "incollate" al suolo. Contraete i muscoli addominali e, espirando, sollevate il busto. Tornate a stendervi inspirando e ripetete per 10 volte.

4 Stese sul dorso, alzate le gambe e piegate la destra; sollevate il busto con slancio afferrando il ginocchio tra le mani. Tornate a stendervi e ripetete, alternando per 10 volte.

5 Supine, alzate le gambe e divaricatele un po'. Quindi, dandovi una spinta, sollevate il busto e tendete il più possibile le braccia davanti a voi. Tornate a stendervi lentamente e ripetete 10 volte.

6 Stese sul dorso, con le braccia tese all'indietro, sollevate il busto e mettetevi a sedere tenendo le braccia alzate. Chinatevi fino a toccare i piedi con le mani. Tornate a sedervi, quindi riprendete la posizione iniziale. Ripetete 10 volte.

(Van Kasteel)

Tummy trouble

Here are some tips on how to keep your tummy trim with daily exercises which involve various movements and different parts of the body.

1 Look at the pictures to decide which parts of the body might be mentioned.
2 Scan the article to check this out: use the Lexis if necessary.
3 Read through the article and pick them out.
4 Can you now follow the instructions? Try them out if you can!

Wordpower 1

Body language

In many languages words for parts of the body are used in a large number of common idioms: in English for example we have stiff upper lips, grit our teeth, tear our hair out, speak with tongue in cheek and wear our hearts on our sleeves! Here are some you are likely to come across in Italian:

bocca
In bocca al lupo per domani! (*Good luck!...*)
È così incredibile che **sono rimasto a bocca aperta** (*...I was flabbergasted*)
Non è venuta, **sono rimasto a bocca amara** (*I was disappointed*)

braccio
Il governo **ha fatto a braccio di ferro** con i sindacati (*The government reached deadlock...*)
Alla FIAT **hanno incrociato le braccia** (*...they downed tools*)

capelli
Basta! **Ne ho fin sopra i capelli!** (*...I've had it up to here!*)

capo
Bisogna ricominciare **da capo** (*...from the beginning*)
Mi sto rompendo il capo, ma non mi ricordo più (*I am racking my brains...*)

faccia
Mi ha preso il libro senza chiedere permesso. Che **faccia tosta!** (*...What a cheek!*)

gamba
Ma non farlo, **ti tagli le gambe!** (*...you are shooting yourself in the foot*)
Poveretto, **gli hanno tagliato le gambe!** (*...they knifed him in the back*)
Luigi è molto **in gamba** (*...clever, capable, competent*)
La situazione è grave, **ma la prende sotto gamba** (*...he takes it too lightly*)

lingua
Non ha peli sulla lingua, dice quello che pensa (*He doesn't mince words, is outspoken...*)

mano
Puoi spiegargli tutto, è un tipo **alla mano** (*...approachable, friendly*)
Mia madre ha l'asma, tiene sempre la maschera **a portata di mano** (*...within reach*)
È una trattoria simpatica, ma è un po' **fuori mano** (*...out of the way*)

occhio
Non puoi accompagnarci, abbiamo bisogno di parlare **a quattr'occhi** (*...privately, tête-à-tête*)
Non è difficile, lo so fare **ad occhi chiusi** (*...standing on my head*)

pelle
Sei contento di partire per Bali? – Sì, **non sto nella pelle** (*...I can't wait*)
Loro due **sono amici per la pelle** (*...they're bosom friends*)

piede/i
Ha deciso **su due piedi** di lasciare il lavoro (*...on the spot ...*)
È un lavoro fatto **con i piedi** (*...botched, slapdash*)
È un tipo con **i piedi a terra** (*...down to earth*)

testa
La squadra italiana è **in testa** (*...in the lead*)
Si è comportato malissimo e **gli ho fatto/dato** una bella **lavata di testa** (*...I gave him a talking to*)
Sono stufo di discutere, **tagliamo la testa al toro** (*...let's settle things once and for all*)

Over to you...

Here are some Italian idioms for you to translate. You will need to use parts of the body in English, but they will not necessarily be the same as those used in Italian.

1 Non lo posso comprare. È troppo caro, **costa un occhio della testa.**

2 Luigi **ha puntato i piedi**: non vuole assolutamente farlo.

3 Sono rimasto sotto la pioggia **bagnato fino alle ossa.**

4 Il giardino di Mirella è una meraviglia: Lei ha proprio **il pollice verde.**

5 Ho bisogno di lui, è **il mio braccio destro.**

When you have time, look up **braccio, dito, mano, testa, capelli** and **pelle** in the dictionary. Can you find any idioms which are the same in both languages?

Start to build up your own list of idioms, and try to use them.

Interactions 2

4 ⑥

In hospital, Alberto
is examined by
Dottor Giorgio.

key phrases

portatelo/mettetelo	*bring him/put him [voi]*
mettilo	*put him [tu]*
dov'è che le fa male?	*where does it hurt (you)?*
mi fa male…	*my…hurts, it hurts (me)…*
provi…espiri…	*try…breathe out…*
alzi	*lift up [Lei]*

5 ⑦

Dottor Giorgio gives Alberto his verdict.

focus

The doctor orders the attendant to bring
Alberto in and place him on the examination
bed.

le costole	*ribs*
il petto	*chest*
inspirare	*to breathe in*
espirare	*to breathe out*

a He wants to know what's happened and
where it hurts. How does Alberto
answer?

b What does the doctor examine first?

focus

Luckily there are no bones broken but
Alberto will have to rest his leg.

rotto	*broken*
con la gamba tesa	*on crutches [lit. with leg stretched out]*

a Will he be able to ski at all?

b What does the doctor say he can do?

Dott.	[*to both attendants*] **Portatelo** qui. [*to one attendant*] **Mettilo** qua, piano, piano. [*to both*] **Mettetelo** qui. Cosa è successo? È caduto?
Alberto	Sì, sono caduto.
Dott.	**Dov'è che le fa male?**
Alberto	Ma un po' al petto, alle costole, non, non lo so esattamente. Poi **mi fa male** soprattutto la gamba.
Dott.	Sì. Vediamo il petto. **Provi** a inspirare. **Espiri** lentamente. **Alzi** un braccio. Alzi l'altro. Va bene, vediamo questa gamba.
Alberto	Ah, sì, sì, mi fa molto male lì, sotto al ginocchio.
Dott.	Qui?
Alberto	Sì.

Dott.	È stato fortunato, **non si è rotto la gamba.**

---

piano	*slowly, gently*

Alberto	Meno male.
Dott.	**Dovrà camminare** qualche giorno con la gamba tesa.
Alberto	Ma posso sciare?
Dott.	Eh no, **non potrà** sciare.
Alberto	Senza sciare per una settimana?
Dott.	Potrà prendere solo il sole.
Alberto	Oddio e **cosa farò?**

oddio	*oh dear*

key phrases

non si è rotto la gamba	*you haven't broken your leg*
dovrà camminare	*you will have to walk*
non potrà	*you won't be able to*
cosa farò?	*what will I do?*

6 ⑧

Alberto has arranged to meet up with Anna in the hotel bar that evening.

focus

To Anna's hilarity, he arrives with a magnificent bandage.

la stampella	*crutch*
un incidente	*an accident*
ridere	*to laugh*
prendere in giro	*to tease*

a How does Alberto react to Anna's amusement?

b When Anna asks him how he feels, what does he tell her?

Anna	Alberto, grazie del tuo messaggio. Ma, hai la stampella! E la tua gamba? Ma **che cosa ti è successo?**
Alberto	Ho avuto un incidente. Sono caduto e sono stato anche in ospedale.
Anna	Ma che cosa hai combinato?
Alberto	Ma Anna, non ridere, non prendermi in giro.
Anna	Va bene. Non ti prendo in giro. Sul serio, **come ti senti?**
Alberto	Beh, non c'è male. **La gamba**, però, **mi dà fastidio.**

che cosa hai combinato?	*what have you gone and done?*
sul serio	*seriously*

key phrases

che cosa ti è successo?	*what's happened to you?*
come ti senti?	*how do you feel?*
la gamba mi dà fastidio	*my leg is bothering me*

7 ⑨

But a skiing holiday doesn't have to be a chapter of accidents. Here's Anna on the ski slopes finding out whether people have been enjoying themselves and what they like doing.

focus

divertirsi	*to enjoy oneself*
oltre a	*apart from*

a One man mentions three other things he enjoys doing. What are they?

Anna	**Si è divertita** oggi?
Signora	Sì, oggi mi sono divertita molto.

Anna	[*to a couple*] **Vi siete divertiti** oggi?
Uomo	Sì, ci siamo divertiti molto oggi.
Anna	Oltre a sciare, che cosa vi piace fare durante la settimana bianca?
Uomo	Oltre a sciare, durante la settimana bianca, ci piace anche andare a ballare, pattinare, andare a mangiare fuori.

key phrases

si è divertita?	*did you enjoy yourself?*
vi siete divertiti?	*did you enjoy yourselves?*

8 ⑩

Some people, though, are in the same boat as Alberto.

focus

Another member of our reporting team, Antonio Borraccino, joins a group in a bar in Sauze d'Oulx.

annoiarsi	*to get bored*
storcersi	*to twist*
il raffreddore	*a cold*

a The first speaker was bored. Why?
b What about her companion?

Antonio	Ti sei divertita oggi?
Ragazza	No, non molto. Anzi, devo dire che **mi sono** proprio **annoiata!**
Antonio	Perché?
Ragazza	Perché **mi sono storta la caviglia** – e allora non ho potuto sciare, ecco.
Antonio	Eh mi dispiace. **Ti sei fatta male?**
Ragazza	Ma sì, un po', però, non è niente di grave.
Antonio	Meno male. E tu, ti sei divertito?
Giovane	Mah, più o meno. Anch'io non mi sento molto bene, **ho il raffreddore.** Pazienza, mi passerà.

mi passerà	*it will pass*

key phrases

mi sono annoiata	*I got/was bored*
mi sono storta la caviglia	*I twisted my ankle*
ti sei fatta male?	*did you hurt yourself?*
ho il raffreddore	*I've got a cold*

(verb w/ regular present):
* Lei imperatives are formed from the io forms of present tense

irregular:

avere - abbia	stare - stia	sapere - sappia
dare - dia	essere - sia	

Patterns 2

i) Telling someone what to do and what not to do (2)

If your relationship is a formal one you use the **Lei** command form.

With **–are** verbs the ending is usually **–i**:

Provi a inspirare/espirare		*Try and breathe in/out*	
Alzi	il braccio	*Lift*	*your arm*
Pieghi	il ginocchio	*Bend*	*your knee*

* But with **stare** and **dare**, the ending is **–ia**:

Stia attento   *Be careful*   Dia un'occhiata   *Have a look*

See Systems, notes 5 and 6, pp. 100–101 for further explanations.

With **–ere** and **–ire** verbs the ending is **–a**:

Chiuda	gli occhi	*Close*	*your eyes*
Apra	la bocca	*Open*	*your mouth*
Si sieda		*Sit down*	
Si metta a sedere		*Sit up, sit down*	

For the plural, **voi** is used. See Systems, note 1, p.100, and Reference VIII E ii, p. 262.

When pronouns are involved, they always come first in **Lei** instructions:

Lo	porti qui	*Bring*	*him/it here*	Non	si preoccupi	*Don't*	*worry*
	metta	*Put*			si muova		*move*

In **tu** and **voi** commands however, pronouns are joined to the end of the verb to form one word:

[tu]	Portalo/Non portarlo		qui	*Bring/Don't bring him/it here*
[voi]	Portatelo/Non portatelo			
[tu]	Mettilo/Non metterlo		qui	*Put/Don't put him/it here*
[voi]	Mettetelo/Non mettetelo			

If verbs are **reflexive** the pattern is the same:

[tu]	Alzati/Non alzarti	*Get up/Don't get up*
[voi]	Alzatevi/Non alzatevi	
[tu]	Siediti/Non sederti	*Sit down/Don't sit down*
[voi]	Sedetevi/Non sedetevi	

In negative **tu** commands the pronoun position can vary:

Non muoverti	*or*	Non ti muovere
Non preoccuparti	*or*	Non ti preoccupare

ii) Talking about accidents

You will remember that when talking about past events you form most verbs with **avere** but there are some formed with **essere**, such as **succedere** and **cadere**:

Patterns 2

Cosa	ti/le è successo?	Sono caduto/a	*What happened to you?*	*I fell over*
	vi	Siamo caduti/e		*We fell over*

For a list of verbs taking **essere** see Ref. p.256. If you've hurt yourself, use **farsi male**. It's a reflexive verb, so you use **essere** to form the past, plus the appropriate form of the past participle.

Ti sei/Si è	fatto male?	*Did you/have you hurt yourself?*
Sì, mi sono	fatto male	*I hurt/have hurt myself*
	rotto la gamba	*I broke/have broken my leg*
	storto la caviglia	*I twisted/have twisted my ankle*
	tagliato il dito	*I cut/have cut my finger*

iii) Saying how you felt about something

If you've enjoyed yourself use **divertirsi**:

Ti sei/Si è divertito?	*Did you enjoy/have you enjoyed yourself?*
Vi siete divertiti?	*Did you enjoy/have you enjoyed yourselves?*
Sì, mi sono divertito	*Yes, I enjoyed/ have enjoyed myself*
ci siamo divertiti	*We enjoyed/have enjoyed ourselves*

Non mi sono divertito, mi sono	arrabbiato	*I got angry*
	annoiato	*I was bored*
	stufato	*I got fed up*
	seccato	*I got annoyed*

For more on reflexive verbs see Systems, note 8, p. 101–2.

iv) Talking about your health

To ask how someone is feeling in general use **sentirsi**:

Come	ti senti?	Non mi sento bene	*How do you feel?*	*I don't feel well*
	si sente?			

To be more specific use **avere** and ask:

Che cos'	hai?		*What's wrong with you?*	
	ha?			

Ho	la febbre/la pressione alta★	*I've got*	*a temperature/high blood pressure*★
	il raffreddore/la tosse		*a cold/a cough*
	la diarrea/l'influenza		*diarrhoea/flu*

Ho	mal di denti/gola	*I've got*	*tooth-ache/a sore throat*
	mal di pancia/schiena/testa		*stomach-ache/back-ache/a headache*

★ Note that ailments and illnesses don't always use the same article in English and Italian.

If something is bothersome rather than painful, use **dare fastidio a.** Systems, note 11, p. 102.

Ti/le dà fastidio la gamba?	*Is your leg bothering you?*
Sì, mi dà un po' fastidio	*Yes, it's bothering me a bit*

Patterns 2

If you want to specify which parts of the body hurt you use the expression **far male a**:

Dov'è che ti/le fa male?			*Where does it hurt (you)?*		
Mi fa male	l'occhio/l'orecchio		*My*	*eye/ear/*	*hurts*
	il petto/la schiena			*chest/back/*	
Mi fanno male	le costole/le spalle		*My*	*ribs/shoulders*	*hurt*
	le orecchie/le dita			*ears/fingers*	

In these expressions 'your', 'my' etc. is expressed in Italian by the articles **il, la, i, le**. See Troubleshooting, p. 27. For the plurals **dita** and **orecchie** see Systems, note 12, p. 103.

Sometimes aches and pains are caused by others:

Non fare questo - fa male! *Don't do that, – it hurts!*
Non fare questo - mi fai male! *Don't do that – you're hurting me!*

And if someone treads on your toe or bumps into you accidentally, you might hear:

Oh, mi dispiace! Le ho fatto male? *Sorry, did I hurt you?*

v) Talking about the future (1)

To ask someone what they will do, you need the future tense of **fare**:

Che cosa	farai? - Farò una gita	*What will you do?*	*I'll go on an outing*
	farà?		
	farete? - Faremo un viaggio		*We'll go on a journey*

To say what you will be able to do and what you will have to do, use the future of **potere** and **dovere**.

Potrò	sciare?	*Will I be able to*	*ski?*
	prendere il sole?		*sun-bathe?*
Dovrò	andare in ospedale?	*Will I have to*	*go to hospital?*
	stare a letto?		*stay in bed?*

See Systems, notes 9 and 10, p. 102 for more on the future tense.

Practice 2

Odd one out

1 Which of the following could you take off at night?

le orecchie • gli occhi • i capelli
il corpo • il cappello • il naso

2 Which of these is not an organ of the body?
i polmoni • i reni • il cuore
il cervello • il sangue • il fegato

3 Which of the following would not be found on the body?

la coscia • il ginocchio • il sedere
la gamba • il gambero • la caviglia

4 Which of these would be more at home in the sea?
il gomito • il braccio • le unghie
le dita • la mano • il polso • il polpo
il pollice

Backseat driver

You're a terrible back seat-driver even with virtual strangers. Look at these traffic signs and use the verbs given to tell the driver what to do or not to do.

1 Direzione obbligatoria a sinistra
e.g. [girare]
Giri a sinistra!

2 Catene per neve obbligatorie
[mettere le catene per neve]

3 Divieto di sorpasso
[non sorpassare]

4 Divieto di segnalazioni acustiche
[non suonare il clacson]

5 Attraversamento ciclabile
[stare attenti ai ciclisti]

6 Fermarsi e dare precedenza
[fermarsi e dare la precedenza]

Diagnosis ⑪

Eavesdrop on these two medical examinations and say what you think is wrong in each case.

Sympathy ⑫

Can you find the right words to ask what's wrong in these situations?

How did you feel?

You've been up and down today: fed up, bored, angry, annoyed and happy. Say how you felt.
e.g. You left for work and waited ages for the bus...
Mi sono stufato di aspettare.

1 You got to work and sat through a boring meeting…
2 Your detailed report was not even looked at …
3 Your boss asked you to rewrite it …
4 You gave up and went to a pub with a friend …

Brutte notizie ⑬

You've come down with flu. Ring your friend and cancel your weekend outing.

Social conscience

Look at the poster below.
1 What does it encourage you to do: are there any age restrictions?
2 What are you told will happen if you respond to the appeal?

collegato
base
gestisco
tiro

INCHIESTA / I NUOVI PECCATI DEGLI ITALIANI

sicuro
caccia
arrampicare

Il sesso non è vietato. Inquinare sì. Si può votare Marx ma non evadere il fisco. È più grave tradire la società che la moglie.

di PIER MARIO FASANOTTI

I	NON AVRAI UN'ALTRA TERRA ALL'INFUORI DI QUESTA: PROTEGGILA	**VI**	NON COMMETTERE ATTI (TROPPO) IMPURI
II	NON NOMINARE L'EUROPA INVANO	**VII**	NON CHIEDERE IL PIZZO
III	RICORDATI DI RISPETTARE I DIVERSI	**VIII**	NON DIRE FALSA TESTIMONIANZA SUL 740
IV	ONORA IL FIGLIO E LA FIGLIA	**IX**	NON MOLESTARE LA DONNA D'ALTRI
V	NON INVOCARE LA PENA DI MORTE	**X**	NON DESIDERARE IL TELEFONINO D'ALTRI

DIECI COMANDAMENTI. *Le tavole della legge anni Novanta*

Thou shalt not!

Here is an extract from an Italian weekly which has its very particular views on sin and society…

1 Are the commandments depicted the traditional Biblical ones?

2 Which ones do you agree with? Are there any which strike you as absurd or irrelevant?

3 Can you place them in order of personal importance?

4 Are there any commandments you feel have been left out? – Make up two or three if you can.

> il pizzo, *rake-off*
> il 740, *tax-return form*

Profile ⑭

When you have time, and at your own pace, listen to Mauro Meneguzzi the ski instructor talking about himself, his interests and his pupils.

raccogliere
stelle alpine
genepi
torniamo

attrezzatura

Wordpower 2

A few false friends

When guessing the meaning of a word, confusion can arise from deceptive similarities with the English. Below are some medical false friends. For each one say first what you think they mean. Then look at the examples to find out. The key will give you the answer, but try not to look first.

la cura   curare
Mia zia sta male. Ha bisogno di una cura speciale.
I medici devono curare molti malati al giorno.

un incidente   il ricoverato   ricoverare
Ha avuto un incidente: bisogna ricoverarlo subito in ospedale.
Ci sono tanti ricoverati in quell'ospedale.
l'intervento
La nonna sta molto male. Ha bisogno di un intervento.
la visita   visitare *[this has two meanings]*
Adesso la visita del medico non è più gratis.
Il medico è venuto, ma non mi ha visitato.

Finally compare these two phrases:
Ho rimesso ieri   Mi sono rimesso ieri
Beware! The first one comes from **rimettere** and means *I was sick yesterday* while the second comes from **rimettersi** and means *I got better/recovered yesterday.*

Troubleshooting

my hand, my coat   la mano, il cappotto

In Italian expressions involving parts of the body tend not to require possessive adjectives, unlike English.

Mi sono rotto la mano	*I broke my hand*
Gli fa male il piede	*His foot hurts*
Ti sei tagliato il dito?	*Did you cut your finger?*

This also applies to the use of the verbs **mettersi** and **togliersi** (*to put on/to take off*) used with clothing:

Mi sono messo il cappotto	*I put on my coat*
Si è tolto i guanti	*He took off his gloves*
Ci siamo messi il cappello	*We put on our hats*
Si sono tolti la giacca	*They took off their jackets*

Notice that in Italian you say: *They took off the jacket, the hat*, etc. since you only wear one each.

fermare   fermarsi   smettere

The verbs below can all mean *to stop* in English, but in Italian they are not interchangeable.

Use **fermare** to mean *to halt something,* **fermarsi** *to come to a halt* and **smettere (di)** *to cease doing something*:

La polizia ha fermato il camion	*The police stopped the lorry*
Il camion si è fermato in tempo	*The lorry stopped in time*
Ho smesso di fumare	*I've stopped smoking*
Smettila!	*Stop it!*

L'EUROPA UNITA?

You will be considering future events, making arrangements and dealing with deadlines. You will also be getting what you want by requesting information and expressing your needs and preferences with tact.

One of the most striking paradoxes of modern Italy is on the one hand her fierce regional and local pride – **il campanilismo** – and her pro-European stance on the other. Italy is a founder member of the **CEE – Comunità economica europea** – set up by the Treaty of Rome on 25 March 1957 and she has always been one of the strongest exponents of a united Europe – **un' Europa unita**. Why, though, should Italians, who jealously guard their regional differences, be so pro-European?

History in part explains this. Since unification in 1860 Italians have harboured a deep distrust of the State and have felt little allegiance to it, since the country was unified, and some would say colonised, under the alien laws and institutions of the Kingdom of Piedmont. This domination is well illustrated by the fact that Victor Emmanuel II of Piedmont became Victor Emmanual II, not I, of Italy. Italians have traditionally preferred to look beyond national boundaries and indeed there exists a pro-European tradition within Italy which pre-dates unification. Many Italian schoolchildren still learn about Giuseppe Mazzini – who in 1834 founded a movement called **La Giovane Italia** – and about Carlo Cattaneo, with his vision of a federal Europe, who in 1848 founded **La Giovane Europa**. The vision of these two men did not prevail at the time, but this sense of belonging to a supranational entity has remained. The allegiance of Italy to unity in Europe is much more than economic. It is part of her culture and will continue to be so, against the familiar background of continuing internal regional rivalries.

Interactions I

Ascolta la cassetta per ripassare alcune frasi che riguardano il futuro.

1

Mirella Cosentino is a student at Trieste university and is about to spend time in England on an Erasmus exchange.

ERASMUS

focus

In the students' bar our reporter Antonio Borraccino asks Mirella about her visit.

la borsa di studio — *scholarship, grant*
lo scambio — *exchange*
fare domanda — *to apply*

a Why has she applied for a scholarship?
b Where exactly is she going and for how long?

Antonio Allora Mirella, tu hai preso una borsa di studio e **stai per andare** in Gran Bretagna per fare uno scambio Erasmus. Come mai hai fatto domanda?

Mirella Ma, perché fare uno scambio è forse il modo migliore per imparare bene una lingua, per capire com'è la vita in un' altra nazione.

Antonio Sì, infatti. E tu ci tieni allora?

Mirella Sì, senz'altro – ci tengo molto a vedere, a capire come la pensano gli inglesi e così via... (così via) so on

Antonio E **dove andrai**?

Mirella Andrò a Leeds – nel nord d'Inghilterra.

Antonio Ho capito, e **che corsi seguirai**?

Mirella Ma non lo so di sicuro ancora, ma **cercherò di** farne il più possibile – per migliorare il mio inglese.

Antonio Certo, è chiaro. E, **quanto tempo rimarrai** a Leeds?

Mirella Rimarrò un anno – quasi. Poi, alla fine darò un esame che conterà per la mia laurea italiana.

Antonio Quindi **sarà necessario** studiare parecchio, immagino.

Mirella Sì, credo proprio di sì. Comunque, ci sono abituata!

come mai?	*how come?*
tu ci tieni?	*are you keen on it?*
come la pensano	*what they think about things*
darò un esame che	*I'll take an exam which will*
conterà per	*count towards*
la mia laurea	*my degree*
ci sono abituata	*I'm used to it*

key phrases

stai per andare	*you're about to*
dove andrai?	*where will you go?*
che corsi seguirai?	*what courses will you follow?*
cercherò di...	*I will try to...*
quanto tempo rimarrai?	*how long will you stay?*
sarà necessario	*it will be necessary*

2

Angela is a friend of Mirella's and she's also going on an exchange, but not with her.

focus

immischiarsi in — *to involve oneself in*
fare conoscenze — *to get to know people*
spigliata — *relaxed, confident*
socievole — *sociable*

a Angela is off to London, with two other friends. What's Antonio's advice?
b From what she says about herself, do you think she will follow it?

Antonio Senti, Angela, ci andrai anche tu in Inghilterra?

Angela	Sì, sì sì – ma non a Leeds – Io andrò a Londra.
Antonio	Ah, ma non ti dispiace andare senza la tua amica?
Angela	Un po' sì, comunque con me **verranno** anche **altri amici**. A Londra **saremo in tre** l'anno prossimo.
Antonio	Allora dovrete stare attenti a non parlare sempre italiano!
Angela	Sì, certo. Sarà forse un po' difficile, soprattutto all'inizio, ma, ci dovremo abituare.
Antonio	A Londra che cosa farai?
Angela	Ma, la mia intenzione è quella di conoscere persone inglesi, di riuscire ad immischiarmi nella vita degli inglesi e riuscire a far delle amicizie con persone inglesi, per conoscere la loro mentalità – e il loro modo di vita.
Antonio	Perché? Tu sei un tipo socievole?
Angela	Sì, direi di sì.
Antonio	Non hai problemi a fare conoscenze, a fare nuove conoscenze, a, diciamo, addentrarti nell'ambiente in cui vivi, anche se è nuovo?
Angela	No, no, no. Sono abbastanza… credo di essere abbastanza spigliata e abbastanza socievole.

---

ci dovremo abituare	*we'll have to get used to it*
direi di sì	*I would say so*
a addentrarti nell'	*in getting into*
l'ambiente in cui	*the environment in which*

3 ③

Angela is looking forward to her first visit to England – and it's not just to learn the language.

focus

il vantaggio	*advantage*
il motivo	*reason*
impedire	*to prevent*

a What does she think are the advantages of living in England, apart from learning the language?

b Why does she believe in a more united Europe?

Antonio	Tu non sei mai stata in Inghilterra?
Angela	No, mai. Sarà la prima volta. Comunque, sono veramente felice di andarci, ecco.
Antonio	**Come mai?**
Angela	Ma perché … cioè, a parte la lingua – il fatto di poter migliorare la lingua – c'è anche il vantaggio di vivere con gli inglesi e di capire magari un po' meglio la loro società. Con la prospettiva di un' Europa più unita tutto questo mi sembra molto importante.
Antonio	Ma **dimmi un po'**… tu ci credi davvero nell'Europa – cioè in un' Europa più unita, diciamo?
Angela	Uhm, sì, direi di sì. In futuro sarà importante e non solo per motivi economici. Per esempio – non so – un' Europa più unita potrebbe magari impedire altre guerre.
Antonio	Ma, auguriamocelo!

---

magari	*with any luck*
potrebbe	*it could*
auguriamocelo	*let's hope so*

---

4 ④

There is a lot of form-filling and bureaucracy involved in participating in exchanges and delays can sometimes be frustrating, as Mirella has found out. She urgently needs her birth certificate but so far it hasn't arrived at her parents' address.

> *focus*
>
> Mirella calls her mother at the office first thing in the morning.
>
> l'anagrafe   *registry office*
>
> *a*   Has the certificate arrived?
> *b*   When do they arrange to be in contact again?

Mirella   [*She gets the switchboard*] Pronto, buongiorno. Potrei parlare con la signora Cosentino per piacere? Sono la figlia.... [*She is put through*] Ciao, mamma, sono io. ... Bene, bene.

Senti, ti chiamo d'urgenza perché **vorrei sapere** se è arrivato il certificato dall'anagrafe.
Sai, per lo scambio Erasmus. ...
Ah, è probabile, ho capito, sei uscita presto stamattina. ... Va bene, ti telefono a casa più tardi. **Fra quanto tempo** pensi di arrivarci? ... Sì, è urgente. Sai che deve arrivare a Bruxelles **entro** la fine del mese? ... Sì, per il trentuno. Va bene, allora, ti chiamo stasera sul tardi. Dimmi, **a che ora ti farebbe comodo**? ... No, va bene, **dammi tu un orario preciso** ... OK, chiamami tu. Verso le otto? ...Va benissimo. Mi raccomando, non farmi aspettare. Ho un appuntamento alle nove. ...Sì, certo. Non ti preoccupare. Ciao, a più tardi.

sul tardi	*latish*
chiamami tu	<u>*you* call *me*</u>

> *key phrases*
>
> | | |
> |---|---|
> | **vorrei sapere** | *I'd like to know* |
> | **fra quanto tempo?** | *how soon?* |
> | **entro...** | *by...* |
> | **a che ora ti farebbe comodo?** | *what time would suit you?* |
> | **dammi tu un orario preciso** | *you give me a specific time* |

Patterns I

i) Talking about the future (2)

To talk about your actions in the future you will often need to use the future tense:

Regular **-are** and **-ere** verbs follow the same pattern (with **-erai**, **-erà**, etc.):

Cerch**erai**	di seguire molti corsi?	*Will you try to follow lots of courses?*	
Cerch**erà**			
Cerch**erete**			
Sì,	cerch**erò**	di seguirne molti	*Yes,*	*I will try*	*to follow lots (of them)*
	cerch**eremo**			*we will try*	

Prend**erai**	l'aereo per andarci?	*Will you take the plane to go there?*	
Prend**erà**			
Prend**erete**			
Sì,	prend**erò**	l'aereo	*Yes,*	*I'll take*	*the plane*
	prend**eremo**			*we'll take*	

-ire verbs are slightly different (with **-irai**, **-irà**, etc.):

Part**irai**	giovedì?	*Will you leave on Thursday?*	
Part**irà**			
Part**irete**			
Sì,	part**irò**	dopodomani	*Yes,*	*I'll leave*	*the day after tomorrow*
	part**iremo**			*we'll leave*	

Segu**irai**	molti corsi?	*Will you follow lots of courses?*	
Segu**irà**			
Segu**irete**			
Sì, ne	segu**irò**	molti	*Yes,*	*I'll follow*	*lots (of them)*
	segu**iremo**			*we'll follow*	

See Systems 11, note 9, p. 102 for the regular future and Systems 12, note 1, p. 105 for the spelling change in **cercare**.

Coming and going and staying put

Some common verbs (e.g. **andare, venire, rimanere**) are irregular in the future:

Dove	andrai/ andrà?	*Where will you go?*	
	andrete?		
Andrò	in Inghilterra	*I will go*	*to England*
Andremo	al mare	*We will go*	*to the seaside*

For verbs with the same pattern, see Systems 11, note 10, p.102.

Venire and **rimanere** have a slightly different pattern:

Verrai	con gli amici?	*Will you come with your friends?*	
Verrà			
Verrete			
Sì,	verrò	con gli amici	*Yes,*	*I will come*	*with friends*
	verremo			*we will come*	

Patterns 1

Verrà il mio amico				*My friend will come*
Verranno altri amici				*Other friends will come*

Quanto tempo | rimarrai / rimarrà / rimarrete | qui?   *How long will you stay here?*

Rimarrò / Rimarremo | un anno, quasi   *I will stay / We will stay* | *nearly a year*

See Systems, note 2, p. 105.

Che sarà sarà

Essere is the only verb whose future is not formed from the infinitive:

Sarà | necessario / essenziale | studiare   *It will be* | *necessary / essential* | *to study*

Sarai/sarà solo a Londra?   *Will you be on your own in London?*
No, saremo in tre   *No, there will be three of us*

See Systems 11, note 10, p. 102.

ii) Saying what you are about to do

To say what you are about to do, use **stare per** in the present tense:

Sto per | andare all'estero / partire per l'America   *I am about to* | *go abroad / leave for America*
Stiamo per uscire insieme   *We are about to go out together*

iii) Requesting information (1)

When requesting information, you can explain what you would like to know, using the conditional of **volere**:

Vorrei sapere | se è arrivato il certificato   *I'd like to know* | *if the certificate has come*
| a che ora arriverai | | *what time you'll arrive*

For the conditional, see Systems, notes 4-5, p.105-6.

If you're surprised about something, you might ask: Come mai?   *How come?*
or if you're curious about something: Dimmi un po'   *Tell me*

See Systems, Note 6, p. 106, for **dimmi**.

iv) Making arrangements (1)

When sorting out arrangements you need to check suitability:

Quando	ti	farebbe comodo?	*When*	*would (it)*	*suit you?*
A che ora	le		*What time*		
Che giorno	vi		*What day*		

Patterns 1

And you may need to ask someone to give you their preference:

| Dammi tu | un'ora | **You** give **me** a time |
| Mi dia Lei | | |

Note that if you add a pronoun after the command form it often adds emphasis.

See Systems, note 6, p.106. for **dammi** and Systems 11, note 6, p.101 for **mi dia**.

You will also need to discuss time – how soon and when by:

Fra quanto tempo	pensi di	arrivare?	*How soon*	*do you think you'll*	*arrive?*
	pensa	saperlo?			*know (it)?*
Fra	un'ora		*In*	*an hour*	
	mezz'ora			*half an hour*	
Deve arrivare entro	domani		*It must arrive by*	*tomorrow*	
	lunedì			*Monday*	
	la fine del mese			*the end of the month*	

Practice 1

Foreign parts ❺

Your Italian friend is off on her first study trip abroad. Can you find out the following?

1 Where exactly will she go?
2 Will she leave with friends? *[partire]*
3 Will she take the plane or the train? *[prendere]*
4 Will she have to find accomodation? *[dover trovare]*
5 Will she stay in a hotel? *[stare]*
6 How long will she stay?

Now listen to the cassette.

Snap decisions ❻

Declare your intentions by responding to the situations on cassette. You will need to use the following verbs:
andare a trovare
scendere   aspettare
partire

Dead cert

Look at the pictures to help you say what's bound to happen in the following situations.

e.g. Your sister's been invited to a formal dinner.
[fare brutta figura/vergognarsi]
Ma farai brutta figura, ti vergognerai!

1 Your friends' train leaves at 6.05. It's an hour to the station.
[perdere il treno/ fare tardi]

2 It's freezing outside and Giulio is going out.
[prendere freddo/ammalarsi]
3 The pool is quite shallow *[farsi male/rompersi la schiena]*

Now be more expressive and add one of the following comments to each prediction:

> sta' attento! che ridicolo!
> che peccato!
> non fare il cretino

e.g. Che ridicolo! Farai brutta figura e ti vergognerai!

ammarlsi – to became ill (handwritten)

Vergognarsi – to feel ashamed; shy (handwritten)

Handwritten margin note:
entro – Prep
within; in un mese (within a month)
in domani:
by tomorrow

12

Unscramble this!

The scrambled words are all connected with time, but which is the only one that refers to the past? To find out, unscramble the words and fill in the blanks below.

AF   FAR
TRONE   OSSIRPAM

1 la settimana ——   2 —— domani
3 —— un'ora   4 un'ora ——

Try and use each word in a full sentence.

Sounding out

You want to organise a meal out next week and are ringing round to organise a date. You've got hold of your best friend.

Tell him you'd like to know:
1 if he's free next week.
2 how soon he thinks he will know [it].
3 when he thinks he'll get home this evening.
Now tell him you'll ring back at nine.

How do you think his part of the conversation went?

Odd one out

1 Which of the following is not in Europe?
l'Estonia • *la Lettonia* • *la Lituania*
Israele • *La Turchia* • *La Slovenia*
2 Which of the following is not in the EC?
l'Irlanda • *la Spagna* • *la Svizzera*
l'Austria • *la Grecia* • *il Portogallo*
3 Which of the following has nothing to do with trade or finance?
lo scambio • *la merce* • *la marcia*
il tasso • *il bilancio*
4 Which of the following can you export?
la vespa • *la mosca* • *la farfalla*
l'uva • *l'ape*

Handwritten margin notes: merchandise; march (forzata forced); balance; tassa tax/toll

VINO CHIANTI CLASSICO
CONSORZIO VINO CHIANTI CLASSICO
ZONA DI PRODUZIONE

Getting round to it

This meal proved hard to organise. How did the conversation go? Supply the missing phrases in the blanks, then listen to the cassette and check.

dammi tu   come mai   ti farebbe comodo sto per

You	Ciao, sono io ...
Amico	Ah, ciao! – Senti, scusa, ma —— uscire. Ti dispiace se richiamo fra poco?
You	Ma hai detto di chiamare alle nove!
Amico	Sì, sì, lo so, ma devo proprio uscire...
You	Ma, —— ?
Amico	Ma, perché ho lasciato il portafoglio nel bar di sotto!
You	Va bene, ti richiamo fra poco...
Amico	No, no, richiamo io.
You	Ma quando?
Amico	—— un'ora precisa.
You	Beh, non lo so, esco anch'io fra poco.
Amico	Domani allora. Quando ——?
You	Beh, appena possibile – domani mattina alle otto?
Amico	OK. Ti richiamo senz'altro. Ciao, devo scappare, ciao.

In the stars

Look at the horoscope on the next page and read it in stages.
1 Look for your own sign: what aspects of life are covered?
2 Read your horoscope in depth and make sure you understand the specific contents.
3 Now do the same for the signs of your friends and family.

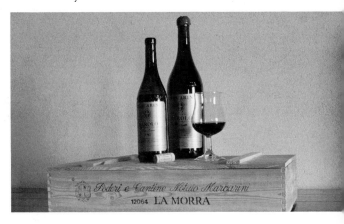

Poderi e Cantine Michele Marcarini
12064 LA MORRA

OROSCOPO

di Guido Montpellier

Ariete

dal 21 marzo al 20 aprile

AMORE

Meglio lasciar perdere l'amore per un po'. Le unioni sono solide, non correte rischi. Ma non avrete né voglia né tempo per i romanticismi.

DENARO

Risolverete problemi relativi alla casa con azioni audaci e un po' ambigue. Sul lavoro non isolatevi se non volete fare passi indietro.

SALUTE

La pelle potrebbe darvi qualche problema, soprattutto se la maltrattate curandola poco, oppure troppo ma con prodotti sbagliati.

Toro

dal 21 aprile al 21 maggio

AMORE

Può darsi che il vostro rapporto manchi di slanci, che si stia irrigidendo nelle abitudini. Ma un viaggio cambierà molte cose.

DENARO

È necessario cambiar registro: l'amore per il lusso vi fa spendere e la voglia di quieto vivere vi impedisce di impegnarvi per guadagnare.

SALUTE

Sono possibili leggeri disturbi ginecologici, disfunzioni o infiammazioni. Da curare subito soprattutto se volete dei bambini.

Gemelli

dal 22 maggio al 21 giugno

AMORE

Finché Venere resta in Capricorno, non brucerete certo di passione. Ma è possibile un incontro simpatico in un ambiente per voi sconosciuto.

DENARO

Gesti ribelli e indifferenza per le opinioni altrui non vi faranno fare passi avanti nel lavoro. Bene per i divertimenti, sensuali e raffinati.

SALUTE

Forse avrete i nervi un po' scoperti, in senso fisico (nevriti) o in senso figurato. Un po' di riposo vi farà bene in entrambi i casi.

Cancro

dal 22 giugno al 22 luglio

AMORE

Una certa malinconia serpeggia rapporti già consolidati. Aspetta che passi, vi divertirete in modo o meno innocente.

DENARO

Pretese eccessive per la casa o di pori con la famiglia d'origine trebbero incidere sul bilancio. lavoro, attente agli imbrogli.

SALUTE

Sarebbe opportuna una piccola sione degli ingranaggi. Soprattut per ciò che riguarda il fegato circolazione arteriosa.

Leone

dal 23 luglio al 22 agosto

AMORE

Se vivete in coppia non fate l'errore di «lasciarvi andare», anzi curatevi più del solito. Per le singole c'è un incontro brillante.

DENARO

Spenderete troppo, soltanto per mettervi in mostra, e questo susciterà gravi discussioni in famiglia. Sul lavoro, disimpegno.

SALUTE

Non guidate se siete nervose e fate attenzione anche ai lavori manuali. C'è il rischio di piccoli incidenti per distrazione o fretta.

Vergine

dal 23 agosto al 22 settembre

AMORE

Forse la vita sentimentale sarà un po' dimessa. Ma l'attività sessuale sarà dinamica e appagante e i divertimenti non mancheranno.

DENARO

Giove promette soldi: saprete sfruttare bene le circostanze per aumentare le entrate e amministrerete bene i guadagni.

SALUTE

Non ci sono indicazioni negative, solo un leggero segnale di sovrappeso. Non c'è bisogno di dieta, basta un'alimentazione corretta.

Bilancia

dal 23 settembre al 22 ottobre

AMORE

Malumori e contrasti con genitori o suoceri si rifletteranno sulla vita di coppia. Dovrete sforzarvi di più per capire le ragioni degli altri.

DENARO

Avrete modo di aumentare le vostre entrate con mezzi un po' contorti o un po' ambigui. Se volete tentare il bluff, studiatelo bene.

SALUTE

Lo stato generale è buono ma controllate i nervi. Sarete molto eccitabili e questo potrebbe portarvi mal di testa o di stomaco.

Scorpion

dal 23 ottobre al 21 novemb

AMORE

Sarete serene e affascinanti, dis bili per un nuovo incontro o rinverdire l'attrazione per un u che sembra molto adatto a voi.

DENARO

La volontà, il coraggio e l'ant formismo vi porteranno ad affe zioni e guadagni in attività ins Più oserete, più otterrete.

SALUTE

Siate molto prudenti se fate sp lavori pesanti e insoliti. C'è qua rischio di lesioni o distorsi gambe o caviglie.

Sagittario

dal 22 novembre al 21 dicembre

AMORE

L'egocentrismo e i motivi di interesse influiranno sulle scelte sentimentali. Ma per vie traverse troverete la persona giusta.

DENARO

Arriverete ai vostri obiettivi grazie a un miscuglio di altruismo e arrivismo e alla simpatia che ispirerete a persone importanti.

SALUTE

Non ci sono aspetti negativi per la salute, tranne forse un po' di nervosismo. Dedicatevi a uno sport o a passeggiate all'aria aperta.

Capricorno

dal 22 dicembre al 21 gennaio

AMORE

Fortuna, calore e simpatia renderanno assolutamente felice la vita sentimentale. Dimenticate la diffidenza e lasciatevi andare.

DENARO

Otterrete guadagni e buone affermazioni sia con la professionalità, sia con i suggerimenti preziosi di amici estrosi e anticonformisti.

SALUTE

Siete in ottima forma, approfittatene per fare un po' di esercizio fisico. Sarà la miglior prevenzione contro i malanni invernali.

Acquario

dal 22 gennaio al 19 febbraio

AMORE

Sarete un po' troppo serie e assorbite dai problemi quotidiani. Ma lui si sentirà trascurato e si guarderà intorno. Urge rimediare.

DENARO

I bluff e le manovre ambigue non fanno per voi. Forse si proverete, ma vi andrà male. Puntate invece sui viaggi e sui nuovi esperimenti.

SALUTE

Tutto bene, ma sarete un po' stanche. E se soffrite di qualche disturbo ricorrente, dovrete forse aspettarvi una ricaduta.

Pesci

dal 20 febbraio al 20 marz

AMORE

Sarete un sostegno, un'amica s sicura per il partner. Ma non di ticate tenerezze e frivolezze danno sprint alla vita in due.

DENARO

Spenderete denaro in viaggi in o in attività originali e contr rente. Ma ne ricaverete spunti ressanti e spesso redditizi.

SALUTE

Ci saranno alti e bassi nelle en e nella vitalità. Perciò limita forti tendenze a un erotismo quale non siete pronte.

Changing Europe

Here are two items from an article on Europe.

1 According to the chart, what will be the major advantages of closer European integration?
2 What does the title of the article mean? Look at the subtitles: what areas are being considered?
3 Read the article in more depth. What, if anything, has changed since the article was written?

Quali saranno i maggiori vantaggi dell'integrazione europea?

Sviluppo economico	63,2
Servizi e amministr. pubblica	59,4
Stabilità politica	50,1
Lotta alla criminalità	39,0
Minor corruzione	37,9
Non so	15,5

Vita senza frontiere

Le tappe dell'integrazione europea sono già state fissate. Potrebbero subire variazioni o rinvii, ma dopo Maastricht la vita di tutti i giorni è destinata a cambiare radicalmente, anche se nel giro di qualche anno.

VIAGGI. I controlli ai confini sono già oggi ridotti al minimo, e negli aeroporti esistono varchi riservati ai cittadini Cee. Verranno completamente aboliti i controlli sui bagagli. Potrebbe essere negato l'accesso ai duty free shop a chi si sposta all'interno della Comunità.

LAVORO. I concorsi per i posti pubblici saranno aperti a tutti, senza distinzione di nazionalità, salvo che per alcuni settori strategici (forze armate, fisco, diplomazia). Professioni: già oggi medici, infermieri, dentisti, ostetriche e farmacisti possono esercitare ovunque; presto la libera circolazione sarà effettiva anche per gli altri.

STUDI. Il diploma di scuola media superiore è valido in tutti i Paesi Cee. Presto anche le lauree godranno di un riconoscimento automatico.

INVESTIMENTI. La libera circolazione dei capitali è operante dal luglio 1990: si possono aprire conti correnti in valuta straniera e scegliere banche di qualsiasi Paese Cee. Si può investire nelle altre borse. Con il mercato unico si potranno utilizzare Oltrefrontiera anche gli assegni di conto corrente. Con la terza fase dell'Unione economica e monetaria, verso la fine degli anni Novanta, scompariranno le singole valute e si pagherà tutto in Ecu.

MERCI. Entro il 1993 verranno aboliti i controlli doganali. Verranno progressi-vamente introdotti standard comuni per la protezione dei consumatori. Nessuno Stato potrà impedire l'ingresso di prodotti concorrenti provenienti da un altro Paese Cee solo perché leggermente diversi da quelli locali.

TASSE. L'armonizzazione dei criteri fiscali nel corso dei prossimi anni ridurrà il prezzo di alcuni beni di lusso: l'Iva maggiorata dovrà essere portata a livello europeo. Potrebbero però aumentare prodotti italiani, come le scarpe, oggi protetti da aliquote fiscali più basse.

Wordpower 1

Expressions with fare

Can you distinguish between the meanings of **fare domanda** and **fare una domanda**? One means *to apply* and the other *to ask a question*. Which is which?

La scadenza è il trentun ottobre. Bisogna **fare domanda** appena possibile.

Posso **fare una domanda**? Non ho capito....

And how about **fare piacere a ...** and **fare un piacere a ...**?

Angelo studia tanto e questo **fa molto piacere ai** genitori.

Scusa, **mi faresti un piacere**?

Which expression means *to do a favour* and which *to please*?

Over to you ...

How many other expressions with **fare** can you remember?

Here are some clues. Try and come up with an expression based on each of the words below and use them in a sentence:

(i) **bella/brutta figura   finta**
(ii) **bucato   bagno   doccia**
(iii) **giro   salto   passeggiata   viaggio   biglietto**
(iv) **telefonata   tardi**
(v) **bel/brutto tempo   caldo/freddo**
(vii) **colazione   spuntino   spesa**
(viii) **favore   cortesia   piacere**
(ix) **conoscenze   amicizie**

Look up the ones you don't know at your leisure.

Interactions 2

5 ❼

Anna Mazzotti is on the Riviera dei fiori, in Sanremo, famous throughout Europe for its annual song festival, for its casino and above all for its flowers. The day after tomorrow is her English grandmother's birthday and she goes into a florist's to order some flowers.

focus

| a | How soon does she want them? |
| b | What date is mentioned? |

Fioraia	Buongiorno.
Anna	Buongiorno, signora. **Avrei bisogno di** spedire dei fiori in Inghilterra.
Fioraia	**Per quando?**
Anna	Beh, li vorrei **appena possibile. Mi servirebbero** per la mattina del 16, cioè dopodomani mattina.
Fioraia	Non si preoccupi, per il sedici arriveranno.
Anna	Allora **dovrebbe andar bene.**
Fioraia	Prego.
Anna	Grazie.

key phrases

avrei bisogno di	*I need to*
	[lit. would need to]
per quando?	*when for?*
appena possibile	*as soon as possible*
mi servirebbero	*I would need them*
dovrebbe andar bene	*that should be all right*

6 ❽

Having established that the flowers will arrive on time, Anna now has to choose them.

focus

garofani	*carnations*
zizofila	*gypsophila*
la consegna	*delivery*

| a | What sort of thing does Anna want? |
| b | What time of day would she like them delivered? |

Fioraia	Vediamo i fiori. Ha qualcosa di particolare in mente?
Anna	Veramente **vorrei qualcosa di speciale**, li vorrei per il compleanno di mia nonna.
Fioraia	Guardi, questo bouquet di garofani, rose e zizofila. Molto bello.
Anna	Molto bello. Va bene, prendo questo.
Fioraia	Allora …
Anna	**Quanto tempo ci vuole** per farli arrivare?
Fioraia	Mi dica prima l'orario di consegna – quando le farebbe comodo?
Anna	Mah, **andrebbe meglio** la mattina presto.
Fioraia	Va bene. Ci penso io. Arriveranno senz'altro la mattina del sedici. E se ci sono problemi **me lo può far sapere** subito?
Anna	D'accordo. Grazie.
Fioraia	Allora, scriva il messaggio e firmi qui.

per farli arrivare	*for them to arrive*
	[lit to get them to arrive]
ci penso io	*I'll see to it, leave it to me*

key phrases

vorrei qualcosa di speciale	*I would like something special*
quanto tempo ci vuole?	*how long does it take?*
andrebbe meglio	*it would be better*
me lo può far sapere?	*can you let me know?*

acquisto - n. purchase
aquistare - to buy
treatment

7 ⑨

The economy of Sanremo is heavily dependent on flowers. In fact over 50 per cent of the income of the province is derived from their sale and export. Anna meets some of the people who work in the flower industry.

> ### focus
>
> Giorgio and Alessandro both earn a living from flowers. One has developed a process for preserving flowers and the other is a buyer.
>
> | | |
> |---|---|
> | il mio compito | *my job, task* |
> | la ditta, l'azienda | *firm* |
> | la merce | *goods, produce* |
>
> Decide which speaker:
> a processes flowers
> b buys flowers

Giorgio	Io sono Giorgio Maiano e sono il compratore della ditta Marzia Flor di Sanremo.
Anna	**Mi potrebbe spiegare** un po' il vostro lavoro qui?
Giorgio	Il mio compito è quello di andare alla mattina sul mercato e controllare e *to choose →* scegliere la merce che ci serve per i nostri clienti e varie …, controllarne la qualità e soprattutto il prezzo, per poi servire nel modo migliore i nostri clienti.
Anna	Alessandro, **mi potresti spiegare** che cosa fate qui?
Aless.o	Allora, la nostra azienda produce piante e fiori preservati tramite un processo particolare. Grazie a

by means of

ambiente - environment (sphere circle)

questo trattamento, le piante rimarranno nel tempo senza avere più bisogno di acqua. Noi acquistiamo il materiale fresco. Dopo l'acquisto, mettiamo le piante in un ambiente particolare, dove assorbiranno un liquido a base di glicerina. Una volta assorbito il liquido, che sostituirà la linfa, le piante saranno pronte e si manterranno con l'aspetto originale per lungo tempo.

tramite	*by means of*
la linfa	*sap*
si manterranno	*they will keep*

> ### key phrases
>
> **mi potrebbe spiegare…?** *could you explain to me …?* [Lei]
>
> **mi potresti spiegare… ?** [tu]

8 ⑩

Giorgio and Alessandro each explain how they view their commercial prospects.

> ### focus
>
> | | |
> |---|---|
> | mercati esteri | *foreign markets* |
> | contrastare | *to compete with* |
> | vincitori | *winners* |
>
> How does each of them feel about the way their business will develop?

roba – things (handwritten)

Anna	In futuro, secondo Lei, **le cose andranno bene** nel suo settore? **Che cosa succederà?**
Giorgio	Eh ... il futuro è una cosa un poco ... incognita, ignota. Ma comunque, considerato che ci sarà l'abbattimento delle barriere e delle frontiere doganali, e roba del genere, avremo sicuramente qualche piccolo ... problema, perché ci saranno i mercati esteri che si inseriranno anche loro sui nostri mercati e quindi cercheranno di contrastarci, ecco. Noi comunque punteremo sulla nostra qualità, e quindi saremo vincitori.
Anna	**Come si svilupperà** il vostro commercio? Cambierà qualcosa?
Alessandro	Secondo noi, questo tipo di

(handwritten margin notes: settore/area; unknown quantity; ignota unknown; inseriti become part of; doganali – customs; contrastare – to hinder; esteri foreign; puntero – to point – to aim)

materiale conquisterà una buona parte del mercato dei fiori secchi ed artificiali, perché, a differenza di questi, quando ad esempio un cliente ha per le mani una nostra rosa, ha la sensazione di avere una rosa fresca.

incognita/ignota	*unknown*
l'abbattimento	*breaking down*
barriere doganali	*customs barriers*
e roba del genere	*and stuff like that*
punteremo su	*we will rely on*

key phrases

le cose andranno bene?	*will things go well?*
che cosa succederà?	*what will happen?*
come si svilupperà?	*how will it develop?*

Patterns 2

i) Expressing need and making polite requests

When you're asking for special favours or services, the present tense is sometimes a bit too abrupt. Using the conditional gives your request a less demanding/ more tentative feel:

Avrei bisogno di	spedire dei fiori	I need to	send some flowers
	fare una telefonata		make a phone-call
	chiedere un favore		ask a favour
Vorrei qualcosa di	speciale	I would like something	special
	bello		nice
Mi servirebbe	un martello	What I need is	a hammer
	un ago	I could do with	a needle
Mi servirebbero	dei chiodi	What I need is	some nails
	delle forbici	I could do with	some scissors

For the conditional see Systems, notes 4–5, p. 105–6 and for the use of **di** with **qualcosa,** see Systems, note 11, p.108.

ii) Making arrangements (2)

When making arrangements you may need to discuss deadlines:

Per quando	lo/la	vuole?	When do you want	it	by?
	li/le			them	
Lo vorrei	appena possibile		I would like it	as soon as possible	
	per domani			for tomorrow	
	per il sedici			for the sixteenth	

You may also need to find out how long it takes:

Quanto tempo ci vuole?		How long does it take?	
Ci vuole	mezz'ora	It takes	half an hour
	un giorno/una settimana		a day/a week

Patterns 2

| Ci vogliono | trenta minuti | It takes | thirty minutes |
| | due giorni/settimane | | two days/weeks |

See Systems, note 10, p. 107.

To suggest what's best for you, use the conditional of **andare**:

Per me andrebbe meglio	la mattina presto	Early morning	would be better for me
	nel primo pomeriggio	Early afternoon	
	nel tardo pomeriggio	Late afternoon	

And to ask someone to keep you informed, use **far sapere a**:

Me lo può far sapere?	Can you let me know?	
Me lo fa sapere?	Will you let me know?	
Fammelo sapere	Let me know	[tu]
Me lo faccia sapere		[Lei]

See Systems, note 7, p. 106 for **me lo**, Systems, note 8, p. 107 for **fammelo**, Systems 11, note 5 ii, p. 101 for **faccia**.

The conditional of **dovere** can be used for '*should*' and '*ought to*':

| Dovrebbe andar bene | It should be all right |

See Systems 13, note 6, p. 113 for further uses of the conditional of **dovere**.

iii) Requesting information (2)

The conditional of **potere** is useful for polite requests:

Mi potresti	spiegare il tuo lavoro?	Could you	explain your work?	
Mi potrebbe	dire	fra quanto arriverà?	tell me	how soon it will arrive?
		entro quando deve partire?		when you have to leave by?
		per quando lo vuole?		when you want it for?
		quanto tempo ci vuole?		how long it takes?

See Systems 13, note 6, p. 113 for further uses of the conditional of **potere**.

iv) Asking what will happen

To ask what will happen use the future of **succedere**:

| Che cosa succederà? | What will happen? |

You can ask more specifically:

Come	andrà il lavoro?	How	will work go?
	andranno le cose?		will things go?
Cambierà qualcosa?		Will	anything change?
Cambieranno le cose?			things change?
Come	si svilupperà il commercio?	How	will trade develop?
	si svilupperanno i rapporti?		will relations develop?

Practice 2

Would you be so kind?

Can you express your needs politely in the following situations? Use the drawings to help.

e.g. Your car's broken down. You enter a shop.
Avrei bisogno di telefonare/fare una telefonata.

1 Your friend has asked you to put up shelves, but he doesn't seem to have the basic tools.

2 You've got a present to wrap but the paper's too big.

3 Some first aid is in order: you've got a splinter in your finger!

4 Your child's ill and you've been up all night: your boss rings early to discuss work.

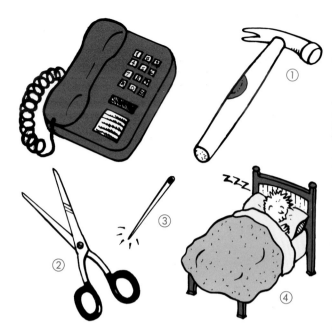

Good turns ⑪

You find two requests on the Ansaphone. What are you being asked to do and when are you supposed to ring back?

A change of plan ⑫

You have been organising a European business conference which includes speakers from Italy. The following fax confirmed the arrangements.

Ringraziamo gli organizzatori del gentile invito per il mese prossimo. La dott.ssa Angeli e l'ing. Chiarini saranno lieti di assistere al congresso di Manchester. Come da voi richiesto, la dott.ssa Angeli farà una relazione circa i problemi di management aziendale: manderà il titolo preciso entro il 28 febbraio.

Vi preghiamo di tenere presente che l'ing. Chiarini arriverà con la moglie. Vi preghiamo di prenotare l'albergo anche per lei.

Arriveranno il 21 maggio a mezzogiorno con il volo Alitalia AZ1657.
Cordiali saluti ......

However, the organiser rings to make certain changes. Listen to the cassette to see what they are.

Time it right ⑬

It's always crucial to be clear about deadlines. Can you get it right?

Getting together ⑭

You want to make an appointment to see the sales director. Speak to her secretary and play your part in the conversation.

Weather forecast

First look at the map opposite.
1 What will the weather be like tomorrow? Where will it rain/ snow/ be sunny/cloudy? Practise saying this aloud. [There is some weather vocabulary in Unit 5, Book 1, p.63]
Now look at the written weather forecasts.
2 Try to decide which one geos with to the map.

Green fingers

Weekly magazines are full of advice about the care of house plants. Look at the feature on p. 44.
1 Look at the headlines. What season does the article refer to and what advice is given?
2 Look at the diagram to see what the main jobs are.
3 Now read the article in more depth and decide whether you would follow all the advice.

Profile ⑮

Listen to Monica Belmondo talking about her work as a conference organiser in Sanremo.

NON finisce di stupire questo anticiclone europeo. Adesso il suo massimo s'è piazzato addirittura oltre il Circolo polare artico, nel mezzo del mare di Norvegia, giusto a metà strada tra i fiordi di Bodo e le coste orientali dell'Islanda. Questa è una presenza non eccezionale, ma piuttosto rara, perché normalmente queste aree della Terra non fanno che accogliere perturbazioni su perturbazioni. In questi giorni, invece, la primavera sta arrivando anche lì. Oggi, dunque, i norvegesi, gli svedesi, i cittadini dei paesi baltici vedranno qualche scorcio di sereno. Più grigia, invece, la situazione sull'Europa centro occidentale dove agiscono correnti di aria umida atlantiche e dove il cielo presenterà volti oscuri, piogge e temporali, su Portogallo, Spagna occidentale, sulle coste atlantiche della Francia, su Irlanda e Regno Unito. Sul resto dell'Europa centro occidentale, il cielo sarà tra variabile e nuvoloso, con ampie zone di sereno, anche se non mancheranno piogge o temporali. Situazione più complicata invece sulla parte sud orientale del continente, per una depressione sulla Crimea, con nuvole e precipitazioni su Ucraina, Grecia e Jugoslavia. Un'altra depressione africana, come se non bastasse, va interessando il Mediterraneo meridionale. *(c.c.)*

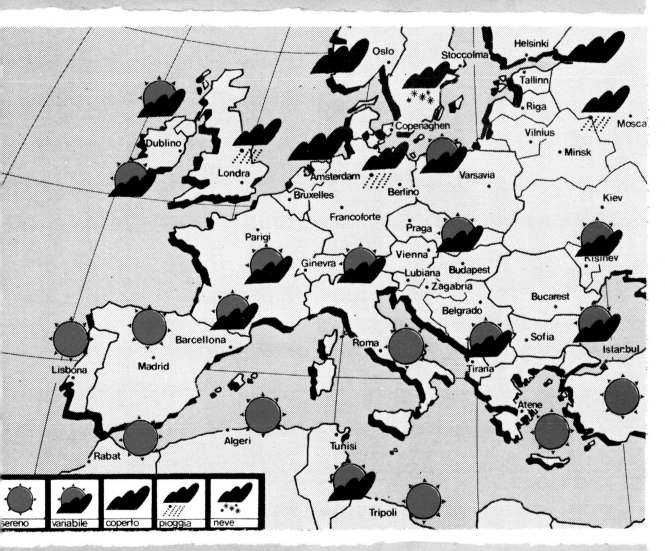

SE sotto la "frontiera" della Pianura Padana, la primavera sta giocando a fare l'estate, più a Nord, le perturbazioni in arrivo dall'oceano Atlantico continuano invece a portare la solita lingua dell'inverno. Anche oggi e, con buona probabilità anche domani, i paesi dell'Europa nord occidentale saranno interessati da piogge e temporali sparsi. Le nuvole saranno più estese e persistenti su Irlanda, Gran Bretagna, sui paesi che si affacciano sul Mare del Nord e sulle coste atlantiche della Francia. Tempo variabile interesserà il resto della Francia, la Svizzera, l'Austria, la Germania, la Polonia, la Cecoslovacchia, l'Ungheria e le repubbliche baltiche. Sulla penisola scandinava e sulla Finlandia potrebbe ancora nevicare, specialmente al di sopra del 60° parallelo, dove l'inverno è tuttora vivo e vegeto. Una bassa pressione molto vasta interessa la Russia, la Bielorussia, l'Ucraina e la Moldavia: qui sono previsti piovaschi (pioggia dalle gocce molto grosse) a carattere sparso. Il tempo si manterrà piuttosto buono sul bacino del Mediterraneo e sul Portogallo. Le temperature sono in aumento su Spagna, Grecia, Turchia, Medio Oriente e sulle coste del nord Africa dove, tuttavia, si formeranno addensamenti nuvolosi sulle zone montuose della catena dell'Atlante. *(c.c.)*

Cura dei fiori
Eliminate subito i fiori quando sono appassiti. Fate attenzione alle piante sensibili alla durata del giorno, come la stella di Natale.

Temperatura
Mantenete una temperatura costante. Evitate le correnti d'aria.

Malattie
Eliminate tutte le radici e gli steli marci e fate un trattamento a base id fungicidi. Trattate preventivamente le piante sensibili al botrytis.

Parassiti
Fate attenzione agli afidi, al ragnetto rosso, ai moscerini bianchi e ai tripidi. Trattate le piante infestate con un insetticida adatto.

Cura delle foglie
Togliete le foglie morte o danneggiate. Smettete di spruzzare acqua sulle foglie.

Annaffiatura
Riducete la quantità d'acqua che date alle piante secondo le loro necessità.

Nutrimento
Smettete di nutrire la maggior parte delle piante. Nutrite le piante che fioriscono in autunno ed in inverno con un fertilizzante potassico.

Trapianti
Non trapiantate le piante in questo periodo.

IN AUTUNNO CURATELE COSÌ

Meno acqua, più insetticida. Via anche foglie e fiori appassiti

● In autunno, la maggior parte delle funzioni vitali rallenta e la pianta si prepara al riposo invernale. Inutile, quindi, sollecitarla con la somministrazione di concimi (a meno che non sia una specie con fioritura in questa stagione) o «traumatizzarla» trapiantandola in un altro vaso. Sarà anche opportuno ridurre la quantità settimanale di acqua, per evitare marciumi al fusto o alle radici. I parassiti più pericolosi in questi mesi sono i tripidi, che con l'accensione del riscaldamento trovano le condizioni ideali per moltiplicarsi: teneteli a bada con un insetticida specifico. E come cura preventiva ricordatevi di togliere sempre dal terreno foglie e fiori appassiti, perché sono il substrato ideale per la crescita di muffe e funghi. Nel disegno di fianco sono indicate tutte le attenzioni da dedicare alle vostre piante in questo periodo dell'anno.

Wordpower 2

Cabbages and things: plant idioms

The origin of idiomatic phrases is usually rooted in the history and culture of a country. The links are sometimes fairly obvious. For example, in English we talk of someone being 'as red as a beetroot', whereas in Italy the expression is 'rosso come un peperone' (a red pepper). Idioms vary with regions, especially in Italy, but many are used and understood nationwide:

il cavolo

Non ci capisco **un cavolo** *(I don't understand a thing)*

Non m'importa **un cavolo!** *(I don't give a damn!)*

Ma che **cavolo** vuoi? *(What the hell do you want?)*

C'entra come **i cavoli** a merenda *(That's totally beside the point)*

Ma perché mi chiedete questo? Non c'entro **un cavolo** io! *(I've got absolutely nothing to do with it!)*

Lui è furbo, riesce sempre a salvare capra e **cavoli** *(He always manages to have his cake and eat it/get the best of both worlds)*

Over to you ...

Find out which of these English idioms can be be expressed in Italian using similar imagery.

He went bananas
She's the apple of her father's eye
She's as fresh as a daisy
Life isn't a bed of roses.

Did you know that some Italian political parties are sometimes referred to by the plants on their logos – **la quercia, il garofano, l'edera** and **la rosa**? – *the oak, the carnation, the ivy* and *the rose*. Look at the logos and see which party is identified with which symbol.

Troubleshooting

you do it   we do it   do it   let's do it

Command forms of the verb can be difficult at first to distinguish from statements, particularly when pronouns are involved:

STATEMENT	COMMAND	STATEMENT	COMMAND
TU		**LEI**	
lo porti	portalo	lo porta	lo porti
lo prendi	prendilo	lo prende	lo prenda
lo fai	fallo	lo fa	lo faccia
VOI		**NOI = Let's**	
lo portate	portatelo	lo portiamo	portiamolo
lo prendete	prendetelo	lo prendiamo	prendiamolo
lo fate	fatelo	lo facciamo	facciamolo

With all commands apart from the **Lei** form, pronouns are attached to the end of the verb. They can, however, precede negative **tu** commands:

Non ti preoccupare   *or*   Non preoccuparti

scusa   scusami   scusi   mi scusi

Everyday Italian is full of common expressions based on the command form:

TU	LEI	TU	LEI
accomodati	si accomodi	scusa	scusi
dimmi	mi dica	scusami	mi scusi
guarda	guardi	senti	senta

dammi   mi dai   mi dia   mi dà

There can be alternatives to common command forms, e.g. when buying and ordering.

With **Lei**, you can choose between:

Mi dia un etto di formaggio	Mi faccia un caffè
Mi dà un etto di formaggio?	Mi fa un caffè?

The command forms, **dia, faccia**, are only used in very formal circumstances.

With **tu**, you can choose between:

Dammi un etto di formaggio	Fammi un caffè
Mi dai un etto di formaggio?	Mi fai un caffè?

The command forms, **dammi, fammi**, are only used when you really know someone well.

Unità 13
PARADISI TERRESTRI

You will be making recommendations and polite requests, asserting your powers of persuasion to find yourself a room and finding out what people think. You'll also talk about your interests and what you liked about your holidays.

Until quite recently Italy could have been described as a paradise on earth – **un paradiso terrestre**. Before the Second World War, Italy's coasts and countryside were not developed for mass tourism and remained spectacularly beautiful: it was only the elite who could enjoy what they had to offer. In the 1930s a holiday was only a dream for the majority of the population, a fact recorded in a popular song of the time: '**Se potessi avere mille lire al mese**' – '*If I could have a thousand lire a month*'. Workers could get away for the day on **treni popolari** at affordable prices, but **la villeggiatura** – a real holiday – remained the province of the well-off.

Places like Portofino began to change only in the 1950s as mass tourism rapidly became a vital part of the Italian economy. Nowadays, over 22 million visitors come to Italy each year. The environmental cost of all this development has proved high: building speculation has ruined much of Italy's natural beauty and in the 1980s, prompted by environmental concerns, many Italians took to seeking **vacanze alternative** in remoter parts of the country: **l'agriturismo** took off, offering special sporting and cultural facilities in simple, rural surroundings, and is becoming even more popular than the traditional seaside holiday of previous decades. In the 1990s, however, many Italians are looking further afield for their garden of Eden and the simple life. Exotic holidays in more distant **paradisi** are now the dream and there are even those who are investing in property on remote and exotic islands.

Interactions I

Ascolta la cassetta per ripassare alcune frasi legate alle vacanze.

1 ❶

Anna Mazzotti has come to Portofino on the Ligurian coast where she is going to have lunch with the mayor, signor Archioli.

focus

Signor Archioli wants to know how long she's staying, but Anna has no definite plans.

a How long is Anna thinking of staying?
b What is her immediate priority?

Sig.Archioli	**Quanto pensa di rimanere?**
Anna	Ma non lo so. Rimango un paio di giorni, penso. Dovrò trovare un albergo prima di decidere. Ma non sarà facile. Lei **cosa ne pensa?**
Sig. Archioli	Se non ha prenotato, penso che avrà delle difficoltà, soprattutto in questa stagione. **Io le consiglierei di** provare l'Hotel Splendido.
Anna	Ah, d'accordo, proverò lì.

in questa stagione   *at this time of year*

key phrases

quanto pensa di rimanere?	*how long are you thinking of staying?*
cosa ne pensa?	*what do you think?*
io le consiglierei di	*I would advise you*

2 ❷

Anna finds the Hotel Splendido and goes in to try her luck.

focus

al completo   *full*

a What kind of room does she ask for first?
b What other two alternatives does she put forward?

Anna	Buongiorno. Avrei bisogno di una camera per due o tre notti.
Portiere	Una singola?
Anna	Sì, mi serve una singola con bagno.
Portiere	Mi dispiace, ma non ce ne sono più, credo. Aspetti un attimo che controllo ... *[checks his book]* No, siamo al completo, mi dispiace.
Anna	Ah, ho capito. Ma **non avete per caso** una singola, senza bagno?
Portiere	No, non abbiamo camere senza bagno.
Anna	Senta, **io sarei anche disposta a** prendere una camera doppia ad uso singolo.
Portiere	Mi dispiace signorina, non ce ne sono più. In questo periodo c'è molta gente a Portofino. Lei **dovrebbe prenotare** in anticipo.

in anticipo   *in advance*

key phrases

non avete per caso ...?	*don't you by any chance have...?*
io sarei anche disposta a...	*I would even be willing to ...*
dovrebbe prenotare	*you should really book*

3 ❸

Anna is resigned to her bad luck and asks for help in finding a room elsewhere. The receptionist is helpful but not optimistic.

focus

disdire	*to cancel*

a What advice is she given by the receptionist?
b How was her predicament resolved?

Anna	Che peccato! Ma **le dispiacerebbe dirmi** se ci sono altri alberghi qui vicino?
Portiere	Ce ne sono. Ma saranno probabilmente al completo. Secondo me, dovrebbe andare un po' fuori zona per trovare una camera.
Anna	Ma, veramente preferirei rimanere a Portofino. Senta, **non sarebbe per caso possibile** chiamare altri alberghi da qui, per sentire se hanno una camera?
Portiere	Sì, come no? ...

A few minutes later , when Anna is sitting on the terrace, the receptionist comes over.

Portiere	Mi scusi signorina. È stata fortunata. Ha appena telefonato un cliente che ha disdetto la camera. Se vuole, **gliela posso dare**.
Anna	**Me la può dare** stasera? Davvero?
Portiere	Certamente. Anche subito.
Anna	Benissimo. Che fortuna! La prendo senz'altro.

ha appena chiamato	*has just called*

key phrases

le dispiacerebbe dirmi ...?	*would you mind telling me .. ?*
non sarebbe per caso possibile?	*wouldn't it be possible by any chance?*
gliela posso dare	*I can give it to you*
me la può dare?	*can you give it to me?*

4 ❹

Having secured herself a room Anna can now relax. She goes to buy some postcards.

focus

a Where is Anna sending her postcards?
b How much do the stamps cost?

Commessa	Buongiorno.
Anna	Buongiorno. Vorrei queste quattro cartoline.
Commessa	Sì. Queste costano quattrocento lire e queste costano mille lire.
Anna	Dovrei mandarle in Inghilterra e in America. Mi potrebbe dire quanto costa il francobollo?
Commessa	Costa seicento lire per l'Inghilterra e novecento per l'America.
Anna	Allora **me ne dà due** per l'Inghilterra a altri due per l'America.
Commessa	Questi sono per l'Inghilterra e questi per l'America.
Anna	Senta, **mi saprebbe dire** dove posso imbucarle?
Commessa	Certo. Dovrebbe andare all'ufficio postale, cinquanta metri sulla sinistra.

key phrases

me ne dà due	*can I have two?*
	[lit. give me two of them]
mi saprebbe dire...?	*could you tell me...?*

Patterns 1

i) Talking about length of stay

Rimanere is used to talk about your length of stay, but **trattenersi** is also common:

Quanto	pensi/a pensate	di rimanere?	*How long are you thinking of staying?*
Quanto	rimani/e?/rimanete? ti trattieni?/si trattiene?/vi trattenete?		*How long are you staying?*

Rimango	un paio di giorni	*I'm staying*	*for a couple of days*
Mi trattengo	quindici giorni		*a fortnight*
Rimaniamo	cinque notti	*We're staying*	*five nights*
Ci tratteniamo	una settimana		*a week*

ii) Getting advice and making recommendations

If you are asking for advice, the verb to use is **consigliare**:

Cosa mi/ci consigli/ia?	*What do you recommend?*

When making recommendations there are various options:

Ti/le/vi consiglierei	l'Hotel Splendido	*I would recommend*	the Hotel Splendido
	il piatto del giorno		the dish of the day
Ti/le/vi consiglio	la pastasciutta	*I recommend*	the pasta

If you need advice on what to do, another useful verb is **suggerire**:

Cosa mi/ci suggerisci/e?	*What do you suggest (I/we do)?*

Ti/le consiglierei di	visitare il museo	*I would advise you to*	*visit the museum*
Ti/le consiglio di	andare a San Fruttuoso	*I advise you to*	*go to San Fruttuoso*

And you can also use the conditional of **dovere** to give advice:

Dovresti	arrivare presto	*You should*	*arrive early*
Dovrebbe	prenotare in anticipo		*book in advance*

See Systems, note 6, p. 113 for further uses of the conditional of **dovere**.

iii) Finding out what others think

If you want to know what others think, use **pensare di**:

Sarà difficile trovare un albergo?	Cosa ne	pensi/a?	*What do you think (about that)?*
Dovrò prenotare in anticipo?		pensate?	

Use **pensare di** to ask someone what they think of something or someone:

Sono stato all'Hotel Majestic. Cosa ne	pensi/a?	*What do you think*	*of it?*
Ho visto Dario Fo/Franca Rame	pensi/a?		*of him/ her?*

Patterns 1

Ho mangiato le trenette.   Cosa ne | pensi/a?   *What do you think* | *of them?*
Ho sentito i Beatles | pensi/a? | *of them?*

See Systems, note 2, p. 111 for the use of **ne** with verbs taking **di**.

iv) Making polite requests

When you're seeking information there are various ways of introducing your request. If you are unsure whether the person has the information, you might use **sapere** with **dire**:

Mi sapresti dire | dove posso imbucarle? *Could you tell me* | *where I can post them?*
Mi saprebbe dire | se bisogna prenotare? | *if you have to book?*

If you are sure, you'll be more likely to use **potere** with **dire**:

Mi potresti dire | a che ora si cena? *Could you tell me* | *what time dinner is?*
Mi potrebbe dire | fino a che ora è aperto il bar? | *until what time the bar is open?*

You can also request information using **dispiacere**:

Ti/le/vi dispiacerebbe dirmi se c'è un albergo qui vicino?
  Would you mind telling me if there's a hotel nearby?

And you can get someone to do something for you using **dispiacere**:

Ti/le dispiacerebbe | portare su | i bagagli?   le valigie?
                    | portarmi | un altro cuscino/asciugamano?/un'altra federa/coperta?
Would you mind | *bringing up* | *the luggage?   the suitcases?*
                    | *bringing me* | *another pillow/towel? another pillowcase/blanket?*

You can also use **ti/le dispiace?** *do you mind?* See Book 1, Unità 8, Patterns 1ii, p. 147.

v) Negotiating and being persuasive

When you're being really persistent with your queries, you can make the polite phrase **avete/ha per caso …?** negative:

Non avete per caso una camera …   *Haven't you by any chance got a room…*
  | singola/doppia? | *single/double?*
  | con bagno/doccia? | *with bath/shower?*
  | con letto matrimoniale?/a due letti? | *with double bed?/with twin beds?*

If you're hoping for a big favour you can use **non** with **sarebbe per caso possibile**:

Non sarebbe per caso possibile avere...   *It wouldn't by any chance be possible to have...*
  una camera | sul davanti/sul retro?   *a room* | *at the front/back?*
             | al primo piano? | *on the first floor?*

Otherwise just use **sarebbe possibile**:

Sarebbe possibile | cambiare camera?   *Would it be possible to* | *change rooms?*
                  | chiamare da qui? | *call from here?*

Patterns I

You may need to make concessions yourself:

Sarei disposto a ...		I would be willing to ...	
prendere una stanza senza bagno		take a room without bath	
pagare	la pensione completa	pay	full board
	la mezza pensione		half board

vi) I can do it for you

Many verbs are used in conjunction with two pronouns. In certain cases they combine to form one word.

La camera, me la puoi/può dare?			Can you give it to me?
Sì, adesso	te la	posso dare	Yes I can give it to you now
	gliela		

Il passaporto, me lo puoi/può restituire?			Can you give it back to me?
Certo,	te lo	restituisco subito	Yes, I'll give it back to you at once
	glielo		

I bagagli, me li puoi/può portare su?			Can you carry them up for me?
Certo,	te li	porto subito	Of course, I'll bring them at once
	glieli		

Le lenzuola, me le puoi/può cambiare?			Can you change them for me?
Certo,	te le	cambio subito	Of course, I'll change them at once
	gliele		

vii) I'll tell you

Lo is often used with verbs like **dare** and **sapere**:

Me lo	dici	domani?	Will you	tell me	tomorrow?
	fai sapere			let me know	
Sì,	te lo	dico	Yes, I'll	tell you	
	glielo	faccio sapere		let you know	

For the changes in spelling see the tables in Systems 12, note 7, p. 106 and Systems, note 3, p. 111–2.

viii) Can you give me some?

If you are talking about giving people certain amounts, the pronoun **ne** is necessary:

Mi dà	un po' di dolce?	Me ne dà	un po'? ... a bit (some) ?
	alcune mele?		alcune? ... a few (some)?
	dieci pere?		dieci? ... ten ?
	un'altra pera?		un'altra?... another one?

Certo,	te ne	do	quanto/a	ne vuole Of course, I'll give you	as much	as you want
	gliene		quanti/e		as many	

For more on **ne** see Book 1, Unità 8, Patterns 1 vi, p.148. For more on *some/any* see Systems 12, note 11ii, p. 108.

Practice 1

Advice, please!

There's plenty of advice flying around. Can you match up numbers with letters and supply these people with the right advice?

a Non so cosa prendere. Cosa mi consiglia?

b Non so dove andare. Cosa mi suggerisce?

c Vorrei andare alla festa di San Giorgio. Cosa ne pensi?

d Ho deciso di andare a Portofino. Cosa ne pensa?

1 Non è una brutta idea, ma dovrebbe prenotare l'albergo.

2 Le consiglierei il piatto del giorno.

3 Ti consiglio di fare un'escursione sul Monte di Portofino.

4 È un'ottima idea, ma dovresti arrivare presto la mattina.

Try your luck

It's peak season and you're having to try your luck in a busy holiday resort: you walk into a hotel to find a room.

Receptionist	Buongiorno, mi dica.
You	*[Say hello and tell him you need a room]*
Receptionist	Una singola?
You	*[Say yes, a single room with a bath].*
Receptionist	Una camera singola con bagno? – Per quante notti si trattiene?
You	*[Say you're staying for ten nights].*
Receptionist	Dieci notti? Ah, mi dispiace, abbiamo una camera libera per una settimana soltanto.
You	*[Oh dear: ask, don't they by any chance have a double room for ten nights?].*
Receptionist	Una doppia? Sì, una doppia ce l'abbiamo. Con doccia, però.
You	*[Say that's fine and ask if he can give it to you]*
Receptionist	Sì, certo, gliela posso dare anche subito.
You	*[Say that's wonderful, you'll take it]*

Stick to your guns

Your triumph has proved to be hollow. The room is horribly noisy – **rumorosa** – and you couldn't sleep. The next morning you come down determined to change it. Listen to the cassette and play your part in the conversation.

Odd one out

1 In which of these places would you be unlikely to find a bed for the night?
un albergo • *un ostello* • *un'osteria*
una pensione • *una locanda* • *una veranda*

2 Which of the following would be unlikely to work in a hotel?
il barbiere • *il cameriere* • *il portiere*
il pompiere • *il parrucchiere*

3 Which of the following would not be used to make your bed?
la coperta • *il cuscino* • *il cestino*
le lenzuola • *la federa*

4 Which of the following would not be found on the dinner table?
le posate • *la tovaglia* • *la vestaglia*
il tovagliolo • *gli stecchini*

Service, please!

This hotel is expensive, but the service could be better. Armed with the key phrases below, listen to the cassette and try to get what you need:

**le dispiacerebbe … mi saprebbe …
mi potrebbe …**

Rip-off

An indignant woman has written a complaint to a weekly magazine column. Look at the letter on p. 53.

1 First, look at the title: what does the problem seem to be?

2 Check out the details: who is the woman writing about?

3 Where exactly did the incident take place?

4 Was anyone else involved?

5 What action would the mother have liked to take?

Portofino inizia la sua storia durante la conquista romana divenendo uno dei centri strategici sul mare. I romani parlano di «Portus Delphini», i greci chiamano i liguri delfini. Il piccolo golfo è conosciuto in tutto il Mediterraneo, viene costruito il «Castrum» el la «Turris» dove i romani lasciano alcune guarnigioni per la difesa del territorio. Tali costruzioni sono di fondamentale importanza per la loro posizione e se ne avrà la riprova durante il periodo storico che vede impegnata Genova contro le maggiori potenze europee.

Nei secoli che seguono, Portofino subisce le incursioni corsare e turche, la sua storia non si discosta da quella degli altri piccoli borghi marinari sparsi lungo la costa ligure. Nel frattempo il primitivo nucleo di costruzione fortificata si trasforma in una vera e propria fortezza e il destino del piccolo borgo si lega indissolubilmente a quello del suo castello nelle fasi alterne del guerre Franco Spagnole e Napoleoniche.

Verso la fine dell'1800 Portofino è scoperta turisticamente degli inglesi colpiti dal suggestivo porticciolo incorniciato da una lussureggiante chioma di vegetazione.

Portofino, nel campo turistico, ha oggi assunto una fama ed un prestigio a livello internazionale. Nelle verdi e tranquille acque del suo porto fanno scalo yachts ed imbarcazioni da diporto a tutti i livelli, compresi quelli di personalità del campo artistico, industriale, politico ecc. che si trovano poi a chiacchierare familiamente sulla piazzetta ed ai tavolini dei caffè.

Portofino

Look at the crest of Portofino and read the accompanying passage from a guide book.

potenze – power

Secolo – century

discosta distant

1 Scan the first paragraph. Does it explain the creature on the crest? – What is it?

2 Skim through the passage one paragraph at a time. What is the main idea in each one? – Circle the tick or the cross as appropriate.

Para (a)   Portofino's history begins with the Greeks.   ✔ ✘
Portofino's history begins with the Romans.   ✔ ✘

Para (b)   As a result of invasions by pirates and Turks, Portofino became a fortified town and was involved in subsequent wars.   ✔ ✘
Portofino remained a primitive village dominated by its castle.   ✔ ✘

Para (c)   Portofino was discovered by the British: towards the end of the eighteenth century;   ✔ ✘
towards the end of the nineteenth century.   ✔ ✘

Para (d)   Portofino is known world-wide as an artistic, industrial and political centre.   ✔ ✘
Portofino is known world-wide for its yachting facilities and celebrities.   ✔ ✘

Una «cartolina» di Champoluc in Val d'A...

Tre cartoline 7 mila lire fatte pagare a una bimba

Mia figlia, di 8 anni, ha fatto una gita a Champoluc in Valle d'Aosta, organizzata dalla parrocchia. Vi hanno partecipato più di cento bambini, accompagnati da alcuni adulti. In un negozio di souvenir ha comprato tre cartoline e le ha pagate 7 mila lire. La stessa cosa è capitata ad altri suoi compagni. Mi chiedo con che coraggio si possono imbrogliare così dei bambini, che ancora non hanno sviluppato il senso del denaro. Mi dispiace solo di non essere meschini per arrivare a tanto. Mi dispiace solo di non poter denunciare l' riuscita a sapere il nome del negozio e non poter denunciare l'accaduto alla Azienda di promozione turistica di Champoluc.

Cinzia Preatoni, Somma Lombardo (Varese)

sviluppare to develop to expand

Wordpower 1

The words and phrases in bold all mean either *early* or *late*. One of them, however, is used twice, as it has another slightly different meaning: which one and what does it mean?

1 Mi dispiace, è troppo **tardi**, dobbiamo continuare domani.
2 Purtroppo il treno arriverà con dieci minuti **di ritardo**.
3 Dovrai partire più **presto** la mattina. Arrivi sempre **in ritardo** per la prima lezione.
4 Ma dovrebbe sempre prenotare **in anticipo**, signore!
5 Che sorpresa! Marco è arrivato con mezz'ora **di anticipo** stamattina. Di solito è l'ultimo ad arrivare.
6 Io preferisco sempre arrivare **in anticipo** per le interviste.

> Key
> **In anticipo** also means **in advance**.

Over to you ...

Make your choice in these sentences: one of the phrases is inappropriate.

1 Mi dispiace se sono **tardi/in ritardo**.
2 Scusa, è troppo **tardi/in ritardo** per cambiare.
3 Devo svegliarmi **presto/in anticipo** domani mattina, ho una riunione.
4 È incredibile! Ieri il treno è arrivato **presto/in anticipo**.

Now look at these two sentences: both options are possible, but the situation in which you would use them is slightly different. Which phrase applies to which situation?

1 Meno male che sei arrivato **tardi/in ritardo**. Non ho ancora preparato la cena.
  a You'd agreed on a time of arrival for supper.
  b It's late in the day. You had simply agreed that you would provide supper
2 Mio fratello ha sempre fretta. È partito **presto/in anticipo**.
  a He left earlier than he said he would.
  b It was early in the day when he left.

The right word for the right situation
camera   stanza   locale   vano   ambiente
In Italy, when you book a room you ask for a bedroom – **una camera** – not **una stanza** (the general word for room).
But if you're buying a house or flat, the advertisement will often describe the number of living areas or rooms, not bedrooms, and refer to **locali** or **vani**: a one-bedroom flat is therefore usually for sale as **2 locali** or **2 vani**. The word **ambiente** is often used to refer to a room or living area, but not in the language of estate agents.

Over to you ...

Some of the words above can be used in different contexts. Try and guess their meanings from the sentences below and check by consulting a good bilingual dictionary.

1 È un **locale** dove si mangia molto bene.
2 Non ho trovato un **locale** adatto per il negozio.
3 Il **locale** è arrivato con molto ritardo.
4 Hanno aperto **un vano** nel muro.
5 È caduto nel **vano** delle scale.
6 C'è stato un **vano** tentativo di salvarlo.
7 Questa poesia ha cinque **stanze**.
8 Edda è cresciuta in un **ambiente** molto tradizionale.

3 VANI
NOCERA INFERIORE - Apparta- mento composto da: soggiorno a vista, 2 camere, cucina, bagno, 2 balconi, ripostiglio
L. 80.000.000

3 LOCALI
LATINA - Via Milano, apparta- mento composto da: sala, 2 ca- mere, cucina, doppi servizi, 2 bal- coni. Box di 30 mq ca.
L. 143.000.00

2 LOCALI
LATINA - Libero, via Sezze, am- mobiliato: sala all'americana con angolo cottura, camera, bagno, balcone. Posto auto di proprietà
L. 92.000.000

3 LOCALI
MADDALONI - Libero, in centro appartamento composto da: in- gresso, soggiorno, cucina, 2 ca- mere, bagno. Cantina
L. 85.000.000

3 VANI
NOCERA INFERIORE - Zona cen- tro, libero, appartamento al 3° pia- no, composto da: soggiorno a vi- sta, 2 camere, cucina abitabile, bagno, 2 balconi. Buono stato
L. 90.000.000

3 LOCALI
LATINA - Libero, via Isonzo: in- gresso, salone, 2 camere, cucina abitabile, doppi servizi, ripostiglio, 3 balconi. Ristrutturato
L. 129.000.000

Interactions 2

5 ⑧

Portofino has a beautiful harbour and is always crowded with tourists enjoying themselves.

> *focus*
>
> Anna talks to three of them to find out if they have liked Portofino and Liguria in general.
>
> | | |
> |---|---|
> | il soggiorno | *stay* |
> | in barchetta | *by boat* |
> | di frequente | *often* |
>
> Sort out what attracts them to the place and put the correct letters in the box below:
>
> a arriving by boat
> b the landscape, the sea and the coast
> c it's always interesting
> Voice 1 ❑; Voice 2 ❑; Voice 3 ❑.

Anna	**Le è piaciuto** il soggiorno a Portofino?
Uomo 1	Certo. Il soggiorno a Portofino **mi è piaciuto** molto. Lo faccio anche di frequente e lo trovo sempre molto interessante.
Donna	Sì, mi è piaciuta molto Portofino. Eh ... siamo venuti in barchetta, siamo ... siamo stati molto bene. Abbiamo preso un po' di sole.
Uomo 2	Della Liguria **mi sono piaciute** tante cose, ad esempio il paesaggio e il mare e soprattutto la costa.

siamo stati molto bene   *we had a very good time*

> *key phrases*
>
> | | |
> |---|---|
> | **le è piaciuto...?** | *did you like ...?* |
> | **mi è piaciuto...** | *I liked ...* |
> | **mi sono piaciute ...** | *I liked ...* |

6 ⑨

Anna discovers from signor Marson, the manager of the Hotel Splendido, that it has been going for 90 years and is still very popular.

> *focus*
>
> a What is unusual about the building?
> b What kind of visitors do they get?

Sig. Marson	Quest'anno abbiamo celebrato i novant'anni dell'albergo come 'Splendido'. Ma l'edificio, è un vecchio edificio del millecinquecento. Un monastero.
Anna	E mi dica, i clienti dell'albergo, da dove vengono?
Sig. Marson	Da tutte le parti del mondo. Noi abbiamo americani, italiani - che sono la maggior parte - e soprattutto fra gli americani abbiamo una grandissima serie di

attori cinematografici o personalità, tra cui, per menzionarne uno, Madonna. Poi abbiamo avuto l'anno scorso Don Johnson e Ringo Starr.

Anna Secondo Lei, **che cosa è piaciuto** di Portofino **a tutte le persone famose** che l'hanno visitata?

Sig. Marson Oggi, la gente, quello che cerca nella vacanza è l'atmosfera e soprattutto il romanticismo. E qui ce n'è fin che uno ne vuole.

tra cui, per menzionarne una	*amongst whom, to mention one*
fin che uno ne vuole	*as much as anyone could wish for*

7 ⑩

The romanticism of Portofino is too close to home for some Italians, many of whom have taken to visiting far-flung exotic places.

focus

Daniela Moroni is a busy architect who has recently been to Zanzibar.

adatto	*suitable*
non essere capace di	*not to be able to*

a Did Daniela like Zanzibar?
b Is she the sort of person to laze on a beach all day?

Antonio Lei va spesso in vacanza?

Daniela Mah, non spessissimo. Qualche volta. Io sono occupatissima durante l'anno, perché sono architetto, poi faccio tanti lavori creativi, e allora ho poi bisogno di riposarmi un po'.

Antonio Ma quando va in vacanza, che tipo di vacanza fa?

Daniela Mah, faccio delle vacanze un po' particolari. Quest'anno **sono stata in Africa.**

I profumi delle spezie di Zanzibar per riconciliarsi con la natura

Antonio Dove?

Daniela L'ultima vacanza l'ho fatta a Zanzibar. È un'isoletta davanti alla Tanzania, c'è un mare stupendo, una spiaggia bellissima. Mi piace proprio quel paesaggio, quel ... quei grandi spazi.

Antonio Le è piaciuto?

Daniela Mi è piaciuto moltissimo, **ne è valsa la pena** veramente.

Antonio E che cosa ne pensa delle vacanze organizzate? Della vacanza ... le due settimane al sole?

Daniela Non sono adatte per me. Per gli altri sì, ma per me, no. Io non sono capace di andare in vacanza e mettermi al sole e stare lì. Ma devo sempre avere un interesse comunque. Son troppo abituata a lavorare tanto durante l'anno che non riuscirei proprio a riposarmi completamente. E quindi devo avere anche l'interesse culturale. E questa è stata questa vacanza, appunto.

un interesse comunque	*some sort of interest*
e questa è stata questa vacanza, appunto	*and that's precisely what this holiday was*

8 ⑪

Daniela's partner, Lorenzo, was also in need of a holiday.

> *focus*
>
> His job as a wine waiter – **sommelier** – is stressful.
>
> | | |
> |---|---|
> | il Capodanno | *New Year* |
> | troncare | *to make a break* |
> | ne aveva bisogno | *you needed it* |
>
> *a* What did he like best about Zanzibar?
> *b* Why did he choose to go there?

Antonio	Che cosa le è piaciuto di più a Zanzibar?
Lorenzo	Mi è piaciuto molto il fatto che è una cosa completamente diversa da qua.
Antonio	Quindi **è stato molto bene**?
Lorenzo	Sì, **sono stato molto bene**.
Antonio	E ne è valsa la pena?
Lorenzo	Decisamente ne è valsa proprio la pena. Perché Zanzibar è decisamente un bel posto.
Antonio	Ma perché ha scelto Zanzibar? Perché non poteva andare in un luogo più vicino?
Lorenzo	Un po' perché era mio desiderio fare il Capodanno in un posto bello caldo, e un po' per troncare con il mio solito lavoro, che è il lavoro del ristorante, quindi in mezzo alla gente, in mezzo alle persone che chiamano, ordinano …
Antonio	E di questa vacanza ne aveva quindi proprio bisogno.

Lorenzo	Sì, ne avevo decisamente bisogno, visto che erano parecchi … era un paio d'anni che non … che non facevo vacanza, a causa, appunto, di questo lavoro.

perché non poteva andare?	*why couldn't you go?*
era mio desiderio	*it was my wish*
era un paio d'anni che non facevo vacanza	*I hadn't had a holiday for a couple of years*

> *key phrases*
>
> | | |
> |---|---|
> | **è stato molto bene?** | *did you have a very good time?* |
> | **sono stato molto bene** | *I had a very good time* |

9 ⑫

Daniela and Lorenzo are discussing their interests. Daniela thinks she could pursue some of them in Zanzibar, while Lorenzo is keen on things closer to home.

> *focus*
>
> sia … che   *both … and*
>
> *a* Does Lorenzo have any interests connected to his work?
> *b* What is Daniela's main interest?

Antonio	Di che cosa s'interessa, oltre al lavoro?
Lorenzo	Mah, normalmente, oltre al lavoro, sempre rimanendo nel campo del vino, **mi interesso** così, **delle … di** notizie sulle produzioni, su produttori, ciò che succede nel mondo del vino, sia in Italia che – che so – in Francia e in Germania; e poi, così, come hobby mi piace molto il cinema, il teatro, il balletto.
Antonio	Quindi Lei ha molti interessi?
Lorenzo	Sì, parecchi, però a causa del lavoro non posso seguirli tutti quanti.
Antonio	[*To Daniela*] Lei ha molti interessi?

Daniela	Sì, però molti li potrei coltivare là. Per esempio, fare degli oggetti con le mani, di ceramica. Io ho anche coltivato quest'hobby, quindi perché no?
Antonio	Ah, Lei **è interessata alla ceramica**?
Daniela	**Sono interessata alla ceramica**, e là ci sono anche delle possibilità di fare queste cose.
Antonio	**Di che cos'altro s'interessa?**
Daniela	Di teatro - ho fatto scenografie, ho fatto un sacco di cose creative, ho disegnato mobili, ho disegnato oggetti, tantissime cose.

ciò che	*what*
che so	*let's say*
un sacco di	*loads of*

key phrases

m'interesso di	*I'm interested in*
è interessata alla ceramica?	*are you interested in pottery?*
sono interessata alla ceramica	*I'm interested in pottery*
di che cos'altro s'interessa?	*what else are you interested in?*

Patterns 2

i) Saying what you liked

To say what you liked, use the **passato prossimo** of **piacere**:

Che cosa	ti / le	è piaciuto	di Portofino? / della Scozia?	*What did you like about*	*Portofino? / Scotland?*

Mi è piaciuto	il paesaggio/il mare	*I liked*	*the landscape/the sea*
Mi è piaciuta	la gente/la costa		*the people/the coast*
Mi sono piaciuti	i prati/i laghi		*the meadows/the lakes*
Mi sono piaciute	le scogliere/le colline		*the cliffs/the hills*

The past participle **piaciuto** changes according to the subject, i.e. what was liked:

Silvia, ti è piaciuto il tuo soggiorno?	*Silvia, did you like your stay?*
Signor Sarti, le è piaciuta la città?	*Signor Sarti, did you like the town?*
Marco e Aldo, vi sono piaciute le cascate?	*Marco and Aldo, did you like the waterfalls?*

See Systems, note 1, p. 110-111.

ii) Saying you liked being in a place

The verbs **stare** and **trovarsi** can both be used for saying you liked being in a place:

Sei/ È stato bene	a Zanzibar?	*Did you like it*	*in Zanzibar?*
Siete stati bene	in Italia?		*in Italy?*

Ti sei/ Si è trovato bene	in Liguria?	*Did you like it*	*in Liguria?*
Vi siete trovati bene	a Portofino?		*in Portofino?*

iii) Saying where you have been

Stare is frequently used to say where you have been:

Dove sei/è stato in vacanza?	*Where did you go on holiday?*
Dove siete stati in vacanza?	

Patterns 2

Sono stato	in Africa/Italia	I went/have been	to Africa/Italy
Siamo stati	in Piemonte/Sardegna	We went	to Piedmont/Sardinia
	in un bellissimo posto		to a very beautiful place
	a Zanzibar/Capri/Roma		to Zanzibar/Capri/Rome

See Reference III 2–4, p. 245–6 for the use of **in** and **a**.

iv) Talking about your interests

You can use **interessarsi di** or **essere interessato a**:

Di che cosa	ti interessi?	What are you interested in?	
	si interessa?		
Mi interesso	di ceramica	I'm interested in	pottery
	dei mass media		the mass media
Sono interessato	all' alpinismo	I'm interested in	climbing
	alla pesca subacquea		underwater fishing
Di che cos'altro	ti interessi?	What else are you interested in?	
	si interessa?		
Sono	un appassionato di teatro	I'm very keen on	theatre
	un' appassionata di lirica		opera
Vado matto per	i film dell'orrore	I'm crazy about	horror films
Vado pazzo per	i musical		musicals

v) Saying it was worth it

When assessing whether something is worth it, use **valere la pena di**:

Vale la pena di andare a Zanzibar, ne vale veramente la pena.
It's worth going to Zanzibar, it's really worth it.

And if it was worth it, you use the past of **valere**:

È valsa la pena di andare a Zanzibar, ne è valsa veramente la pena.
It was worth going to Zanzibar, it was really worth it.

For the use of **ne** with similar expressions, see Systems, note 2, p. 111.

Practice 2

Flying the nest

The teenage son of a friend of yours is coming to stay. Read this letter from his mother and make a mental note of the questions you could ask him about his holiday.

Silvio ha 18 anni e ormai ha scelto di andare in Umbria in un centro di agriturismo. È un appassionato della natura – degli animali selvatici soprattutto – per cui il posto gli dovrebbe andare bene. Credo che gli sarà possibile frequentare dei corsi – di teatro, di ceramica eccetera, ma non è molto interessato a queste cose. Comunque, l'importante è che Silvio sembra contento. Spero che le cose andranno bene. E tu, come stai?

How did it go?

Now you find out how things actually went. Take part in the conversation with Silvio. In the light of his mother's letter, do you discover anything which surprises you?

You	Senti, Silvio, tu sei stato in Umbria, vero?
Silvio	Sì, ci sono stato in vacanza quasi due mesi fa.
You	*[Ask him where exactly he went]*
Silvio	Ah, sono stato in un centro agrituristico che si chiama Alcatraz, in un paesino vicino a Gubbio.
You	*[Sounds lovely: ask him if he liked it]*
Silvio	Eh sì, mi sono trovato benissimo. Ho frequentato due corsi – uno di ceramica e l'altro di teatro.
You	*[Hmm ... ask him if he liked them.]*
Silvio	Tanto – mi sono piaciuti tantissimo e ho imparato molto.
You	*[Sounds very virtuous! But did he enjoy himself?: ask him]*
Silvio	Certo che mi sono divertito!
You	*[Say 'good' and ask him what else he's interested in]*
Silvio	Ma io sono un appassionato della natura, e lì, ad Alcatraz, si vedono tanti animali selvatici: ho visto addirittura un tasso!
You	*[A badger, wonderful: tell him he's lucky, you've never seen a badger]*

Le vacanze? ⑮

Now it's your turn to talk about your holiday. Listen to the cassette and take part in the conversation.

Profile ⑯

Listen to the hotel owner Elisabetta Lombardo talking about her work.

Your kind of holiday

Read the chart to discover what types of holidays Italians prefer.

1 **a** According to the survey, what type of holiday do they like best?

  b What type of holiday do they like least?

2 Think about your own preferences: what type of holiday do you like best? And which do you like least?

LE VACANZE PREFERITE DAGLI ITALIANI

	Molto	Abbastanza
crociera	39	32
soggiorno in albergo	26	41
viaggio organizzato	24	38
viaggio non organizzato	29	32
villaggio turistico	25	35
casa	17	38
campeggio	11	14

FONTE: EURISKO

SONDAGGIO. *Le vacanze secondo gli italiani.*

Getting away from it all

*Unlike a statistical table, the **wording** in an advertisement is particularly important: it is designed to appeal to the emotions as well as the mind. Look at the following advertisements and decide what kind of traveller each appeals to.*

Leave it to us

Look at the first advert below.

1 What does the title mean, literally? What is it meant to suggest about **Ventaclub**?
   a It is experienced and knowledgeable
   b It offers adventures in uncharted territory

2 Skim through the rest of the text. What kind of people is it appealing to?
   a the young, dynamic and ecologically - minded, ready to rough it and go native?
   b the young, dynamic and ecologically-minded who are are still wedded to their creature comforts?

3 What do you think the reference to **i vostri gusti...in cucina** is designed to communicate?

4 What do you think **suggestivo** means?

> approdare,   *to land*

Chi sa girare il mondo sa dove fermarsi.

VentaClub
by I Viaggi del Ventaglio
VACANZE ITALIANE

È approdato con I Viaggi del Ventaglio negli angoli più suggestivi del globo. Si è fermato su spiagge meravigliose, baciate dal sole e accarezzate dal mare. Si è attorniato di gente simpatica e allegra. Ha rispetto delle usanze locali e dell'armonia dell'ambiente, senza dimenticare i vostri gusti. Nemmeno in cucina. È VentaClub: l'amico ideale per le vacanze degli italiani.

Dream come true

Now look at this advert

1 Read the title and first sentence: in what part of the world and in what season is the cruise in operation?

2 Skim through the rest of the text. Can you put the main selling points in order of personal importance?

3 Is the cruise ship really **un autentico gioiello**?

4 What kind of people is the advert appealing to? In this context consider the phrase: **sfilerà davanti ai vostri occhi** and the use of the future tense: what effect does this have?

Grande Crociera in Estremo Oriente

Via dall'inverno, verso Oriente.

Una crociera che riscopre il puro piacere di viaggiare.

Tutto quello che può offrire l'Oriente sfilerà davanti ai vostri occhi. Antiche civiltà e avveniristiche metropoli si alterneranno in un fantastico itinerario che tocca, dal 20 dicembre al 2 aprile, ben venti Paesi diversi. Questo fa della Grande Crociera in Estremo Oriente un avvenimento unico.

Viaggerete su un autentico gioiello, la Daphne, una nave elegante come uno yacht, capace di arrivare là dove nessun'altra nave arriva. Un numero contenuto di passeggeri, avvolti in un'atmosfera confortevole e brillante, potranno abbandonarsi al fascino di un mondo davvero lontano dal nostro.

Wordpower 2

Multiple meanings

Many words have acquired several, often related, meanings. Can you work out the various meanings of the following words?

1 Le è piaciuto il suo **soggiorno** a Portofino?

2 Per rimanere a lungo in America, bisogna chiedere un permesso di **soggiorno**.

3 Ho lasciato il giornale sul divano nel **soggiorno**.

4 Mio nonno è andato in **pensione** l'anno scorso.

5 Sono stato fortunato. A San Fruttuoso ho trovato una **pensione** con prezzi ragionevoli per cui ho deciso di prendere la **pensione** completa.

6 È un bravissimo **portiere**. Non lascia mai passare un gol.

7 Ha trovato lavoro come **portiere** in un grande albergo.

8 Il mio **paese** preferito è l'Italia.

9 Sono nato in un piccolo **paese** in provincia di Imperia.

10 Sono arrivato in ritardo e lui mi ha mandato a quel **paese**.

11 Usate anche voi l'olio di oliva? Si vede che tutto il mondo è **paese**.

Over to you ...

Words often have a literal and a metaphorical or figurative meaning: for example, in the advertisement '**Chi sa girare il mondo**' p 61 the beaches are 'kissed' by the sun and 'caressed' by the sea. Which of the above words are being used in a figurative sense?

When you have time look up **brillante, batteria, macchia, palazzo, pianta, posto, tasso** and **voce**. How many different meanings you can find? Are any of them figurative?

Troubleshooting

The common dictionary definitions of **stare** – *to be, to stay, to remain*, do not always help you to use the verb. Its uses are best learned in context.

stare		*essere*	
Come sta?	*How are you?*	Com'è?	*What's it like?*
Come stanno?	*How are they?*	Come sono?	*What are they like?*
Sta bene	*He/she is well*	È buono	*He/she is kind. It is nice*
Sto zitto	*I am/keep quiet*	Sono stufo	*I am fed up*

When using **stare** and **essere** to talk about location or position, it can be helpful to think of **essere** as signifying *happening to be* and **stare** as *intending to be* or *to live*.

Dove stai (di casa)?	*Where do you live?*	Dove sei?	*Where are you?*
Sto in via Manin	*I live in via Manin*	Sono in via Manin	*I'm in via Manin*
Perché stai a Roma?	*Why do you live in Rome?*	Perché sei a Roma?	*What are you in Rome for?*
Domani sto a casa	*Tomorrow I'm staying*	Domani sono a casa, non in ufficio	
per riposare	*at home, to rest*	*Tomorrow I'll be at home, not in the office*	

stare	*rimanere*	*trattenersi*

Stare can be a near synonym of **rimanere**:

Domani rimango a casa per riposare	*Tomorrow I'm staying at home to rest*

However, when emphasising duration of stay use **rimanere** or **trattenersi**:

Quanto rimane?/si trattiene?	*How long are you staying?*
Rimango/mi trattengo un mese	*I'm staying a month*
Quanto è rimasto/si è trattenuto?	*How long did you stay?*
Sono rimasto/mi sono trattenuto un mese	*I stayed a month*

stare	*andare*

In the past tense, **stare** can be a near synonym of **andare**, but its uses are wider, including not only the idea of motion but also of being in a place:

Dove sei stato/andato?	*Where have you been?/did you go?*
Sono stato/andato a Roma	*I have been/went to Rome*
Sono stato in un bellissimo posto	*I stayed in a beautiful place*
per una settimana	*for a week*

IL SENSO STORICO

You will be improving your descriptive and investigative powers by taking a look at some objects and places of interest . . . you'll find out about their origins and what has happened to them. You will also be talking about historic events and what used to happen.

With its 801 museums and plethora of **città d'arte** – artistically important towns – many of them little known, contemporary Italy is steeped in its past and is rightly renowned as the treasure house of Europe. It has the richest store of works of art – **beni culturali** – per square mile in the world, much of it lying uncatalogued in museum basements because of the inefficiency of government departments, which until recently used to be dominated by political patronage.

This situation is now changing, but it is in any case the private individual's sense of history – **il senso storico** – which has done a great deal to preserve the glories of the past. Private firms have helped to finance the restoration of crumbling buildings and rescue priceless works of art. This private concern for the preservation of Italy's treasures is fuelled by a deep-rooted respect for the twin traditions of art and craftsmanship – **l'arte e l'artigianato** – which have under-pinned Italy's great artistic heritage. These traditions are combined in the long-established **botteghe artigiane** – the painters' and craftsmen's workshops which go back to medieval times. These were thriving economic enterprises where sculptors, painters, goldsmiths, picture framers, mosaic makers, manuscript illustrators and carpenters underwent training, and often mastered several arts. Nowadays the **senso storico** is evident in the survival of the proud tradition of the **botteghe**.

Interactions I

Ascolta la cassetta per ripassare un po' di vocabolario artistico.

1 ❶

In a small Florentine street, Anna visits the workshop of Renzo Scarpelli, an expert in the art of making mosaics, an activity which goes back to the Medici family in renaissance Florence.

focus

Anna has come to watch Renzo Scarpelli at work.

rinascimentale	*renaissance (adj.)*
tramandare	*to hand down*
la lavorazione	*creation, working*
le botteghe artigiane	*craftsmen's workshops*

a Where did Renzo Scarpelli learn his craft?
b How old was he when he began?

Anna	Signor Scarpelli, **a quando risale** la tradizione dei mosaici?
Sig. Scarpelli	E ... la lavorazione dei mosaici è iniziata nel periodo rinascimentale, con la famiglia dei Medici. Poi si è tramandata nel tempo fino ad oggi, tramite le botteghe artigiane.
Anna	Ma Lei da chi ha imparato?
Sig. Scarpelli	Io ho imparato in una di queste botteghe artigiane, qui a Firenze e ho iniziato all'età di tredici anni.

Anna	**Ci vuole molto tempo** per imparare?
Sig. Scarpelli	Sì. È molto difficile, perché dobbiamo imparare a conoscere un'infinità di materiali, e la tecnica di lavorazione, che è molto complessa.
Anna	Mi potrebbe far vedere come si fa?
Sig. Scarpelli	Certo. Possiamo passare al laboratorio.

è iniziata	*began (lit. has started)*
tramite	*via, by means of*
ho iniziato	*I began*
al laboratorio	*to the workshop*

key phrases

a quando risale?	*when does it date from?*
ci vuole molto tempo?	*does it take long?*

2 ❷

Anna is shown round the premises by Renzo Scarpelli as he demonstrates the main stages in the mosaic – making process.

focus

Anna is shown two stages of cutting: the rough cut to prepare the stones, and the finer cut to etch out the designs.

le pietre	*stones*
le fette, le lastre	*slabs*
la morsa	*vice*

a What is the main quality needed to be a mosaic-maker, according to Scarpelli?
b How does he feel about his job?

Sig. Scarpelli	Prego, si accomodi.
Anna	Grazie.*[They go into the workshop]*
Sig. Scarpelli	Questa è la prima fase di lavorazione in cui tagliamo le pietre a fette per la lavorazione del mosaico… Ecco fatto, adesso andiamo di là.
Anna	Bene. *[They move to the adjoining room]*
Sig. Scarpelli	Si accomodi.
Anna	E questo **a che cosa serve?**
Sig. Scarpelli	Questa è la morsa che serve per tagliare le lastre di pietra.
Anna	Ah, ho capito.
Sig. Scarpelli	E con questa polvere abrasiva con acqua, iniziamo il taglio.
Anna	Ma … **ci vuole** molta **pazienza?**
Sig. Scarpelli	Sì, certo. È un lavoro che richiede molta pazienza. Essendo un lavoro molto difficile da imparare, con delle fasi di lavorazione molto lunghe, sinceramente serve un'infinità di pazienza per poterlo fare.
Anna	Ma **le piacerebbe** cambiare mestiere?
Sig. Scarpelli	No, assolutamente. Mi è sempre piaciuto questo lavoro. Non lo cambierei assolutamente.

in cui	*in which*
ecco fatto	*that's done, that's that*
essendo	*as, since it is*

key phrases

a che cosa serve?	*what is it used for?*
ci vuole …pazienza?	*does it take…patience?*
le piacerebbe…?	*would you like…?*

3 ③

Dante Pancheri is a craftsman of a different kind. He is a photographer who has built up *Fotozoom*, a photographic business in an old tannery, which he restored four years ago and converted to an open-plan design.

focus

With the hum of his machinery in the background, Dante talks about his shop.

una conceria di pelli	*tannery*
un locale, un ambiente	*room, working area*
una tramezza	*beam*

a When does the building date from?
b How many working areas are there now, and how many were there before the conversion?

Antonio	Questo negozio, **che cosa era** prima di essere un negozio di fotografia?
Dante	Allora, c'è un negozio di fotografia da circa quarant'anni e prima ancora si dice ci fosse una conceria di pelli, ma per questo dobbiamo risalire indietro a inizio secolo, praticamente.
Antonio	Quanti anni ha questo locale?
Dante	Risale al 1700 circa.
Antonio	Sì.
Dante	Il negozio si compone di una … di due ambienti: uno principale in cui

avviene lo sviluppo e stampa della fotografia vera e propria e uno secondario, più piccolo, che funziona da sala di posa. Fino a quattro anni fa questo negozio era strutturato molto diversamente, era diviso in tre locali, praticamente. Cioè, **c'era** un punto vendita, poi c'era una tramezza e poi c'era una sala di posa e di là **c'erano** due ambienti: una camera oscura e un retrobottega.

si dice ci fosse	it is said there was
in cui avviene lo sviluppo e stampa	in which the development and printing takes place
vera e propria	actual
una camera oscura	dark room
un retrobottega	backshop, storeroom

key phrases

che cos'era? *what was it?*
c'era *there was*
c'erano *there were*

4 ④

Dante describes some of the details of the conversion. The building is striking inside because of the high redbrick ceiling which contrasts with the white walls.

focus

To achieve this effect Dante had to gut much of the inside.

ristrutturare	to convert
sia ... che	both ... and
il controsoffitto	false ceiling
i mattoni	bricks

a What did he have removed?
b Did he have anything done to the original brick ceiling?

Dante Quattro anni fa abbiamo deciso di ristrutturare il negozio e quindi abbiamo eliminato tutto, sia il controsoffitto che copriva i mattoni, che tutte le tramezze che limitavano l'ambiente, insomma.

Antonio È molto, molto, bello, è molto interessante. **Come avete fatto a** rendere il colore del mattone così vivo?

Dante Allora, **è stato** prima **scrostato** completamente con scalpello e martello. Poi **è stato sabbiato,** cioè, con una macchina speciale che spruzza non proprio sabbia, ma materiale molto simile, **è stato ripulito** completamente.

copriva	used to cover
limitavano	restricted, cluttered up
lo scalpello	chisel
il martello	hammer
spruzza	sprays

key phrases

come avete fatto a... *how did you...?/ what did you do to...?*
è stato scrostato... *it was scraped...*
sabbiato/ripulito *sanded/cleaned up*

Patterns 1

i) Talking about what you would like to do

To ask people if they would like to do something, use the conditional of **piacere**:

Ti/le piacerebbe	cambiare mestiere?	Would you like to	change your job?
	diventare arredatore?		become an interior designer ?
	fare l'architetto?		be an architect?

And the answer you receive might be:

No, non mi piacerebbe	affatto	No, I wouldn't like it	at all
	per niente		one bit
Sì, mi piacerebbe	tantissimo	Yes, I'd	love it
	da morire		absolutely love it

ii) Asking and saying what it takes

The verb **volerci** can be used to talk about a variety of requirements as well as how long it takes. See Unità 12, Patterns 2ii, p. 40–41.

Ci vuole	molta pazienza/energia	You need	a lot of patience/energy
	molto entusiasmo		a lot of enthusiasm
Ci vogliono	molti esperti	You need	many experts/
	molte persone impegnate		many committed people

Volerci is also common when you're giving someone a recipe:
Ci vuole molto zucchero; ci vogliono tre uova

See also Troubleshooting, p. 81.

iii) Describing what things were like

When describing what something was once like, or used to be like before, you will find the imperfect of **essere** very useful. The key forms are **era** and **erano**:

Il negozio,	**che cos'era,** prima?	What was it/did it used to be before?
Il negozio,	**com'era,** prima?	What was it like/did it used to be like before?
Al primo piano, **che cosa c'era?**		What was there on the first floor?

Era	una conceria di pelli	It was	a tannery
	una stalla		a stall, cowshed

Era diviso in tre locali	It was divided into three rooms
C'erano due ambienti	There were two working areas

For more on the imperfect tense see Patterns 2 iii, p. 77 and Systems, note 2, p. 116.

iv) Asking someone how they did something

Use **fare a**:

Come hai/ha fatto a	rendere il colore così vivo?	How did you	get the colour so bright?
	creare tanto spazio?		create so much space?

Patterns 1

To say what was done, you can use the **passive**:

Il camino è stato	scrostato rifatto	The fireplace was	scraped remade
La parete è stata	aggiunta abbattuta	The wall was	added knocked down
I pavimenti sono stati	sabbiati verniciati	The floors were	sanded varnished
Le piastrelle sono state	pulite restaurate	The tiles were	cleaned restored

For an explanation of the passive in the **passato prossimo** see Patterns 2 ii, p.76 and Systems, note 1, p.115–6.

If you say what you got done or had done (i.e. by someone else) use **ho fatto** followed by the infinitive of the verb you want:

| Ho fatto | costruire una finestra
imbiancare le pareti
riparare il tetto
ristrutturare la cucina | I got/had | a window built
the walls painted
the roof mended
the kitchen converted |

See Systems, note 9, p. 119.

v) Dating buildings and objects

To find out when something dates from, use **risalire a** (*to go back to*):

A quando risale	il chiostro? la cappella?	When does	the cloister chapel	date from?
A quando risalgono	gli affreschi? le sculture?	When do	the frescoes the sculptures	date from?
Risale	al Quattrocento/al quindicesimo secolo al 1492 al secolo scorso alla metà del '700	It dates from	the 15th c. 1492 the last century the mid 18th c.
Risalgono	all'Ottocento/al diciannovesimo secolo al 1860 agli anni Trenta/Quaranta	They date from	the 19th c. 1860 the 30s/40s

Quattrocento, Ottocento, etc., are often written: '400; '800. For more on dates, see Reference II, 3–4, pp. 244–5.

vi) Describing and talking about objects

Asking what it is used for:

| Questo | aggeggio/arnese
pedale | a che cosa serve? | What's this | gadget/tool
pedal | for? |
| Questa | manopola
lancetta | | | knob
hand | |

Patterns 1

Questi	bottoni	a che cosa servono?	What are these	push-buttons	for?
	quadranti			dials	
Queste	luci			lights	
	frecce/rotelle			indicators/cogs	
Serve per	tagliare la pietra		It's used for	cutting the stone	
	abbassare la luce/il volume			turning down the light/volume	
Servono per	suonare più piano		They're used for	playing more softly	
	aumentare la luce/il volume			turning up the light/volume	

Asking what it is made of:

Di che cosa	è fatto?		What's it	made of?
	sono fatti?		What are they	
È di	pietra/marmo/vetro		It's made of	stone/marble/glass
	gesso/legno/avorio			plaster/wood/ivory
Sono di	oro/argento		They're made of	gold/silver
	rame/ottone			copper/brass

Asking who it belongs to and who it's by:

Di chi	è?		Whose	is it?
	era?			was it?
È di mio nonno			It's my grandfather's	
Era della mia bisnonna			It was my great grandmother's	

Di is used where English uses *by* with authors, painters, etc:

Il libro,	di chi è?		Who is	the book	by?
Il dipinto,				the painting	
È di	Sciascia		It's by	Sciascia	
	De Chirico			De Chirico	
È un film di Carlo Ponti			It's a film by Carlo Ponti	

Practice 1

Something old ... ⑦

You're at an auction preview trying to select an antique wedding present for a friend. You overhear the auctioneer describing three objects for sale and you work out what each item is, with the help of the catalogue drawings. You need to know:

a What are they made of?

b When does each date from?

Heirlooms

You're visiting the house of friends for the first time. Your eye is caught by an old oil lamp and a sewing machine. First ask the questions below and then find the appropriate answer from the ones given.

The lamp

a Whose is it?
b When does it date from?
c What's it made of?

The sewing machine

d Whose was it?
e Is it very old?
f What are the pedals for?

1 Sì, abbastanza. Risale al primo '800, circa.
2 Ma non è tanto antico. Risale al secolo scorso, credo.
3 Era della mia bisnonna.
4 È mia. Me l'ha lasciata la nonna.
5 È di ottone, sicuramente.
6 Non lo so di preciso. – Non so cucire.

Conversion

You're very pleased with yourself. Your place has really been transformed. Tell your visitors what was done:

1 The inside walls were knocked down
2 The floors were sanded and varnished
3 The fireplace was cleaned and restored
4 You got a new window built
5 You got the roof repaired

Rural Idyll

Your friends from Turin have decided to give up the rat–race, move to the country and convert an old Tuscan farmhouse. Find out what it was like before. Listen to the cassette and take part in the conversation.

Valuation

Below are two letters from a regular magazine feature on antiques.

1 Skim through both letters: when does each object date from and what region does each come from?
2 Skim through the answers to both letters. Which is the more valuable item?

Un antico «fortepiano»

Possiedo da molto tempo questo strumento fabbricato a Parma nel 1787 da Antonio Gherardi. La cassa armonica è molto malridotta e al mobile mancano le gambe. Gradirei conoscerne il valore commerciale.

Stefania Benecchi, Parma

● È un vero peccato che il suo fortepiano sia così danneggiato. Il fortepiano è il parente prossimo del pianoforte, la sua origine risale alla fine del XVII secolo ed è legata al nome del padovano Bartolomeo Cristofori (1655-1732). In queste condizioni lo strumento in suo possesso può comunque essere valutato una cifra compresa tra un milione e mezzo e due milioni.

È splendido, e di metà '700

Ho sempre visto in casa questo cassettone piemontese che ora ho ereditato. So per certo che apparteneva ai miei dalla metà del '700. I visi e le mani delle figurine intarsiate sono d'avorio. Vorrei conoscere il valore del mio cassettone.

Fabio Ferandi, Torino

● Non posso che farle i complimenti per la bellissima commode piemontese che risale proprio alla data da lei suggerita. Dovrebbe essere lastronata in noce con intarsi in acero, bois de rose e avorio. Questo particolare tipo di intarsio è detto «alla maniera del Prinotto» dal nome di un noto ebanista piemontese che lavorava alla corte dei Savoia attorno al 1730. Il cassettone può essere valutato anche più di 30 milioni.

PROFESSIONI D'OGGI

Mani d'artista e rigore scientifico

Restaurare opere antiche: un mestiere di alta specializzazione. Sempre più richiesto anche all'estero

SI COMINCIA COSÌ

...tare restauratrice le strade sono due: si può acquisire un diploma presso le scuole di restauro del ministero dei Beni culturali e ambientali, gli istituti privati o i corsi di formazione organizzati dalle Regioni. Oppure fare la gavetta in una bottega d'arte, iniziando come apprendista. In questo caso è sufficiente aver compiuto 15 anni ed essere in possesso della licenza media. Ecco alcuni indirizzi della scuola dove si apprendono i segreti del restauro: Istituto centrale del restauro, via San Michele 23, Roma (06/5813675); Opificio delle pietre dure, viale Strozzi 1, Firenze (055/470991); Istituto per l'arte e il restauro, borgo Santa Croce 10, Firenze (055/2345898); Università internazionale dell'arte, via delle Forbici 24, Firenze (055/570216); Scuola regionale per la valorizzazione dei beni culturali-Enaip Lombardia, via Panoramica 42, Botticino, Brescia (030/2691541); Scuola regionale del restauro, Villa Manin, Passariano, Udine (0432/904800); Scuola di restauro del mosaico, via San Vitale 17, Ravenna (0544/34424).

UNA VITA, UNA STORIA

Per mercatini d'antiquariato

Fino a tre anni fa, moglie e mamma a tempo pieno. Oggi, restauratrice affermata di mobili e oggetti d'arte. Ma dietro la svolta di Adriana Martino, 50 anni, napoletana d'origine trapiantata a Lissone, in provincia di Milano, non c'è nulla di improvvisato. Alle spalle ha una lunga e severa preparazione, maturata in anni di studio.

Quando ha imparato?

«Avevo 28 anni e vivevo a Roma, quando ho deciso di coltivare questa mia grande passione. Accompagnavo i bambini a scuola e poi correvo in bottega, da un famoso restauratore romano, a imparare tutti i trucchi del mestiere. Questa esperienza sul campo è durata dieci anni, arricchita da corsi di storia dell'arte e di antiquariato».

Com'è andata agli inizi?

«Da principio era solo un hobby: restauravo mobili per me, per gli amici. Quando mi sono accorta che in famiglia non ero più così indispensabile, mi sono decisa ad aprire un laboratorio e a diventare restauratrice full-time».

In che modo è riuscita a catturare la clientela?

«Lavorando nei mercatini dell'antiquariato, la domenica mattina, la gente passa e si ferma a osservarmi mentre sono all'opera. Così mi valuta per quello che faccio».

Quali sono i pro e contro?

«Gli aspetti negativi sono stati di tipo amministrativo-burocratico. E li ho superati facendomi aiutare da un commercialista e frequentando un corso di imprenditoria organizzato dalla Camera di Commercio di Milano. Le gioie, invece, sono continue. Per me il restauro è una magnifica avventura. Come quella volta che ho sverniciato due brutti candelieri e ho scoperto che erano del Settecento veneziano. È stato un momento di grande emozione».

Si comincia cosi

Look at the top feature on p. 72.
This weekly magazine regularly offers career advice to women.

1 Scan the headings and first sentence of the article: what job is being discussed this week?
2 What two ways are there of learning to do this job?
3 What is the minimum age requirement? Does it apply to both methods of learning the job?

la licenza media	*the basic school leaving certificate obtained at 14*

Una vita, una storia

Look at the second feature.
1 Get a rapid overview of the contents: first, concentrate on the questions in bold type: what is the woman being asked?
2 Now read the first paragraph: what has she achieved?
3 Skim through the rest of the article to find out:
   a how she began to learn and how long it took
   b when she decided to set up a business and how she attracted a clientèle
   c whether the advantages outweigh the disadvantages of the job.

Wordpower 1

Suffixes

The sense of many nouns and some adjectives in Italian can be modified by the addition of a suffix. Look at the examples below: what effect on the meaning do you think the different endings **–etto**, **–ino**, **–accio** and **–one** have?

The answer is in the key:
1 La Sicilia è una bellissima **isola.**
   Zanzibar è **un'isoletta** vicino alla Tanzania.
2 Carlo è proprio **un uomo** interessante!
   È alto solo un metro e sessanta, ma è **un ometto** vivace e simpatico.
3 Ieri l'ho incontrato per **strada.**
   La trattoria si trova in fondo a quella **stradina**.
4 Ha quasi diciotto anni, ed è **una ragazza** molto seria.

   Ma è ancora **una ragazzina**, ha solo dodici anni.
5 Gemma non è proprio **bella**, ma è senz'altro **bellina**.
6 Che bel **tempo** oggi!
   Sono stufo di questo **tempaccio**. Non c'è mai il sole!
7 Che **ragazzo** in gamba!
   Che **ragazzaccio** è Marco! Dà sempre fastidio a tutti.
8 Gianni è **un ragazzo** molto gentile.
   Sandro è **un ragazzone** di due metri!

Key
-etto and **-ino** endings are diminutives. As well as adding the meaning of 'small', 'little' or even 'nice', they can imply affection.
-accio endings are pejorative and imply something unpleasant. **-one** endings add the meaning of 'big' or 'large'.

Over to you

Have a go at using suffixes yourself. What would you call:
1 occhi grandi; 2 una barca piccola e graziosa; 3 un romanzo brutto e volgare; 4 un piccolo paese; 5 una persona un po' stupida?

Key
1 occhioni; 2 barchetta; 3 romanzaccio; 4 paesino; 5 stupidino

It is unwise to make up your own suffixes as there are so many idiomatic shades of meaning. [See Reference V2, p.249]. However, there are many common words in Italian derived from suffixes which have acquired specific separate meanings. These are worth learning. Here is one from the world of art:

cavallo   cavalletto
horse   easel ['little horse']

Many of the following are closely linked in meaning but are nevertheless separate items. How many do you recognise? To check, look them up when you have time.

borsa/borsellino	**carta/cartone**
caro/carino	**lumaca/lumacone**
padre/padrino	**padre/padrone**
patata/patatina	**porta/portone**
braccio/braccialetto	**scarpa/scarpone**
fumo/fumetto	**erba/erbaccia**
ramo/rametto	**parola/parolaccia**

Interactions 2

5 ⑨

Florence is better known than Turin as an artistic centre, since being an industrial centre has tended to eclipse Turin's artistic riches. As a city it developed later than Florence, – from the end of the sixteenth century – when the Savoy family made it their capital. Elena Rostagni, a professional guide, takes Antonio on a tour of the city.

> ### focus
>
> In Piazza Castello Elena points out the cathedral, San Giovanni, which is behind her.
>
> | | |
> |---|---|
> | i confini | borders |
> | i domini sabaudi | the dominions of Savoy |
> | crollare | to collapse, fall down |
> | il vescovo | bishop |
> | la Santa Sindone | the Holy Shroud |
>
> a   What is unusual about San Giovanni?
> b   What is it best known for?

Elena   Alle nostre spalle abbiamo la cattedrale di Torino. Si chiama il Duomo di San Giovanni. Il Duomo di San Giovanni è l'unico esempio di arte rinascimentale a Torino. Torino, fino alla fine del 1500 è stato solo un piccolo villaggio proprio ai confini dei domini sabaudi e quindi nulla di importante **venne costruito**. **Diventò** una città moderna solamente dalla fine di quel secolo, quando la famiglia Savoia **trasferì** la sua capitale qua in città. Durante il Rinascimento, quindi il periodo più splendido dell'arte italiana, Torino **viene lasciata** un po' da parte. **Viene costruita** solo la cattedrale, perché qui c'erano, già tre antichissime chiese **stavano** a quel tempo **crollando** a pezzi. Allora il vescovo della città **finanziò** personalmente la costruzione di una nuova cattedrale chiamando a lavorare a Torino un architetto di Firenze.

Ma la cattedrale è importante soprattutto perché dalla chiesa principale si passa alla cosiddetta Cappella della Santa Sindone, ch'è il capolavoro dell'arte barocca a Torino. La Cappella della Sindone venne costruita ad iniziare dal 1668, dal primo architetto veramente barocco a Torino, Guarino Guarini, e venne costruita apposta per ospitare la Santa Sindone.

---

la cosiddetta Cappella ...   *what is known as the Chapel ...*

> ### key phrases
>
> | | |
> |---|---|
> | **venne costruito** | was built |
> | **diventò** | it became |
> | **trasferì** | transferred |
> | **viene lasciata** | was [lit. is] left |
> | **viene costruita** | was [lit. is] built |
> | **stavano crollando** | were falling down, crumbling |
> | **finanziò** | financed |

6 ⑩

From Piazza Castello the tour moves to Piazza Carignano, named after the family which was eventually to provide the last kings of Italy. The magnificent palace in the Piazza was once their residence but is now the Risorgimento Museum.

> ### focus
>
> Elena comments on the outside and then they enter the museum.
>
> | | |
> |---|---|
> | la sede | site, seat of |
> | affrescati | frescoed |
>
> a   What does Palazzo Carignano have in common with the Cappella della Santa Sindone?
> b   What was Palazzo Carignano famous for, apart from being a palace?

Elena   Il palazzo Carignano è uno dei palazzi più belli di Torino. È stato costruito

anche questo dall'architetto Guarino Guarini, lo stesso architetto che ha costruito la cappella della Santa Sindone, ed è stato costruito anche questo durante la seconda metà del 1600. È stato costruito come palazzo di principi, i principi della famiglia Carignano, parenti dei re di Savoia, e alla famiglia Carignano appartengono tutti gli ultimi re Savoia.

They now go inside.

Antonio Adesso siamo all'interno del Museo del Risorgimento e questo è il parlamento …

Elena Adesso ci troviamo all'interno del cosiddetto Museo del Risorgimento e di fronte a noi vediamo quella che è stata la sede del primo parlamento subalpino, cioè il primo parlamento di Torino. È stato aperto nel 1848, in quella che era anticamente la sala delle feste del palazzo. È una sala molto bella, molto elegante, che è stata restaurata recentemente. Quindi la vediamo esattamente **come si presentava nel 1848** quando è stato aperto il primo parlamento.

Antonio Ma prima di allora, questa era **la sala in cui si facevano le danze**...?

Elena Sì, era il salone delle feste del palazzo. Come dicevo, questo è nato come palazzo di principi. Abbiamo visto, per esempio, che molti soffitti sono affrescati proprio a ricordo del fatto che era un'antica residenza principesca.

---

in quella che era … *in what was … [the ballroom]*
come dicevo *as I was saying*

---

key phrases

come si presentava *as it looked / appeared*
  nel 1848 *in 1848*
la sala in cui … *the room where (in which)*
si facevano le danze *the dances were held (done)*

7 ⑪

In the corridor directly beneath the parliament chamber there is a primitive intercom system – **un citofono** – which was used by the first deputies for relaying messages.

---

focus

It takes the form of a metal tube and beside it is a box, with an opening like a trap door.

i parlamentari *deputies, members of parliament*
un inserviente *attendant*
un passaggio *passage*
una botola *trap door*

a Who were the messages relayed to down the tube?
b What kind of messages came through the trap door?

Antonio Siamo all'interno del parlamento subalpino. Questo a che cosa serve?

Elena Qui abbiamo una specie di citofono rudimentale, un citofono primitivo. È un tubo che **serviva per** parlare fra l'interno e l'esterno. Qui c'era un inserviente in attesa durante le riunioni dei parlamentari e, **se** qualcuno dentro **aveva bisogno** di qualcosa, poteva chiederlo attraverso questo tubo. Se voleva chiedere qualcosa senza, però, che gli altri parlamentari sentissero, c'è anche un passaggio, una specie di botola, da cui si poteva mandare un bigliettino. Questo serviva per comunicazioni segrete, cioè per comunicazioni che non dovevano essere sentite dagli altri parlamentari.

poteva chiederlo	*he could ask for it*
se voleva	*if he wanted*
senza che ... sentissero	*without [the other] politicians] hearing*
da cui	*from, through which*
non dovevano essere sentite	*were not supposed to be heard*

key phrases

serviva per	*served to, was used for*
se...aveva bisogno	*if [anyone] needed*

Patterns 2

i) Talking about what is done to something

When you're describing what is done to things, you need the present passive, formed with the present tense of **essere** or **venire** plus the past participle. See Systems, note 1, p.115-6.

La Santa Sindone	è / viene	custodita nella cappella	*The Holy Shroud is kept in the chapel*
Le reliquie	sono / vengono	custodite nella chiesa	*The relics are kept in the church*

ii) Talking about when something was done

You generally need to use the **passato prossimo** of the passive. The auxiliary is always **essere**:

Quando è stato	costruito il palazzo?	*When was*	*the palace built?*
	inondato il museo?		*the museum flooded?*
	assassinato Gandhi?		*Gandhi assassinated?*
Quando è stata	danneggiata la statua?		*the statue damaged?*
	restaurata la vetrata?		*the window restored?*
Quando sono stati	dipinti i ritratti?	*When were*	*the portraits painted?*
	bruciati i manoscritti?		*the manuscripts burned?*
Quando sono state	bombardate le chiese?		*the churches bombed?*
	invase le città?		*the cities invaded?*

Sometimes the present is used to make past events seem more immediate:

Torino è/viene lasciata da parte	*Turin was [lit. is] left out of things*
È/Viene costruita solo la cattedrale	*Only the cathedral was[lit. is] built*

See Systems, note 1, p. 115-6 for more on the passive.

Patterns 2

iii) Talking about what used to happen

To describe what used to happen use the imperfect tense:

È il periodo in cui	studi**ava** lavor**avano**	It's the time when	he/she used to study they used to work
È la stanza in cui	diping**eva** scriv**evano**	It's the room where	he/she used to paint they used to write
È la casa in cui	dorm**iva** si riun**ivano**	It's the house where	he/she used to sleep they used to meet

Verbs like **fare** and **bere** have the **-ere** imperfect endings:

| Sono gli anni in cui | fac**eva** il pendolare bev**evano** tanto | They're the years when | he commuted they drank a lot |

Note that **in cui** [lit. *in which*], can mean *when* and *where*. See Systems, note 5, p. 117-8.

For more on the imperfect, see Systems, notes 2-3, p. 116-7. and Unità 16.

iv) Talking about what was going on

If you're emphasising what was in the process of happening, use the imperfect of **stare**, plus the *-ing* form of the verb:

| Il tetto stava I soffitti stavano | crollando | The roof was The ceilings were | collapsing |
| La chiesa stava I muri stavano | cadendo | The church was The walls were | falling down |

See Systems, note 4, p. 117.

v) Talking about historic events

When you are listening to someone talking about the history of a place and distant events, you may hear the **passato remoto** tense being used rather than the **passato prossimo**:

Diventò una città moderna	It became a modern city
Trasferì la capitale in città	He transferred the capital to the city
Fu il primo re d'Italia	He was the first King of Italy
Venne a Torino nel 1668	He came to Turin in 1668

The passive **passato remoto**, formed with **essere** or **venire,** is commonly used when describing historical events:

| La chiesa | fu fondata nel '200 venne ristrutturata nel 1668 | The church | was founded in the 13th c. was rebuilt in 1668 |
| Le città | furono invase nel 1527 vennero distrutte nel 1944 | The cities | were invaded in 1527 were destroyed in 1944 |

It is not necessary to be able to use the **passato remoto** in speech yourself, but it is useful to recognise it, as it is regularly used by guides, for example. For further explanations see Systems, note 8, p. 118-9.

Practice 2

Doomsday

What do the following places and people have in common? Can you say who was responsible in each case?

e.g.ottobre 1066   Inghilterra – i normanni
ottobre 1935   Abissinia – gli italiani
settembre 1939 Polonia – i tedeschi
    Sono stati invasi: l'Inghilterra è stata invasa dai normanni; l'Abissinia è stata invasa dagli italiani; la Polonia è stata invasa dai tedeschi

1 *aprile 1937*   Guernica – i tedeschi
   novembre 1940 Coventry – i tedeschi
   febbraio 1945   Dresda – gli inglesi

2 *1431*   Giovanna d'Arco – gli inglesi
   1498   Girolamo Savonarola – i Borgia
   1600   Giordano Bruno – la Chiesa

3 *20 agosto 1940* Leon Trotsky – un giovane
                        stalinista
   23 maggio 1992 Giovanni Falcone – la Mafia
   19 luglio 1992 Pietro Borsellino – la Mafia

Piazza Castello

Listen to Elena Rostagni talking about Piazza Castello.

That was the year that was

You're a history enthusiast on a tour of Turin and Florence. Ask the guide these questions:

1 When was Palazzo Carignano built and when was the Cappella della Santa Sindone built?
2 When was the Museo Egizio founded?
3 When was the first parliament in Turin opened?
4 When was The Birth of Venus painted?
5 When was the Ponte Vecchio flooded?
6 When was the Uffizi gallery damaged by a bomb?

Here are the dates below. Which goes with which?

1824 1484 1848 1993 1966 1668 1679

Guide for the day

You've been asked to guide an Italian round Westminster Abbey and the Tower of London. You've made some preparatory notes in English. Can you put them into Italian?

L'Abbazia e il Palazzo di Westminster

1 The Abbey was founded in the 11th century – at the time when England was conquered by the Normans.
2 It was rebuilt in the 13th century and the 18th century.
3 Until the 16th century the kings and queens of England lived in the Palace.
4 Many famous people are buried in the Abbey [*seppellire-sepolti*]

La Torre di Londra

1 Many famous people have been imprisoned in the Tower. [*incarcerare*]
2 It is the place where the Crown Jewels are kept.
3 Until 1831 they used to keep wild animals such as lions here [*tenere*]

Could you guide a guest round your nearest museum or historic building?

Cappelle medicee ⑬

You're being guided round the Medici Chapels in Florence. Listen to the cassette and take part in the conversation.

Profile ⑭

Listen to Pierluigi Zanetti talking about the old house he and his wife have been restoring in Tuscany and the mill they hope to restore.

tobomba nella notte: cinque vittime tra cui una bambina di due mesi, decine di feriti, palazzi sventrati

Morte a Firenze
Tornano le stragi
Devastato il museo degli Uffizi

Un ricatto all'Italia
di EUGENIO SCALFARI

TORNANO le str...
dall'ultima vol...
tale, come fu battez...
litto, ultimo anello...
satigue che per u...
stradiato corpi in...
scienze e istituzio...

Tornano le stra...
di Roma quattor...
cinquanta metri...
tero venera com...
la cultura mode...
patria del Magn...
filosofi, di poe...
del libero Com...
Signorie rina...
time innocer...
pressoché di...
so per molti...
intimorito, l...

Ma ci son...
dirette, altre...
opinione pu...
un govern...
problemi d...
gravità ac...
fuggono; ...
fase di tra...
gli autori...
la vecchi...
prender...
sul qual...
tante al...
fare in p...
casioni...

I GEORGOFILI

Un santuario dell'agricoltura

FIRENZE. L'Accademia dei Georgofili, completamente distrutta dall'esplosione della notte scorsa a Firenze, era una delle più antiche ed importanti istituzioni al mondo per lo studio delle Scienze Agrarie. Istituita il 4 giugno 1753 a Firenze per iniziativa di padre Ubaldo Montelatici, l'Accademia fu la prima istituzione in Europa a proporsi come scopo il perfezionamento dell'agricoltura. Nel corso dei decenni, i georgofili hanno portato avanti importanti studi sulle caratteristiche del mondo agricolo e le condizioni dei contadini del tempo. Per conto delle autorità granducali prima e napoleoniche poi, l'Accademia fiorentina progettò e diresse anche importanti interventi di bonifica agraria, studiò la viabilità nelle campagne, il commercio e le strutture mezzadrili della Toscana.

Tra gli Accademici dei Georgofili, sono figurati personaggi di spicco nel mondo dell'agricoltura, quali Vittorio Fossombroni, Neri Corsini, Cosimo Ridolfi, Bettino Ricasoli, Giovanni Baldasseroni.

Uno dei tesori dell'Accademia era il suo archivio, che in gran parte sembra essere andato perduto per l'esplosione. L'archivio raccoglieva gli atti dell'Accademia, una pubblicazione ufficiale che proseguiva dal 1791, documenti e codici di grande valore culturale sulla storia delle attività rurali.

[r. cri.]

Disaster in Florence

Look at the newspaper headlines above.

1 a What has happened?
   b Who and what has suffered?
   c What do you think 'tornano le stragi' implies?

What damage was done to Italy's historical heritage? Look at the article "I Georgofili"

1 a What happened to the Accademia dei Georgofili?
   b What was it important for?

In 1944 Florence was bombed by the Germans and in 1966 the city was devasted by a flood. Look at the article on p. 80

3 a Skim through the article. Which event caused the most damage and what was the most famous work of art lost?
   b When was the Uffizi built and who was the architect?
   c Do the 1993 salvage operations promise to be more effective than in 1966?

Solo l'Arno fece più danni

La piena danneggiò il crocifisso del Cimabue

ROMA. E' stata per un breve periodo anche «città aperta», Firenze, dopo i bombardamenti anglo-americani della seconda guerra mondiale e la decisione dei tedeschi di far saltare tutti i ponti, tranne Ponte Vecchio. Ma l'«attacco» più duro alle sue opere d'arte fu sferrato dall'Arno, il 4 novembre 1966, e di quella «strage» al patrimonio culturale e artistico del mondo il simbolo fu e resta il Crocifisso del Cimabue, vittima della furia dell'onda di piena del fiume. Il cinquecentenario palazzo degli Uffizi è stato progettato dal Vasari, sotto Francesco I, figlio di Cosimo, un Medici passato alla storia solo per la sua storia d'amore con Bianca Cappello e per la costruzione del palazzo, che divenne sede degli uffici amministrativi del ducato dei Medici. Tutte le guide segnalano il corridoio vasariano, che collega gli Uffizi con Palazzo Pitti.

Diversamente dal dopo alluvione - quando tutti i reperti furono raccolti alla meno peggio, puliti e in un secondo tempo classificati secondo i registri fiorentini - si procederà questa volta secondo un criterio più razionale. Ogni frammento farà parte di un «lotto» in modo da recuperarlo al meglio per la fase di restauro, anche se la dimensione di molti frammenti impedirà, molto probabilmente, una ricollocazione o comunque un loro riuso.
[Agi-Adnkronos]

GIOIELLI DISTRUTTI

OPERE IRRECUPERABILI

«Natività di Cristo» di Gherardo delle Notti

«Scene di vita» di Bartolomeo Manfredi

«Bona ventura» di Bartolomeo Manfredi

GRAVEMENTE DANNEGGIATE

un Rubens

uno Spinelli

«Morte di Adone» di Sebastiano del Piombo

LIEVEMENTE DANNEGGIATE

un Van Dyck

«Madonna di San Giorgio» di Giotto

«Madonna alla Costa» di Giotto (custodita nella chiesa di S. Stefano al Ponte, vicino a Ponte Vecchio)

Wordpower 2

A few false friends

The similarities between some English and Italian words can help you guess the meaning and widen your vocabulary. But beware of the following. Translate the words in bold type.

1 Il **pavimento** era bagnato.
  Il **marciapiede** era bagnato.
2 Sono andato in **cantina.**
  Sono andato alla **mensa.**

Over to you

Sometimes a word has two meanings which may be related but are used quite differently.
1 Adesso ci troviamo all'interno del **cosiddetto** Museo del Risorgimento.
2 Quel **cosiddetto** esperto mi ha rovinato l'orologio.
How would you render each of the above in English?

Similar word, different gender

Sometimes words can be very similar and differ only in gender:

Il soffitto era sporco *the ceiling*
La soffitta era sporca *the attic*

Over to you

Can you distinguish between the meanings of the words in bold?
1 Bisogna girare il **busto.**
  Ho messo la lettera nella **busta.**
2 Dammi un **foglio** di carta.
  Guarda la **foglia,** che bel colore!
3 A scuola stavo sempre al primo **banco.**
  Sto per andare in **banca.**
4 Il **partito** socialista è stato sconfitto.
  La **partita** è andata male: hanno perso.
5 **Il fine** che si propone non è molto chiaro.
  Il fine giustifica i mezzi.
  Meno male, è **la fine** dell'anno scolastico!

Troubleshooting

volerci	*metterci*	*impiegare*

These verbs can all be used in relation to time.

Volerci is used impersonally with the third person of the verb only:

Quanto ci vuole per arrivare in ufficio?	*How long does it take to get to the office?*
Ci vuole mezz'ora	*It takes half an hour*
Ci vogliono trenta minuti	*It takes thirty minutes*

Metterci is used with all persons of the verb:

Quanto ci metti/e per arrivare in ufficio?	*How long do you take to get to the office?*
Ci metto mezz'ora	*I take half an hour*
Quanto ci mettete per ... ?	*How long do you take to ... ?*
Ci mettiamo trenta minuti	*We take thirty minutes*

Impiegare [lit. *to employ, to use*], is also used like **metterci:**

Quanto impieghi/impiega per arrivare in ufficio?	*How long do you take to get to the office?*
Impiego mezz'ora	*I take half an hour*
Quanto impiegate per ... ?	*How long do you take to ... ?*
Impieghiamo trenta minuti	*We take thirty minutes*

All these verbs are commonly used in various tenses. Notice in particular **volerci:**

Ci vorranno mesi per restaurare le opere d'arte	*It will take months to restore the works of art*
Ci è voluto molto tempo per farlo	*It took ages to do it*

era	*è stato*

Beware of the English *was,* as this can translate the Italian **passato prossimo** (or **passato remoto**) as well as the imperfect. Compare the examples below:

Chi **era** Vasari? – un artista?	Chi **è stato**? – la Mafia?
Who was Vasari? - an artist?	*Who was it? (who did it?) - the Mafia?*
Che cos'**era** il negozio?	Che cosa **è stato** a provocare l'esplosione?
What was the shop? (did it used to be?)	*What was it that caused the explosion?*
Era una conceria di pelli	**È stata** una bomba
It was a tannery	*It was (has been) a bomb*
C'**era** un caffè qui prima	C'**è stata** una protesta
There was a café here before	*There was (has been) a protest*
Il paese **era** diviso	Il paese **è stato** diviso
The country was divided	*The country was (has been) divided*
Era una bella serata calda	Grazie, **è stata** una bella serata
It was a lovely warm evening	*Thanks, it was (has been) a lovely evening*

Unità 15

CITTÀ ETERNA

You will be discovering things to do in Rome. You'll learn how to bargain, swap notes about where to go and what to do and make alternative suggestions. You'll survey the entertainment scene, compare cities and also talk about your ambitions.

Rome is a relatively new capital city but remains the age-old centre of the Papacy and the Catholic Church: this has long earned it the name of the Eternal City. From A.D. 756 to 1870, with only a brief interlude between 1305 and 1377 (when the Papacy was in Avignon), the temporal and spiritual power of the Church was centred on Rome and the Popes played a prominent role in European politics.

On 20 September 1870 this power was shaken when Italian troops stormed the city walls at Porte Pia and claimed Rome and the Papal states as part of the kingdom of Italy. The Pope withdrew to the Vatican in protest, and this began an uneasy period in Church-State relations which lasted until 1929, when the Lateran Pacts were signed. The State confirmed the sovereign status of the Vatican and made considerable concessions, including the power to veto any political or religious activity in Rome which the Church considered might conflict with the 'sacred character' of the Eternal City. It also allowed the Church control over marriage and a monopoly on compulsory state religious education. The Lateran Pacts were ratified by the 1948 Italian Constitution and were unopposed even by the Italian Communist party.

Nowadays, the relations between Church and State are no longer as problematical. The 1929 concordat still stands, with the exception of a few changes in 1984 – notably an end to compulsory religious education. The Vatican is still a sovereign state, but since the 1970s it has gradually disengaged from Italian politics in favour of a more international perspective.

Interactions 1

Ascolta la cassetta per ripassare un po' di vocabolario.

1 ●

At the Portaportese Sunday morning market in Rome Anna has spied a lamp she wants, and sets about driving a hard bargain.

> ### focus
>
> settantacinque   *seventy-five (thousand lire)*
>
> *a* What's the starting price?
> *b* What does Anna eventually buy the lamp for?

Anna [*Selecting a lamp from the stall*] Sì, questa è bella. **Quanto viene?**

Venditore Questa qua **ti posso fare** settantacinque.

Anna Settantacinque? No, è impossibile. Di che è fatta?

Venditore [*Examines the various parts of it*] Guarda che questo è lavorato a mano. [*The bargaining goes on and the stall-holder comes up with another price*] Settanta.

Anna No, **facciamo…quaranta**.

Venditore No, eh la Madonna, è impossibile!

Anna No, è impossibile, beh, allora te la tieni!

Venditore Ti posso togliere altre cinquemila lire.

Anna Sessantacinquemila lire è troppo.

Venditore Allora, facciamo una cosa: sessanta e non se ne parla più.

te la tieni	*you can keep it*
e non se ne parla più	*let's leave it at that [lit.] don't let's talk about it any more]*

> ### key phrases
>
> **quanto viene?**   *how much is it?*
>   *[lit. does it come to]*
>
> **ti posso fare …**   *I can let you have it for …*
>
> **facciamo…quaranta**   *let's make it … 40*

2 ❷

Meanwhile, Anna's mother is intent on buying a candlestick. She wants one similar to one she's just spotted.

> ### focus
>
> tutte e due   *both*
>
> *a* How much is one candlestick?
> *b* What ploy does Signora Mazzotti adopt to get a discount?

Sig.ra M.	Ce ne avete un'altra simile? *[He nods]* **Me la faccia vedere**, per favore. *[He hands one to her]* Grazie. Quanto costano?
Venditore 2	Quelle, trentacinquemila l'una
Sig.ra M.	Se le prendo tutte e due **mi può fare uno sconto?**
Venditore 2	Tutte e due, le facciamo sessantamila, signora.
Sig.ra M.	Va bene, le prendo grazie.

---

key phrases

me la faccia vedere	*would you show it to me/ could I have a look?*
mi può fare uno sconto?	*can you give me a discount?*

---

3 ❸

Most Italians have heard of Portaportese – there's even a song about it – but what about other markets in Rome? Antonio wants to know if there are any just as famous.

---

focus

Massimo, a student who was born and bred in Rome, tells Antonio about via Sanio market.

affollato	*crowded*
variegata	*varied*
i mercatini	*markets*
i grandi magazzini	*department stores*

a Which market does Massimo prefer and why?

b Does he ever shop anywhere else, apart from markets?

Antonio	Oltre a Portaportese ci sono mercati **altrettanto famosi?**
Massimo	Sì, c'è via Sanio ché è altrettanto famoso come Portaportese. Però, è, diciamo, un po' meno bello, meno caratteristico.
Antonio	È altrettanto affollato?
Massimo	Sì, sicuramente altrettanto affollato, però, ripeto, è meno interessante – anche la gente che c'è è meno variegata, ecco.

Antonio	Che cosa c'è in via Sanio, che cosa si può comprare?
Massimo	Ma puoi trovare di tutto. Ci sono soprattutto vestiti, così, vestiti a un prezzo anche buono, diciamo.
Antonio	Questo maglione, dove l'hai comprato?
Massimo	Questo qui a Londra … in un negozio di Londra.
Antonio	Perché non compri a Roma?
Massimo	Perché Londra non è **così cara come** Roma.
Antonio	E quando vai nei negozi trovi che la roba sia così cara come nei mercatini?
Massimo	Uh, nei mercati – ma più o meno sono uguali. Paghi **tanto quanto** nei… **nei negozi, al mercato**. Però io preferisco personalmente il mercato.
Antonio	E, quindi, non compri neanche nei grandi magazzini?
Massimo	No, mai. Non mi piacciono molto i grandi magazzini. Non … trovi molta … trovi molte cose ma non sono molto belle. E poi, comunque il problema principale è che Roma è…sta diventando **sempre più cara**.

---

trovi che…sia? *do you find…is?*

---

altrettanto - as much

key phrases

altrettanto famosi   *as famous*
così cara come   *as expensive as*
tanto quanto nei   *just as much in the shops*
  negozi, al mercato   *as in the market*
sempre più cara   *more and more expensive*

4 ④

From shopping to entertainment. Anna and four friends have met in Frascati, just outside Rome and are deciding what to do that evening.

focus

a   What suggestion is put forward first?
b   What are the other two ideas?

Anna	Allora ragazzi, che si fa?
Francesca	**Potremmo andare** al cinema.
Anna	Fanno un bel film?
Francesca	Sì, so che danno un bel film all'Ariston.
Anna	Sì.
Francesca	Te, **che ne dici?**
Fedora	**Io preferirei andare** a mangiare una pizza.
Danilo	**Io direi di** andare a mangiare un gelato qui intorno. Conosco un bel posto io.
Anna	E tu, Federica?
Federica	**Per me è lo stesso.**

che si fa?	*what shall we do? [colloquial]*
fanno/danno un bel film	*they're showing a good film / there's a good film on*
te	= tu [te *is colloquial*]

key phrases

potremmo andare   *we could go*
che ne dici?   *what do you think?*
io preferirei andare   *I'd prefer to go*
io direi di...   *I say we.../how about....*
per me è lo stesso   *I don't mind/it's all the same to me*

anche se no	even if not
c'è della buona birra	there's some really
effettivamente	good beer

key phrases

altrimenti	*otherwise*
oltre ad andare	*apart from going*
invece di andare	*instead of going*

5 ⑤

What does Massimo do in the evenings?
Antonio finds out.

focus

Which of the following activities does
Massimo mention? Listen and see which ones
come up.
andare al cinema—andare a teatro—fare
passeggiate—andare al bar—andare al pub

Antonio	Ci sono molte cose da fare, la sera, qui a Roma?
Massimo	Abbastanza, eh, ci sono abbastanza cose da fare, soprattutto andare a fare passeggiate per il centro, **altrimenti** si può andare al cinema - ci sono ottimi film, in questo periodo in Italia - a Roma.
Antonio	E **oltre ad andare** al cinema o a fare le passeggiate, oltre ad andare in centro a passeggiare, che cosa fai la sera - normalmente?
Massimo	Oltre a questo vado al pub, naturalmente, ehm, mi piace bere.
Antonio	Un pub, qui a Roma?
Massimo	Naturalmente inglesi - o irlandesi. Comunque, anche se no, dei bar; diciamo **invece di andare** al solito bar italiano, si può andare a un pub dove c'è della buona birra, effettivamente.

6 ⑥

Silvia studies economics and lives with her
parents in Rome. She tells Antonio what kind
of entertainment there is.

focus

scomodo	*inconvenient*
festeggiare	*to celebrate*
a	What does Silvia says she normally does?
b	How does she celebrate special occasions like birthdays?

Antonio	Ci sono molte cose da fare, la sera?
Silvia	Sì, si può andare al cinema, altrimenti si può decidere di andare a bere qualcosa fuori, **oppure** possiamo andare a fare delle belle passeggiate al centro di Roma.
Antonio	Normalmente, che cosa fai?

Silvia	Uhm, normalmente, la sera, o vado a prendere una pizza fuori, o, altrimenti, vado al cinema, o vado a cena da qualche amico **piuttosto che stare** a casa da sola a guardare la televisione.
Antonio	E vai a trovare anche amici a casa loro?
Silvia	Sì, altrimenti loro vengono a casa mia.
Antonio	Ma se abiti con i genitori è difficile invitare amici a casa; può essere, a volte, scomodo.
Silvia	Sì, se ci sono i genitori o se magari sono … sono stanchi, invece di stare a casa, si può decidere di trovare un posto piacevole dove chiacchierare.
Antonio	E nelle occasioni speciali, che cosa fai? Per esempio, se è il compleanno di

qualcuno, o se vuoi festeggiare qualcosa in particolare.

Silvia   Mmm, invece di stare a Roma, di solito cerchiamo di trovare un posto fuori Roma dove andare a festeggiare un weekend tutti quanti insieme.

o … o	*either … or*
da sola	*alone, on my own*
se magari	*if, say,*
tutti quanti	*everyone*

key phrases

oppure	*or else*
piuttosto che stare	*rather than staying*

Patterns 1

i) Getting to see something

If you want to be shown something, use **far vedere a** and **lo, la, li** or **le**, combined with **mi**:

Me lo	faccia vedere, per favore	*Would you show it to me, please/could I have a look?*
Me la		
Me li	fa vedere?	*Will you show them to me?/can I have a look?*
Me le		

Faccia is more formal. See Troubleshooting 12, p. 45. For **me lo**, see Systems 12, note 7, p. 106.

ii) Asking the price and getting a discount

You're likely to use more informal language when you're intent on haggling over the price. Rather than **costare**, use the verb **venire**:

Questa lampada, quanto viene?		*What do you want*	*for this lamp?*	
Queste scarpe, quanto vengono?			*these shoes?*	
Questa qua,	ti	posso fare settantacinque	*I can let you have*	it	*for 75 000 lire*
Queste qua,	le			them	

To beat the price down, you can ask directly for a discount:

Mi può fare	uno sconto?	*Can you give me*	*a discount?*
Non può farmi		*Can't you give me*	

Otherwise, if you don't like the price, you can come up with your own:

Facciamo	quaranta	*Let's make it*	*40 (thousand)*
	venti		*20 (thousand)*

Patterns 1

iii) Making comparisons: similarities

As … as

When you're comparing similar things, there are two basic expressions you can use: **tanto (altrettanto) … quanto**, and **così … come**:

Roma è	**così** cara **tanto** inquinata	**come** **quanto**	Londra?	…as expensive as …as polluted as	London?
Gli affitti sono	**tanto** alti	**quanto**	a Londra?	…as high as	in London
Le case sono	**tanto** care		a Roma?	…as expensive as	in Rome

To answer, use **altrettanto**:

Sì, è altrettanto	cara inquinata	Yes, it's just as	expensive polluted
Sì, sono altrettanto	alti care	Yes, they are just as	high expensive

Both **tanto** and **così** are often left out:

Roma è affollata **come** Londra	… as crowded as …
Porta Pia è antica **quanto** Porta del Popolo	… as old as …
Campo de' Fiori è suggestivo **quanto** Piazza Navona	… as evocative as …

As much as, as many as

Use **tanto quanto**:

Al mercato si paga	**tanto quanto**	nei negozi?	…as much at the market as in the shops?
A Roma si spende		a Londra ?	…as much in Rome as in London ?

Tanto is often omitted except when used with a noun:

A Roma si spende **quanto** a Londra? Sì, si spende **altrettanto**   *Yes, you spend as much*

C'è	**tanto** traffico	**quanto** a Roma?	… as much traffic as …?
	tanta delinquenza	**quanta** a Napoli	… as much crime as …?

Notice that **tanto/quanto** agree with the noun they refer to.

As …

When you do not state directly what you are comparing something with, use **altrettanto**:

A Londra, è **altrettanto** difficile …	*In London, is it as difficult …*
… trovare	scuole buone? un parcheggio?	*… to find*	*good schools? a parking space?*

For more on comparing, see Book 1, Systems 10, notes 1–3, pp. 210–211 and Systems, note 1, p. 121.

iv) More and more … , less and less …

The idea of *more and more/less and less* is expressed by using **sempre** with the comparative:

Roma sta diventando	**sempre** più	caotica	… more and more	chaotic
Milano sta diventando	**sempre** meno	inquinata	… less and less	polluted

Patterns I

v) Making proposals and expressing preferences

Potremmo andare a ...		We could go and...	
... prendere una pizza.	Che ne dici?	... have a pizza.	How about it?
... mangiare fuori		... eat out	

If you have other ideas, you can say:

Io direi di andare	al cinema	How about going	to the cinema?
	a teatro		to the theatre?

Or you can state what you would prefer:

Io preferirei	rimanere a casa	I would rather	stay at home
	vedere la partita		watch the match

If you don't mind either way, you say:

Per me / Per noi è lo stesso	It's all the same to me/to us

If you don't feel like it , you can say:

Non mi va di venire	I don't feel like coming

And if you don't feel up to it: Non me la sento di venire   *I don't feel up to coming*

See Systems, note 5, p. 124 for **sentirsela**.

vi) Talking about alternatives

Altrimenti and **oppure** are key words:

Potremmo andare a bere qualcosa, ...			
... oppure fare una passeggiata		*... or else go for a walk*	
Potresti visitare Trastevere, ...			
... oppure vedere il Panteon		*... or else see the Pantheon*	
Si può andare a ballare ...			
... altrimenti si può	andare al pub	*... otherwise you can*	*go to the pub*
	mangiare all'aperto		*eat outside*

Another way of talking about alternatives is to use **invece di** or **piuttosto che**:

Invece di andare al bar, ...	*Instead of going to the bar ...*
... mi piace andare al pub	
Invece di visitare il foro, ...	*Instead of visiting the forum ...*
... mi piacerebbe vedere il Palatino	
Piuttosto che stare a casa, ...	*Rather than stay at home ...*
... preferisco andare in discoteca	
Piuttosto che andare in piscina, ...	*Rather than go swimming ...*
... preferirei andare in palestra	

Oltre a expresses the idea of *as well as/apart from*:

Oltre a vedere il Colosseo...	*Apart from/ as well as seeing the Colosseum ...*
... ho visto la Fontana di Trevi	

Practice I

How about it?

You've met up with a sociable crowd. Invitations are plentiful, but not all that exciting. Match up your responses with the original invitations.

1 Potremmo andare al mare - che ne dici?
2 Fanno un bel film al Quirinale stasera. Ti va di venire?
3 Perché non andiamo a prendere una pizza?
4 Potremmo fare una passeggiata in centro, oppure potremmo andare in discoteca.

a Veramente non me la sento, sono stanco/a.
b Invece di andare al mare, preferirei andare a Frascati.
c Per me è lo stesso.
d Piuttosto che prendere una pizza, direi di andare in discoteca.

Saturday night

What is there to do on a Saturday night where you live? Describe the alternatives.

e.g. *Il sabato sera si può andare al cinema, oppure si può andare al pub …*

What's on?

Below are some extracts from a magazine devoted to Rome.

1 Look at the headings: what is the range of choice on offer?
2 Now look at some entries in more detail: first, pubs.
   a Which of the pubs could you go to on Sundays?
   b Which two pubs cater for specialist interests?
   c Where would you go to see belly dancing?
   d Where would you go for the best range of drinks?

3 Now take a look at the disco entries.
   a Where would you go for African/Latin-American music?
   b Where and when would you go for a girls' night?
   c Which discos cater for the nostalgic?

4 Finally, look at the entries for tea rooms.
   a Do any of them serve alcoholic drinks?
   b Where would you play board games?
   c Which is the oldest tea room?

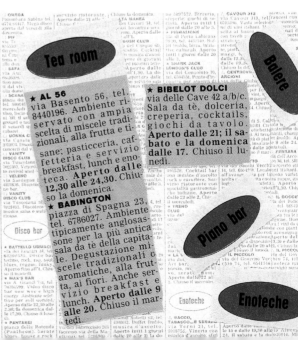

Cinema Cinema

GLI SPETTACOLI DELLA SETTIMANA   DI RENZO FEGATELLI

L'ultimo dei mohicani

di Michael Mann; con Daniel Day Lewis, Madeleine Stowe
Dal romanzo di James Fenimore Cooper. Durante la guerra franco-britannica, intorno al 1750, Hawkeye, giovane adottato dai mohicani, libera due ragazze inglesi, Cora e Alice. Cora s'innamora di Hawkeye che però viene imprigionato per aver fatto fuggire coloni americani. I francesi, frattanto, espugnano il forte.
CAPRANICA, piazza Capranica 101, tel. 6792465. Orari: 15,45; 18; 20,10; 22,30. **Biglietto:** L. 10.000.
COLA DI RIENZO, piazza Cola di Rienzo 88, tel. 3235693. Orari: 15,30; 18; 20,15; 22,30. Biglietto: L. 10.000.

Sognando la California

di Carlo Vanzina; con Massimo Boldi, Nino Frassica
Quattro quarantenni, ex studenti di medicina, si ritrovano a Bologna ed uno di loro suggerisce di fare il viaggio in America che avevano sognato a vent'anni. Partono, ma vengono smarriti bagagli, soldi e carte di credito. E attraversano l'America su una macchina scassata, dormendo sotto le stelle.
ACADEMY HALL, via Stamira 7, tel. 426778. **Orari:** 15,45; 18; 20,10; 22,30. **Biglietto:** L. 10.000.

Ricky e Barabba

di Christian De Sica; con Renato Pozzetto, Christian De Sica
Un barbone salva casualmente la vita al miliardario Ricky ed in secondo tempo ne blocca un tentativo di suicidio. Non solo, viene a sapere che la moglie ha un amante che è anche rivale d'affari dello sfortunato magnate. Ricky cadrà in miseria, ma il barbone tornerà a salvarlo nuovamente...
AMBASSADE, via Accademia degli Agiati 57, tel. 5408901. **Orari:** 16; 18,25; 20,25; 22,30. **Biglietto:** L. 10.000.

Il danno

di Louis Malle; con Jeremy Irons, Juliette Binoche
Dal romanzo di Josephine Hart, l'ossessione erotica di un parlamentare cinquantenne per la fidanzata del figlio. S'incontrano per caso ed è subito passione. Sposo felice e padre di due figli, lui deve mantenere le apparenze in famiglia e allo stesso tempo non può fare a meno di vedere la ragazza. Ma quando si annuncia il matrimonio dei due giovani...
ALCAZAR, via M. Del Val 14, tel. 5880099. Orari: 15,45; 18; 20,20; 22,30. **Biglietto:** L. 10.000.

Bargains

You've spotted a lovely leather belt on a market stall. Listen to the cassette and try to get a bargain.

Inside information

Your London-based firm is entertaining some guests from Rome. You want to know:

1 Is there as much traffic?
2 Are the rents as high?
3 Is there as much crime in Rome as in London?
4 Are there as many social problems?
5 Is it as hard to find good schools?
6 Do you spend as much on entertainment? (*per divertirsi*)

Andare in giro

Discover what else Massimo does in the evenings.

1 Va sempre fuori con gli amici?
2 Abita da solo o con i genitori?
3 Gli piace ballare?
4 Fa spesso gite con gli amici?

New releases

Above are four of the new releases in Rome at the end of 1992.

1 How many of the films are Italian?

2 Which of the films would you go to see:
  a if you needed a good laugh?
  b if you were entertaining friends with a taste for swashbuckling drama?
  c if you were going out with a new boy/girlfriend for the first time?
  d if you wanted to sit back and enjoy a modern fable?

3 When you have time, do some extra work:
  a In no. 1, put the last sentence into English. Notice the use of **su**.
  b In no. 2, **casualmente** and **miseria** are false friends: what do you think they mean?
  c In no. 3 note that **per caso** means virtually the same as **casualmente**. Check the meaning of **fare a meno di**.
  d In no. 4, give the meaning of: **viene imprigionato per aver fatto fuggire coloni americani**.

91

Not the Colosseum!

You've been to Rome a few times. Your host is unaware of this, and kindly wants to show you the obvious sights.

Long weekend

You're writing to friends in Italy to let them know what you could do when they come to Edinburgh for a long weekend. You've made some notes: can you put them into Italian?
Begin: *Venerdì mattina potremmo visitare ...*

Fri.   *Morning:* Visit the castle or else go to Holyrood House. Otherwise: go shopping in Princes Street.

      Afternoon: visit the New Town or else go to the National Museum of Antiquities. Afterwards have dinner in town or else visit a pub in George Street.

Sat.   *Morning:* climb Arthur's seat in Holyrood Park or else visit the Greyfriars and Grassmarket districts.

Sun.   Apart from visiting the city, could go on an outing.
      Visit Sir Walter Scott's house at Abbotsford or else see Melrose abbey. Otherwise visit Craigmillar castle.

What alternatives would *you* propose to Italian guests coming to visit your home area? Draw up some proposals.

Wordpower 1

Synonyms

Synonyms or near-synonyms (words with the same or similar meaning) are frequently used to avoid repeating the same words over and over. In the boxes are eight sets of synonyms or near-synonyms. Look up any words you need to.

un posto un luogo	**suggestivo** **incantevole** **affascinante**

un quartiere un mercato	**caratteristico** **tipico** **singolare**

cibo vino	**ottimo** **eccellente** **squisito**

un dipinto una persona	**straordinario/a** **eccezionale** **insolito/a**

una persona un ristorante	**piacevole** **simpatico/a** **delizioso/a**

un film un romanzo	**fantastico** **favoloso** **meraviglioso**

una commedia un corso	**interessante** **stimolante** **appassionante**

un quadro una ragazza	**bellissimo/a** **stupendo/a** **magnifico/a**

Over to you

Now complete the following conversations, choosing an adjective similar in meaning from each box.

e.g. Campo dei Fiori è una piazza molto **suggestiva**, vero?
     Certo, la trovo veramente **incantevole**!

1. Mi dicono tutti che quel film è **meraviglioso**.
     Lo è. Bisogna vederlo, perché è davvero —

2. Il documentario sul Guatemala è stato **eccezionale**, non ti pare?
     Eh, sì, per me è stato ——.

3. Ieri ho conosciuto tua cugina. Che ragazza **deliziosa**!
     Davvero! È una persona veramente ——-.

4. Mi piace Portaportese. Lo trovo molto **caratteristico**.
     Certo, è un bel mercato, abbastanza ——.

5. Mi dà un altro po' di questo vino? È **eccellente**.
     Ah, sono contento, anch'io lo trovo ——.

6. Senti, di chi è questo quadro **stupendo?**
     Ah, questo qua è di Caravaggio. In effetti, è ——.

7. Il corso è stato **appassionante**. Io direi di seguirlo anche l'anno prossimo.
     Infatti, piacerebbe anche a me. È stato così ——!

8. Se ti interessa, ti porterò a vedere la chiesa di San Clemente. È veramente **suggestiva**, sai.
     Mi farebbe veramente piacere, anch'io so che è una chiesa ——.

Interactions 2

7 ⑩

Work and study rather than entertainment are on Silvia and Massimo's minds when Antonio asks them about their future plans.

> **focus**
>
> Antonio wants to know what Silvia is doing now and what she'll do after finishing university.
>
> esami da dare   *exams to take*
> la materia   *subject*
> l'autonomia   *independence*
>
> a   Has she finished all her exams?
> b   What would she like to do when she's finished university?

FACOLTÀ DI LETTERE E FILOSOFIA

Antonio	Adesso che cosa fai?
Silvia	Adesso sto studiando all'università. Continuo a preparare esami.
Antonio	Hai ancora molti esami da dare?
Silvia	Finisco il mio penultimo esame il prossimo mese.
Antonio	Di che cos'è? Che materia?
Silvia	Economia.
Antonio	E **appena avrai dato quest'esame**, che cosa farai?
Silvia	**Fino a quando non l'avrò dato**, preferisco non pensarci.
Antonio	E quando finisci l'università che cosa ti piacerebbe fare?
Silvia	Mi piacerebbe trovare un lavoro part time per potere vivere da sola... Ma **fino a quando continuerò a** dipendere dai miei genitori, non mi sarà possibile avere la mia autonomia.

> **Key phrases**
>
> **appena avrai dato**   *as soon as you have*
>   **quest'esame ...**   *taken this exam ...*
> **fino a quando non**   *until I have*
>   **l'avrò dato ...**   *taken it ...*
> **fino a quando**   *as long as*
>   **continuerò a ...**   *I continue to ...*

8 ⑪

Massimo's view of the future is not particularly rosy, but he can joke about it too.

> **focus**
>
> Massimo has got some more exams plus his thesis to do.
>
> essere a buon punto   *to get on all right*
> inserirsi in   *to find a place*
>
> a   How many exams has he still got to take?
> b   Does he think he'll get a job?

Antonio	Adesso che cosa fai - sei ancora all'università, vero?
Massimo	Sì, infatti, faccio Lettere.
Antonio	E quanti esami devi ancora dare?
Massimo	Eh, **mi mancano** tre esami. Più la tesi, naturalmente. Purtroppo.
Antonio	Sei a buon punto?

Massimo Mah, insomma – poi ho problemi col professore. Non c'è mai – non lo trovo mai.

Antonio E quando … **quando avrai dato l'ultimo esame**, che cosa farai?

Massimo Mah, farò una grande festa prima di tutto. Comunque, no, scherzo, **quando avrò finito l'università** penso che mi cercherò un lavoro – anche se so che la situazione sarà tragica.

Antonio Non c'è molto lavoro?

Massimo No, cioè il lavoro, lavoro ce n'è, insomma la gente lavora. Il problema è inserirsi nel mondo del lavoro.

Antonio È difficile, vero?

Massimo Sì, sta diventando sempre più difficile.

---

sì, infatti   *yes, that's right*
faccio Lettere   *I'm doing an arts degree*

---

key phrases

mi mancano	*I still have to do*
quando avrai dato	*when you have*
l'ultimo esame …	*taken the last exam …*
quando avrò finito	*when I have*
l'università …	*finished university …*

9 ⑫

For young Italians, the future also involves deciding whether to do military service. There are various ways of avoiding this, one of which is by doing voluntary service abroad.

focus

evitare	*to avoid*
raccomandazione	*personal job contact*

a Is Massimo going to do his military service?

b What is his attitude to the job situation?

Antonio Devi ancora fare il militare?

Massimo Sì, lo dovrò fare, ma, chissà, magari andrò in un altro paese per evitarlo.

Antonio Ma, **se non vai all'estero**, se decidi di rimanere in Italia e di fare il servizio militare, **che cosa ti piacerebbe fare?**

Massimo Mah, dipenderà da … dal tipo di raccomandazione che avrò trovato. Ehm, no, scherzo, naturalmente. Spero che le cose saranno cambiate.

---

chissà, magari   *who knows, maybe*

---

key phrase

se non vai all'estero	*if you don't*
	go abroad
che cosa ti	*what would*
piacerebbe fare?	*you like to do?*

Patterns 2

i) When/if/as soon as … I go/come, etc …

When talking in general about habit or routine, Italian, like English, uses the present tense:

Quando/Se vado a Roma, prendo il treno   *When/If I go to Rome, I take …*
Quando/Se vai a Roma, devi prenotare   *When/If you go to Rome, you must …*

However, when referring to the future, the use of tenses is not always the same in Italian as in English. After **se** or **quando** or **appena** (*as soon as*), the future tense is often used for **both** actions:

Quando/Se **andrai**, me lo **farai** sapere?   *When/If **you go**…*
Appena **riuscirò** a trovare un lavoro, **pagherò** i miei debiti   *As soon as **I manage to**…*

ii) If/when/after … I have …

When talking about a sequence of events in the future, the first of which will occur (i.e. will have occurred) *before* the others, Italian uses the **future perfect** tense where English uses the perfect:

Appena	**avrai dato** l'esame	che cosa	farai?	As soon as	**you have taken** …
Dopo che	**avrete dato** l'esame		farete?	After	
Quando	**ti sarai laureato**			When	**you've got your**
Se	**vi sarete laureati**			If	**degree**…

For more on the future perfect, see Systems, note 2, p. 122.

iii) As long as … ; until …

The future is used after **fino a quando** *(as long as):*

Fino a quando   **continuerò** a studiare, rimarrò senza soldi   *As long as*   *I continue to …*
                vivrò a casa, non avrò la mia autonomia   *I live at home …*

After **fino a quando non** *(until)*, the future perfect is common:

Fino a quando **non avrò dato** l'esame, …   *Until **I've taken** the exam …*
… non starò tranquillo
Fino a quando **non avrò ricevuto** i risultati, …   *Until **I've received** the results …*
… sarò molto nervoso

The **non** in the above expressions does not make them negative.

iv) If and when

Se, quando and **appena** can be used with other tenses to discuss wishes and intentions. In colloquial Italian especially, the tenses often correspond with the English:

Se vai all'estero, dove ti piacerebbe andare?   *If you go abroad, where would you like to go?*
Se sei promosso, che cosa pensi di fare?   *If you pass, what are you thinking of doing?*
Se ti laurei, che cosa speri di fare?   *If you get your degree, what are you hoping to do?*

Practice 2

Any vacancies?

Below are some job requests taken from a monthly magazine:

a What qualifications does each candidate have and how old are they?

b Name the person who has only just got a degree.

c What do **presso ditta seria** and **presso Università** in the first two inserts mean?
In the third insert, what does **discreto inglese** mean?
In the fourth insert, what do you think **indirizzo organizzazione** means?

d Give the meaning of: **ricerca ... attività professionale; esamina proposte di lavoro; offresi.**

e You should now be able to say what job or kind of openings Patrizia, Enzo, Alessandro and Eleonora are looking for.

milite assolto	*has done military service*
militesente	*exempt from military service*
108/110,	*marks awarded for the final degree*

26ENNE LAUREATA IN INGEGNERIA ELETTRO-NICA, ricerca presso ditta seria attività professionale, conoscenza lingua inglese, disponibilità a viaggiare. Tel. **PATRIZIA: 0974/42.76.** (591)

28ENNE BIOLOGO, milite assolto, borsista presso Università, esamina proposte di lavoro case farmaceutiche ed enti di ricerca, possibilmente nel campo della ricerca. Tel. **ENZO: 0324/88.286.** (591).

28ENNE LAUREATO IN ECONOMIA E COMMERCIO 108/110, militesente, discreto inglese, offresi nel settore bancario assicurativo, finanziario. Telefonare a: **ALESSANDRO TRASATTI** 06/51.16.346. (591)

NEOLAUREATA ECONOMIA AZIENDALE 102/110 25enne, indirizzo organizzazione, tesi gestionale personale, inglese buone, tedesco e francese scolastico, uso PC, esamina proposte. Tel. **ELEONORA: 02/24.74.473.** (591)

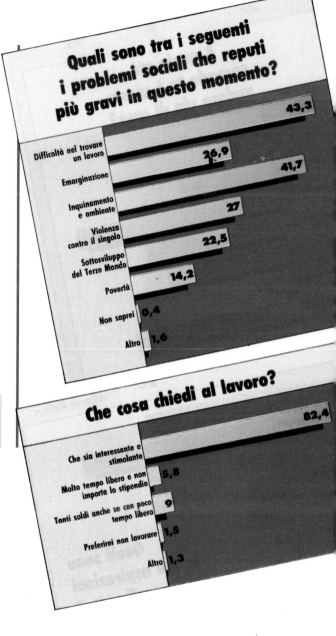

Quali sono tra i seguenti i problemi sociali che reputi più gravi in questo momento?

- Difficoltà nel trovare un lavoro — 43,3
- Emarginazione — 26,9
- Inquinamento e ambiente — 41,7
- Violenza contro il singolo — 27
- Sottosviluppo del Terzo Mondo — 22,5
- Povertà — 14,2
- Non saprei — 0,4
- Altro — 1,6

Che cosa chiedi al lavoro?

- Che sia interessante e stimolante — 82,4
- Molto tempo libero e non importa lo stipendio — 5,8
- Tanti soldi anche se con poco tempo libero — 9
- Preferirei non lavorare — 1,5
- Altro — 1,3

Youthful values

Above are some of the results from a survey into the views and values of the under 25s.

1 Check to see you understand the two questions being asked.

2 Scan the first table for references to work: what is the main problem identified?

3 Look at the second table:

   a What do the majority hope to get out of work?

   b Which priority is higher – time or money?

Work ethic

Read these extracts on attitudes to work from an article in an Italian weekly:

1 What topics are covered in each of the mini-portraits?

2 How do their attitudes to working hours compare?

3 What are their respective views on salary?

4 What, if anything, would make Cecilia move or change jobs – and what about Andrea?

5 Do either of them care about a career?

girare uno spot
>*to shoot an advert*

se volessi
>*if I wanted to*

se me ne capitasse un altro
>*if another one turned up*

se si trattasse di
>*if it were a question of*

se questo significasse
>*if that meant*

CECILIA: LAVORISTA

Soltanto per passione

A 23 anni, Cecilia Mazza ha detto basta all'università e ha cominciato a lavorare. Oggi ne ha 25, ed è assistant producer in una casa di produzione di audiovisivi

L'orario di lavoro

«Varia, a seconda dei periodi. In media lavoro nove, dieci ore al giorno in ufficio, ma quando dobbiamo girare uno spot superiamo tranquillamente le dodici ore. E questo capita spesso. Si tratta di una mia scelta. Se volessi, potrei lavorare di meno, ma è un'attività talmente interessante che la fatica quasi non si sente: non smetto mai di pensarci, e spesso mi addormento con in testa le cose che devo fare il giorno dopo».

Lo stipendio

«Non è alto, ma mi sta bene. So che potrei guadagnare di più, ma per il momento non mi importa. Lavoro tanto perché mi piace, non per fare soldi».

La mobilità

«Cambierei lavoro solo se me ne capitasse un altro ancora più stimolante. Non lo farei né per uno stipendio più alto né per un salto di carriera. Se si trattasse invece di fare più esperienza, di imparare cose nuove, allora sì, sarei pronta a trasferirmi in un'altra città».

La carriera

«In questo momento non mi interessa. Al contrario, dovrei forse trovarmi un ruolo più definito nel mio campo di lavoro: ma ci sono talmente tante cose da fare e da imparare che mi piace intervenire nelle situazioni più diverse».

ANDREA: ECOLOGISTA

Soprattutto tempo libero

Andrea Endennani, 28 anni, da nove programmatore all'Istat.

L'orario di lavoro

«Comincio alle nove e finisco alle cinque. Quando sono in ufficio cerco di fare bene il mio lavoro, e sono teso a dare il meglio. Ma una volta fuori non voglio più sentirne parlare: non mi porto mai il lavoro a casa. Quello che posso fare nel tempo libero, suonare il pianoforte, leggere un libro, vedere gli amici, stare in famiglia, mi dà delle soddisfazioni a cui non voglio rinunciare».

Lo stipendio

«Ho uno stipendio medio, ma mi va bene così. Non mi importa molto dei soldi, ho quello che mi serve e tanto basta. Capisco perfettamente i colleghi che chiedono il part-time: il tempo libero è più importante di uno stipendio alto. Che te ne fai di cinque milioni al mese se non hai il tempo per spenderli?».

La mobilità

«Cambierei lavoro, e città, solo per andare a vivere in una città che mi piace. Non sono disposto a trasferirmi solo per fare carriera o per guadagnare di più».

La carriera

«Non è importante. Quel che conta è che il lavoro sia interessante e gratificante. Ma soprattutto vicino a casa, facilmente raggiungibile. Io ho la fortuna di lavorare in centro, in una zona piacevole, anche se i problemi di parcheggio non mancano mai: sarei disposto a guadagnare di meno, se questo significasse un sistema di trasporti più rapido».

What's in store?

Here's what some people see in store for themselves. Can you match up what they say with the first parts of the sentences?

> **a** ... spero di fare l'avvocato
> **b** ... mi potrò laureare
> **c** ... sarò probabilmente disoccupata
> **d** ... mi piacerebbe fare una grande festa
> **e** ... mi piacerebbe fare volontariato nel terzo mondo
> **f** ... dovrò ripetere l'anno

e.g.   Se non trovo lavoro ...
Se non trovo lavoro, mi piacerebbe fare volontariato nel terzo mondo.

1   Se non trovo lavoro ...
2   Appena riuscirò a trovare lavoro ...
3   Quando avrò terminato gli studi di giurisprudenza ...
4   Quando mi sarò laureata
5   Se avrò finito la tesi ...
6   Se non sarò promosso ...

Good moan! ⑮

You've been waiting ages at the bus stop. A man joins you and strikes up a conversation. Listen to the cassette and take part.

Profile ⑯

Listen to Raffaella Malito, a teenager from Calabria, talking about student life in Rome.

Wordpower 2

Antonyms

In conversation antonyms (opposites) can help you avoid repetition or express irony and sarcasm:

La situazione è tragica –   Certo che non è molto allegra!

Over to you

First check carefully the meanings of the following adjectives:
deludente • educato • tremendo

Now complete the following conversations, using opposites taken from the words below:

educato	**rilassante**	**buono**
soddisfacente	**basso**	**facile**

1   La sua risposta è piuttosto **deludente**.
    Sì, purtroppo non è molto ——.
2   Trovare un lavoro è diventato molto **difficile.**
    Eh sì, in effetti la cosa non è ——.
3   Ormai i prezzi a Roma sono abbastanza **alti.**
    Purtroppo, sì, sono tutt'altro che ——.
4   È stato un pasto **tremendo!**
    Infatti, non è stato molto ——.
5   Vivere in città è diventato piuttosto **stressante** ormai.
    Purtroppo, sì, non è molto ——
6   Il tassista è stato proprio **maleducato**, non ti pare?
    Insomma, diciamo che poteva essere un po' più ——.

A few more false friends

Try learning the following false friends connected with work and education:
l'argomento • discreto • le materie • serio

Use the Italian words correctly in the following sentences and then check their meaning in the key below. One of the words can be used twice, with a slightly different meaning.

1   A scuola, quali —— ti piacciono di più?
2   —— del tema *[essay]* mi interessa poco.
3   Bene! - Ha fatto un —— lavoro.
4   È molto giovane, però è una ragazza molto
5   Perché non fai domanda? È una ditta molto ——.

> Key
> 1 materie - subjects; 2 l'argomento - the topic
> 3 discreto - good; 4 seria - responsible; 5 seria - reputable

Troubleshooting

mancare a

This common verb literally means *to be missing,* but has numerous everyday uses which are best learned in context.

1 It can be used to refer to time and to space:

Quanto manca?/Quanto ti/le manca?	*How long will it/you be?*
Ti/le manca molto/poco?	*Will you be long?/Are you nearly ready?*
Manca un'ora alla cena	*There's an hour to go before supper*
Mancano due ore alla festa	*There are two hours to go before the party*
Quanto manca?	*How far is it?*
Manca molto/poco?	*Is it far?/is it near?*
Mancano cento chilometri	*There are a hundred kilometres to go*

2 It can convey the idea of *something yet to do:*

Ti manca un esame?	*Have you still got an exam to do?*
Sì, me ne manca uno	*Yes, I've got one to go*

It can also convey the idea of *need/ falling short:*

Quanto ti/le manca?	*How much do you need?*
Mi mancano dieci sterline	*I need £10/ I'm £10 short*

3 It can convey the idea of *something or someone missing or gone:*

Chi manca?	*Who is absent/not here/missing?*
Non manca nessuno;	*Nobody's absent ...*
Manca il sale/la firma	*There's no salt/signature*

increasingly   always   still/even   yet   more   again

Try to learn the different meanings of **sempre** and **ancora.**

1 Sempre

Diventa **sempre** più difficile	***more and more, increasingly***
Sta diventando **sempre** meno facile	***less and less***
È **sempre** difficile trovare un parcheggio?	***always***

2 Sempre and **ancora** can be interchangeable:

È **sempre/ancora** difficile trovare un parcheggio?	***still***

3 Ancora

È stato **ancora** più difficile del previsto	***still/even more***	
Ancora non ho dato gli esami	***still***	
Non ho **ancora** dato gli esami	***yet***	
Ho **ancora** due esami da dare	***still***	
Ho due esami **ancora** da dare	***two ... more***	Or: *Ho altri due esami da dare*
Ne darai **ancora** due?	***(two) more***	Or: *Ne darai altri due?*
Ne hai **ancora** da dare?	***(some) more***	Or: *Ne hai altri da dare?*
Proverò **ancora** una volta	***once more/once again***	Or: *Proverò di nuovo*
È tornato **ancora** a trovarmi	***again***	Or: *È tornato di nuovo a trovarmi*

Systems 11

1 Regular tu and voi imperatives

> **prova** Alberto
> **provate** ragazzi

Imperatives are used to call for action. **Tu** and **voi** imperatives have exactly the same form as the **tu** and **voi** forms of their present tense, with the exception of the **tu** imperative of **-are** verbs, which have the same form as the third person of the present **[lui/lei]**.

	-ARE	-ERE	-IRE	
	aspettare	**prendere**	**finire**	**sentire**
[tu]	aspetta	prendi	finisci	senti
[voi]	aspettate	prendete	finite	sentite

Guarda che bello!
Prendi la mano a tuo fratello
Senti che rumore!

Present tense forms are used for the **tu** and **voi** imperatives of most **-ere** and **-ire** verbs with irregular presents and for verbs ending in **-arre**, **-orre**, **-urre**.

	[tu]	[voi]
bere	bevi	bevete
tenere	tieni	tenete
sedere	siedi	sedete
venire	vieni	venite
salire	sali	salite
uscire	esci	uscite
estrarre	estrai	estraete
opporre	opponi	opponete
tradurre	traduci	traducete

Traducete il testo per domani, ragazzi
Vieni, Antonio, bevi un po' di vino
See Reference VIII A, p. 255–6 for irregular presents.

Note: **voi** imperatives are normally used for the **Lei**, as well as the **tu**, plural:
Venite, signori
See Reference VIII E, ii, p. 262.

2 Irregular tu imperatives

> **stai/sta'** attento
> **vai/va'** via

The following irregular **-are** verbs form the **tu** imperative as follows:

andare	vai or va'	**dare**	dai or da'
fare	fai or fa'	**stare**	stai or sta'

Dire is also irregular: di'.

The **voi** forms of these imperatives are regular:

andate	date	fate	state	dite

See Systems 12, note 6, p.106 for **da', di', fa', sta', va'** combined with pronouns.

3 Irregular tu and voi imperatives

> **abbi** pazienza
> **sii** prudente

The following verbs have both irregular forms:

	avere	**essere**	**sapere**
[tu]	abbi	sii	sappi
[voi]	abbiate	siate	sappiate

Abbi pazienza, Giulio *Bear with me, Giulio*
Siate prudenti, ragazzi *Take care, everyone*

4 Negative tu and voi imperatives

> **non ridere/ridete**
> **non andare/andate**

To make a negative **tu** imperative you always use **non** in front of the infinitive of the verb, whether it is irregular or not:
Non fumare tanto   Non bere troppo
Non essere stupido   Non avere paura

Negative **voi** imperatives are formed by putting **non** before the normal imperative:
Non fumate tanto   Non bevete troppo
Non siate stupidi   Non abbiate paura

5 Regular Lei imperatives

i) Verbs with regular present

> **alzi** il braccio
> **chiuda** la porta
> **apra** la finestra

Lei imperatives are formed from the **io** form of the present tense.

	aspettare	prendere	finire	sentire
[Pres.]	aspetto	prendo	finisco	sento
[Imper.]	aspetti	prenda	finisca	senta

Guardi che bello!   Ne prenda un altro
Senta che rumore!

ii) Verbs with irregular present

venga subito
mi **dica**

Many verbs with irregular present tenses form
the imperative by substituting the **-o** of the **io**
form with an **-a**:

	Io *present*	*imperative*
andare	vado	vada
bere	bevo	beva
dire	dico	dica
fare	faccio	faccia
rimanere	rimango	rimanga
salire	salgo	salga
scegliere	scelgo	scelga
tenere	tengo	tenga
togliere	tolgo	tolga
uscire	esco	esca

Mi dica, signora ...
Can I help you, madam?
Per piacere, mi faccia vedere quelle scarpe

6 Irregular Lei imperatives

mi **dia** una mano
stia tranquillo

The following five verbs do not form the
imperative directly from the **io** present tense:

avere	abbia	**essere**	sia
dare	dia	**sapere**	sappia
stare	stia		

Abbia pazienza, signore
Sia prudente, signora

Note: The **Lei** imperative is actually the same
as the present subjunctive. See Syst. 17, notes 1
and 2, p. 213.

7 Imperatives and the position of pronouns

alzati
alzatevi
si alzi

Pronouns are always attached to the end of
affirmative **tu** and **voi** imperatives to form one
word:
Fermati subito!   Fermatevi!
In negative imperatives the same always applies
in the case of **voi**:
Non fermatevi
But with **tu** the position is flexible:
Non fermarti *or* non ti fermare
With **Lei** imperatives the pronoun always
precedes the verb:
Si fermi subito. Non si fermi

The **noi** form of the verb can be used as an
imperative to make suggestions:
Andiamo!   *Let's go!*
If a pronoun is used it is attached to the end of
the verb:
Alziamoci!   *Let's get up!*
See also Book 1, Unit 6, Patterns 1ii, p. 114.

8 The past: reflexive verbs

mi sono divertito
mi sono rotto la gamba
auxiliary   past participle

The **passato prossimo** of reflexive verbs is
formed with the present tense of the auxiliary
essere and the past participle of the verb you
are using. As with any other verb, some have
regular past participles while others are
irregular:

i) Regular reflexive verbs

-ARE	**-ERE**
lavarsi	**sedersi**
mi sono lavato/a	mi sono seduto/a
ti sei lavato/a	ti sei seduto/a
si è lavato/a	si è seduto/a
ci siamo lavati/e	ci siamo seduti/e
vi siete lavati/e	vi siete seduti/e
si sono lavati/e	si sono seduti/e

-IRE

divertirsi
mi sono divertito/a
ti sei divertito/a
si è divertito/a
ci siamo divertiti/e
vi siete divertiti/e
si sono divertiti/e

As with all verbs taking **essere,** the past participle agrees with the subject of the verb:

Emilia, ti sei lavata? Ragazzi, vi siete divertiti?

See Syst. 15, note 4 ii, p. 124 for agreement with a direct object pronoun.

ii) Irregular reflexive verbs

The most common ones are **-ere** verbs:

iscriversi a	*to join*	mi sono iscritto/a
mettersi (a)	*to put on, begin to*	mi sono messo/a (a)
nascondersi	*to hide*	mi sono nascosto/a
perdersi	*to get lost*	mi sono perso/a
rivolgersi a	*to turn/go to*	mi sono rivolto/a (a)
rompersi	*to break*	mi sono rotto/a
togliersi	*to take off*	mi sono tolto/a

Notes: The reflexive form of the verb can also be used with other verbs to say what people do to each other:

Si amano da sempre
They've always loved each other
Si vedono ogni giorno
They see each other every day
Si sono stretti la mano   *They shook hands*

There are occasions when reflexive verbs can take the auxiliary **avere**. See Syst. 16, note 5, p. 211.

9   Regular futures (1)

allora **riproverò**
non **riuscirai**

There are only two regular future tense endings, since **-are** and **-ere** verbs follow the same pattern and all **-ire** verbs have the same future tense:

-ARE	**-ERE**	**-IRE**
provare	**prendere**	**finire**
prov**erò**	prend**erò**	fin**irò**
prov**erai**	prend**erai**	fin**irai**
prov**erà**	prend**erà**	fin**irà**
prov**eremo**	prend**eremo**	fin**iremo**
prov**erete**	prend**erete**	fin**irete**
prov**eranno**	prend**eranno**	fin**iranno**

10 Irregular futures (1)

cosa **farò**?
potrò sciare?

There are a number of important verbs which form their future tense in identical fashion, irrespective of their **-are, -ere, -ire** endings:

fare	**potere**	**dire**
farò	potrò	dirò
farai	potrai	dirai
farà	potrà	dirà
faremo	potremo	diremo
farete	potrete	direte
faranno	potranno	diranno

Other verbs which follow this pattern include:
andare andrò, **avere** avrò, **cadere** cadrò, **dare** darò, **dovere** dovrò, **sapere** saprò, **stare** starò, **udire** udrò, **vedere** vedrò, **vivere** vivrò.

Essere has its own pattern:

sarò	saremo
sarai	sarete
sarà	saranno

Domani sapremo tutti se potremo andare o no. Mi dovrai dire se la riunione avrà luogo la settimana prossima.
For more on the future see Syst. 12, notes 1-3, p.105, and Syst. 15, notes 2-3, p.122–3.

11 Verbs and expressions used impersonally

le servono gli sci?
le fa male il braccio?
cosa **le** è successo?

Many verbs, e.g. **servire a, fare male a**, can be used impersonally with an indirect object pronoun:

Gli serve una nuova macchina
He needs/they need a new car
Le servono scarpe nuove?
Do you need new shoes?
Le fa male la gamba   *Her leg hurts*
Gli fanno male i piedi   *His/their feet hurt*

See Book 1, Syst. 9, note 7 and Ref. VIII B, 1ii and iii, p. 257.

12 A note on irregular nouns

alza **le braccia**
piega **le ginocchia**

Many parts of the body are irregular.

il braccio, le braccia	*arm, arms*
il ciglio, le ciglia	*eyelash, eyelashes*
il dito, le dita	*finger, fingers*
il ginocchio, le ginocchia	*knee, knees*
il labbro, le labbra	*lip, lips*
la mano, le mani	*hand, hands*
l'osso, le ossa	*bone, bones*
il sopracciglio, le sopracciglia	*eyebrow, eyebrows*

L'orecchio, *ear*, has two plurals:
gli orecchi *or* le orecchie.

Reinforcement 11

A Home alone

Your flatmate's off for a week and you've been given a list of what to remember. What were you actually instructed to do?
1 Chiudere il portone a chiave.
2 Pulire il bagno.
3 Buttare la spazzatura.
4 Innaffiare le piante.
5 Rispondere al telefono, prendere tutti i messaggi, stare attento a scrivere i nomi.
6 Dare da mangiare al gatto.
7 Tenere tutto in ordine!

If there were two of you looking after the flat what would the instructions have been?

B Common sense

Your partner can be pretty hopeless at times. You're always having to state the obvious. Your response is given in English. Put it into Italian.

e.g. Ho perso gli occhiali.
Look for them then!
Cercali allora!

1 Sono indeciso se comprare quel nuovo disco o no.
Listen to it, then!
2 Sono miei, questi calzini?
Have a look at them, then!
3 Non so se queste scarpe mi piacciono.
Well try them on, then!
4 Ho voglia di parlarle, ma arriva solo domani.
Well wait for her, then!
5 La mia nuova rivista è sparita.
Well look for it, then!
6 Non ho capito la lezione, devo chiedere aiuto?
But of course, ask for it!

C Say cheese!

You're taking a group photo, but everyone's restless because you can't decide where to put them. During the session you tell them to:
1 sit down   2 stand up
3 keep still   4 be quiet
5 smile   6 listen to you
7 bear with you

You can use some of the following verbs:
alzarsi; ascoltare; avere pazienza; mettersi in piedi; mettersi a sedere; sedersi; sorridere; stare zitto/fermo

D Small talk

You've invited an Italian acquaintance to your favourite restaurant and you engage in the necessary small talk. Use the verbs given to complete the sentences.

First, here's what you tell your guest during the course of the meal:
1 Ecco il nostro tavolo, *[accomodarsi]*.
2 *[Provare]* lo yorkshire pudding, è una specialità.

3 Bisogna mangiarlo caldo, *[servirsi]* subito.
4 *[Bere]* un po' di questo vino, è buono.
5 *[Prendere]* un po' di zuppa inglese.

You ask your guest to do two things:
6 Mi *[passare]* il sale, per favore.
7 Mi *[dare]* un po' di pane, per piacere.
Near the end of your meal you ask the waiter:
8 Per piacere, ci *[fare]* un caffè corretto.
At the end you attract his attention and ask:
9 *[Sentire]* ! Ci *[portare]* il conto, per favore.
Finally, on the way out, you tell your inebriated guest to mind his head on the low door:
10 Attento! *[Stare]* attento alla testa!

E Stop it!

Can you get a friend or friends to do as you ask by transforming these orders into slightly more conciliatory language?

e.g. Ma smetti di fumare!
Per piacere, non fumare.

1 Ma smettete di urlare!
2 Ma smetti di piangere!
3 Ma smettete di fare confusione!
4 Ma smettete di prenderlo in giro!
5 Ma smetti di parlargli di queste cose!
6 Ma smetti di preoccuparti tanto!

F Bloody-minded

You - and some of your friends - are not given to toeing the line. When confronted, you are delighted to say you haven't complied with any of the orders you were given.

e.g. - Ma ho detto, 'alzatevi presto!'
    - Noi invece non ci siamo alzati presto.

1 - Ma ho detto, 'svegliati di buon'ora!'
2 - Ma ho detto, 'togliti le scarpe!'
3 - Ma ho detto, 'non addormentarti tardi!'
4 - Ma ho detto, 'non ti sporcare le mani!'
5 - Ma ho detto, 'mettetevi i guanti!'
6 - Ma ho detto, 'lavatevi il viso!'

G Tear-jerker

Below are the bare bones of a photo-romance plot. Can you say what happened by putting it in the past?

Begin: 'Nadia e Michele si sono incontrati ...
Nadia e Michele si incontrano all'università e s'innamorano subito. - È il colpo di fulmine. Dopo un anno Nadia si laurea e trova un lavoro, ma Michele smette di studiare e si mette a fare la bella vita. Nadia si arrabbia e decide di lasciarlo. Allora Michele si rimette a studiare, si laurea e si trova un lavoro anche lui. Si sposano e hanno un figlio. Nadia smette di lavorare e si dedica al bambino. Ma si trova troppo sola e si lamenta molto. I due cominciano a litigare, la vita diventa veramente impossibile e alla fine si separano. Nadia si risposa, ma il povero Michele non può vivere senza la famiglia, diventa tossicodipendente e alla fine si suicida.

H Star laws

You are on the superstitious side and take your horoscope seriously. Below is the general advice it gives everyone for next week. You're going to follow the advice, so can you say what you personally will do?

Begin: Accetterò l'aiuto ....
Accettate l'aiuto degli altri senza sentirvi offesi. **Risolvete** problemi finanziari urgenti e **controllate** le spese, ma **non perdete** di vista i vostri obblighi e le vostre responsabilità. **Concedetevi** un breve periodo di riposo e **fate** un po' di sport per migliorare la forma fisica. **State** attenti a non strafare e **sentite** il parere di un medico. **Non provocate** gelosie in famiglia e **siate** comprensivi e indulgenti. **Non uscite** soli la sera per evitare incomprensioni.

I Aches and pains

What has happened to the people indicated below and what do they need as a result? Using the pronouns given, complete the sentences.

gli *(x 4)*   le *(x 2)*   si *(x 2)*

1 Aldo si sente male. .... dà fastidio il braccio. .... serve una benda.
2 Rita sta male. .... è rotta la gamba. .... servono le stampelle.
3 I bambini non si sentono bene. .... fanno male le orecchie. .... serve un cappello.
4 Giulia ha avuto un incidente . .... è tagliata la mano. .... serve un cerotto.

Systems 12

1 Regular futures (2)

> **cercherò** di venire
> **comincerò** subito

With the future tense of verbs ending in **–care** and **–gare**, an **h** is added in writing to preserve the hard **c** and **g** sounds.

cer**care**	cer**cher**ò	ne**gare**	ne**gher**ò
nevi**care**	nevi**cher**à	pa**gare**	pa**gher**ò

With verbs ending in **–ciare** and **–giare** the soft **c** and **g** sounds are kept without need for the **i**.

comin**ciare**	comin**cer**ò	man**giare**	man**ger**ò
parcheg**giare**	parcheg**ger**ò	las**ciare**	las**cer**ò

2 Irregular futures (2)

> **verranno** altri amici
> quanto tempo **rimarrai?**

Several verbs form their future in **–rrò**:

bere	tenere	venire
berrò	terrò	verrò
berrai	terrai	verrai
berrà	terrà	verrà
berremo	terremo	verremo
berrete	terrete	verrete
berranno	terranno	verranno

The other verbs which follow this pattern are:
parere parrò, **rimanere** rimarrò, **valere** varrò, **volere** vorrò, and verbs ending in **–arre –orre** and **–urre**. See Ref. VIII D, 1iii, pp. 260–1.

3 Uses of the future

Generally speaking the future tense is used to refer to events in the future:

> L'anno prossimo andrò a Roma
> *Next year I'll go to Rome…*

In everyday speech, however, the present is often used instead of the future, especially in connection with definite promises and arrangements or events in the immediate future:

> L'anno prossimo vado a Roma, perché ho vinto una borsa di studio

> *Next year I'm going to Rome…*
> Fra mezz'ora vado al cinema
> *I'm going to the cinema in half an hour*
> Parto adesso   *I'm leaving now*

The use of the future is quite flexible, but it is most likely to be used with reference to:

i) **Future intentions or decisions made at the time of speaking:**
> Stanno facendo sciopero? Partirò domani, allora
> Il direttore è impegnato? Tornerò domani, allora

ii) **Predictions, firm beliefs and inescapable facts:**
> Il cielo è molto coperto. Pioverà di sicuro
> Sono sicuro che avrà molto successo
> Dopodomani sarà troppo tardi per cambiare i biglietti

iii) **If … then + Future**
> Se mi spieghi il problema, ti aiuterò
> Se partono adesso, arriveranno in tempo

iv) **Discussing probability and doubt:**
> Quanto peserà? Mah, peserà due chili
> *How much could it (will it) weigh? It must weigh two kilos*
> Quant'anni avrà? Mah, avrà sessant'anni
> *How old could he be? He must be sixty*
> Dove sarà Paola? Mah, sarà in centro
> *Where could Paola be? She must be in town*

4 Regular conditionals

> mi **servirebbe**

The conditional form of the verb generally expresses the English 'would'. It is used where hypotheses or a degree of uncertainty are involved, and also to make a request less blunt or direct. As with the future, there are two regular conditional endings: **–erei** and **–irei**.

–ARE　　　　**–ERE**　　　　**–IRE**

provare	prendere	finire
proverei	prenderei	finirei
proveresti	prenderesti	finiresti
proverebbe	prenderebbe	finirebbe
proveremmo	prenderemmo	finiremmo
provereste	prendereste	finireste
proverebbero	prenderebbero	finirebbero

Sarebbe bello   *It would be nice*
Proverei ad imparare il violino, ma non
sono bravo in musica
*I would try and learn the violin, but I'm no good
at music*

5   Irregular conditionals

avrei bisogno di
vorrei qualcosa

As with the future, there are two main patterns
of irregularity:

fare	bere
farei	berrei
faresti	berresti
farebbe	berrebbe
faremmo	berremmo
fareste	berreste
farebbero	berrebbero

The verbs formed like **fare** are:

andare	andrei,	**avere**	avrei,
cadere	cadrei,	**dare**	darei,
dire	direi,	**dovere**	dovrei,
potere	potrei,	**sapere**	saprei,
stare	starei,	**udire**	udrei,
vedere	vedrei,	**vivere**	vivrei.

The verbs formed like **bere** include:

rimanere	rimarrei,	**tenere**	terrei,
venire	verrei,	**volere**	vorrei,

plus verbs ending in **-arre** **-orre** and **-urre**.

See Ref. VIII D, 3iii, p. 261.

Cosa faresti?   *What would you do?*
Quando verrebbe?   *When would you come?*

As with the future, **essere** has a separate
pattern:

essere	
sarei	saremmo
saresti	sareste
sarebbe	sarebbero

Sarebbe meglio aspettare
It would be better to wait

For further uses of the conditional see Syst. 13,
note 6, p. 113, Syst. 17, note 7, p. 215 and Syst.
18, note 7, p. 218.

6   Irregular imperatives: spelling changes

dammi tu un orario
dimmi un po'

A few verbs have single syllable **tu** command
forms:

andare	**va'/vai**	fare	**fa'/fai**
dare	**da'/dai**	stare	**sta'/stai**
dire	**di'**		

The initial letter of pronouns used with these
forms is doubled, except in the case of **gli**:

Ma vacci, sarà divertente!   *Go there, ...*
Fatti sentire più tardi   *Get in touch later*
Stammi bene   *Take care*
but: Digli di venire   *Tell him to come*
Dagli una mano   *Give him a hand*

7   Combined pronouns

me lo fa sapere?

When the indirect object pronouns **mi, ti, ci,
vi** are used in conjunction with direct object
pronouns **lo, la, li, le**, they come first and small
spelling changes are required:

it + *to me / you / us / you*	them + *to me / you / us / you*
mi + lo = **me lo**	mi + li = **me li**
mi + la = **me la**	mi + le = **me le**
ti + lo = **te lo**	ti + li = **te li**
ti + la = **te la**	ti + le = **te le**
ci + lo = **ce lo**	ci + li = **ce li**
ci + la = **ce la**	ci + le = **ce le**
vi + lo = **ve lo**	vi + li = **ve li**
vi + la = **ve la**	vi + le = **ve le**

Me lo dai? [il libro]
Will you give it to me?
Te la presterà [la penna]
He will lend it to you
Ce li porteranno? [i libri]
Will they bring them to us?
Ve le restituisco [le penne]
I'm giving them back to you

Note: Direct object pronouns combined with
le [to you, to her], **gli** [to him, to them]
and **loro** [to them] will be dealt with in
Systems 13, note 3, p. 111–2.

Some Italian verbs require two pronouns where English only uses one:

> Me lo fa sapere?
> *Will you let me know? [it]*
> Me lo devi chiedere
> *You must ask me [it]*
> Ce lo dirà domani
> *He'll tell us [it] tomorrow*
> Me lo puoi promettere?
> *Can you promise me? [it]*

8 Position of combined pronouns

i) Pronouns after the verb

> **fammelo** sapere
> **fatemelo** sapere
> puoi **farmelo** sapere

If combined pronouns **me lo, te la** etc., have to come after the verb, for example with informal imperatives such as **fa', fate**, or with infinitives, they are joined together as one word:

> Mandacelo! *Send it to us!*
> Dammelo! *Give it to me*
> Preferisco fartelo sapere dopo
> *I prefer to let you know later*
> Potrebbe portarvelo fra poco
> *He could bring it to you soon*

ii) Optional position of pronouns

> **te lo** posso spiegare
> posso spiegar**telo**

The pronoun position is optional with the modal verbs **dovere, potere, volere, sapere**:

> Te lo potrei portare *or* Potrei portartelo
> *I could bring it to you*
> Ce li devi restituire *or* Devi restituirceli
> *You must give them back to us*
> Me lo sai dire? *or* Sai dirmelo?
> *Can you tell me?*
> Ve le vorrei prestare *or* Vorrei prestarvele
> *I would like to lend them to you*

For more on combining pronouns see Systems 13, notes 2-4, pp. 111-2.

See also Book 1, Systems 7, note 2, p. 197.

9 More on ci

> **ci** tieni?
> **ci** penso io

With certain verbs and verbal phrases requiring the preposition **a, ci** is used instead of the direct object pronouns **lo, la, li, le**:

abituarsi a *to get used to*; essere abituato a *to be used to*; credere a *to believe*; pensare a *to think about*; tenere a *to be keen on*.

> Mi sono abituato **a vivere a Londra**.
> **Ci** sono abituato
> *I've got used to living in London*.
> *I've got used to it*
> Credo **a quello che dice**. **Ci** credo
> *I believe what he says*. *I believe it*
> Preferisco non pensare **agli esami**, ma devo pensar**ci**
> *I'd rather not think about the exams, but I have to think about them*

A common expression meaning *I'll see to it, I'll deal with it* is: **ci penso io**.

Note: Some of these verbs can also be used without **a**, with a slight change of meaning, in which case **lo**, not **ci** is used:

> Pensi/credi che sarà troppo difficile?
> Lo pensi davvero? Lo credi davvero?
> *Do you really think/believe that?*
> Tieni il dizionario? Sì lo tengo
> *Yes I've got it*

For a reminder of the other uses of **ci**, see Book 1, Unit 7, Patterns 2 ii, p. 138 and Troubleshooting 7, p. 142.

10 Impersonal verbs: a note on volerci

> **ci vuole** un'ora
> **ci vogliono** due ore

Volerci (**ci + volere** *to want*), is used in the impersonal expression meaning *it takes* or *it is needed*. The verb must be plural if there is a plural object:

> Ci vuole mezz'ora/un quarto d'ora
> *It takes/is required*
> Ci vogliono trenta/quindici minuti.

For more on **volerci** see Unit 14, Patterns 1ii, p. 68.

11 A note on adjectives

i) The use of di

niente di speciale
qualcosa di bello

When an adjective is used with **niente/nulla** and **qualcosa**, it is preceded by **di**:

Non ti preoccupare, non è niente di grave
Vorrei mangiare qualcosa di leggero

ii) Indefinite adjectives

qualche piccolo problema
alcuni piccoli problemi

Qualche means *some/ a few* or *any* and is invariable. Despite its plural meaning it can only be followed by a singular noun and verb. It means the same as **alcuni/e**:

È rimasta qualche mela?
Sono rimaste alcune mele?
Are there any apples left?
Mi dà qualche mela?
Can you give me some/a few apples?

It is only possible to use **qualche** with countable nouns, i.e. nouns that can have a plural. It cannot be used to signify the singular *some*, which is usually **un po' di**:

È rimasto un po' di pane?
Is there any bread left?
Mi dà un po' di pane?
Can you give me some/a bit of bread?

For more on *some* and *any* see Reference I, 8v, p.243.

Reinforcement 12

A Doomwatch

What questions might you be asking yourself about life in a hundred years time? Using the verbs given, complete the sentences below.

**diventare   esistere   diminuire   essere
scoppiare   diffondersi   scoprire
rimanere   cambiare   sconfiggere
scomparire   potere**

e.g. La monarchia britannica ..... fra cento anni?

La monarchia britannica **esisterà** fra cento anni? [**scomparirà/cambierà** would also be possible]

1   Le foreste equatoriali ..... fra cento anni?
2   Lo strato dell'ozono ..... distrutto fra cento anni?
3   ..... il clima? – Il mondo ..... più caldo?
4   L'Aids ..... dappertutto fra cento anni?
5   I medici ..... una cura per il raffreddore?
6   I genitori ..... scegliere il sesso dei figli?
7   Lo stato italiano ..... la Mafia?
8   L'Europa ..... unita?
9   L'Italia ..... unita?

B Multiple choice

Choose the correct alternative each time:
1   **[festeggiare]**
    Domani tutti *festeggeranno/ festeggieranno/ festeggerano* il compleanno di Maria.
2   **[mangiare]**
    Stasera io *mangierò/ mangiarò/ mangerò* pasta e fagioli.
3   **[pagare]**
    Fra poco *pageremo/ pagheremmo/ pagheremo* anche l'aria che si respira!
4   **[giocare]**
    Se vuoi *giocarò/ giocharò/ giocherò* a tennis domani.
5   **[cominciare]**
    Fra due giorni *comincieranno/ comincerano/ cominceranno* a raccogliere l'uva.
6   **[fare; rimanere]**
    Senti, *farai/ farei/ farrai* una passeggiata o *rimanerai/ rimarai/ rimarrai* a casa?
7   **[tenere; bere]**
    Terremmo/ teremo/ terremo la riunione dopo cena e *beremo/ berremo/ berremmo* un whiskey insieme.
8   **[dire; venire]**
    Giovedì vi *dirrò/dirò/direi* se *verò/vendrò/ verrò* o no.

C That's definite!

Your friends are assailed by doubts, but you are sure of your facts. Tell them what will happen.

e.g. Ma la riunione avrà veramente luogo domani?
    Certo, la riunione *[tenersi]* domani alle due.
    Certo, la riunione si terrà domani alle due.

1 Ma tu credi che arriverà?
   Senz'altro. *[venire]* verso le quattro con la moglie.
2 Ma sarà davvero possibile vedere la mostra?
   Come no? La mostra *[rimanere]* aperta fino a tardi.
3 Ma sei sicuro che si sposeranno?
   Ma sì! La cerimonia *[tenersi]* in Comune alla fine del mese, e dopo noi *[bere]* alla loro salute!
4 Ma tu credi che avranno voglia di vederci?
   Ma cosa credi? Siamo amici, *[volere]* senz'altro vederci!

D Hunches

You and a friend have just spotted a striking - looking couple on the beach. You've decided that:
1 the husband's dishy but he must be over fifty.
2 he must be an artist or a musician.
3 the dramatic-looking wife must be in show business. *[occuparsi di teatro]*
4 she must have dyed hair. *[capelli tinti]*
5 they must be very rich.

What are your comments likely to be in each case?

e.g. Il marito avrà più di cinquant'anni.

E Reunion

This lady is looking forward to a reunion. Which of the future tense verbs in this account could you put in the present?

Domani mattina non andrò a lavorare, rimarrò a casa, perché vedrò una mia vecchia amica, Marisa. Non ci vediamo da anni. Sarà molto interessante perché verrà con i due figli. Potrò finalmente vedere come sono cresciuti dopo tanto tempo! Non mi ricordo esattamente le loro età, ma avranno sui quindici e i diciassette anni ormai... Stasera farò un salto in centro, perché devo cercare di trovare un regalo per loro. Per Marisa non ho problemi, le darò degli orecchini, so che le piacciono.
Hanno intenzione di rimanere una settimana. Spero che staranno bene qui. Lo saprò fra poco!
   [fare un salto, *to nip, pop into*]

F If that's OK ...

You often need to tell people to do something for you, if conditions are right. What would you say in the following circumstances?

e.g. Se vedi/vedete Katia, *[tell her to ring me]*
   Dille/ditele di chiamarmi

1 Se hai/avete tempo, *[ring me]*
2 Se non l'hai/avete ancora fatto, *[do it at once]*
3 Se vedi/vedete Susanna, *[give her my number]*
4 Se non hai/avete ancora visto la mostra, *[go there at once]*
5 Se non ti/vi dispiace, *[give him a hand]*

What would you say in each case if you were using **Lei**?

G Cop-out

There's nothing like showing willing, especially if you can slide out of things. The excuses are provided. Say what you would be willing to do:

e.g. *[aiutare]*, ma mi sono slogato la caviglia.
   Aiuterei, ma mi sono slogato la caviglia.

1 *[pagare]*, ma ho lasciato i soldi a casa.
2 *[scrivere]* alla nonna, ma la posta funziona male.
3 *[pulire]* le scale, ma l'aspirapolvere è rotto.
4 Ti *[spiegare]* il loro problema, ma è un segreto.
5 L'arrosto lo *[mangiare]* volentieri, ma ho appena mangiato.
6 Lo champagne lo *[bere]* con piacere, ma ho smesso di bere.
7 *[fare]* volentieri una passeggiata, ma ho un impegno.

H Consequences

How well do you know your nearest and dearest? What would happen in the following circumstances? Take your pick from the verbs given. There are various possibilities, but try to use as many different verbs as possible:

**arrabbiarsi   divertirsi   essere depresso
annoiarsi   ubriacarsi   protestare
offendersi**

e.g. You stand your partner up.
   Il mio partner si arrabbierebbe.

1 You fail to compliment your partner on the fantastic meal.
2 You tell your parents you failed the exam.
3 You tell your children to go to bed early.
4 Your grandparents are children at heart: you take them to the fair.
5 You take your new friend to a concert: it turns out he/ she doesn't like music.

I Frustration

What you say doesn't carry much weight these days. You want to know why not:

e.g. Dammelo! Perché non ...?
Dammelo! Perché non me lo dai?

1 Dimmelo! Perché ....?
2 Fammelo vedere! Perché non ... ?
3 Daccelo! Perché non .... ?
4 Spiegacelo! Perché non ... ?
5 Leggimelo! Perché non ....?
6 Puliscimelo! Perché non ... ?

J It's all yours

You're very amenable and will agree to anything you're asked:

e.g. Se ti serve l'orologio ..... mando subito.
Se ti serve l'orologio, te lo mando subito.

1 Se ti serve la macchina ..... do domani.
2 Se vi serve la lavatrice ..... regalo.
3 Se vi serve il computer ..... presto volentieri.
4 Se ti servono i dischi ..... porto domani.
5 Se ti servono le cassette ..... mando stasera.
6 Se vi servono i giornali ..... do subito.
7 Se vi servono le stoviglie ..... presto senz'altro.

K Change it round

What happens to the pronoun order in exercise **J** if you use **dovere, potere**, or **volere**? Give two alternatives.

e.g. Te lo mando subito
Te lo posso mandare subito *or* Posso mandartelo subito

L Settling in

Angela's settled into life in England. She's found a room with a sociable landlady. React to her comments below as appropriate:

e.g. Mi sono abituata al cibo ormai.
Ti ci sei abituata davvero?

1 Mi sono abituata ai rumori strani del vicino.
2 Tengo molto alle nostre serate musicali.
3 Tengo tanto all'amicizia della padrona di casa.
4 Ogni tanto, però, penso alle ferie in Sardegna quest'estate ...

Systems 13

I Piacere: passato prossimo

ti è piaciuto il tuo soggiorno?
vi sono piaciuti i ristoranti?

i) Form

The **passato prossimo** of **piacere** is formed with the auxiliary verb **essere**, so the past participle, **piaciuto**, must agree with the subject of the verb. In the case of **piacere**, the subject is the thing that is liked, not the person who does the liking, since the literal meaning of **piacere** is *to be pleasing to*:

Mi è piaciuta la cattedrale
I liked the cathedral [ie. the cathedral was pleasing to me]
Le sono piaciuti i mercati?
Did you/she like the markets?
Gli sono piaciute le spiagge
He/they liked the beaches

For emphasis or contrast, and also with **anche**, the pronouns **me, te, lui, lei, noi, voi, loro** can be used instead, preceded by **a**:
A voi è piaciuta la gita?
Did you like the tour?
A lui è piaciuta la carne, a lei invece è piaciuto il pesce
***He** liked the meat, **she**, on the other hand, liked the fish*

For a reminder about the pronouns used with **piacere**, see Book 1, Systems 6, note 2, p.193 and Systems 8, note 3, p.201.

ii) Using piacere

Piacere can be followed by infinitive verbs as well as nouns.

When this happens **è piaciuto** is always masculine singular.

Mi sono piaciute le canzoni

but:

Mi è piaciuto ascoltare le canzoni

If the object of **piacere** is a noun (i.e. the people doing the liking) then **a** must go in front, combined with the article if there is one:

A Gina è piaciuto il film
All'avvocato Preti sono piaciuti gli spaghetti
Alla gente è piaciuto lo spettacolo
Alle mie cugine è piaciuta la mostra

This also applies to pronouns such as **molti, nessuno, tanti, tutti**:

A tutti è piaciuto il festival
A tanti è piaciuto partecipare al festival

iii) Agreement of piaciuto with places

Towns and many islands are used without the article. In general they are considered feminine, whatever their ending:

Le è piaciuta Portofino/Gubbio?
Ti è piaciuta Bali / Taiwan / Haiti / Cipro / Lipari / Capri?

In speech, however, although strictly incorrect, people use masculine or feminine endings:

Ti è piaciuto/a Zanzibar?
Le è piaciuto/a Portofino?

With countries or regions, the use of the article means it is easy to identify their gender and use **piaciuto** correctly:

Mi è molto piaciuto il Piemonte/il Kenya
Ci è molto piaciuta la Liguria/la Tanzania

See Reference III, 3-4, pp. 245–6.

2 More on ne

cosa **ne** pensa?
ne è valsa la pena

With certain verbs and verbal phrases requiring the preposition **di**, **ne** is used instead of the direct object pronouns **lo, la, li, le** and can therefore have plural as well as singular meanings:

Non parla mai **della moglie**.
Non **ne** parla mai
He never talks about her
Non vale la pena **di andare**.
Non **ne** vale la pena
It isn't worth it
Hai bisogno **delle riviste**?
No, non **ne** ho bisogno
No, I don't need them

Some of the most common verbs taking **di** are:

accorgersi di, *to notice*	pensare di, *to think of*
avere bisogno di, *to need*	pentirsi di, *to regret*
dimenticarsi di, *to forget about*	rendersi conto di, *to realise*
lamentarsi di, *to complain about*	ricordarsi di, *to remember*
occuparsi di, *to work in, deal with*	valere la pena di, *to be worth*
interessarsi di, *to be interested in*	vergognarsi di, *to be ashamed of*
parlare di, *to talk about*	

Notice that many of the above are reflexive. This means that **ne** must combine with the reflexive pronouns. See Systems, note 5 below:

Me ne dimentico sempre
I always forget about it/them
Ma non se ne rendono conto
But they don't realise it
Se ne pentirà   *He will regret it*
Perché te ne lamenti?
Why are you complaining about it?

For using **ne** with the **passato prossimo** see Systems 15, note 4 iii, p. 124.

3 Combined pronouns (2)

gliela posso dare
glielo faccio sapere

When the indirect object pronouns **gli** and **le** are used in conjunction with the direct object pronouns **lo, la, li, le**, they change their spelling to **glie** and are attached to the direct object pronouns as one word:

gli + lo = **glielo**	le + lo = **glielo**
gli+ la = **gliela**	le+ la = **gliela**
gli+ li = **glieli**	le+ li = **glieli**
gli+ le = **gliele**	le+ le = **gliele**

Gli and **le** each have two meanings:
to him/them; to you/her:

Glielo/la do   *I'll give it to him/them*
                I'll give it to you/her
Glieli/le do   *I'll give them to him/them*
                I'll give them to you/her

The context usually makes the meaning clear:

Sandro mi ha prestato il libro:
glielo restituisco domani
    I'll give it back to him tomorrow
I Bruni mi hanno invitato ad andarci:
glielo faccio sapere domani
    I'll let them know (it) tomorrow
Il giornale **glielo** porto domani, ingegnere
    I'll bring it to you tomorrow
Tina ha chiesto un orologio:
glielo regalo io
    I'll give it to her.

Notes:

a) **Loro** is increasingly replaced by **gli**, even in writing. When it is used with two pronouns, it tends to be preceded by **a**:

Lo darò a loro appena posso

b) In expressions where contrast is involved, stressed pronouns replace the indirect pronouns:

Lo farò sapere a lui, non a te
Lo darò a loro, non a voi

See also Book 1, Syst. 7, note 1, p. 197.

For combined pronouns with the **passato prossimo**, see Systems 15, note 4i, pp.123.

4   Ne combined with other pronouns

> **me ne** dà due
> **glien**e dà tre

Ne can be combined with indirect object pronouns:

Some + to me/you/him/her/us/you/them	
mi + ne	= **me ne**
ti + ne	= **te ne**
le + ne	= **gliene**
gli + ne	= **gliene**
ci + ne	= **ce ne**
vi + ne	= **ve ne**
gli + ne	= **gliene**
loro + ne	= **ne ... loro**

Me ne darà domani
He'll give me some tomorrow
Ce ne porteranno un altro
They'll bring us another
Gliene regalerò due pacchetti
I'll give you two packets
Ne offriremo loro una bottiglia
We'll offer them a bottle

For a reminder about **ne**, see Book 1, Syst. 8, note 1, p. 201.

5   Reflexive pronouns combined with others

> **se le** lava adesso
> **se li** pettina spesso
> **se ne** taglia due

Reflexive pronouns combine with the direct object pronouns **lo, li, la, le**, and also with **ne**. The pattern is basically the same as for indirect object pronouns. [See Systems 12, note 7, p. 106 and Systems 13, notes 3-4 above].

[mettersi] il cappotto	
me lo metto	**ce lo** mettiamo
te lo metti	**ve lo** mettete
se lo mette	**se lo** mettono

[lavarsi] le mani	
me le lavo	**ce le** laviamo
te le lavi	**ve le** lavate
se le lava	**se le** lavano

[comprarsi] delle pere	
me ne compro	**ce ne** compriamo
te ne compri	**ve ne** comprate
se ne compra	**se ne** comprano

Te le togli o no, le scarpe?

Se li pettina o no, i capelli?

When **ci** (*there*) is combined with **ne**, there are also spelling changes:

Ci sono molti errori? – Sì, **ce ne** sono tanti

See Book 1, Systems 9, note 1, p. 205.

For more on combining pronouns see Reference IV 2, pp. 247–8.

6 Some uses of the conditional

dovrebbe prenotare
potrebbe dirmelo?
potrei venire?
vorrei sapere

In the conditional, modal verbs have a variety of functions:

Dovere
i) **Giving advice: Should/ought to**
Dovresti imparare a nuotare
Dovrebbe partire subito
ii) **Expressing obligation: Should/ought to/meant/supposed to**
Dovrei riposarmi   Dovremmo studiare
Dovrei esserci alle due
Dovrebbe partire fra poco
iii) **Expressing probability: Should**
Dovrebbero arrivare domani
Dovreste riceverlo dopodomani

Potere
i) **Making a polite request: Could**
Potresti darmi una mano?
Potrebbe chiudere la porta?
ii) **Expressing a vague possibility: Might**
Potrebbe essere troppo tardi
Potrebbero venire più tardi
iii) **Expressing definite possibility: Could/might**
Potrei andare in piscina
Potremmo andare al cinema
iv) **Getting permission: Could/may**
Potrei venire più tardi?
Potremmo partire in anticipo?

Volere
i) **Expressing wishes: Would like**
Vorrei fare una telefonata
Vorremmo rimanere due giorni

For further uses of the conditional, see Syst. 17, note 7, p. 215 and Syst 18, note 7, p. 218.

7 A note on the use of nouns and pronouns

Pronouns usually replace the nouns they refer to:

Hai preso i libri? – Sì, li ho presi
Hai bisogno dei libri? – Sì, ne ho bisogno

However, in spoken Italian it is extremely common to find both noun and pronoun together for emphasis:

I libri, li hai presi? *Did you **take** the books?*
Dei libri, ne hai bisogno?
*Do you **need** the books?*

The equivalent effect of this noun-pronoun combination in Italian can only be rendered in English by differing intonation and stress patterns. These may vary according to context.

Sì, i libri li ho già presi, ma non i giornali
*Yes, I've already taken the **books**, but not the papers*
Sì, dei libri ne ho proprio bisogno, ma non dei giornali
*Yes, I really need the **books**, but not the papers*
Senta, il conto, me lo porta?
*Excuse me, can you bring me the **bill**?*
Senti, il cappotto, te lo metti o no?
*Look, are you **going** to put your coat on or not?*

8 A note on appena

When talking about the future, **appena** means *as soon as* :
Lo farò appena possibile
When talking about the past, it means *just*:
Ho appena visto Nino

Reinforcement 13

A So how did you like it?

It's January and you're back from an exotic family holiday. Your neighbour wants to know all about it.

Allora, di Zanzibar, che cosa le è piaciuto?
You liked the beaches above all, and your husband liked the heat.
A me sono piaciute soprattutto le spiagge e a mio marito è piaciuto il caldo.

1 You liked the people above all and your children liked the underwater fishing. *[la pesca subacquea]*
2 You liked the landscape above all and your son liked the nightlife. *[la vita notturna]*
3 You liked the traditional costumes and your daughter liked the markets.
4 Everyone liked the food and you liked the fish above all.
5 Your husband liked going on long walks and you liked sun-bathing.

B What did you say?

What did you say to get such prompt service from the hotel staff?

e.g. Senta, il conto, ... ? – Ma certo, glielo porto subito.
Senta, il conto, me lo può portare?

1 Senta, i bagagli ... ? – Certo, glieli porto su subito!
2 Senta, la chiave, ...? – Ma subito, gliela do subito!
3 Scusi, le lenzuola, ... ? – Ah, sì, gliele cambio adesso!
4 Scusi, l'ora della partenza, ...? – Ma certo, gliela dico subito!
5 Senta, i francobolli per la Gran Bretagna, ...? – Come no? Gliene do subito!

If there had been two of you, how would the conversations have gone?
e.g. Senta, il conto ...? – Ma certo, ve lo porto subito.
Senta, il conto, ce lo può portare?

C Make up your mind

You've been slow in confirming your party invitation: is it on? Reassure your guests.

e.g. Certo, Edda, ... faccio sapere domani.
Certo, Edda, te lo faccio sapere domani.

1 Ma sì, signore, ... farò sapere appena posso.
2 Senz'altro, signora, ... faccio sapere stasera.
3 Non vi preoccupate, ragazzi, ... farò sapere domani.
4 D'accordo, Antonio, ... farò sapere fra un'oretta.

D Never mind!

You're a kind soul – you'd do anything to make things come right.

e.g. Gemma ha perso l'ombrello?
– Non importa, ... compro un altro.
Non importa, gliene compro un altro.

1 Giulio ha rotto il walkman ?
– Non importa, ... compro un altro.
2 Ha dimenticato la borsetta, signora?
– Non importa,...... do un'altra.
3 Sandro ha perso la calcolatrice?
– Non importa, ...presto un'altra.
4 I bambini hanno rotto il computer?
– Non importa, ... regalo un altro.

E Who is it for?

You're very amenable, but who are you doing things for? Can you use the following phrases as appropriate in these sentences?
glielo   gliela   glieli   gliele

e.g. Signora, il pranzo ...... offro io.
Signora, il pranzo glielo offro io.

1 Ma certo, signore, la chiave ...... restituisco subito.
2 D'accordo, se gli servono le riviste ...... do domani.
3 Se Giacomo ha bisogno degli appunti ...... porto sabato.
4 Se a Tania piace il quadro ...... regalo per Natale.

F Will they or won't they?

Can you find out whether these people are really going to get a move on?

e.g. Senti, Pino, il cappotto ...... metti o no?
Senti, Pino, il cappotto te lo metti o no?

1 Scusa, Marina, ma il maglione, ... compri o no?
2 Senti, le scarpe, ... tolgono o no, i bambini?
3 Ragazzi, i guanti, ... mettete o no?
4 Ma, Carla, i capelli, ... lavi o no?
5 Ma Antonio, la barba, ... fai o no?
6 Allora, le mani, ... lavano o no, i ragazzi?
7 Scusi, signora, il prosciutto, ... compra?
8 Ragazze, la cena ...... preparate o no?

G Lo, la, li, le or ne?

Can you choose the right words for *it* and *them* when you translate each reply?

1 Hai visto l'ultimo film di Bertolucci?
Yes, I've seen it.
Yes, what do you think of it?

2 Ha letto gli ultimi articoli di Biagi?
Yes, I've read them.
Yes, what do you think of them?

3 Le servono queste riviste?
*Yes, I really need them. [use **aver proprio bisogno**]*
Yes, I bought them yesterday.

4 Ti serve ancora questa cartolina?
*Yes, I still need it.. [use **aver ancora bisogno**]*
Yes, I received it yesterday.

5 Lo sai che stanno per emigrare?
Yes, I know (it).
Yes, I realise (it).

6 Chi è che dovrebbe mandare gli inviti?
Anna is sending them.
Anna is taking care of them.

H Favours

You would like the following things done. Ask politely.

e.g. [Accendere la luce - Andrea]
Mi fai un piacere? Accenderesti la luce?

1 [Spegnere il televisore - Elio]
2 [Aprire la finestra - Corrado]
3 [Chiudere la porta - gli amici]
4 [Comprare il giornale - le amiche]

If you were using **Lei** what would you say?

I Would, should, could, might

Read the sentences below and decide in each case how the conditional is being used:

e.g. **Potrei** usare la tua penna? - No, **dovresti** usare la tua.
Could/might (permission)
Ought to/should (obligation).

1 **Potrei** venire dopo pranzo? - No, **dovresti** arrivare prima.
2 **Dovremmo** arrivare verso le undici domani.- Mi dispiace, ma **dovreste** venire più tardi.

3 **Vorrei** andare in piscina. - Ma sono già le dieci, **potrebbe** essere già chiusa.
4 **Potremmo** andare al cinema stasera. - Io purtroppo non ci posso andare, **dovrei** studiare.
5 Renzo e Rina **vorrebbero** passare adesso. - No, è impossibile, digli che **potrebbero** venire dopo cena.
6 **Vorremmo** rimanere quindici giorni. - Mi dispiace, quindici giorni non è possibile, ma **potreste** rimanere dieci giorni, invece.

Systems 14

I Passive

> **è custodita** nella chiesa
> **era custodita** in un'altra chiesa
> **è stata custodita** sotto l'altare
> **fu/venne custodita** nella cappella

So far, the verbs you have learned have been in the *active voice*, i.e. their subjects have performed the action of the verb. In the *passive voice*, the action is performed *on* the subject, not *by* the subject. Compare the following:

> Gli aerei hanno bombardato la città *[active]*
> La città è stata bombardata dagli aerei *[passive]*

i) Form

The passive is formed by the required tense of **essere**, plus the past participle of the verb. In the simple tenses [ie. those formed by one word], it is also possible to use **venire** instead of **essere**. The past participle must always agree with the subject:

Present	**è/viene** fatto	*it is done*
Future	**sarà/verrà** fatto	
	it will be done	
Condit.	**sarebbe/verrebbe** fatto	
	it would be done	
Imperfect	**era/veniva** fatto	
	it used to be done	
Pass. remoto	**fu/venne** fatto	
	it was done	
Pass. prossimo	**è stato** fatto	
	it was/has been done	

Note that the **passato prossimo** is a compound tense, which means that only **essere** can be used (and not **venire**) and agreements are made with two participles:

> La pizza è stat**a** fatt**a** ieri

ii) Other passive constructions

The verbs **rimanere** and **andare** can be used in some passive constructions, but they do not mean exactly the same as **essere** or **venire**.

Rimanere stresses the outcome of an action:

> Il ragazzo è rimasto ucciso
> *The boy was/got killed*
> I bambini sono rimasti feriti
> Sono rimasto molto deluso

Andare (in the past tense) is used with verbs like **perdere** or **smarrire** to convey the idea of *going missing*:

> La cartella è andata persa
> I documenti sono andati smarriti

In the present **andare** plus the past participle means *must*. In the conditional it means *should/ought to*:

> Questo vino va bevuto fresco
> Le banane andrebbero mangiate subito

For more on passive constructions, see Book 1, Syst. 7, note 5, p. 198; Syst. 18, note 3, p. 217.

2   Imperfect tense

> ci **andava** spesso
> **aveva** bisogno
> a che cosa **serviva**?

i)   Regular forms

The imperfect is formed by putting the appropriate **-are -ere - ire** endings onto the stem of the infinitive:

andare	avere	uscire
and**avo**	av**evo**	usc**ivo**
and**avi**	av**evi**	usc**ivi**
and**ava**	av**eva**	usc**iva**
and**avamo**	av**evamo**	usc**ivamo**
and**avate**	av**evate**	usc**ivate**
and**avano**	av**evano**	usc**ivano**

Notes:

a)   In the **loro** forms the stress pattern is irregular.

b)   **Dare** and **stare** have regular **-are** endings: **davo, davi,** etc; **stavo, stavi,** etc.

ii)   Irregular forms (1)

Most verbs with 'contracted' infinitives [e.g. **fare, bere, dire**], use the regular **-ere** imperfect forms of the verb added to an 'expanded' infinitive stem:

attrarre	attra**evo**	fare	fac**evo**
bere	bev**evo**	**proporre**	propon**evo**
dire	dic**evo**	**produrre**	produc**evo**

iii)   Irregular forms (2)

Essere is the only verb not to form the imperfect from the infinitive stem:

ero	eravamo
eri	eravate
era	erano

3   Main uses of the imperfect

The imperfect tense is very widely used in Italian and can be rendered in a variety of ways in English.

The tense is used to describe:

i)   a past state of affairs, physical, temporal, mental or emotional

> La casa era molto bella
> *The house was very beautiful*
> Faceva caldo   *It was hot*
> Era mezzanotte   *It was midnight*
> Avevo dieci anni *I was ten years old*
> Avevano paura del buio
> *They were afraid of the dark*
> Amava Luigi   *She loved Luigi*

ii)   a habitual or repeated action in the past

> Andavo spesso al cinema
> *I often used to/would often go to the cinema*
> Nevicava sempre in montagna
> *It used to/would always snow in the mountains*

iii) an action which is in the process of happening in the past

Pioveva e la gente correva a casa
It was raining and people were running home
Tutti urlavano e ridevano
They were all yelling and laughing

See also note 4.

Imperfect or passato prossimo?

Because in English the same word can be used to render both tenses, you have to be careful to use the appropriate tense in Italian:

I **went** on holiday every year
*[= used to go/ would go: **imperfect**]*
This year I **went** to Rome
*[= did go: **passato prossimo**]*

See also Troubleshooting, p. 81 and p. 147.

Some uses of potere and dovere

The imperfect of **potere** can be rendered by *could* and **dovere** by *meant/supposed to:*

I deputati potevano mandare messaggi
The deputies could/were able to/used to be able to …
L'inserviente doveva aspettare
The attendant was meant/ supposed to, had to wait

For more on the imperfect see Syst. 16, note 2, p. 210.

4 Imperfect progressive

la chiesa **stava crollando**
i ragazzi **stavano scrivendo**

i) Regular forms of gerund

This emphasises that something was actually in progress, and is formed with the imperfect tense of **stare** and the gerund.

Stavo parlando/leggendo/partendo
I was talking/reading/ leaving

ii) Irregular forms of gerund

Verbs with 'contracted' infinitives have irregular gerunds. The regular **-endo** form of the gerund is added to an 'expanded' stem of the infinitive [see note 2ii above].

Stavo bevendo un cognac
I was drinking a brandy

Non stiamo dicendo che hai torto
We're not saying you're wrong
For more on gerunds, see Book 1, Syst. 9i-ii, p.206 and Syst. 16, note 4, p. 211.

iii) Use

This tense is used to emphasise something on-going (often when something else intervenes) and is often used when telling a story.

Stavo guardando la televisione, quando, improvvisamente, ho sentito uno strano rumore

It is, however, possible to use the simple imperfect:

Guardavo la televisione, quando, improvvisamente … etc

5 Relative pronouns

il luogo **in cui/nel quale**
la persona **per cui/per la quale**
la ragazza **a cui/alla quale**

Form

In Book 1, Systems 10, note 5, p. 211, we saw that **che** means *which, that, who, whom..* If **che** is preceded by a preposition, then **cui** is used instead. Both **che** and **cui** can be replaced by **quale**, plus the definite article of the noun it refers to:

il bambino **che** gioca	… **il quale** gioca
il bambino **con cui** gioco	… **con il quale** gioco
la ragazza **che** parla	… **la quale** parla
la ragazza **di cui** parlo	… **della quale** parlo
i giornali **che** leggo	… **i quali** leggo
i giornali **a cui** scrivo	… **ai quali** scrivo
le signore **che** lavorano	… **le quali** lavorano
le signore **per cui** lavoro	… **per le quali** lavoro

Quale tends to be less common in speech, but is used where necessary to minimise the possibility of ambiguity :

Il fratello della mia amica, **il quale** arriva oggi …
Il fratello della mia amica, **la quale** arriva oggi …

Che would not make it absolutely clear who is arriving in these sentences.

117

Special uses of cui

i) With piacere

When **piacere** is used with nouns, the preposition **a** is needed:

Alla ragazza piace il reggae.

This means that when a relative pronoun is used with **piacere, cui** or **quale/i** is used with **a**:

È la ragazza **a cui/alla quale** piace il reggae
She is the girl who likes reggae

ii) To signify *where, when* and *why*

È il luogo **in cui/nel quale** vengono sepolti i re
*It's the place **where** kings are buried*
È la data **in cui/nella quale** è morto il re
*It's the date **when** the king died*
È la ragione **per cui/per la quale** sono qui
*It's the reason **why** I'm here*

Note:
In speech **dove** is also used:
È la piazza **dove** si trovano i monumenti importanti

iii) To signify *whose*

Cui is used with the definite article, which refers to what is possessed, not the owner:

La signora **il cui** fratello fa il pittore, arriva oggi
Mia zia **i cui** figli frequentano l'università, è rimasta sola.
Quale cannot be used in the same way.

6 Some other relative pronouns

What : **Ciò che/quello che**
Ho capito ciò che vuoi dire
Quello che dici è assurdo.

Everything that / ...which: **Tutto ciò che/tutto quello che**
È esperto in tutto ciò che riguarda il vino
Ti darò tutto quello che vuoi

He/she/those who: **Chi**
Chi ha fame dovrà farsi da mangiare
Chi paga in anticipo avrà uno sconto
Alternatives to **chi** are: **(tutti) quelli che** or, more formally **colui/colei che, coloro che**.

Which: il che
This refers not to a single noun but to a whole concept or action:

È bilingue, il che è utilissimo
È stato bocciato, il che mi ha sorpreso

Note: Relative pronouns cannot be omitted in Italian as they can in English:

La sedia su cui sono seduto è rotta
The chair (which) I'm sitting on is broken
Mi piaceva tutto quello che faceva
I liked everything (that) he did

7 A note on the use of auxiliaries

la lavorazione **è iniziata**
ho iniziato a lavorare due anni fa

Some verbs take **essere** if used intransitively (without a direct object), but otherwise take **avere**. Verbs of beginning and ending are among those which can take either, depending on the usage.

Lo spettacolo è iniziato/terminato alle undici
[no object]
Hanno iniziato/terminato di suonare alle nove
[the object is suonare*]*

See also Syst. 17, note 6, p. 215.

8 A note on the passato remoto

finanziò i lavori
ricevette regali
trasferì la capitale

i) Use

The **passato remoto** [the past absolute] describes an action that took place at a specific time in the past. In standard Italian it tends to be a feature of formal or literary writing, though it can also be used in speech when the past action is clearly distanced – or remote – from the present. Hence its use by guides, for example. Unlike the **passato prossimo** it cannot be expressed by the English *has/have ... gone/come* etc.

Andò al mercato	*He went to market*
È andato al mercato	*He went/he has gone to market*

The extent to which the **passato remoto** is used in speech is partly personal, but largely regional. In the north some people never use it, while in some parts of Tuscany and Southern Italy it is a common feature of everyday speech.

ii) Regular forms

At this stage you need mainly to be able to recognise the third person of the **passato remoto.** Below are their regular forms:

	andare	**vendere**	**finire**
[he/she/it]	andò	vendette [vendè]	finì
[they]	andarono	vendettero [venderono]	finirono

For more on how to form and use the **passato remoto** see Ref. VIII C, 3, p. 259.

iii) Irregular forms

The important irregular verbs to recognise include:

rimanere	rimase	rimasero	**fare**	fece	fecero
nascere	nacque	nacquero	**essere**	fu	furono
venire	venne	vennero	**avere**	ebbe	ebbero

For a more comprehensive list of the irregular **passato remoto,** see Ref. VIII C, 4, pp.259–60

9 A note on far fare

> **ha fatto costruire** la chiesa
> **abbiamo fatto lavare** la macchina

To express what you had or got done, the verb **fare** is used in front of the infinitive of the verb you want:

> Ha fatto abbattere il muro
> Hanno fatto studiare il figlio

If what is done is for yourself, **farsi** is used:

> Mi sono fatto tagliare i capelli
> Si è fatto fare un bel vestito

See also Syst. 18, note 6, p. 218

Reinforcement 14

A Period home

You are showing prospective buyers round your home. Tell them about it.

e.g. La casa *[costruire]* nel 1902
La casa è stata costruita nel 1902

1 La casa *[ristrutturare]* nel 1973
2 Le pareti al pianterreno *[abbattere]*
3 Il camino *[restaurare]*
4 Gli infissi *[rinnovare]*

B Further improvements

The house needs a few things doing to it. Assure the buyers what will be done.

e.g. La moquette *[rinnovare]*
La moquette sarà/verrà rinnovata.

1 Il tetto *[riparare]*
2 La cucina *[rifare]*
3 Le pareti *[tappezzare]*
4 I soffitti *[imbiancare]*

C All included?

You are renting out your house for the summer. Make it clear to your tenants which tasks you want them to do and which you will see to yourself .

e.g. Bisogna curare il giardino?

[Yes, please] Sì, il giardino va curato *or*
[No, thanks] No, il giardino viene curato.

1 Bisogna pulire le finestre? *[No]*
2 Bisogna lavare la biancheria? *[No]*
3 Bisogna innaffiare le piante? *[Yes]*
4 Bisogna pagare il telefono? *[Yes]*

D Have you got it?

Can you translate these sentences?

1 *I haven't got it - it got lost.*
2 *He got very disappointed.*
3 *They got killed.*
4 *Yesterday I got my hair cut.*

E Metamorphosis

What's got into your friend?

e.g. È strano, – adesso non legge più. Prima ....
Prima leggeva spesso.

1 È un vero peccato, adesso non va più a
   teatro. Prima ...
2 Che strano. Adesso non ha più voglia di
   giocare a tennis. Prima ...
3 Non lo capisco. Adesso non esce più. Prima
4 Sono preoccupato. Adesso non sorride più.
   Prima ...

F Memory Lane

What you did one afternoon became a habit!
Years later you write to a friend to describe
what often used to happen on a Friday. Begin:

Il venerdì finivo il lavoro ...

Venerdì **ho finito** il lavoro alle tre. **Ho** sempre
sete dopo, per cui **ho bevuto** un bicchiere
d'acqua minerale al bar, poi **ho preso** il tram e
sono tornata a casa. Poi **ho preparato** un paio
di panini per fare merenda e **ho aspettato**
Gaetano. **È arrivato** in ritardo. Mi **ha chiesto**
di scusarlo, poi quando **ha visto** i panini mi **ha
detto** che **sono** un angelo! **Non riesco** ad
arrabbiarmi quando mi **fa** i complimenti!
Insomma, alla fine **siamo usciti** e **siamo andati**
nel bosco. Gaetano **ha proposto** di andare fino
al fiume, ma gli **ho detto** che **è** troppo lontano.

G Witness

There has been a spate of crime and accidents
in the area. Complete the witnesses' answers.
You can give two possible replies in all but one
case: which one?

e.g. Quando è scoppiato l'incendio, dove
   eravate?
   We were having breakfast in the bar.
   Stavamo facendo colazione/facevamo
   colazione al bar.

1 Quando hanno derubato il negozio di
   fronte, che cosa faceva?
   I was serving a customer.
2 Quando i ladri sono scappati, li avete visti
   in faccia?
   No, they were running so fast.

3 Quando è successo l'incidente, ha visto
   l'autista del camion?
   Yes, he was wearing a red shirt and black jacket.
4 Quando è stata scippata la borsetta, che cosa
   facevate?
   We were playing cards and drinking wine.

H Avere or essere?

Take your pick.

e.g. Il film *ha/è* finito tardi.
   Il film è finito tardi.

1 *Sono/ho* finito di studiare.
2 *Hanno/sono* cominciato a gridare.
3 *Ha/è* sceso le scale.
4 *È/ha* sceso dalla macchina.
5 *È/ha* passato a trovarmi.
6 *Ha/è* passato una brutta giornata.

I Who do you mean?

How are all these people connected with you?
Can you express it in a single sentence?

e.g. Sonia è un'amica. Uscivo con Sonia.
   Sonia è un'amica con cui uscivo.

1 Antonella è una simpatica ragazza. Facevo
   molte cose per Antonella.
2 Arrigo e Nina sono i proprietari del
   negozio. Lavoravo nel negozio.
3 Il signor Binni è un bravo professore.
   Imparavo molto dal Signor Binni.
4 Sono ragazzini simpatici. Davo spesso delle
   caramelle ai ragazzini.

J No luck

Confess your failures as a salesperson.

e.g. Alla signora piacevano le scarpe. Le ha
   comprate?

   Purtroppo la signora a cui piacevano le
   scarpe non le ha comprate.

1 Al signore piaceva il quadro. L'ha comprato?
2 Ai giovani piacevano i dischi. Li hanno
   comprati?
3 Alla coppia piaceva la poltrona. L'ha
   comprata?
4 Alle ragazzine piacevano le collane. Le
   hanno comprate?

K Historical quiz

Can you specify when or where these events occurred?

e.g. Il 1275: *The year when*
(a) Christopher Colombus reached America or
(b) Marco Polo reached China.
È l'anno in cui Marco Polo è arrivato/arrivò in Cina.

1 Il 1968: *The year when*
(a) John Kennedy or (b) Martin Luther King was assassinated.

2 Il 25 aprile: *The day when*
(a) the anniversary of the Liberation of Italy in 1945 or (b) the birth of Dante is celebrated.
[festeggiare]

3 Il Panteon a Roma: *The place where*
(a) Mussolini or (b) ex-kings of Italy are buried.

And finally, what's the reason why? Complete the sentences on the origin of the name **America** and the word **mongolfiera** *(hot air balloon)*

4 Fra il 1499 e il 1502 il fiorentino Amerigo Vespucci ha esplorato il nuovo continente. I suoi resoconti di viaggio sono diventati famosi. Ecco la ragione ..... il continente ha preso il suo nome, a partire dal 1507.

5 Nel 1783, il francese Montgolfier ha inventato il pallone ad aria calda. Questo è il motivo ..... in italiano si chiama **mongolfiera**.

Systems 15

I Comparisons of equality

è **tanto** famoso **quanto** Porta Portese
Roma è **così** cara **come** Londra

i) Basic constructions

There are various ways of likening one thing to another. The most common are:
as ... as: tanto (altrettanto) ... quanto
                così ... come

Il film non è stato così divertente come il libro
Il parco è tanto largo quanto lungo
Napoli è così caotica come Roma

When **tanto/altrettanto** are adjectives (modifying a noun) they must agree, and so must **quanto**.
    A Roma c'è tanta disoccupazione quanta a Londra
    Ci sono altrettanti disoccupati

But when they are adverbs (modifying an adjective or adverb) there are no agreements.
    Maria è tanto antipatica quanto la sorella
    Maria è altrettanto antipatica

Notes:
a) **Tanto/altrettanto** and **così** are frequently omitted.
    Gli affitti sono alti quanto a Londra
    Ho pagato quanto lui
    Io non sono bravo come te

However, when two adjectives are compared, or a noun follows **tanto**, then there are no omissions:
    Paolo è tanto simpatico quanto educato
    Non ha tanti soldi quanto te

b) **Come** and **quanto** are basically interchangeable, but **quanto** tends to be used to express amount:
    Non ha tanto denaro quanto diceva

It would not be possible to use **così ... come** here.

c) **Tanto quanto** is used on its own with verbs and means *as much*:
    Studia (tanto) quanto te
    Al mercato si paga (tanto) quanto nei negozi

ii) Other comparative constructions

a) *Increasingly/ever more/more and more ... less and less*

Sempre precedes the comparative adjective or adverb:
    È sempre più difficile trovare un alloggio
    Ormai le sue lezioni sono sempre meno interessanti
    Adesso fuma sempre di più/ di meno

Note: sempre di meno is less used than **sempre di più**
To say *more than ever*, use **più che mai**:
    Mi piace più che mai

b) *Even more/less …*

Ancora precedes the comparative adjective or adverb:

> È ancora più difficile trovare un alloggio a Londra
> Quel film è ancora meno interessante dell'altro!
> Adesso fuma ancora di più/ meno che in passato

Ancora meno is less common than **ancora più**.

c) *The more/less … the more/less*

Notice that **tanto** and **quanto** are reversed:

> Quanto più leggi tanto più impari
> Quanto meno lavori tanto meno guadagni

This construction is often used with **meglio** and **peggio**:

> Quanto più insiste, peggio è
> *The more you insist the worse it is*
> Quanto più studi, meglio è
> *The more you study the better it is*

Quanto and **tanto** are frequently omitted:

> Più studi, meglio è
> Più insiste, peggio è

d) *More than/ less than + verb*

Remember that **di** or **che** express *than* in comparisons of inequality unless *than* precedes a finite verb, in which case you use **di quel(lo) che** :

> È più simpatico di Luigi
> È più simpatico che intelligente
> È più divertente giocare a tennis che giocare a squash

But: È più simpatico **di quello che** pensi
> *He is nicer than you think*
> La città è meno interessante **di quel che** pensavo
> *The town is less interesting than I thought*
> È più divertente giocare a squash **di quello che** credi
> *It's more fun to play squash than you think*

Note: Di quanto (non) plus the subjunctive can also be used:

> È più interessante di quanto (non) pensi/pensassi
> *It is more interesting than you think/thought*

For more on comparatives see Book 1, Systems 10, notes 1-3, pp. 210-211.

For a definition of a finite verb, see Basics 6v, p.241.

e) *As … as + verb*

When *as* precedes a finite verb, it is expressed in the same way as usual:

> È (tanto) simpatico **quanto** speravo
> È (così) bravo **come** mi hanno detto

2 Future perfect tense

> appena **avrai dato** l'esame
> fino a quando non **sarà tornato**

The future perfect – **il futuro anteriore** – is formed with the future tense of **avere** or **essere** and the past participle of the verb.

comprare	tornare
avrò comprato	sarò tornato/a
avrai comprato	sarai tornato/a
avrà comprato	sarà tornato/a
avremo comprato	saremo tornati/e
avrete comprato	sarete tornati/e
avranno comprato	saranno tornati/e

Uses

i) To say what will have happened by a given point in the future (as in English):

> Saranno partiti entro mezzogiorno
> *They will have left by midday*
> Avremo mangiato tutto prima del loro arrivo
> *We will have eaten everything before they arrive*

ii) In clauses introduced by se, quando, appena, dopo che, fino a quando/ finché (non) (unlike English):

> Rimarrò fino a quando non avrò finito
> *I will stay here until I have finished [lit. will have finished]*
> Te lo farò sapere quando avrò prenotato
> *I will let you know when I have booked*
> See also note 3 below.

iii) To express probability or doubt in the past:

> Dove saranno andati?
> *Where can they have gone? [lit. where will they have gone?]*
> Avrà finito ormai   *He must have finished by now*

3 Uses of tenses with se, quando, appena, etc.

> Se lo **vuoi**, te lo **do**
> Appena lo **saprò**, te lo **dirò**
> Quando **arriverò**, ti **chiamerò**
> Quando **avrò trovato** l'articolo, te lo **farò vedere**

i) Referring to the future

The future (or future pèrfect) tense should be used after **appena, quando, fino a quando/finché** and **se** where there is a future in the main clause:

> Fino a quando rimarrò a casa, non avrò problemi di soldi
> *As long as I stay at home, I won't have money problems*
> Se avrò tempo, andrò a trovarlo
> *If I have time I will go and visit him*
> Appena avrò dato l'esame, andrò in vacanza
> *As soon as I have taken the exam, I'll go on holiday*

As a rule of thumb, one can say that in these constructions the Italian future corresponds to the English present, while the Italian future perfect corresponds to the English perfect.

Notes:

a) The present is often used to refer to the future in Italian, especially when a definite arrangement, promise or statement of fact is involved. It is therefore common in everyday Italian to find two present tenses used together with reference to the future.

> Se rimani qui, fai tardi, sai
> Se non ti piace l'idea, non ci vado domani
> Appena lo so, te lo dico
> Appena ti senti meglio, me lo fai sapere?
> Quando lo trovo, te lo faccio vedere

If futures are used instead, the actions become less definite:

> Quando lo troverò, te lo farò sapere

b) In colloquial Italian you will sometimes hear present and future tenses together:

> Se vuoi, te lo darò io

ii) Se, quando, etc. for orders, requests, wishes, habit, generalisations

Se, quando, etc. combine with a variety of tenses, particularly when linked to giving orders, making requests, expressing wishes, etc:

> Se non lo sai fare, dimmelo subito
> Se non ti dispiace, potresti aiutarmi a finire?
> Appena lo trovi, fammelo sapere
> Appena avrai prenotato, dammi un colpo di telefono
> Quando arrivi, chiamami subito
> Quando avrà finito, mi mandi la fattura
> Se bevo caffè, mi sento male
> Quando viaggio in treno, leggo molto
> Appena finisco un lavoro, ne comincio un altro

Note:

Appena is sometimes preceded by **non,** but this does not make the sentence negative:

> Non appena avrò finito, uscirò

4 A note on the agreement of past participles

i) With two pronouns

When two pronouns precede a verb taking **avere,** and one of these is direct object, the past participle must agree:

> Chi te **l'**ha dat**o**? (il computer)   Chi te **li** ha dat**i** ? (i libri)
> Chi te **l'**ha dat**a**? (la macchina)   Chi te **le** ha dat**e** (le carte)

Notes:

a) **Lo** and **la**, but not **li** or **le**, are elided in front of **avere**.

b) Remember that there is *no agreement* if the verb is preceded by an indirect object pronoun alone:

> Ho visto Maria e le ho dato una rivista
> *But* La rivista, gliel'ho data io

See also Book 1, Systems 9, note 5, p.206.

ii) Reflexive verbs

Like all verbs which take the auxiliary **essere**, the past participle of reflexive verbs agrees with the subject:

> I ragaz**zi** si sono lava**ti** le mani
> Le bambi**ne** si sono mess**e** i pantaloni

If a reflexive verb is used with a direct object *pronoun* preceding it, then the participle generally agrees with the object, not the subject:

> Il signore si è fatto la barba: se **l'**è fatt**a**.
> I bambini si sono lavati le mani: se **le** sono lavat**e**

iii) Agreements with ne

a) When **ne** is used as a direct object and precedes a verb taking the auxiliary **avere,** the past participle agrees in gender and number with what **ne** stands for:

> Ho mangiato un po' di pizza: ne ho mangiat**a** un po'
> Ho preso due bicchieri: ne ho pres**i** due

Beware of the following:

> Ho visto due camicie: ne ho comprat**a una**

b) When **ne** is not a direct object there is no agreement. This is the case when it is used with verbs taking **di:**
> Hanno parlato di Maria: ne hanno parlato

Where **ne** is used with reflexive verbs taking **di**, the only agreement is with the subject:

> Mi sono occupata dei bambini: me ne sono occupata
> Si sono lamentati del freddo: se ne sono lamentati

5   A few verbs with pronouns

> **te la senti** di venire?
> **me ne** vado subito
> **ce la fai a** finire in tempo?

You have already encountered verbs other than reflexive ones where pronouns form an integral part, such as **volerci** and **metterci**. Many others are very common:

andarsene	farcela	sentirsela
to go away	*to manage, make it*	*to feel up to*
me ne vado	ce la faccio	me la sento
te ne vai	ce la fai	te la senti
se ne va	ce la fa	se la sente
ce ne andiamo	ce la facciamo	ce la sentiamo
ve ne andate	ce la fate	ve la sentite
se ne vanno	ce la fanno	se la sentono

6   Prepositions: a note on 'in'

Many Italian expressions of time use the preposition **in**. The equivalent English ones use a wider variety:

in quel periodo	*at that time*
in quei giorni	*at that time*
	[lit. during those days]
in questo momento	*at the moment*
in questa occasione	*on this occasion*
in questa data	*on this date*
in quel giorno	*on that day*
in quella settimana/quell'anno	
	during/in ...
in questa stagione	
	in/during this season

But notice you say:
a quell'epoca	*at that time*

Reinforcement 15

A   Fair-minded

You've fallen in love with Rome after a week there, but your Roman friend thinks there's no place like London. Can you temper his enthusiasm?

e.g. Portobello è meno caro di Porta Portese.
 - Ma in realtà Portobello è altrettanto caro.
 Or ... Portobello è caro quanto Porta Portese.

1   Il Tamigi è meno inquinato del Tevere.
2   Il British Museum è più interessante del Museo Vaticano.
3   Roma sta diventando sempre più caotica.
4   A Roma si spende molto di più.

B Dim view

You take a pretty dim view of your neighbours. Tell your friend.

e.g. Il marito? – antipatico – la moglie
Il marito? – È antipatico come/quanto la moglie.

1 Il figlio? – stupido – figlia
2 La suocera? – ficcanaso – cognata
3 Il nonno? – scontroso – nonna
4 Il cane? – scemo e antipatico – i padroni!

C Big-headed

These people are getting too big for their boots. Cut them down to size.

e.g. Ho giocato molto meglio di Luisa.
Scusa, ma in realtà Luisa ha giocato bene quanto/come te.
Or: ... ha giocato altrettanto bene.

1 Io ho capito molto più di Manlio.
2 Abbiamo fatto molti più progressi di loro.
3 Ho ottenuto voti molto migliori dei suoi.
4 Abbiamo imparato i verbi molto più rapidamente di Sandra.

D Does Rome have more to offer?

You're doing a survey comparing amenities in European capitals. Make up as many questions as you can, using the help given.

**sale da concerto teatri piscine
ristoranti parchi trasporti pubblici
parcheggi vita notturna**

You might use some of these adjectives:

**affollato bello buono esotico
grande numeroso scadente**

e.g. A Parigi ci sono altrettanti teatri che a Roma?
A Londra ci sono ristoranti buoni come a Amsterdam?

E Get better soon!

You haven't been well and your friend is much given to telling you what's better and worse for you. Use **meglio** and **peggio** as appropriate:

e.g. Più [*riposarsi*] ...Più ti riposi, meglio è.

1 Più [*preoccuparsi*] ...
2 Meno [*lavorare*] ...
3 Meno [*mangiare*] ...
4 Più [*pensarci*] ...

F Reserve judgement

You won't pass judgement on something you haven't experienced. Make sure you choose the correct form for *(to) you*.

e.g. Cosa ne pensa di Roma?
[when I've been there]
Glielo dirò quando ci sarò stato

1 Cosa ne pensi della pizza?
[when I've eaten it]
2 Cosa ne pensate del disco?
[as soon as I've heard it]
3 Cosa ne pensa di questo vino?
[as soon as I've tasted it]
4 Cosa ne pensi del ristorante Da Luigi?
[when I've been there]

G Adamant ...

You're pretty good at digging your heels in. Complete the sentences making sure you choose the appropriate future tense.

e.g. Rimarrò qui ... *[until he arrives]*
[until he has arrived]
Non me ne andrò fino a quando non arriverà/ fino a quando non sarà arrivato.

1 Non farò niente ... *[until you are ready]*
2 Non voglio parlargli ... *[until he apologises - scusarsi]*
3 Non lo chiamerò ... *[until we have eaten]*
4 Non ho intenzione di discuterlo ... *[until he has read it]*

H Back-pedal

You've made some rash promises and now you want to make them less definite.

e.g. Va bene, se tu mi aiuti adesso, io ti do una mano domani.
Se mi aiuterai, ti darò una mano.

1 Va bene, quando trovo l'articolo, te lo do.
2 OK, appena lo vedo, gli dico di chiamarti.

3   Va bene, se vuoi migliorare il tuo inglese, ti posso aiutare.
4   D'accordo, quando ci vai tu, vengo anch'io.

I   If and when ...

How good are you at getting people to do things? You want to tell a friend the following:

e.g. When you come, could you bring your dictionary?
Quando vieni, potresti portare il tuo dizionario?

1   *If you come, bring a sweater.*
2   *If you're ready, come at once.*
3   *When you're ready, let me know.*
4   *When you've finished it, can you give it back?*
5   *When you've booked, do you mind giving me a ring?*

J   What can have happened?

A friend has been on a Caribbean holiday. You haven't heard from him and you're wondering how it went.

e.g. He must have got back by now.
    Sarà tornato ormai.

1   *He must have got brown.* [abbronzarsi]
2   *I expect he's enjoyed himself.*
3   *He must have met some nice people.*
4   *Could he have forgotten me?*

K   I've done it already

Can you say what you've done already? In which sentence does **ne** not agree with the past participle?

e.g. Dovresti comprare un po' di frutta.
    Ne ho già comprata.

1   Andiamo a mangiare un po' di pizza.
2   Parliamo un po' della festa.
3   Perché non ti prendi un po' di tagliatelle?
4   Comprati questi calzini qua.

L   I did it yesterday

Say what you did yesterday. In which sentence is there no need for an agreement?

e.g Perché non mi ha spedito la lettera?
Gliel'ho spedita ieri.

1   Perché non mi ha spiegato la situazione?
2   Perché non gli avete restituito i libri?
3   Come mai non ti sei lamentata delle sue offese?
4   Come mai non ti sei comprata le scarpe?

Cultura level 3

Pier Paolo Pasolini (1922-75)

Poeta, romanziere, saggista e regista di apprezzatissimi film, Pier Paolo Pasolini è stato una delle personalità più complesse e interessanti dell'Italia contemporanea. Nato a Bologna, ma di origine friulana (sua madre era friulana), scrisse le sue prime poesie in dialetto friulano (1942). Nel 1949 si trasferì a Roma con la madre. Si impose all'attenzione della critica con i romanzi *Ragazzi di vita* (1955) e *Una vita violenta* (1959), ambientati tutti e due nella Roma delle 'borgate' – i quartieri poveri del sottoproletariato. Negli anni seguenti alternò l'attività di scrittore con quella cinematografica. Fra le sue raccolte di poesie ricordiamo *Le ceneri di Gramsci* (1957), *La religione del mio tempo* (1961), e *Poesia in forma di rosa* (1964). Nel 1975 Pasolini fu trovato ucciso a Fiumicino, vicino a Roma. La nota dominante di tutta l'opera pasoliniana è il forte impegno ideologico e civile dello scrittore. Ne 'Le ceneri di Gramsci' traspare l'amore profondo di Pasolini verso il popolo, che, in questa poesia, è la gente del Testaccio, un quartiere povero romano che sorge su un colle formato dai depositi di cocci di vasi romani e quindi sui rifiuti (*rubbish*). Il quartiere viene descritto qui nella sua allegria e vitalità, ma anche nella dura realtà.

In quali versi leggiamo questo senso di vitalità e in quali invece c'è la rappresentazione della dura realtà?

Le ceneri di Gramsci

> ... *Manca poco alla cena;*
> *brillano i rari autobus del quartiere,*
> *con grappoli d'operai agli sportelli,*
> *e gruppi di militari vanno, senza fretta,*
>
> *verso il monte che cela in mezzo a sterri*
> *fradici e mucchi secchi d'immondizia*
> *nell'ombra, rintanate zoccolette*
>
> *che aspettano irose sopra la sporcizia*
> *afrodisiaca: e non lontano tra casette*
> *abusive ai margini del monte, o in mezzo*
>
> *a palazzi, quasi a mondi, dei ragazzi*
> *leggeri come stracci giocano alla brezza*
> *non più fredda, primaverile; ardenti*
>
> *di sventatezza giovanile la romanesca*
> *loro sera di maggio scuri adolescenti*
> *fischiano pei marciapiedi, nella festa*
>
> *vespertina; e scrosciano le saracinesche*
> *dei garages di schianto, gioiosamente,*
> *se il buio ha reso serena la sera...*

sterri fradici	*soaking piles of earth*
mucchi secchi d'immondizia	*dry heaps of rubbish*
cela ... rintanate zoccolette	*conceals prostitutes lurking*
casette abusive	*illegal housing*
sventatezza	*recklessness*
saracinesche	*metal shutters*

Cesare Pavese (1908-50)

Nato a Santo Stefano Belbo in Piemonte, Cesare Pavese è noto come uno dei maestri del neorealismo della letteratura del secondo dopoguerra, per una serie di romanzi e racconti, spesso a carattere autobiografico, fra cui *Paesi tuoi*, (1941), *La luna e i falò* (1950). Negli anni Trenta, si affermò come critico letterario, ottimo traduttore della letteratura americana, e anche come poeta: infatti la sua prima opera fu una raccolta di poesie, *Lavorare stanca* (1936). Ne uscì un'altra, postuma, nel 1951 – *Verrà la morte e avrà i tuoi occhi* – da cui è tratta la poesia 'Passerò per Piazza di Spagna'. Nell'agosto del 1950, a seguito di una sfortunata vicenda amorosa, Pavese si uccise a Torino in una camera d'albergo. Eppure, poco più di cinque mesi prima, aveva dedicato questa poesia all'attrice americana, Constance Dowling. La poesia è un inno all'amore e al sentimento di felicità legato ad esso.

Secondo te, in quali versi il poeta ci trasmette di più questo senso di gioia e felicità?

Passerò per Piazza di Spagna

> *Sarà un cielo chiaro.*
> *S'apriranno le strade sul*
> *colle di pini e di pietra.*
> *Il tumulto delle strade*
> *non muterà quell'aria ferma.*
> *I fiori spruzzati di colori*
> *alle fontane occhieggeranno come donne*
> *divertite. Le scale*
> *le terrazze le rondini*
> *canteranno nel sole.*
> *S'aprirà quella strada,*
> *le pietre canteranno,*
> *il cuore batterà sussultando*
> *come l'acqua nelle fontane –*
> *sarà questa la voce*
> *che salirà le tue scale.*
> *Le finestre sapranno*
> *l'odore della pietra e dell'aria*
> *mattutina. S'aprirà una porta.*
> *Il tumulto delle strade*
> *sarà il tumulto del cuore*
> *nella luce smarrita.*
>
> *Sarai tu – ferma e chiara*

spruzzati di colori	*colour-sprinkled*
occhieggeranno	*will make eyes*

Piero della Francesca (c.1420-92)

'Il ritratto di Battista Sforza'.
Galleria degli Uffizi, Firenze

Questo ritratto fa parte di un dittico (*diptych*) raffigurante Battista Sforza e il marito, il duca di Urbino. I loro ritratti sono raffigurati di profilo e diretti l'uno contro l'altro. Il ritratto di Battista, che vediamo qui, è interessante per la minuziosità dei particolari – i vestiti e anche lo sfondo del quadro, il quale rappresenta i domini e la potenza del ducato.

Cerca di descrivere Battista Sforza. Secondo te, l'artista s'interessa di più a mettere in evidenza la sua personalità o la sua posizione sociale?

Amedeo Modigliani (1884-1920)

'Ritratto di Thora Klinchlowstrom'.
Christies, Londra

Questo ritratto rappresenta una studentessa d'arte svedese, che frequentava il quartiere di Montparnasse a Parigi – città in cui, a partire dal 1908 il pittore livornese Modigliani trascorse la maggior parte della sua vita. Lo stile di Modigliani, fatto di pochi tratti essenziali, tende a deformare i volti e i corpi dei suoi modelli, per evidenziarne l'aspetto psicologico. Modigliani considera, infatti, la pittura come espressione del mondo interiore dell'artista.

Cerca di descrivere Thora – il suo aspetto fisico e la sua personalità.

Confronta i due ritratti: quale dei due ti sembra più realistico?

POSSO PRESENTARMI?

You will be focusing on fact-finding and explanations. You'll learn how to talk about what you have done in life and find out what others have done. You will also be describing family and other relationships.

Although the Italian economy is now well placed in the league of the most advanced countries in the world, some of the poorest areas in the European Community are to be found in Southern Italy. This means that employment prospects and living conditions within Italy are far from being equal: the northern region of Lombardy alone produces almost as much wealth as the entire South, where the income per capita is approximately half the national average and where unemployment is twice as high. In short the 'economic miracle' of the mid-1950s to mid-1960s did nothing to solve the 'Southern Question' – the long-standing divisions between the Centre-North and the South. In fact, the gap widened and continued to be perpetuated by the old political alliance of northern industrialists and big southern landowners.

By the mid-1960s, attempts to rectify the imbalance by investment and aid from the **Cassa per il Mezzogiorno** (the Southern Fund, set up in 1950), had failed, as did the subsequent policy of targeting a few areas for industrial development at Bari, Brindisi, Cagliari Salerno and Taranto. The high-tech industries which were set up failed to generate significant employment and became Northern-dominated enclaves within a still largely under-developed Southern economy. Indeed their inappropriateness soon earned them the title of **cattedrali nel deserto** – cathedrals in the desert.

The long-term outcome of successive governments' policies has been a Southern economy heavily dependent on State intervention and hand-outs. This in turn has fuelled Northern resentment at what is seen as a parasitic sector of the economy and has even led to demands for the North to separate from the South. It is clear that the 'Southern Question' is far from over.

Ascolta la cassetta per ripassare il vocabolario dei mestieri.

Interactions 1

Is it a question of chance or choice what job you have? Here are three people all of whom have had more than one job.

1 ❶

Canio Leone does several jobs at once. Apart from being a football referee, he also works for Volkswagen Audi in Potenza.

focus

Anna walks into the Volkswagen showroom where they meet and introduce themselves.

la concessionaria	*agent, dealer*
la vendita	*sale*
un dirigente arbitrale	*refereeing official*

a Era l'intenzione di Canio di lavorare per la Volkswagen?

b C'è un legame tra i due lavori che fa?

Anna	Anna Mazzotti.
Canio	Canio Leone. Sono il responsabile vendite della concessionaria Volkswagen Audi di Potenza.
Anna	E come ha iniziato questo lavoro?
Canio	Ma diciamo per caso, perché il lavoro della vendita delle auto è venuto in conseguenza di un'altra attività che io già avevo, ed era un'attività sportiva. Io faccio l'arbitro di calcio. **Lo faccio da quando ero** proprio **giovanissimo**, e quest'attività sportiva mi ha introdotto nel mondo dell'auto, perché uno dei dirigenti arbitrali era un dirigente della Volkswagen Audi di Potenza, il quale mi ha inserito in questo lavoro; mi ha fatto fare un provino, poi sono stato assunto e da dodici anni faccio questo lavoro.

in conseguenza di	*as a result of*
il quale	*who*
mi ha fatto fare un provino	*he gave me a trial run*
sono stato assunto	*I was taken on*

key phrase

lo faccio da quando ero giovanissimo	*I've been doing it since I was very young*

2 ❷

In a busy street, Elena Rostagni, the guide from Turin, tells her story to Antonio.

focus

Elena used to have a different job.

la storia — *history*
intendersi di — *to understand about*
l'interpretariato — *interpreting*

a Qual è stato il primo lavoro di Elena?
b Cosa ha dovuto fare per diventare una guida turistica?

Antonio E come ha imparato tutta questa storia?

Elena Studiando ... In realtà io **avevo cominciato a lavorare** come interprete a Torino; però Torino, come dicevo, è una città essenzialmente industriale, quindi, anche per quello che riguarda l'interpretariato, si lavora sempre in campo tecnico.

Antonio Sì.

Elena Ora, io ho fatto studi classici, l'università, e non me ne intendo molto di tecnica e avevo un po' di problemi.

Antonio Forse non le interessa neanche tanto.

Elena No, non tanto. Oltretutto, ci sono moltissimi interpreti a Torino, non c'è molto lavoro. Allora ho scoperto, ho saputo che esisteva una licenza di guida turistica. Bisognava dare un esame per avere questo permesso di lavoro e poi si poteva lavorare con i turisti. Allora ho dato questo esame, ho dovuto studiare per passare l'esame e **da allora lavoro come guida.**

key phrases

avevo cominciato — *I had begun*
a lavorare — *to work*
da allora lavoro — *since then I have worked as*
come guida — *a guide*

3 ❸

You met Dante Pancheri, the photographer, in Unità 14. But has he always been a photographer?

focus

He set up in business with a partner, Luciano.

un fotoamatore — *photography enthusiast*
casuale — *chance*
far sviluppare — *to get developed*
alla ricerca di — *looking for*

a È sempre stata sua intenzione di entrare in società con Luciano?
b Si occupava già di fotografia?

Antonio Come avete deciso di mettervi in società? Vi conoscevate prima?

Dante Sì, certo, **ci conosciamo fin da quando eravamo** bambini, dall'età di 12 anni, circa.

Antonio Ed è stato un...

Dante È stata una cosa quasi casuale come inizio, nel senso che io sapevo che lui aveva preso un negozio di fotografia qui a Giaveno, e un giorno sono venuto per far sviluppare delle fotografie e, parlando, mi ha detto che lui avrebbe avuto bisogno di un socio.

Antonio Perché Lei era già interessato alla ...

Dante Sì, ero già, diciamo, un fotoamatore. M'interessava moltissimo la fotografia e in quel periodo, tra l'altro, ero alla ricerca di un nuovo lavoro. **Per cui** è stata una cosa ottimale per me entrare in società con un vecchio amico di fotografia.

Antonio **Quindi** è stato molto facile venire a un accordo con il suo socio per incominciare questa attività insieme?

Dante Sì, è stato facilissimo, **in quanto** ci intendevamo molto bene.

mettervi in società — *to set up in partnership*

avrebbe avuto bisogno — *he would need*
tra l'altro — *incidentally*

key phrases

ci conosciamo fin da quando eravamo	we have known each other since we were
per cui, quindi	so, therefore
in quanto	in that, because

4 ④

Becoming a photographer was a lucky break. Before that Dante didn't have an easy time.

focus

essere cassintegrato	to be laid off
i dipendenti	employees
la fabbrica	factory

a Che cosa faceva Dante prima di fare il fotografo?

b Perché ha cambiato lavoro?

Antonio	**Prima di diventare** fotografo che cosa faceva?
Dante	Facevo l'operaio alla FIAT.
Antonio	E come mai ha deciso di cambiare lavoro?
Dante	Ero stato 'cassintegrato'.
Antonio	Cosa vuol dire 'cassintegrato'?

Dante	Essere messo in cassa integrazione vuol dire eliminare una parte dei dipendenti e metterli fuori dalla fabbrica a zero ore, però mantenendo una parte dello stipendio, pagata direttamente dallo stato.
Antonio	Quindi, **siccome** era stato messo in cassa integrazione ...
Dante	... ero alla ricerca di un nuovo lavoro. Inizialmente non si prospettava questa cosa del negozio di fotografia. Cioè il passaggio da operaio in cassa integrazione a fotografo è avvenuto quasi subito nel giro di due mesi.
Antonio	**Allora**, è stato un grosso cambiamento dalla fabbrica al negozio?
Dante	Sì, è stato un cambiamento radicale. Ha rivoluzionato la mia vita, praticamente.

a zero ore	zero hours ie. they had been laid off on part pay for no work
nel giro di	in the space of

key phrases

prima di diventare	before becoming, before you became
siccome ...	since ...
allora...	so...

Patterns I

i) Outlining your personal history

When talking about your life, you need to be able to use various past tenses. In the examples which follow, notice how they are used. First look at some key words:

prima   poi   dopo   all'inizio   alla fine

When you were born and where you lived:

Sono nato nel 1958	in Irlanda	*I was born in 1958*	*in Ireland*
	nel Galles		*in Wales*
Ho vissuto	a Dublino	*I lived*	*in Dublin*
	nel nord dell'Inghilterra		*in the north of England*
Mi sono stabilito	in Italia	*I settled*	*in Italy*
	a Londra		*in London*
Mi sono trasferito	in Scozia	*I moved*	*to Scotland*
	a Roma		*to Rome*

School, training and work:

Ho fatto	le elementari	Ho conseguito	un diploma
	le medie		la licenza media
	le medie superiori		la maturità
	l'università		la laurea
	il militare		

| Ho ottenuto una promozione. Sono stato | promosso/bocciato | *I passed/ failed* |
| | assunto/licenziato | *I was taken on/ sacked* |

Personal life:

Mi sono	fidanzato	Ho	avuto un figlio
	sposato	Abbiamo	divorziato
Ci siamo	fidanzati	Sono	rimasta incinta
	sposati	Mi sono	risposato

ii) When was it that ...? How old were you when ...?

| Quand'è che ha | cominciato a lavorare? | *When was it that ... ?* |
| Quanti anni aveva quando ha | smesso di lavorare? | *How old were you when ... ?* |

Ho lasciato la scuola a diciotto anni	*I left school when I was ...*
Ho concluso gli studi a ventidue anni	*I finished my studies at ...*
Sono andato via di casa a venticinque anni	*I left home at ...*

iii) Since when... how long... for?

Da is used to talk about the time when you began to do something (*since when*), and also about the length of time you've been doing something (*how long for*). (For a reminder, see Book 1, Systems 3, note 3i, p. 88 and see also Systems, note 2, p. 210) . Note that the verbs used with **da** here are in the present tense:

Patterns 1

Da quand'è che ...	*How long ...*
... **fa** questo lavoro?	*... have you done/been doing this job for?*
... **abita** a Torino?	*... have you lived/been living in Turin?*
... **conosce** sua moglie?	*... have you known your wife?*
Lo **faccio** da quando ...	*I've done it /been doing it since ...*
... avevo diciannove anni	*... I was nineteen*
... ho terminato gli studi	*... I finished studying*
Ci **abito** da quando ...	*I've lived /been living there since ...*
... ero piccolo	*... I was young*
... ci siamo trasferiti a Torino	*... we moved to Turin*
La **conosco** fin da quando ...	*I've known her ever since ...*
... eravamo giovani	*... we were young*
... ho cominciato a lavorare	*... I began working*

To say *since then* or *ever since* you say **da allora**, also with the present tense:

Sono stato assunto nel 1985 e ...		*I was taken on in 1985 and ...*	
... da allora	**lavoro** qui	*... I've worked here/been working here*	*ever since*
	faccio questo lavoro	*... I've done /been doing this job*	

iv) Up till when did you do it?

You need to use the imperfect to say what the situation was and the **passato prossimo** to describe the actions or events:

Fino a quando **hai vissuto** a casa?	*Up till when did you live at home?*
Ho vissuto a casa fino a quando ...	*I lived at home until ...*
... **avevo** venticinque anni	*... I was twenty-five*
... **mi sono sposato**	*... I got married*
Ho frequentato la scuola fino a quando...	*I stayed at school until ...*
... **avevo** sedici anni	*... I was sixteen*
... **è morto** mio padre	*... my father died*

v) What was the situation when ...?

The imperfect is used for the situation and the **passato prossimo** for actions and events.

Avevo sei anni quando	**è morto** il nonno	*I was six when ...*
	la famiglia **si è trasferita** a Roma	
Avevamo trent'anni quando	**ci siamo sposati**	*We were thirty when ...*
	abbiamo avuto il primo figlio	
Ero incinta quando	**abbiamo comprato** un appartamento	*I was pregnant when ...*
	abbiamo cambiato casa	
Studiavo a Parigi quando ...	*I was studying in Paris when ...*	
... **ho conosciuto** mio marito	*... I met my husband*	
Lavoravo alla FIAT quando ...	*I was working at FIAT when ...*	
... **sono stato licenziato**	*... I was sacked*	

Patterns 1

vi) What were you doing before?/ What did you do before?

The expression **prima di** followed by the infinitive covers two English expressions:

Prima di **fare** il fotografo, ...	*Before becoming/you became a photographer, ...*
... che cosa faceva?	*...what were you doing?*
Prima di **fare** il fotografo, ...	*Before becoming/I became a photographer ...*
... lavoravo alla FIAT	*... I used to work at FIAT*
Prima di **sposarsi**, ...	*Before getting married/you got married , ...*
... che cosa ha fatto?	*... what did you do?*
Prima di **sposarmi**, ...	*Before getting married/ I got married ...*
... ho lavorato alla FIAT	*... I worked at FIAT*

See Systems, note 3, pp. 210–11 and Systems 14, note 3, pp. 116–17.

vii) What had you done before?

To talk about what you *had* done previously, use the **pluperfect** tense formed with the imperfect of **avere** or **essere** plus the past participle of the verb. (See Systems, note 1, p. 210).

Che cosa **aveva fatto** prima di ...	*What had you done before ...*
... fare la guida?	*... becoming /you became a guide?*
... prendere il posto?	*... getting/you got the job?*
Prima di fare la guida	*Before being a guide ...*
... **avevo fatto** l'interprete	*... I had been an interpreter*
... **ero stato** all'università	*... I had been at university*

viii) What did you do next?

Dopo plus a **past infinitive** is very useful, since one expression covers several English ones:

Dopo **aver fatto** il militare,...	*After doing/having done/you did/you had done military service ...*
... che cosa hai/ha fatto?	*... what did you do?*
Dopo **aver fatto** il militare,	*After doing/having done/ I did/ I had done military service ...*
... mi sono messo a lavorare	*... I started working*
... ho cercato un lavoro	*... I looked for a job*
... mi sono sposato	*... I got married*

ix) Asking and giving the reason why

When asking why, a common alternative to **perché?** or **come mai?** is:

Per quale ragione/motivo ...	*What was the reason why ...*
... ti sei trasferito a Torino?	*... you moved to Turin?/What did you move to Turin for?*
... ti sei dimesso?	*... you resigned?/What did you resign for?*

And if you are deducing something from what has been said:

È per questo che ...	*Is that why ...? Is that the reason ...*
... hai deciso di fare l'assistente sociale?	*... you decided to become a social worker?*
... avete cambiato casa?	*... you moved house?*

Patterns I

Your life history is likely to involve giving reasons:

È stato facile	**perché**	eravamo amici	... *because*	*we were friends*
	in quanto		... *in that*	
	dato che		... *since*	
	visto che		... *seeing that*	

Events may take some explaining. You can begin with:

| **Allora,** | la ragione è che ... | *Right, well,* | *the reason is that ...* |
| **Dunque,** | visto/dato che ... | | *since/seeing that ...* |

and end with:

| **Ecco perché** | l'ho fatto | *That's why* | *I did it* |
| | non ho fatto domanda ... | | *I didn't apply* |

To explain how one action, event or situation affects another, you can say:

Non mi piaceva il mio lavoro,...		*I didn't like my job , ...*
... **allora** ne ho cercato un altro		*... so I looked for another*
... **quindi** mi sono messo in proprio		*... therefore I set up on my own*
... **perciò** mi sono dimesso		*... so/therefore I resigned*
... **per cui** mi sono messo in società		*... therefore I set up in partnership*

Siccome	ero disoccupato, ...	*Since*	*I was unemployed...*
	... ho dovuto cercare un lavoro		*...I had to look for work*
Dato che	ero stato licenziato,	*Given that*	*I had been sacked ...*
	... ho dovuto vendere la macchina		*...I had to sell the car*
Visto che	avevo ottenuto un aumento,...	*Seeing that*	*I had got a rise ...*
	... ho potuto comprarmi la casa		*... I was able to buy a house*

Practice I

This is our life

Here's your chance to find out something about Anna Mazzotti and Alberto Janelli.

Odd one out

1 Which one of these is not in charge?
   un dirigente • un dipendente • un responsabile un direttore • un amministratore delegato
2 Which two would you rather be?
   essere promosso • essere licenziato • essere disoccupato • essere bocciato • essere assunto
3 Which of these would not pay the bills?
   la paga • lo stipendio • gli straordinari la retribuzione • la restaurazione • il salario

Milestones

What are the main events in *your* life so far? Can you say:

1 Where and when you were born.
2 Where and until when you went to school.
3 If you are married, where you met your partner and when.
4 If you've always lived in the same place.
5 How old you were when: you left school; you began working; you stopped working; you got married/divorced; you had children.

Follow-up

It's time you investigated Anna's life a little further.

I mestieri del futuro

Di qui al 2000 nasceranno decine di nuove professioni e cresceranno nuovi spazi per neoimprenditori. Tanto per dare un'idea dello sviluppo che gli esperti si attendono, basterà dire che nel 1995 il 5 per cento degli italiani sarà occupato in mestieri e professioni che neppure esistevano dieci anni prima. Ecco quali settori sono destinati a un rapido sviluppo.

● *Energia dal sole.*

GRANATA PRESS

Informazione, istruzione, spettacolo
● Pubbliche relazioni
● Organizzazione di congressi
● Insegnamento a distanza
● Orientamento agli studi e al lavoro
● Archiviazione dati
● Produzioni televisive
● Traduzioni simultanee

Turismo e tempo libero
● Informatica applicata al turismo
● Animazione per villaggi turistici
● Terapie estetiche
● Agriturismo «attivo»
● Organizzazione di viaggi-avventura

Salute e ambiente
● Valutazione dell'impatto ambientale
● Reimpiego dei pensionati
● Recupero al lavoro di infortunati e disadattati
● Sistemi informativi sanitari
● Bioingegneria (organi artificiali e protesi)
● Diagnostica computerizzata
● Disinquinamento aria, acqua e suolo
● Trattamento rifiuti industriali e urbani

● Diagnostica degli impianti

Industria
● Manutenzione sistemi robotizzati
● Progettazione impianti a energia solare
● Isolamento termico e risparmio energetico domestico

Informatica
● Programmazione computer per settori specifici
● Servizi informatici per aziende
● Automatizzazione delle attività d'ufficio
● Banche dati computerizzate a disposizione di abbonati
● Grafica computerizzata
● Progettazione computerizzata
● Editoria elettronica

Agricoltura
● Biochimica e bioingegneria (interventi sul patrimonio genetico animale e vegetale)
● Agrobiologia (utilizzo biologico di rifiuti e scarti agricoli)
● Agronica (informatica applicata all'agricoltura)
● Acquacoltura
● Agricoltura biologica

Che cosa c'è di nuovo?

The article "I mestieri del futuro" was written in 1992.

1 Leggi il primo paragrafo: che cosa prevedono gli esperti?
2 Adesso guarda i sottotitoli: quali sono i settori destinati a svilupparsi?
3 Scegline uno che ti interessa: quali dei lavori elencati (*listed*) ti attrae di più?

Mettersi in proprio   impasto *mixture*

Signora Bonerandi has had various jobs before setting up on her own.

1 Leggi il primo paragrafo del brano di sotto.
   a Che cosa produce la società della signora Bonerandi?
   b Da quand'è che l'idea le interessava?
2 Quali altri lavori ha avuto?
3 Per quale ragione ha deciso di mettersi in proprio?
4 Che cosa ha fatto, prima di mettere in piedi la società Regalart?
5 Il prodotto che fabbrica la signora Bonerandi ha qualcosa di molto particolare: sai dire di che cosa si tratta?

«Così ho fatto io»

Questa è la storia di Maria Cristina Bonerandi, 45 anni. Nel 1986 ha lasciato la sicurezza del posto fisso per mettersi in proprio e soddisfare una passione coltivata fin da bambina: diventare artigiana della carta.
«Prima di lanciarmi in quest'impresa», dice Maria Cristina, «ho lavorato nell'editoria, in una rete televisiva commerciale, in una concessionaria di pubblicità, ma non ero soddisfatta».
Così, dopo aver frequentato un corso pratico al Museo nazionale francese della carta, in Alvernia, Maria Cristina ha messo in piedi la Regalart, società a responsabilità limitata che produce oggetti da scrivania, inviti, biglietti da visita, album, agende, rubriche, menù, tutti in carta fatta a mano. Ma con un tocco personale: «Le mie carte, contengono nell'impasto fiori, petali, foglie, rametti».

«Ho ottenuto un avanzamento»
CARLA GIOVANNELLI
26 anni, impiegata

Otto ore al giorno ad archiviare e a ordinare merce seduta davanti al computer. Dopo tre anni, non ce la facevo proprio più. E poi volevo sentirmi utilizzata al meglio, utile, soddisfatta di quel che facevo. Così, ne ho parlato direttamente col mio capo, cercando con lei un'alternativa all'interno della ditta dove già lavoravo. Dopo qualche colloquio, abbiamo trovato una soluzione: dal reparto acquisti sono passata all'ufficio reclami. Una scelta non facile, perché ricevere le lamentele dei clienti è stressante, tanto che nessun collega voleva averci nulla a che fare. Ma ho rischiato e ho vinto. La ditta non è grande, e in pratica tutto il reparto è sulle mie spalle. Ne ho ricavato più denaro, certo, ma anche la soddisfazione di aver dimostrato, anche a me stessa, di che cosa sono capace.

Farsi avanti

Carla and Elisabetta have succeeded in overcoming problems at work.
Prima di tutto, guarda le intestazioni (*headings*) dei due brani.

1 Riesci a capire che cosa è successo a ciascuna delle donne?
2 Adesso leggi rapidamente il resoconto (*account*) di Carla Giovannelli per scoprire:
  a Che cosa la rendeva insoddisfatta?
  b Che cosa ha fatto Carla per cambiare la situazione?
  c Quale soluzione è stata trovata?
3 Leggi il resoconto di Elisabetta Zucca.
  a Per quale ragione era insoddisfatta?
  b Che cosa ha fatto per cambiare la situazione?
  c È rimasta contenta di quello che ha fatto?
4 Leggi più a fondo i due brani. Cerca di trovare:
  a le parole legate al tempo.
  b le parole che si usano per dare spiegazioni.

«E io cambio lavoro»
ELISABETTA ZUCCA
19 anni, centralinista

Fino a qualche mese fa lavoravo come centralinista in un'azienda a conduzione familiare. In realtà, svolgevo anche funzioni di segretaria, receptionist, portavo il caffè al capo. Il tutto per uno stipendio da fame, obbligata a fare straordinari non retribuiti sotto la velata minaccia di un licenziamento, e senza la minima possibilità di far carriera. Dopo aver inutilmente tentato un approccio col capo per fargli capire che le cose avanti così non potevano andare, ho detto basta. Mi sono licenziata e mi sono messa a caccia di un nuovo impiego. Certo, ho avuto fortuna: ho trovato un posto di centralinista in un grande albergo, dove forse il lavoro non è molto divertente, ma almeno gli orari sono prestabiliti, lo stipendio è buono, e gli straordinari sono regolarmente retribuiti. Inoltre sto seguendo un corso serale per diventare segretaria alla ricezione. Insomma, un piccolo atto di coraggio mi ha abbondantemente ripagata.

Wordpower 1

Alcuni falsi amici

casuale attuale/attualmente eventuale/eventualmente

These words do not always mean what they seem. Can you work out their English equivalents?

1 Non me l'aspettavo: è stata una cosa **casuale**.
2 Ogni riferimento a persone esistenti è puramente **casuale**.
3 La situazione **attuale** è piuttosto deprimente.
4 L'aborto è un tema molto **attuale**.
5 **Attualmente** abbiamo dodici dipendenti.
6 Siamo pronti ad affrontare **eventuali** problemi.
7 Per ora abbiamo abbastanza libri. **Eventualmente** ne potremo comprare altri.

> **Key**
> 1 chance; 2 coincidental/accidental; 3 present/current;
> 4 topical; 5 at present; 6 possible; 7 if need be

Now see if you can spot the correct Italian translation for the words in italics. Make your choice from the following:

**vero e proprio   finale   informale   alla fine
in realtà**

1 It was a *casual* meeting.
2 *Actually*, I don't agree with you.
3 My *actual* salary is very low.
4 He *eventually* won.
5 Her *eventual* success was not a surprise.

> **Key**
> 1 informale; 2 in realtà; 3 vero e proprio;
> 4 alla fine; 5 finale

When you have time, look up *actual/actually*; *casual/casually*; *eventual/eventually* in a dictionary and try to learn their various Italian equivalents.

Word-building

When you are expanding your vocabulary it can be useful to try to build on, for example, verbs or adjectives. The following examples show how some very common verbs and adjectives are converted into nouns.

1 cambiare - cambi**amento**; apprendere - apprend**imento**

2 attuale - attual**ità**; popolare - popolar**ità**

3 grande - grand**ezza**; largo - largh**ezza**

Can you convert the following into nouns? Look up any that you don't know:

a migliorare, peggiorare, insegnare
b riconoscere, investire, suggerire
c attivo, ostile, stupido, possibile
d civile, reale
e alto, bello, gentile, freddo

> **Key**
> a miglioramento, peggioramento, insegnamento
> b riconoscimento, investimento, suggerimento
> c attività, ostilità, stupidità possibilità
> d civiltà, realtà (note the i is dropped)
> e altezza, bellezza, gentilezza, freddezza

Interactions 2

5 ⑧

Patrizia is Dante Pancheri's wife. She talks about herself and her family.

> *focus*
> a Da quanto tempo la famiglia abita a Giaveno e prima dove abitavano?
> b Cosa faceva Patrizia prima di sposarsi?

Antonio Signora Pancheri, **quanti siete** in famiglia?

Patrizia **Siamo in quattro**. Mio marito ed io e le due bambine.

Antonio	Le due bambine quanti anni hanno?
Patrizia	Valentina ha dodici anni e Margherita, che ne ha tre.
Antonio	Abitate a Giaveno da molti anni?
Patrizia	Sì, da più di dieci anni.
Antonio	Prima dove abitavate?
Patrizia	Abbiamo abitato a Torino per quattro anni. Dato che mio marito ha cambiato la sua attività, ci siamo trasferiti qua a Giaveno.
Antonio	E a Torino dove abitavate?
Patrizia	A Torino abitavamo in centro, quasi vicino alla stazione di Porta Nuova.
Antonio	In un appartamento?
Patrizia	Sì, in un piccolo appartamento che era diventato infatti piccolo per noi, avendo avuto già la prima bambina.
Antonio	Lei ha un lavoro a tempo pieno?
Patrizia	Oh, sì, mi impegna parecchio tempo della mia giornata.
Antonio	E prima di sposarsi che cosa faceva – di lavoro?
Patrizia	Ah, io lavoro ormai nello stesso ufficio da – nella stessa azienda, anzi – da circa vent'anni. È stato il mio primo lavoro e tuttora continuo questa attività. Prima di sposarmi, infatti, lavoravo e abitavo sempre in un paesino in provincia di Torino.
Antonio	E lei ha continuato a lavorare nello stesso posto?
Patrizia	Sì, sempre nello stesso posto.

mi impegna parecchio tempo	*it takes up a lot of time*
anzi	*or rather*
tuttora	*still*
avendo avuto già	*since we had already had*

key phrases

quanti siete?	*how many of you are there?*
siamo in quattro	*there are four of us*

6 ⑨

To complete the Pancheri family, here is twelve-year-old Valentina talking about how she feels about school.

---

focus

Valentina has been playing her recorder.

una suora   *a nun*

a   Qual è la materia preferita di Valentina?
b   Che cosa le chiede Antonio dei suoi amici?

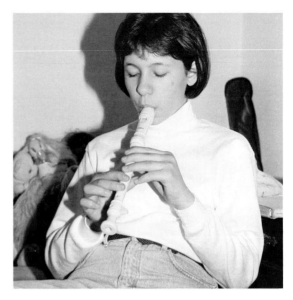

Antonio	Valentina, vai a scuola?
Val.	Sì.
Antonio	Che scuola fai?
Val.	Faccio prima media.
Antonio	E quale materia ti piace di più?
Val.	Matematica, però trovo interessante anche educazione fisica e educazione artistica.
Antonio	**Ti è simpatica** la maestra di matematica?
Val.	Più o meno, perché è una suora – cioè ha dei lati buoni e dei lati un po' severi. Io e lei **andiamo** in generale **d'accordo**.
Antonio	Parlami un po' dei tuoi compagni. – **Come sono?** Chi è la tua compagna preferita, o il compagno preferito?
Val.	Nelle elementari avevo un'amica a cui ero affezionata. Poi, nelle medie ho trovato un'amica con cui **vado d'accordo**.
Antonio	Come si chiama questa tua amica?
Val.	Si chiama Elena.

Antonio	Ti è simpatica?
Val.	Sì, molto. Poi c'è anche – ci sono altre mie amiche. C'è Debora, poi c'è Elisa, Annamaria ... Poi ci sono tutte le altre mie amiche.

che scuola fai?	*what kind of school do you go to?*
	what class are you in?
nelle elementari	*in primary school*
nelle medie	*in middle school (11 to 14)*

7 ⑩

Finally, how does Valentina feel about the youngest member of the Pancheri family, her three-year old sister Margherita?

focus

voler bene a   *to love*

a   Che scuola fa Margherita?
b   Secondo Valentina, che cosa piace a Margherita della scuola?

Antonio	Questa qui è tua sorella?
Val.	Sì.
Antonio	Come si chiama?
Val.	Margherita.
Antonio	**Le vuoi bene?**
Val.	Sì, molto.
Antonio	E lei va a scuola?
Val.	No, va alla scuola materna.
Antonio	Va alla scuola materna? E le piace andare a scuola, secondo te?
Val.	Sì, abbastanza. **Si trova bene con** i suoi compagni, le maestre, **gioca volentieri** con gli altri bambini.
Mar.	Mamma, mamma ...

Patterns 2

i) How many are there in the family?

Quanti siete in famiglia?	*How many are you in your family?*
Siete in molti/tanti?	*Are there many/lots of you?*
Siamo in due/quattro/otto	*There are two/four/eight of us*
In tutto, siamo venti	*There are twenty of us in all/altogether*

You'll also hear a waiter asking a group of you, before showing you to a table:

Quanti siete?	*How many are you?*

You answer:

Siamo in due/ tre/ quattro/ otto, etc.

Patterns 2

ii) What are they like?

Com'è? and **Come sono?** are used when you are asked to describe people as well as things:

Il tuo capo, com'è? – È un tipo	affabile/scorbutico	*friendly/grumpy*
	aperto/chiuso	*extrovert/introvert*
I tuoi compagni, come sono? – Sono	divertenti/noiosi	*amusing/boring*
	socievoli/solitari	*gregarious/stand-offish*

iii) Do you like ... ?

Ti/Le è simpatico?	*Do you like him?*		Ti/Le sono simpatici?	*Do you like them?*
Sì,	mi è simpatico	*I like him*	Mi sono simpatici	*I like them*
	ci è simpatico	*We like him*	Ci sono simpatici	*We like them*
No,	mi è proprio antipatico	*I really don't like*		him/her
	mi sono proprio antipatici			them
Non	lo/la sopporto	*I can't stand*		him/her
	li/le sopporto			them

Volere bene a is a common expression meaning **to love**:

Vuoi bene	a tua sorella?		Certo,	le voglio bene
	ai tuoi fratelli			gli

Essere affezionato/a means *to be fond of/ attached to*:

È affezionato	alla sua sorellina?		Sì,	le sono molto affezionato
	al suo fratellino?			gli sono

For a reminder about **tua sorella, la sua sorellina**, etc., see Bk 1, Syst. 3, note 6, p. 89.

iv) What do you like doing?

You can use **volentieri** as another way of saying what you enjoy doing:

Mi piace giocare a tennis   Gioco volentieri a tennis.

v) How do you get on?

The most common expressions are **andare d'accordo con** (*to get on with*) and **trovarsi bene con** (*to enjoy someone's company*):

Vai	d'accordo con	i tuoi compagni?
Va		i suoi colleghi?
Andate		i vostri professori?

Sì, vado molto d'accordo con lui/lei/loro   *I get on very well with him/ her/ them*

Ti trovi	bene con	tuo cognato?
Si trova		sua suocera?
Vi trovate		i vostri cugini?

Sì, mi trovo	proprio bene con	lui	*I really*	*enjoy being with*	him
	tanto bene	lei	*I so much*		her
	benissimo	loro	*I very much*		them

Practice 2

Cuori solitari

Here are some entries from a 'Lonely Hearts' column.

1 Pensa un po' al modo in cui le persone si presentano: Quali sono le qualità nominate più spesso?

2 Quali sono le tue qualità migliori? Come ti presenteresti tu?

Cerco amore

Vedova 53enne, affettuosa, dolce, bella presenza, amante pittura cerca compagno stessi requisiti. Patente MI3487894E - Fermoposta Cordusio Milano.

Celibe 35enne, diplomato, serio, educato, cerca max 32enne carina, nubile, simpatica per eventuale scopo matrimonio. Patente n. 2058613 - Fermoposta Vercelli.

33enne titolare azienda cerca ragazza anche separata, disposta trasferirsi. Casella Postale 78 - Montagnana (Padova).

Impiegato 40enne celibe, casa propria cerca signorina o vedova per sollecito matrimonio. Carta d'id. 10268740 - Fermoposta Centrale Pescara.

Impiegato statale, diplomato 35enne, educato, romantico, celibe cerca moglie di Roma e dintorni, età adeguata. Carta d'id. 05601589 - Fermoposta Appio-Roma.

25enne serio, affettuoso cerca ragazza max 25enne, buona e graziosa. Casella Postale 19 - Conegliano Veneto (TV).

Milanese 45enne, diplomato, posizionato, serio, cerca in Milano e dintorni max 40enne adeguate condizioni, scopo mat. Carta d'id. 94678251 - Fermoposta Cordusio Milano.

Secondo lei il partner ideale deve essere soprattutto:

		Uomini	Donne
sincero/a	50,6%	47,1	53,9
intelligente	50,4%	55,2	46,0
sensibile	34,9%	29,3	40,1
tenero/a	22,5%	22,3	22,7
generoso/a	20,0%	16,8	23,0
passionale	11,5%	15,6	7,7
protettivo/a	10,9%	6,4	15,0
intraprendente	10,3%	14,1	6,8
forte	9,8%	10,6	9,1
bello/a	6,2%	10,5	2,2
non sa/non risponde	2,3%	2,5	2,4

La tenerezza? La sola qualità sulla quale i sogni di maschi e femmine convergono. Un'altra curiosità: a desiderare partner "forti" sono soprattutto gli uomini.

Getting on ⑫

A new colleague takes you out to lunch.

Relating to others

Think of the people you know. How well or badly do you relate? Choose from the following verbs:

**trovarsi bene con
volere bene a
essere simpatico a
andare d'accordo con
essere affezionato a
essere antipatico a**

Add one of the following each time:

molto   tanto   proprio

e.g.   Il mio capo è un tipo con cui vado molto d'accordo.

Il partner ideale

Above are some results of a recent opinion poll on relationships between men and women. (Note that the first column refers to the average percentage of men and women combined.)
Guarda la tabella di sopra.
1 Controlla il significato delle caratteristiche personali elencate.
2 Sono sorprendenti i risultati?
3 Quali sono, secondo te, le qualità importanti? Seguiresti l'ordine della tabella, o lo cambieresti?

Angelo o demonio?

Look at the drawings on p. 145. Divertiti a provare questo test per vedere che tipi di rapporti hai con gli altri.

i legge il giornale su una panchina quando giunge lei (disegno 1), lei prosegue e lui la segue (disegno 2), si siede su un'altra panchina (disegno 3). Stabilite la fine della storia scegliendo tra i disegni A, B, C, o D

A — Lui si siede accanto a lei.

B — Lui si siede ma le gira le spalle.

C — Lui si siede su una panchina vicina.

D — Lui si mette a parlare con lei.

Se avete scelto A siete: INVADENTE
Avete un modo di comportarvi che forse gli amici definiscono determinato e spavaldo, ma gli estranei vedono come cocciuto e invadente. Quando qualcosa (o qualcuno, s'intende) v'interessa, spingete fino in fondo la vostra azione, perdendo di vista la privacy altrui.

Se avete scelto B siete: PRUDENTE
Pur avendo chiari i vostri obiettivi, e desiderando ovviamente raggiungerli, non perdete mai il senso della misura grazie alla capacità (che anime non hanno tutti) di porvi nei panni altrui, e non di sostituirvi alla persona che avete «puntato». Questo ampio margine di libertà non v'impedisce del resto di rendere chiare le vostre intenzioni, ma vi offre lo spazio per ritirarvi mantenendo intatta la vostra immagine.

Se avete scelto C siete: CODARDO
Sarà perché ve l'hanno detto tante volte, sarà per una timidezza acquisita: fatto sta che le persone come voi vivono nel terrore di sentirsi dare del rompiscatole, e quindi di mimetizzano le loro intenzioni col risultato di fare approcci pasticcioni e inefficaci. Va bene tutto, ma così siete troppo codardi: per avere bisogna pur rischiare.

Se avete scelto D siete: DELIZIOSO
Il nostro «omino», è chiaro, rappresenta una vostra proiezione, anche se siete donna. O meglio, gentiluomo, visto che questo atteggiamento denota una buona sicurezza in chi l'ha scelto: e la prima «carta di credito. Siete persone sicure, ma non invadenti: siete capaci di proporvi con onestà lasciando spazio anche ad un eventuale rifiuto altrui.

Understanding neighbours

You are telling your new neighbour about your past life, and she is quick to guess why you did certain things. You tell her she's right ...
e.g.:

You   Mio padre aveva trovato un altro lavoro.

She   Ah, è per questo che vi siete trasferiti a Torino?

You   *Sì, infatti. Siccome mio padre aveva trovato un altro lavoro, ci siamo trasferiti a Torino.*

1 You   Ai miei genitori piaceva tanto la musica.

She   Ah, è per questo che hai studiato al Conservatorio?

2 You   Mia madre si era ammalata.

She   Ah, è per questo che hai interrotto gli studi?

3 You   Non mi piaceva il mio lavoro.

She   Ah, è per questo che ne hai cercato un altro?

Profile ⓭

Ascolta Pierluigi e Gabriella Zanetti che spiegano le ragioni per cui si sono trasferiti da Milano alla campagna toscana.

Wordpower 2

Describing people: animal idioms

In many languages, including English and Italian, animals are used to describe human characteristics. Here is a selection of common idioms. What are the animals concerned and what characteristics do they represent?

1 Sandro, purtroppo, non è **un'aquila**: viene sempre bocciato.
2 Annalisa è molto **civetta**!
3 Ha mangiato troppo – è diventata **una balena**!
4 Lei è bravissima, ha una memoria da **elefante**!
5 Gianni lavora come **una formica**.
6 Normalmente dorme come **un ghiro**.
7 Luigi fa **il galletto** con le ragazze.
8 Rosa è cocciuta come **un mulo**.
9 Franco non è un tipo socievole: è **un orso**.
10 Suo cugino è un vero **pappagallo**.
11 Ma lui è furbo come **una volpe**.
12 Non lo sopporto, mi dà sempre fastidio. È proprio **una zanzara**.

Match the definitions

Below are some words used to describe people. Can you match them against the definitions?
prepotente bonario invadente scontroso lunatico spiritoso permaloso

Una persona ...
a che tende a imporre la propria volontà
b che tende ad offendersi anche per atti o parole insignificanti
c che si occupa troppo di ciò che non la riguarda
d brillante, piena di brio e di umorismo
e volubile, incostante, mutevole di umore
f che ha un carattere poco socievole, che è facile a offendersi, a irritarsi, a contraddire
g mite e affabile

Which, if any, of these definitions apply to you?

Troubleshooting

Change of tense, shift in meaning

The following verbs have slightly different meanings when used in the imperfect and the **passato prossimo** tense.

imperfect	passato prossimo

conoscere

A Roma conoscevo molti americani
In Rome I knew lots of Americans

A Roma ho conosciuto molti americani
In Rome I met lots of Americans

dovere

Dovevo andare a Parigi
I was meant/supposed to go to Paris (but did I go?)

Alla fine ho dovuto andare a Parigi
In the end I had to go to Paris (I actually went)

potere

Potevo vedere tutto
I could see everything (it was possible to)
Gli ho detto che non potevo venire il giorno dopo
I told him I couldn't come the following day (it wasn't possible to)

Ho potuto vedere tutto
I managed to/was able to see everything
Purtroppo non ho potuto venire quel giorno
Unfortunately I didn't manage to come that day (I wasn't able to)

sapere

Sapevo che era malata
I knew she was ill
Non sapeva spiegarlo
He didn't know how to explain it

Ho saputo che era malata
I found out she was ill
Non ha saputo spiegarlo
He wasn't able to explain it (did not manage to)

volere

Voleva comprarmi un orologio
He wanted to buy me a watch (but did he?)
Non volevano aiutare
They didn't want to help (but did they?)

Ha voluto comprarmi un orologio
He insisted on buying me a watch (and did)
Non hanno voluto aiutare
They refused to help (and didn't do so)

Unità 17

ORGANIZZIAMOCI!

You will be arguing and assessing the situation as you take part in discussions, and clarifying and elaborating on what you say. You will also be asking others what they want you to do and expressing what you feel.

Organizziamoci! – Let's get organised! Getting organised to help others on a voluntary basis has traditionally been the province of the Catholic Church in Italy and to a lesser extent, of the political parties, particularly the former **PCI – Partito Comunista**. In the 1970s, however, with the development of the Italian welfare state, this influence was to some extent reduced, as the State took over many key social functions such as the running of hospitals and schools.

In the 1990's, however, the increasing involvement of independent groups of private citizens in voluntary work – **il volontariato** – is a new and increasingly striking phenomen. It is estimated that about 14 per cent of the adult population, some 5.5 million Italians, spend on average six hours a week of their free time engaged in independent voluntary work, ranging from the fight against drugs, violence and child abuse, to helping people with learning difficulties or teaching computer skills in prisons. There are now over 12 thousand registered associations and the importance of their work was finally acknowledged when they were given legal status in 1991. In the same year an umbrella organisation, the **Fondazione italiana per il volontariato**, was founded to provide support such as legal advice and training; it also publishes its own periodical.

This new development has not superseded the numerous social welfare and recreational activities which have long been channelled through **Azione Cattolica**, its associated workers' organisations – the **ACLI (Associazioni cristiane lavoratori)**, and the work of the parishes – **le parrocchie**. Nevertheless, the scale and scope of lay voluntary work today is indicative of the failure of the State to deliver in matters of welfare and of a profound disillusionment with politics and political parties.

Interactions 1

Ascolta la cassetta per esercitare un po' di lessico sul mare.

On the coast of Southern Liguria, the five villages of Le Cinque Terre were once completely inaccessible by road. They are situated at the ends of narrow valleys which cut deep into the steep coastline and were connected only by rail or boat. Even today the two outer villages, Monterosso and Riomaggiore, are the only ones you can reach by car.

1 ❶

Anna Mazzotti is trying to get from Monterosso to Portovenere by ferry. She has to work out what ferry to catch in order to make it in time for a two o'clock appointment in Portovenere.

focus

Anna investigates at the ticket-office.

il traghetto *ferry*

a Quali sono gli orari di partenza dei traghetti?
b Quanto dura il viaggio?

Anna	Buongiorno. Io **dovrei andare** a Portovenere domani e vorrei prendere un traghetto. Mi potrebbe dare un'idea dell'orario?
Bigliettaio	Certo, attenda un attimo. [*Gets a timetable*] Ecco, vediamo un po'. A che ora vorrebbe partire?
Anna	Mah, non saprei - **dovrei esserci** verso il primo pomeriggio perché ho un appuntamento alle due.
Bigliettaio	Ho capito. Per Portovenere c'è un traghetto che parte alle dieci e ce n'è un altro che parte alle dodici e trenta.
Anna	E quanto tempo ci vuole per arrivare?
Bigliettaio	Ci vogliono circa cinquanta minuti.

Anna	Quindi significa che il traghetto che parte alle dieci arriva alle dieci e cinquanta e quello delle dodici e trenta arriva all'una e venti, no? Ma è un po' tardi ... ho sempre paura di arrivare in ritardo.
Bigliettaio	Eh, sì, signorina. La cosa migliore da fare è prendere il traghetto delle dieci. **Vuole che le faccia il biglietto?**
Anna	Ah, sì, un'andata e ritorno per favore.
Bigliettaio	Bene. Sono sedicimila lire.

key phrases

dovrei andare/ esserci	*I'm supposed to be going/be there*
vuole che le faccia il biglietto?	*shall I make you out a ticket?*

2 ❷

In Portovenere Anna meets Elisabetta Torrente and Leonardo Biagioni, two representatives of **Marevivo**, an environmental group based on the province of La Spezia.

focus

la tutela	*protection*
la sensibilizzazione	*raising of awareness*
coinvolto	*involved*

a Di che cosa si occupa l'associazione Marevivo?
b Chi fa parte di Marevivo?

Anna **Di che cosa si occupa** l'associazione Marevivo?

Elis. L'associazione Marevivo è nata nel 1985 e si occupa della tutela del mare e delle sue coste, e, **in altre parole**, della sensibilizzazione dell'opinione pubblica su questo problema, **cioè**, sul problema della salvaguardia ambientale.

Anna E chi fa parte di questo gruppo?

Elis. Siamo molto contenti che ci siano soprattutto molti giovani. Comunque, abbiamo soci che appartengono a svariate età e non soltanto residenti a La Spezia, ma anche in altre città italiane.

Anna Secondo te, perché vale la pena appartenere a un gruppo come Marevivo?

Leon. Vale la pena perché, ormai, **tutto sommato**, ognuno di noi è coinvolto nei problemi ambientali. **Nel complesso**, i problemi ecologici sono tanti e sono soprattutto grossi, ma è chiaro che la sensibilizzazione della gente è un primo passo estremamente importante.

siamo contenti che	*we are pleased that*
ci siano	*there are*
ognuno di noi	*all of us*

key phrases

di che cosa si occupa?	*what does it do (exactly)? [lit. deal with]*
in altre parole	*in other words*
cioè	*that is to say*
tutto sommato	*all things considered, all in all*
nel complesso	*on the whole*

3 ③

On the first Sunday in July, for the past five years, **Marevivo** has organised **La Festa del Mare** in a number of coastal towns. The day is spent with volunteers cleaning up the beaches and sea bed. A meal is organised for the evening, but it's crucial to know how many people are coming.

focus

Elisabetta chairs the final meeting to check on all the arrangements.

svolgersi	*to take place*
un elenco	*a list*
l'abitudine	*habit*
allestire	*to lay, to prepare*

a Leonardo si occupa degli inviti: ha l'elenco completo dei partecipanti?

b Di che cosa si occupa, invece, Carla?

Elis. **Bene**, fra pochi giorni si svolgerà per il quinto anno consecutivo, la Festa del Mare. Quindi io **proporrei di** iniziare da te, Leonardo. Vediamo quello che hai organizzato.

Leon. Abbiamo spedito gli inviti alle autorità locali e ai rappresentanti delle associazioni ambientaliste, e anche agli iscritti alla nostra delegazione.

Carla Abbiamo già un elenco dei partecipanti?

salva il mare con noi!
MAREVIVO
ASSOCIAZIONE ECOLOGICA PER LA DIFESA DEL MARE
viale g. cesare, 2 - 00192 roma - tel. 3602949

Leon. Purtroppo, ad eccezione delle autorità e delle associazioni, hanno tutti la cattiva abitudine di non dare la conferma.

Carla Io devo allestire i tavoli e preparare la cena per domenica sera. Ditemi come posso fare se non conosco il numero dei partecipanti!

Elis. Io **direi di** calcolare centoventi persone come abbiamo sempre fatto. Poi, non so, io lo chiedo a voi, voi **siete d'accordo,** oppure no?

Tutti Siamo d'accordo, sì, sì.

non dare la conferma *not replying*

4 ❹

Lucia Bruni is in charge of the boats, but her views are challenged by Leonardo.

key phrases

bene	*right*
proporrei di ...	*I propose/suggest we ...*
direi di ...	*I suggest we.../how about...?*
siete d'accordo?	*do you agree?*

focus

Lucia explains that the lead boat will be equipped with a loud-hailer.

le tappe	*stages*
il percorso	*route*
navigare	*to sail*

a A che ora è fissata la partenza?
b Secondo Lucia, che cosa dovrebbero fare le barche?

Lucia La partenza è fissata per le quattordici e trenta. La barca che dovrà indicare le varie tappe del percorso sarà munita di un altoparlante. Proporrei, comunque, di navigare tutti vicini e di non dividerci.

Leon. Ma **il vantaggio quale sarebbe? Non sarebbe meglio** dividersi per coprire un'area più vasta?

Lucia Il vantaggio è quello di non disperderci.

comunque *in any case*
disperderci *to get separated*

key phrases

il vantaggio quale sarebbe?	*what would the advantage be?*
non sarebbe meglio...?	*wouldn't it be better ...?*

5 ⑤

Tempers fray as the meeting drags on. There's still the question of the slogans to sort out. Elisabetta asks to hear them.

focus

Lucia puts forward two ideas.

lo svantaggio   *disadvantage*
avere l'acqua alla gola   *to be in dire straits*

a   A Leonardo piacciono tutti e due gli slogan di Lucia?
b   Cosa ne pensano gli altri?

Elis.   E quali sarebbero questi slogan?
Lucia   Ne ho alcuni: "Il mare ha l'acqua alla gola" oppure: "Marevivo chiede la vostra collaborazione, oggi, subito. Chiediamo a ciascuno di voi un atto di buona volontà, liberare ..."
Leon.   Scusa, **scusa un attimo**, questo, però, ha uno svantaggio notevole.

Lucia   Scusa, ma il problema qual è?
Leon.   Il problema è che è troppo lungo, e la gente perde interesse.
Carla   Sì, sì, **sono d'accordo**. A me personalmente piace il primo.
Elis.   Guardate, io direi che potremmo sceglierli sul momento.
Allora, mi pare che sia tutto a posto. Io spero soltanto che sia una bella giornata piena di sole e con il mare calmo.

ciascuno di voi	*every one of you*
sul momento	*at the time*
mi pare che sia tutto a posto	*I think it's all sorted out*
spero ... che sia	*I hope it will be*

key phrases

scusa un attimo	*sorry, hang on a minute*
sono d'accordo	*I agree*

Patterns 1

i) What you're supposed to be doing

Dovrei	andare a Portovenere	*I'm supposed/meant to ...*
	esserci nel primo pomeriggio	
Dovremmo	organizzare una festa	*We're supposed/meant to ...*
	arrivare entro mezzanotte	

See Systems 13, note 6 ii, p. 113.

ii) What do you want me to do?

If you are saying what <u>you</u> want to do, use **volere** plus the infinitive:

Voglio parlarti   *I want to talk to you*

But if you are asking what <u>others</u> want you to do, you need to use **volere che** plus a **subjunctive** form of the verb:

Vuoi/vuole/volete che (io) ...	*Do you want me to...*
...ti faccia il biglietto?	*...give you the ticket?*
...le dia una mano?	*...give you a hand?*
...vi venga a prendere?	*...come and collect you?*

See Systems, note 2 i, p.213, for **faccia**, **venga** and note 2 ii for **dia**.

Patterns 1

Regular present tense forms of the subjunctive end in **-i** or **-a**:

Vuoi/vuole/volete che (io) ...	*Do you want me to ...?*
...ti/la/vi accompagni io?	*... come with you?*
...ti/le/vi spieghi come si fa?	*... explain what you do?*
...ti/le/vi scriva l'indirizzo?	*... write you the address?*
...ti/le/vi legga l'articolo?	*... read you the article?*
...ti/le/vi apra la finestra?	*... open the window?*
...ti/le/vi pulisca la macchina?	*... clean your car?*

See Systems, note 1, p.213

For more on the subjunctive see Patterns 2 iii, p. 161.

iii) Asking for more information

To find out more about what people or organisations do, you can use **di che cosa si occupa?** or **in che cosa consiste?**:

| Di che cosa | si occupa Marevivo? | *What does Marevivo do?* |
| | si occupano i membri del comitato? | *What do the committee members do?* |

| In che cosa consiste | il suo lavoro? | *What does* | *its work* | *involve?* |
| | il loro lavoro? | | *their work* | |

Si occupa ...	*It's concerned...*
...della tutela dell'ambiente	*...with protecting the environment*
...del risparmio dell'energia	*...with saving energy*
Si occupano ...	*They are involved ...*
...dell'assistenza ai profughi	*...in helping refugees*
...della cura dei disabili...	*...in the care of the handicapped*
Consiste...	*It involves...*
...nella raccolta dei rifiuti	*...collecting waste*
...nella ricerca sull'ambiente	*...research on the environment*

A very useful phrase used in a large number of contexts is **di che (cosa) si tratta?** which is basically used to find out what something is about:

Il Telefono Azzurro è un'iniziativa importante.	
– Davvero? Di che cosa si tratta?	*What is it? What does it do?*
Si tratta di una linea telefonica per bambini	*It's a child line*
Ho visto un bel film.	
– Davvero? Di che (cosa) si tratta?	*What's it about?*

If you need further clarification you can ask:

Cioè?	*i.e.?/In other words?*
In altre parole?	*That is to say?*
Vale a dire?	

Patterns I

iv) Agreeing and disagreeing, being for and against

| Sei/È | d'accordo? | | Do you agree? | |
| Siete | | | | |

Sì, sono d'accordo   *Yes, I agree*
No, non siamo d'accordo   *No, we don't agree*
Sì, ha/hai ragione   *Yes, you're right*
No, si sbaglia   *No, you're wrong*

| Avete | perfettamente | ragione | *You're* | *absolutely* | *right* |
| Ha | completamente | torto | *You're* | *completely/absolutely* | *wrong* |

Agreement/disagreement is commonly expressed in other ways:

(Sì,) infatti, è una buona idea   *Yes, that is a good idea*
(No,) in realtà non è così   *No, that's not the case*

Ecco	*That's right*	Perfetto	*Brilliant/wonderful*
Infatti		Certo	*Of course*
Esatto			

If you want to give a balanced assessment – or be a little cautious:

| Tutto sommato, | è una buona idea | *All things considered,* | *it's a good idea* |
| Nel complesso, | | *On the whole,* | |

To ask whether someone supports something :

| Sei/È | a favore dell' | aborto? | *Are you in favour of… ?/Do you support …?* |
| | favorevole all' | | |

| Sei/È | contro la | pena di morte? | *Are you against…?/Do you oppose…?* |
| | contrario alla | | |

v) Proposals and objections

If you're putting forward ideas, **proporre** is more suited to the language of meetings and committees, whereas in ordinary speech you'd be more likely to use **dire**.

| Proporrei | di iniziare da Leonardo | *I propose/suggest we …* |
| Direi | di invitare le autorità | *I suggest we …/how about …?* |

If you disagree with a proposal you can put forward your own:

Non sarebbe meglio …   *Wouldn't it be better to …*

Or else you can object by asking:

Ma il vantaggio quale sarebbe?   *But what's the advantage of that?*

And if you feel strongly, you can be blunt and say:

Ma che senso ha?   *But what's the point?*

Patterns 1

vi) Taking part in a discussion

If you're following a discussion, you may need to interrupt. You might have missed something:

Come, scusa/scusi?   *Sorry, what did you say?*

You might want to object or make a point of your own:

Scusa/scusi, un attimo   *Sorry/excuse me, hang on a minute*

If you are playing an active part in the discussion you need to know how to begin and round off a topic:

Bene. Siamo tutti qui?   *Right. Is everyone here?*
Cominciamo?   *Shall we start?*
Siete pronti?   *Are you ready?*

Bene/ecco	Andiamo avanti	*Right/fine*	*Let's carry/get on*
	Passiamo al secondo punto		*Let's move on to …*
	Cambiamo discorso		*Let's change the subject*

You need to know how to take turns:

A chi tocca?   *Whose turn is it?*

Tocca a	me	*It's*	*my turn*
	te/Lei/Lucia		*your turn/Lucia's turn*
Passiamo a te/Lei/Lucia		*Over to you/Lucia*	

Practice 1

Helping hand

An elderly Italian lady is coming to stay: can you offer a helping hand?

e.g.   She rings from the station: find out if she wants you to come and pick her up.
      Vuole che la venga a prendere?

1 She arrives by taxi: find out if she wants you to give a hand with the luggage.
2 She comes in and sits down: does she want you to make her a coffee?
3 It's quite warm: does she want you to open the window?
4 Next day she wants to go sightseeing: does she want you to go with her?
5 She says she'll go on her own by 'bus: does she want you to write down the numbers for her?

Monterosso by boat

You're off to Monterosso by boat tomorrow, but you've got to get a ticket.

Odd one out

1 Which of these wouldn't you donate?
il contributo • il fondo • la somma i saldi • i soldi
2 If you were talking about your aims, which two words would be inappropriate?
lo scopo • il fine • la fine • l'obiettivo la meta • la metà
3 Which word wouldn't help people?
il sostegno • l'appoggio • l'aiuto • il soccorso l'assistenza • l'astinenza • la cura
4 Which of the following institutions deals with children?
un ente • una ditta • un orfanotrofio una società • una cooperativa • un'azienda

Solidarietà

Questo spazio di «Epoca» è a disposizione di tutte le associazioni e gli enti impegnati in attività di volontariato. Le richieste devono essere inviate via fax a «Epoca-Solidarietà» (02/75422509).

Insieme per battere l'handicap

«Abbiamo bisogno di contributi per continuare ad assistere quelle famiglie con bambini handicappati che vogliono seguire le nostre attività ma che non hanno i soldi per farlo». Chiara Crivelli, terapista della riabilitazione, parla della cooperativa sociale di cui è presidente, la Cifrre (Consulenza, informazione, formazione, riabilitazione, ricerca ed educazione), costituita a San Vito di Negrar, vicino a Verona, da un gruppo di professionisti che da anni si occupano di problemi legati all'handicap. «Attualmente seguiamo un'ottantina di nuclei familiari provenienti da tutta Italia»,

prosegue Crivelli. «Il nostro obiettivo principale è offrire sostegno, informazione e consulenza al bambino disabile e alle persone che gli stanno vicino. A insegnanti e genitori, in particolare, diamo una formazione di base, in modo che il soggetto portatore di handicap riceva assistenza anche a scuola e a casa».

Cooperativa sociale Cifrre, Località Villa Renzi - 37024 S. Vito di Negrar (Verona). Tel. 045/7502288.

Alcuni dei volontari della Cifrre trasformatisi in animatori durante una festa.

Solidarity

*Solidarietà is a regular feature - **rubrica** - in this weekly magazine.*
1 Guarda il titolo e i sottotitoli.
Di che cosa si tratta? – A chi è dedicata la rubrica?
2 Guarda 'In breve'.
   a Per ciascuna delle tre associazioni, sai dire in che cosa consiste il loro lavoro?
   b Di che cosa hanno bisogno?
3 Guarda 'Insieme per battere l'handicap'
   a Di che cosa si occupa la Cooperativa CIFRRE?
   b Che tipo di assistenza offre il CIFRRE, e a chi?
   c Per quale ragione sono coinvolti anche insegnanti e genitori?

Good idea?

You're in a café having an after-dinner coffee and the conversation turns as usual to politics.

Chiama Epoca

CHIAMATA GRATUITA®

NUMEROVERDE
1678-03001

A cura di Maurizio Costanzo e Alberto Silvestri

Queste pagine sono a disposizione di tutti i lettori che vedono disattesi o calpestati i loro diritti. Basta una telefonata al Numero Verde - tutti i giorni dalle 14 alle 20 - o una segnalazione scritta. Individueremo chi vi deve una spiegazione e ne daremo conto sul nostro giornale. L'indirizzo è: «Chiama Epoca» - Casella postale 1833, Milano.

Complaints column

*This regular feature **'Chiama Epoca'** is aimed at helping individuals rather than organisations. Its objectives are explained in the first insert.*

1   Leggi il primo brano e rispondi alle domande:
   a   Per quali ragioni i lettori si mettono in contatto con 'Epoca'?
   b   'Epoca' che cosa promette di fare?

   calpestare, to trample;   individuare, to identify

2   *Below is one of the complaints printed on the 'Chiama Epoca' page. A woman has complained about an advertisement issued by the Ministry of the Merchant Navy, part of which is reproduced, along with her letter and a reply from a representative of the Ministry.*
   Guarda prima gli slogan:
   a   Che cosa significa 'datevi all'ittica'? Scegli fra le seguenti possibilità:
      i)   andate a cavallo
      ii) andate a pesca
      iii) cominciate a interessarvi al pesce

TREVISO Troppo alti i prezzi del pesce

Ho visto che è partita su quotidiani e riviste una campagna che pubblicizza il pesce fresco del Mediterraneo. Polpi, saraghi e orate, sponsorizzati dal ministero della Marina Mercantile, invitano il lettore a essere mangiati. Per invogliare il consumatore viene perfino riportata una ricetta di facile preparazione. È vero, come dicono le inserzioni, che «il pesce aguzza l'ingegno», ma è anche vero che quello del Mediterraneo ha prezzi quasi inaccessibili. Se i salmoni freschi, provenienti dalla Norvegia, vengono venduti a 19-20 mila lire al chilo, le nostre orate arrivano a costare anche 35 mila. Perché questa vistosa differenza? Forse perché ormai il Mediterraneo non è più un mare pescoso. Ma è pur vero che costano cari anche i pesci, come le orate, che provengono da allevamenti. Per quale motivo, allora, viene fatta una campagna pubblicitaria, a spese di un ente pubblico, per un prodotto che non può essere di largo consumo?
Cristina Formentin, Treviso.

Risponde Giuseppe Ambrosio, direttore generale settore Pesca marittima, ministero della Marina Mercantile.
«La produzione ittica del Mediterraneo è limitata per ragioni di salvaguardia complessiva dell'ambiente marino, anche se la domanda di pesce fresco da parte dei consumatori italiani è in costante aumento. È per questo motivo che si stanno sviluppando tecniche di produzione alternativa, l'acquacoltura e la maricoltura. Tali tecniche costituiscono attualmente l'11 per cento della produzione e arriveranno presto a rappresenta-

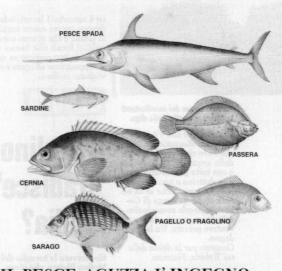

DATEVI ALL'ITTICA

PESCE SPADA

SARDINE

PASSERA

CERNIA

PAGELLO O FRAGOLINO

SARAGO

IL PESCE AGUZZA L'INGEGNO

Un annuncio della campagna a favore del consumo del pesce.

re il 25 per cento. Bisogna tenere presente, comunque, che in molti Paesi extracomunitari il costo della manodopera e i costi ambientali incidono sul prezzo del pesce in maniera nettamente inferiore di quanto avvenga in Italia. Non va poi dimenticato che il pesce del Mediterraneo ha gusto, qualità nutrizionali e sapore nettamente superiori rispetto a quello importato».

b Che cosa significa 'il pesce aguzza l'ingegno'?
   i) il pesce è molto intelligente
   ii) il pesce rende più intelligenti

3 Adesso guarda il titolo della lettera: Di che cosa si lamenta la signora?

> l'orata, *bream*; pur = anche; allevamenti, *fish farms*

4 Leggi rapidamente la lettera. Chi o che cosa è responsabile, secondo la signora?
   a l'inquinamento
   b gli allevamenti
   c il Ministero

5 Traduci l'ultima frase in inglese.

6 *The reply from the Ministry's representative is less emotive and provocative and more logically presented.*
   Riassumi i quattro punti principali e traduci le frasi sottolineate.
   i) From: 'La produzione ittica del Mediterraneo è limitata per ragioni della salvaguardia' to 'costante aumento'.
   ii) From: 'È per questo motivo che' to 'il 25 per cento'.
   iii) From: 'Bisogna tenere presente' to 'avvenga in Italia'.
   iv) From: 'Non va poi dimenticato' to 'quello importato'.
   È una difesa valida? Sei d'accordo con il rappresentante del ministero?

Wordpower 1

The right word for the right context

True synonyms are very rare: two words can have very similar meanings but will seldom be equally appropriate in the same context. In a formal situation, for example, the English verb *to obtain* is more appropriate than *to get hold of*, while in Italian *conseguire* would be preferable to *ottenere*. In this unit some of the vocabulary is quite formal: see, for example, the language of the ticket-seller (*Interaction 1*) and that of the participants at the Marevivo meeting (*Interaction 3*). In *Interaction 7* the poetic tone of the conversation affects Signora Calvellini's vocabulary.

Over to you ...

1 Using a dictionary if necessary, and looking at the interactions mentioned, can you find less formal alternatives for **attendere, la tutela, allestire, dare la conferma, giungere?**

2 Formal or bureaucratic language often uses two words where one would do:
e.g.   *apportare modifiche = modificare*   *dare avviso = avvisare*

Can you match up the formal phrases below with their more everyday equivalents:

1 apportare correzioni	**5** effettuare consegne	**a** leggere	**e** riformare
2 eseguire un arresto	**6** dare lettura	**b** ritornare	**f** inviare
3 attuare una riforma	**7** fare invio	**c** pagare	**g** consegnare
4 effettuare un pagamento	**8** fare ritorno	**d** correggere	**h** arrestare

Wordbuilding

vantaggio   **svantaggio**

In Italian an **s** added in front of a word can give you its opposite. Can you find the appropriate opposite to the words in bold type?

1 Purtroppo Enzo non è molto **equilibrato.** - Certo, secondo me, è proprio ——.
2 La Basilicata è una regione poco **popolata**, vero? -Infatti è stata —— in seguito all'emigrazione.
3 Non ho molta **fiducia** nel governo attuale. - Beh, secondo me, la tua —— è senz'altro giustificata.
4 Ma perché hai **caricato** la macchina così tanto? - Non importa, ti aiuto io a ——la.

Interactions 2

6 ⑨

How did things go on the day? Anna was there to find out.

> *focus*
>
> Anna talks to three people: Lucia and two of her friends.
>
> raccogliere   *to gather, pick up*
>
> a Com'è la situazione delle spiagge quest'anno rispetto all'anno scorso?
> b Quest'anno, la partecipazione è stata maggiore o minore rispetto all'anno scorso?

Anna   Signora, mi può dire com'è la situazione **rispetto all**'anno scorso?

Sig.ra 1   Sì, la situazione rispetto all'anno scorso è migliorata, perché quest'anno abbiamo trovato le spiagge molto più pulite – l'anno scorso erano più sporche.

Sig.ra 2   Quest'anno la situazione sembra molto migliorata o un pochino migliorata. L'anno scorso raccoglievamo più spazzatura, più plastica – quest'anno sembra che ci sia stato più rispetto della natura e anche che le persone abbiano portato più cose a casa.

Anna   **Sei contenta che ci siano** tante persone?

Lucia   Sono contenta che ci siano tante persone. **Questo vuol dire che** tante persone seguono, sentono, la nostra voce.

Sig.ra 2   **A me fa molto piacere che ci siano … ci sia** maggior partecipazione e che quest'anno ci siano più bambini e più giovani alla raccolta della spazzatura, perché **questo significa che** c'è maggiore sensibilizzazione al problema.

sembra che ci sia stato	*it looks as though there's been*
abbiano portato	*have brought*

> *key phrases*
>
> | | |
> |---|---|
> | **rispetto all'…** | *compared to…* |
> | **sei contenta che ci siano?** | *are you pleased there are?* |
> | **questo vuol dire che** | *this means that* |
> | **a me fa molto piacere che ci siano … ci sia** | *I'm very pleased that there are … there is* |
> | **questo significa che** | *this means that* |

7 ⑩

One of Marevivo's firmest supporters is Signora Calvellini, whose family has lived in Portovenere for generations. She remembers the isolated closely-knit fishing community in the days before the economic boom of the 1950s which brought with it invading tourists…

> *focus*
>
> Signora Calvellini paints an idyllic picture of Portovenere in the past.
>
> accogliere   *to welcome*
> giungere   *to arrive, reach*
> rimpianti   *regrets*
>
> a Cerca di individuare due o tre parole adoperate dalla signora per descrivere le condizioni idilliache del passato.
> b La signora approva l'apertura di Portovenere al turismo di massa?

Anna   Mi dica, com'era Portovenere quando Lei era bambina?

Sig.ra C.   Era un paese magico, la vita era molto semplice. Questo borgo di pescatori era isolato e quindi si sviluppavano

molto i rapporti umani. Era un paese con un'atmosfera straordinaria, pieno di silenzio e di solitudine, ma sapeva accogliere chiunque in questo silenzio e in questa solitudine.

Anna Portovenere è una località frequentata da italiani e stranieri. Quando si è sviluppato il turismo?

Sig.ra C. L'industria del turismo si è sviluppata con il boom economico degli anni Cinquanta, con lo sviluppo dei mezzi di comunicazione di massa. La gente ha cominciato a muoversi, a giungere qui a Portovenere, alle Cinque Terre

con i battelli, con le macchine, con i pullman ...

Anna Quindi, Lei ha rimpianti per il modo in cui Portovenere è cambiata nel tempo?

Sig.ra C. **Temo che sia** difficile non avere rimpianti per un paese che ho definito magico, perché magico era. Io **ho paura che** l'eccessiva immagine commerciale **vada** a danneggiare quello spirito intimo di Portovenere, che, per fortuna, conserva nei suoi monumenti, in queste chiese, in questo castello, nel borgo medievale, nella piazza, negli angoli più remoti; tutto è poesia qui.

chiunque	*anyone*
ha rimpianti per	*have regrets for*

Patterns 2

i) Assessing and clarifying the situation

Assessing the situation can involve making comparisons:

Com'è la situazione	**rispetto all'**anno scorso?	*What's the situation like compared*
Come vanno le cose	**in confronto all'**anno scorso?	*to last year?*

How are things going?

È molto	migliorata	*It's*	*improved a lot*
	peggiorata		*got much worse*
Vanno molto	meglio	*They are going much*	*better*
	peggio		*worse*

If you want to probe deeper you can ask:

In che senso	è migliorata?	*In what way*	*has it improved?*
	vanno meglio?		*are they better?*

And the reply could be:

È migliorata	**nel senso che**...	*It has improved in that ...*
	...quest'anno ci sono più giovani	
Vanno meglio	**in quanto**...	*They are going better in that ...*
	...abbiamo più soci	

Patterns 2

ii) Getting things clear/defined

For clearer definitions you can ask what something means:

Cosa	significa?		*What does (it) mean?*
	vuol dire?		
Significa che	c'è maggiore sensibilizzazione	*It means that ...*
Vuol dire che		

You can also ask people what they mean:

Che cosa	vuoi/vuol	dire?	*What do you mean?*
	volete		
Cosa intende per	miglioramento?	*What do you understand/mean by ...?*
	sensibilizzazione?	

And if you are completely lost you can own up and say:

Mi dispiace, ho perso il filo	*I'm sorry,*	*I've lost the thread*
		I'm lost

iii) Being glad, sorry that ...

Sei/è contento che ...   *Are you pleased that ...*
Ti/le fa piacere che ...
  ... ci **sia** maggior partecipazione?   *...there is a larger turnout?*
  ... ci **siano** più bambini?   *...there are more children?*

Sì,	sono contento che	ci **sia** più gente	*Yes, I'm pleased that ...*
	mi fa piacere che	ci **siano** più giovani	

Temo che ...   *I'm afraid that .../I fear that ...*
Ho paura che ...
  ...**sia** troppo tardi per migliorare la situazione   *...it is too late to improve the situation*
  ... le autorità non **siano** disposte ad aiutare   *...the authorities are not willing to help*

È essenziale che ...		*It is essential for ...*	
... ognuno di noi	**aiuti**	*...all of us*	*to help*
... tutti	**aiutino**	*...everyone*	
È necessario che ...		*It is necessary for ...*	
... ognuno di noi	**prenda** parte	*...all of us*	*to take part*
... tutti	**prendano** parte	*...everyone*	
È importante che ...		*It is important for ...*	
... ognuno di noi	**si senta** responsabile	*...all of us*	*to feel responsible*
... tutti	**si sentano** responsabili	*...everyone*	

For **sia, siano**, see Systems, note 2 ii, p.213.

The singular forms of the present subjunctive are identical, and so the pronouns are often included where there is the possibility of confusion:

Mi dispiace che	tu/Lei **abbia** troppo da fare
È un peccato che	lui/lei non **possa** venire

Patterns 2

For **abbia** and **possa** see Systems, note 2 ii and 2 i, p.213

The present subjunctive forms can also be used to refer to the future, since there is no future subjunctive:

Spero che domani	**sia** una bella giornata	*I hope that tomorrow*	*is/will be a fine day*
	tu **stia** meglio		*you (will) feel better*
Mi auguro che fra poco	il governo ci **dica** la verità		
	le cose **vadano** meglio		
I hope that soon	*the government will tell us the truth*		
	things will get better		

For **stia**, **dica** and **vadano** see Systems, notes 2 ii and 2 i, p.213

Practice 2

The state of the world

What are the hopes, wishes and fears of the Italians?

1 Guarda la prima tabella che risale al 1988. Cerca di farne un riassunto:

p.es. Il 46 per cento si augura che [*sparire*] la fame nel mondo.
Il 46 per cento si augura che sparisca la fame nel mondo.

a Il 33 per cento si augura che la gente [*potere*] vivere in pace.

b Il 21 per cento si augura che [*non esserci*] più malattie.

2 Adesso guarda la seconda tabella:
a Quali sono i temi nuovi?
b Quali sono le tue speranze in questo momento?

p.es. Spero che/mi auguro che **cambi** il governo – che **ci sia** più chiarezza politica.

c Quali sono le tue paure?

p.es. Temo che **sia** impossibile avere la pace nel mondo.

d Ci sono motivi di ottimismo? Sei contento/a perché è migliorato qualcosa?

p.es. Sono contento/a, mi fa piacere che **ci sia** meno disoccupazione.

Social niceties

Expressing regret and pleasure with fluency and conviction is a useful social nicety.

Cosa significa?

You are stuck with a political bore at a party.

I grandi temi

QUALE PROBLEMA VI AUGURATE CHE VENGA RISOLTO PER PRIMO NEL XXI SECOLO?

| La fame nel mondo | **46%** | La fine delle malattie | **21%** |
| La convivenza pacifica | **33%** | Non so | **1%** |

CHE COSA VORREBBE DAL 1992? *	TOT. %
meno delinquenza	47.2
più onestà	41.9
pace nel mondo	36.6
più chiarezza politica	32.2
meno inquinamento	30.5
più benessere/denaro	25.6
meno disoccupazione	23.8
successi della medicina	20.5
meno razzismo	18.3

* percentuali multiple (più risposte)

I PROBLEMI DEI FIDANZAMENTI LUNGHI

■ A diciannove anni sono già una «vecchia» fidanzata. Ne avevo quindici e mezzo quando conobbi il mio ragazzo, di due maggiore di me, e da allora non ci siamo più lasciati. Lui è una persona stupenda, e tra noi si è creata un'intesa perfetta, anche sessuale. Ci diciamo tutto, abbiamo gli stessi interessi, condividiamo ogni progetto e speranza. Tuttavia da qualche tempo io mi sento vagamente inquieta: sembriamo una vecchia coppia di coniugi. Facciamo sempre le stesse cose, abbiamo pause sempre più lunghe di silenzio e benché il nostro legame si faccia di giorno in giorno più profondo l'entusiasmo iniziale sta sparendo... Il sapere che dovremo aspettare ancora cinque-sei anni per sposarci mi riempie di panico...

Lorella, Latina

● «Panico» è una parola forte, però il problema esiste ed è un bene che tu ne abbia lucidamente preso coscienza. I fidanzamenti lunghi sono particolarmente insidiosi quando hanno inizio in età giovanissima: lei e lui, privi di esperienze e con una carica intatta di curiosità e di entusiasmi, si buttano nel rapporto come fanno i bambini coi regali di Natale: tutto è magico, tutto è da scoprire e godere. È normale che lo stato di grazia inteso come novità e slancio finisca. Quando questo capita alle coppie meno giovani, il passaggio tra incantesimo e vero amore avviene serenamente, naturalmente. Ma all'età tua e del tuo ragazzo, Lorella, l'entusiasmo è irrinunciabile; né si riesce ad apprezzare l'enorme privilegio di arrivare al matrimonio con un bagaglio di sicurezze e di comuni abitudini che mettono al riparo da sgradevoli sorprese. Il solo modo di ricaricarvi è, paradossalmente, spezzare queste sicurezze e queste abitudini. Per banale che il suggerimento possa apparirvi, dovete smettere di fare tutto insieme, crearvi degli interessi personali. Automaticamente, vedrai, il meccanismo dell'entusiasmo si rimetterà in moto...

It's agony

conobbi, *I met*

Here is a letter from the problem page of a women's weekly:

1 Qual è il problema fondamentale, secondo il titolo?
2 Cerca di riassumere la situazione completando le frasi:
   a Lorella è contenta che il fidanzato [*essere*] una persona stupenda, che loro [*avere*] un'intesa perfetta e che [*dirsi*] tutto.
   b Però, lei ha paura che il rapporto non [*andare*] più bene come prima. Le dispiace che il primo entusiasmo [*stare*] scomparendo.
3 Sei d'accordo con i consigli dati a Lorella? – Pensi che, tutto sommato, siano buoni?
4 Avresti altri consigli da darle?

SALVIAMO LE SPIAGGE EL NOME DI "ESTATE PULITA"

A call for action

The weekly magazine **Oggi** *is organising a joint campaign with other organisations:*

1 Guarda il titolo principale, 'Salviamo ...':
   Come si chiama l'iniziativa e di che cosa si tratta?
2 Guarda il sottotitolo:
   a Che cosa farà la rivista e per quanto tempo?
   b Che cosa s'intende per 'volontariato ecologico'?
3 Guarda la didascalia (*caption*) legata alla foto:
   a La mongolfiera è sempre stata il simbolo della manifestazione?
   b Su quali basi hanno scelto i luoghi da ripulire?

Per nove settimane, il nostro giornale farà da portavoce a una manifestazione di «volontariato ecologico» che coinvolgerà migliaia di persone e quaranta località della costa - I risultati del 1992 garantiscono il successo - È importante che ognuno di noi si senta direttamente responsabile del salvataggio dell'ambiente

LA MONGOLFIERA TORNA A VOLARE Simbolo della seconda edizione di «Estate Pulita» sarà ancora una volta l'ormai famosa mongolfiera gialla della Legambiente, (che qui vediamo nell'edizione 1992) che per nove settimane accompagnerà gli appuntamenti più importanti nei quali si sviluppa la manifestazione. Le località scelte per venire «ripulite» sono tutte di alto valore naturalistico. Nel riquadro in alto, il «marchio» della manifestazione.

Profile

Ascolta Padre
Carmelo di
Giovanni, un
sacerdote, che
parla della sua
vita e del suo
lavoro.

Wordpower 2

Idioms: the natural world

In Italian, as in English, the natural world is
used figuratively in everyday speech: we talk
about playing with fire, weeping floods of tears,
breaking the ice and weathering storms. Here
are some Italian idioms based on water:

acqua

È un segreto – **acqua in bocca!**
(... don't breathe a word!)

Ormai è tutta **acqua passata**
(... water under the bridge)

Ha l'acqua alla gola – ha tanti debiti
(He's in a tight spot)

Gli sembra di **aver scoperto l'acqua calda**
(... thinks he's invented the wheel)

Si assomigliano come **due gocce d'acqua**
(... like two peas in a pod)

Non è niente, è **una tempesta in un bicchier
d'acqua**
(... a storm in a teacup)

mare

Ma scusa, dare libri a un libraio non è il caso: è
come portare l'acqua al mare!
(... like coals to Newcastle)

Io, senza la mia segretaria, **sono proprio in
alto mare** *(... I'm all at sea/ completely lost)*

Mi sono messo in **un mare di guai**
(... in deep trouble)

Ti voglio **un mare di** bene *(... deeply in love)*

Non trovo il portafoglio: **l'ho cercato per
mare e per terra** *(... searched high and low)*

I miei volevano farmi studiare, per cui **mi
hanno promesso mari e monti** *(my parents
promised me the earth)*

Over to you ...

1 In children's hiding games the words **acqua!**
and **fuoco!** are often used. What do you
think the English equivalents are?

2 When you have time, use the English-Italian
part of a bilingual dictionary to see if you can
find the Italian for:

a *Don't play with fire*
b *There's no smoke without fire*
c *She poured oil on troubled waters*
d *It's like water off a duck's back to me*
e *That theory doesn't hold water*

Key
a Non scherzare col fuoco;
b Non c'è fumo senza arrosto;
c Ha gettato acqua sul fuoco;
d Non mi fa né caldo né freddo;
e Quella teoria fa acqua da tutte le parti.

---

3 Dictionaries do not only provide information
on common idioms; they also tell the reader
about which words conventionally combine
with others. Native English speakers know
that you talk about, for example, torrents of
abuse, storms of protest, thunderous applause.
Use a dictionary (if necessary an Italian
mono-lingual one) to find out which of the
words on the left can combine with those on
the right:

fiumi, torrenti	... di lacrime
alluvioni, un mare	... di parole
un'alluvione	... di proteste/critiche
una valanga	
un uragano	... di improperi/insulti
una tempesta	
una raffica	... di fischi/applausi

Troubleshooting

In English the way we use *all*, *every* or *each* is not always clear-cut.

In Italian too there can be confusion. **Tutto, ognuno** and **ciascuno** can all be used as pronouns:

Abbiamo **tutti** fatto qualcosa	*We all did something*
Avete **tutti** fatto qualcosa	*You all did something*
Ognuno di noi ha fatto qualcosa	*All of us did something*
Ciascuno di voi ha fatto qualcosa	*Each of you did something*

Tutti and **ognuno** can express *everyone*, but **ciascuno** cannot:

Tutti dovrebbero rispettare la legge	*Everyone should respect the law*
Ognuno dovrebbe rispettare la legge	*Everyone (i.e. every person/all people) …*

Tutti quanti/tutto quanto is used to convey the idea of *every one, every bit*:

Sono venuti **tutti quanti**	*Every one/the whole lot of them came*
La pizza l'ho mangiata **tutta quanta**	*I ate every bit of it*

Tutto, tutto quanto and **ciascuno** can also be used as adjectives, whereas **ognuno** can only be a pronoun: **ogni** is the adjective.

Tutte quante le ragazze hanno fatto qualcosa	*Every one /absolutely all the girls did something*
Tutte le ragazze hanno fatto qualcosa	*All the girls did something*
Ogni ragazza ha fatto qualcosa	*Every girl did something*
Ciascuna ragazza ha fatto qualcosa	*Each of the girls did something*

Entrambi/e, ambedue and **tutti/e e due** all mean *both* and can be used as pronouns or adjectives:

Entrambe/ Ambedue/ Tutte e due le ragazze sono simpatiche	*Both girls are nice*

Tutti/e e due is most common in spoken Italian, while **entrambi/e** and **ambedue** are used more frequently in writing. **Ambedue** is less common than **entrambi/e.**

Notice that the article is not used when *both* is a pronoun:

Sono venuti entrambi/tutti e due	*They both came, both of them came*
Potete venire entrambi/tutti e due?	*Can both of you come?*

Unità 18

IDENTITÀ

You will be developing your debating skills as you compare the institutions and culture of San Marino and Italy. You will also become more forthright as you learn to express your convictions and beliefs.

In 1948, when the Italian Constitution made provision for a degree of regional devolution, it recognised that the identity – **l'identità** – of Italians is closely bound up with the history and culture of their region. In practice, however, Italy remained a centralised state for over twenty years, although five of the twenty Italian regions were recognised as **regioni a statuto speciale**: Sicily, Sardinia, Valle d'Aosta, Trentino –Alto Adige and Friuli– Venezia Giulia. The provisions of the Constitution remained largely unrealised until 1970, when elections were held to elect the regional councils of the remaining fifteen **regioni a statuto ordinario**. In reality, however, the regions became administrative bodies, and, although a reform in 1990 granted them greater legislative and financial powers, many still consider the reform incomplete.

By contrast, the political institutions of the neighbouring independent state of San Marino have been more stable. Prior to becoming a republic, Italy was a monarchy (until 2nd June 1946, when a referendum of the people abolished it, mainly for complicity with the fascist regime). San Marino, on the other hand, has been a republic since 301 AD and, unlike Italy, has never been subjected to foreign invasion for more than a few months. This independence is a source of great pride to the **sanmarinesi**, who make much of the Republic's **libertà perpetua** – perpetual freedom. They have added cause to be proud of her longstanding institutions in view of the fact that in 1992 Italy entered a period of political turmoil which has led to an attempt to produce a radical reform of her existing political institutions and to talk of a second republic.

Interactions 1

Ascolta la cassetta per imparare un po' di
vocabolario politico.

1

Anna is on a visit to San Marino, curious to
find out if it is only her separate institutions
which distinguish this tiny state from Italy.

> *focus*
>
> Anna begins her visit by talking to a lawyer,
> Antonella Mularoni.
>
> in cima a   *on the top of*
> raggiungere   *to reach*
> conquistare   *to conquer*
>
> *a*   Chi ha fondato San Marino, secondo la
>   leggenda?
> *b*   San Marino com'è riuscita a conservare
>   l'indipendenza?

Anna   Antonella Mularoni, tu sei proprio
      sanmarinese e fai l'avvocato qui a San
      Marino. **Immagino tu sia** un'esperta
      sulla storia di San Marino e sulle sue
      istituzioni.

Antonella Beh, un'esperta proprio no, però
      conosco abbastanza della storia e delle
      istituzioni sanmarinesi.

Anna   Ecco. Parlami un po' della storia di
      San Marino. A quando risale la
      Repubblica?

Antonella La leggenda dice che un santo di
      nome Marino ha fondato questa
      repubblica nel trecentouno dopo
      Cristo; e i sanmarinesi considerano
      questa data, la data convenzionale di
      fondazione della Repubblica.

Anna   **Mi pare che** il concetto di libertà **sia**
      molto importante per voi sanmarinesi.
      Tu che cosa ne dici? È vero o no?

Antonella Direi di sì. **Credo che** il concetto di
      libertà **sia** profondamente radicato nei
      sanmarinesi soprattutto per ragioni
      storiche.

Anna   Ma com'è stato possibile per uno stato
      così piccolo, riuscire a conservare la
      propria libertà per tutto questo
      tempo?

Antonella La risposta non è facile. Credo però
      che questa libertà perpetua sia dovuta
      in parte all'isolamento di San Marino
      e in parte alla sua povertà.

Anna   In che senso?

Antonella Beh, San Marino innanzitutto era in
      cima a un monte, per cui nei secoli
      passati non era così facile
      raggiungerlo. E poi San Marino non
      aveva delle ricchezze o risorse naturali
      particolari, per cui non valeva la pena
      forse fare tanta fatica per conquistare
      San Marino!

Anna	Ma veniamo un po' al presente. Che cosa rende San Marino diversa dall'Italia? **Si può davvero parlare di** differenze?
Antonella	Direi di sì. Ad esempio, le istituzioni sanmarinesi sono completamente diverse da quelle italiane. I nostri Capi di Stato sono due, si chiamano Capitani Reggenti, **mentre** in Italia c'è un Capo di Stato e si chiama Presidente della Repubblica. Il parlamento sanmarinese fa le leggi sanmarinesi mentre è il parlamento italiano che fa le leggi italiane. E poi in politica estera San Marino è un paese neutrale mentre l'Italia non lo è.

diverse da	*different from*

key phrases

si può davvero parlare di ...?	*can one really talk about ...?*
mentre	*whereas*

ecco	*ah, right ...*
fare fatica	*to make an effort*

key phrases

immagino tu sia	*I expect you are*
mi pare che ... sia	*I think ... is*
credo che ... sia	*I believe ... is*

2 ❷

Anna is curious to know something about San Marino today, especially when it comes to how her political institutions differ from those of Italy.

focus

il Capo di Stato	*Head of State*
le leggi	*laws*
politica estera	*foreign policy*

a Quali sono le due differenze principali che Antonella cita?
b C'è differenza nella politica estera dei due paesi?

3 ❸

Another important institution is education. To what extent is San Marino different? Anna visits one of San Marino's middle schools.

focus

Anna talks to Daniela Capicchioni, who teaches languages, and to Rina Melandri, the head.

la frequenza	*attendance*
inserimento	*inclusion*
precoce	*early*

a A San Marino, quali lingue studiano i ragazzi?
b Iniziano a studiare le lingue prima che nelle scuole italiane?

Daniela	Insegnare mi piace molto, e mi dà molta soddisfazione, anche se **non c'è dubbio che** in certe classi ricevo maggiore soddisfazione rispetto ad altre.

Anna	I ragazzi a San Marino, quali lingue studiano?
Daniela	I ragazzi studiano lingua inglese e francese per tre ore e due ore settimanali rispettivamente.
Anna	E in Italia, **invece,** è diverso?
Daniela	Sì, in Italia i ragazzi studiano soltanto una lingua obbligatoria.
Rina	Non ci sono fondamentali differenze fra il nostro sistema scolastico e quello italiano. Anche noi abbiamo una scuola primaria, una scuola media e una scuola secondaria superiore. La cosa più interessante è che invece a San Marino si è resa obbligatoria la frequenza fino al sedicesimo anno di età. Altro aspetto particolare è l'inserimento precoce delle lingue straniere, quindi l'inglese nella scuola elementare e l'inglese e il francese nella scuola media.

key phrases

non c'è dubbio che	*there is no doubt that*
invece	*on the other hand*

Patterns I

i) Saying what might be the case

The subjunctive is often used in subordinate clauses after verbs which express expectation, assumption, or hearsay:

Immagino che	tu sia un'esperta	*I expect/presume*	*you are an expert*
Suppongo che		*I suppose*	

Mi sembra/pare che...	*I think/it seems to me that ...*
Ho l'impressione che ...	*I have a feeling/get the impression that ...*
... il governo sia incapace	*... the government is incompetent*

Sembra/pare che...	*It looks/seems as though...*
... il ministro **si sia dimesso**	*... the minister has resigned*

Si dice che...	*They say .../People say ...*
... il Presidente **abbia dato** le dimissioni	*... the President has resigned/*
	The President is said to have resigned

You can talk about the past by using the **perfect subjunctive**, which is formed with the present subjunctive of **avere** or **essere** plus the past participle. See Systems, note 1, p.216.

Note that occasionally in speech the **che** is dropped:

Immagino tu sia ...

Patterns 1

ii) Saying what you believe

The subjunctive is also often used after verbs which convey opinion and varying degrees of conviction:

Credo/Penso che...	*I believe/I think...*
... **sia** essenziale studiare la storia	*... it is essential to study history*
... la scuola **debba** insegnare le lingue	*... schools should teach languages*
... i ragazzi **debbano** imparare il francese	*... children should learn French*

For **debba, debbano** see Systems 17, note 2 i, p. 213.

The use of the subjunctive with these expressions is not always consistent in everyday speech, especially when reference is made to the future or when you are making a factual statement rather than offering a view:

Credo che	sarà essenziale studiare la storia
	sta arrivando in questo momento
Penso che	i ragazzi dovranno studiare le lingue
	hanno finito proprio adesso

See Systems 17, note 4, p. 214.

The following expressions require no subjunctive in the second verb:

Sono sicuro che	è importante votare
Non c'è dubbio che	il suffragio universale è fondamentale
È chiaro che	è essenziale riformare il sistema
È ovvio che	è meglio avere meno partiti

iii) Expressing degrees of doubt, possibility, probability

The subjunctive is often needed after verbs expressing uncertainty:

Dubito che	**voglia** aiutare	*I doubt*	*he wants to help*
Non penso che	**possa** venire	*I don't think*	*he can come*
Non credo che	**sappia** molto	*I don't think*	*he knows much*
Non so se	**sia stata** una buon'idea	*I don't know*	*whether it was a good idea*

...and the notion of likelihood or lack of it:

È probabile che	**vogliano** investire di più	*It's probable*	*they want to invest more*
È possibile che		*It's possible*	
Può darsi che		*Perhaps/Maybe*	
È facile che		*It's likely*	

È improbabile che	**sappiano** dov'è	*It's improbable*	*that they know where it is*
È impossibile che		*It's impossible*	
È difficile che		*It's unlikely*	

For **voglia, vogliano** see Systems 17, note 2 i, and **sappia, sappiano**, see note 2 ii, p.213.

Patterns I

iv) Debating: making contrasts

The words **mentre** (*whereas*) and **invece** (*however, on the other hand*) are very useful:

Loro sono favorevoli ad investimenti maggiori... *They support more investment, ...*
   ... mentre io non lo sono   *... whereas I don't*
   ... io, invece, non lo sono   *... however/on the other hand, I don't*

Io sono contrario a una riduzione del personale.. *I'm against staff reductions, ...*
   ... mentre loro non lo sono   *... whereas they aren't*
   ... loro, invece, non lo sono   *... however/on the other hand, they aren't*

In Gran Bretagna c'è la monarchia, ...   *In Great Britain there is a monarchy, ...*
   ... mentre in Italia c'è la repubblica   *... whereas in Italy there is a republic*
   ... in Italia, invece, c'è la repubblica   *... in Italy, however/ on the other hand,*
                                             there is a republic

In Gran Bretagna ci sono molte scuole private,... *In Britain there are lots of private schools, ...*
   ... mentre in Italia ce ne sono poche   *... whereas in Italy there aren't many* ··
   ... in Italia, invece, ce ne sono poche   *... in Italy, however/on the other hand,*
                                             there aren't many

Practice I

How obvious is it?

You're in a jaundiced mood and lose no opportunity to contradict your friends.

Hearsay

Are you hearing things? You can't be sure it's fact, so report what you've heard as hearsay:

e.g. Hanno scoperto il mostro di Loch Ness!
   Si dice che/sembra che abbiano scoperto il mostro di Loch Ness!

1   Hanno mandato un uomo su Marte!
2   Si è scoperta una cura per il raffreddore!
3   Hanno inventato un'auto che non va a benzina!
4   Sono riusciti a creare un tulipano nero!
5   È stato eletto un Papa donna!

Stereotypes

Can you get a bit argumentative?

Odd couple

You've spent a strange evening with new friends. Afterwards, you and your partner swap impressions about the couple. What were they? – Use the statements below:

e.g. Sono giù, tutti e due. *[ho l'impressione…]*
Ho l'impressione che siano giù tutti e due.

You: Hanno problemi, litigano, e non vanno d'accordo. *[ho l'impressione …]*
È un rapporto difficile, dovranno separarsi. *[non c'è dubbio …]*

Part.: Lei è molto timida, mentre lui è egoista. *[mi pare che …]*
Lui non vuole aiutare in casa e lei non sa come farsi valere. *[sembra che …]*
È un disastro! *[è ovvio che …]*

Reporting Back

You've made some notes of an unsatisfactory meeting which you've had with the English partners of an Anglo-Italian firm. Before reporting back to your Italian partners by phone, you put the notes into Italian:

- Doubt the problem has been resolved
- Doubt they've understood the situation
- Doesn't look as though they know what to do
- They're unlikely to favour more investment
- I'm against job reductions, but they aren't.

QUALI DI QUESTI COMPORTAMENTI GIUDICA PIU' IN CONTRASTO CON IL SENSO CIVICO?

Passare con il rosso	**71**
Bloccare il marciapiede con l'auto	**71**
Gettare carte a terra	**68**
Dare mance per accelerare una pratica	**67**
Aggirare un divieto grazie al proprio ruolo sociale	**62**
Superare i limiti di velocità	**62**
Permettere al cane di sporcare il marciapiede	**60**
Non pagare i contributi alla colf	**59**
Chiedere una raccomandazione	**59**
Non fare la coda	**58**
Fare una raccomandazione	**54**
Rinunciare alla ricevuta fiscale per uno sconto	**53**
Accettare o fare grossi regali sul lavoro	**52**
Non pagare il canone Rai	**47**

Antisocial behaviour

The above survey in 1993 asked Italians what in their view constitutes antisocial behaviour.

1 Cosa ne pensi? Leggi la tabella e scegli:
   a i comportamenti che ti sembrano gravi.
   b quelli che sembrano meno gravi.
   Per ciascuno dei comportamenti cerca di esprimere la tua opinione, usando frasi come: **mi pare che, penso che, non credo che**.

p.es. Credo che sia grave superare i limiti di velocità.

2 Quali comportamenti, invece, ti lasciano un po' indeciso/a? Esprimi la tua indecisione.

p.es. Non so se sia grave permettere al cane di sporcare il marciapiede.

3 Ci sono altri comportamenti che ti sembrano in contrasto con il senso civico?

una pratica, *any bureaucratic procedure*; la colf, *home help* (=Collaboratrice familiare); ricevuta fiscale, *obligatory receipt for tax purposes*; il canone, *TV licence*

BUONI MOTIVI
ER SCEGLIERE SAN MARINO:

Per respirare l'atmosfera di uno Stato sovrano che conservare le proprie tradizioni proiettandole verso Europa.

2 Per costruirsi un itinerario su-misura, tra la folla animata dei turisti o nel silenzio delle contrade più remote o dei percorsi nel verde.

3 Per nuove emozioni di fronte a un panorama più unico che raro, che ruota a 360° sul balcone del-l'Adriatico e l'antico Montefeltro.

4 Per gustare una vacanza meno affrettata, con le proposte che l'Ufficio di Stato per il Turismo mette a disposizione di gruppi, scuole e turismo per la terza età.

5 Per assistere, in una cornice veramente unica, al-le numerose manifestazioni culturali, sportive e fol-kloristiche.

6 Per offrire al vostro convegno un'isola di tranquil-lità a due passi dalla Riviera dei divertimenti.

7 Per scoprire tra una miriade di proposte multico-lori, l'autentico artigianato locale.

8 Per concedersi qualche peccato di gola, con la ga-stronomia tipica e i vini DOC del Titano.

9 Per ritrovare o scoprire l'angolo del colle-zionista, con monete e francobolli tra i più quotati del mondo.

10 Per apprezzare la tradizionale ospita-lità sammarinese fatta di piccole attenzioni e tanta familiarità.

Contattateci: Ufficio di Stato per il Turismo, Contrada Omagnano - Palazzo del Turismo 47031 REPUBBLICA DI SAN MARINO Tel. 0549/882998-882400 Tlx. (+) 505 282 TURISMO S O. Fax. 0549/990388.

Dieci buoni motivi

1 Guarda il testo: Senza leggerlo a fondo, ma soltanto guardandolo in fretta, cerca di scoprirne la funzione principale: per chi e perché è stato scritto?

2 Adesso leggi il testo: quali sono i dieci motivi messi in evidenza? – Per ogni punto elencato, cerca di sottolineare [*underline*] una o due parole chiave.

3 Che cosa significa 'un itinerario su-misura', 'la terza età, un convegno', 'qualche peccato di gola', 'quotati'?

4 Qual è l'immagine di San Marino che emerge dal testo?

5 Leggi il riassunto che segue: qual è l'affermazione [*statement*] sbagliata, e quale invece è il punto che manca?

a San Marino è uno stato antico e moderno.

b A San Marino si può stare in compagnia, oppure trovare la solitudine.

c San Marino è famosa per la sua ospitalità: accoglie tutti – dai giovani ai pensionati, per lavoro o per vacanze.

d Si parla molto dei francobolli e della moneta di San Marino.

e A San Marino ci sono moltissimi svaghi, si mangia bene e il vino locale è buono.

f San Marino piace a tutti gli appassionati di artigianato e ai collezionisti.

il Titano, *the mountain on which San Marino stands*; Montefeltro, *the land which once belonged to the Dukes of Montefeltro*

Istituzioni sanmarinesi

1 Guarda rapidamente il testo a destra: qual è la sua funzione principale?
  a Divertire il lettore
  b Informare il lettore
  c Persuadere il lettore

2 Quant'è grande San Marino e quanti sanmarinesi ci sono?

3 Che cosa rende San Marino simile all'Italia?

4 Come la Gran Bretagna, San Marino non ha una Costituzione scritta. Esiste, però, una Dichiarazione scritta che risale al 1974: quali sono i principi che afferma? [*asserts*]

5 In Italia c'è un Capo di Stato che viene eletto per cinque anni: a San Marino, invece, quanti Capi di Stato ci sono e per quanto tempo restano in carica?

6 Come si chiama l'organo che corrisponde al Parlamento italiano? Quanti membri ci sono e per quanto tempo restano in carica?

7 Come si chiama l'organo che corrisponde al Consiglio dei Ministri [*cabinet*] in Italia? Quanti membri ci sono?

8 La parola 'proprio/i/a/e' appare quattro volte nel testo.
In tre dei casi la traduzione inglese sarebbe *own*. Nel caso invece della frase 'San Marino ha proprio tutto dell'Italia', non è possibile tradurre con *own*. Cerca di trovare una traduzione.

Il territorio in cui oggi si sviluppa San Marino raggiunge una superficie di poco superiore ai 61 chilometri quadrati, geograficamente inserita nell'area italiana, tra l'Emilia Romagna, le Marche e il mare Adriatico. Conta poco più di 23.000 abitanti di cui oltre 2.000 sono cittadini di altri Stati, in maggioranza provenienti dal nostro Paese. Si parla la lingua italiana e la maggior parte dei sammarinesi è di religione cattolica. Insomma San Marino ha proprio tutto dell'Italia e appena passato il confine si conserva la netta sensazione di essere a casa propria, per le caratteristiche del territorio, per il clima temperato, per l'affabilità, la cortesia, l'accoglienza che riserva la gente del posto, gioviale come i romagnoli, vicini di casa.

La Repubblica di San Marino non ha una propria Carta costituzionale scritta, ma riconosce negli Statuti, nelle Leggi, nel Diritto comune e nella consuetudine i propri riferimenti normativi. Nel 1974 è stata firmata una "Dichiarazione dei diritti dei cittadini e dei principi fondamentali dell'ordinamento sammarinese" che ha definito funzioni e competenze degli organi costituzionali e riconfermato le scelte di fondo della Repubblica che si ispira da sempre all'inviolabilità dei diritti della persona, all'uguaglianza di fronte alle leggi, all'esercizio del suffragio universale segreto e diretto, al riconoscimento delle libertà civili e politiche.

La funzione di Capo dello Stato è esercitata da due capitani Reggenti che restano in carica per sei mesi (dal primo giorno di ottobre al primo di aprile) e possono essere rieletti solo a tre anni dalla scadenza dell'ultimo mandato. Essi presiedono sia il Consiglio Grande e Generale che il Congresso di Stato e sono garanti di ogni atto ufficiale emesso.

Il potere legislativo è nelle mani del Consiglio Grande e Generale, al quale compete anche l'indirizzo politico. È composto di 60 membri scelti ogni cinque anni a suffragio universale tra i cittadini che abbiano compiuto il diciottesimo anno di età.

Al Congresso di Stato spetta invece la gestione del potere esecutivo: lo compongono dieci membri di cui tre Segretari di Stato e sette deputati che danno attuazione alle scelte operate dal Consiglio.

9 Tenendo presente l'argomento e il lessico dell'articolo, sai dire per che tipo di lettore è stato scritto?

a Per un lettore che va in vacanza a San Marino.

b Per un lettore che s'interessa di istituzioni politiche.

c Per uno specialista di istituzioni politiche.

> romagnoli, *inhabitants of Romagna, which borders on San Marino*; il Diritto comune, *Common law*; riferimenti normativi, *legal points of reference*; l'ordinamento, *legal and political system*; l'uguaglianza, *equality*; in carica, *in office*; al quale compete anche, *who are also responsible for*; l'indirizzo politico, *political policies*; Al Congresso ... spetta, *the Congresso ... is responsible for* ; danno attuazione, *implement*

Wordpower 1

Words with transferred meanings

As we have seen before (Unit 13), words and phrases sometimes come to have two meanings, a literal one and a transferred or metaphorical one which is linked to it in some way. Thus, in the language of journalism, a place, such as Downing Street may be used to denote a person, the British Prime Minister. Similarly, Chelsea can refer to the football club and Wall Street to the American Stock Exchange. Here are some Italian places which have come to refer to the people or groups who work in them:

Palazzo Chigi = Il Presidente del Consiglio
The Prime Minister, whose official residence is Palazzo Chigi
Il Quirinale = Il Presidente della Repubblica
The President (Head of State) whose residence is the Quirinale Palace
Montecitorio = La Camera dei Deputati
The Chamber of Deputies (lower House of Parliament) which meets in Palazzo Montecitorio
Palazzo Madama = Il Senato della Repubblica
The Senate (upper House) which meets in Palazzo Madama
La Farnesina = Il Ministero degli Esteri
The Foreign Affairs Ministry
Piazza Affari = La Borsa di Milano
The Milan Stock Exchange

The colour of politics

The language of politics can be quite colourful. In English we talk of 'reds under the beds', 'a true blue' or of someone we consider somewhat 'pink'. In Italian the colour combinations sometimes coincide, but not always. **I rossi** stand for *the reds, communists*, but there are a number of other associations:

monocolore
Un governo **monocolore** *(a single party government)*

bianco
Schede **bianche** *(blank, invalid voting slips)*
Una regione **bianca** *(a Christian democrat region)*

I bianchi, in Italy, were Christian democrats – supporters of the Church party and opponents of the communists. Traditionally, **bianco** is the colour of counter-revolution: in the French Revolution the White terror was the backlash against the revolutionaries, and in the Russian Revolution the Whites fought Lenin to restore the old order.

nero
This stands for fascist, from the colour of their black shirts – **le camice nere. Una bomba nera**, therefore, is a bomb planted by the right wing or by fascists.
una fumata bianca/ nera *(white or black smoke)*
La fumata bianca can refer to the successful election of a Pope, and by extension it means a favourable situation. **La fumata nera** can refer to the failure to elect a Pope and by extension to an unfavourable situation.

Over to you ...

Bianco and **nero** have other figurative meanings. Use a dictionary to find out how to talk about having a sleepless night, something happening once in a blue moon, being in a foul mood and looking on the dark side of things.

Interactions 2

4 ⑥

Anna has understood some of the differences between the political and educational systems of Italy and San Marino, but she is interested in the similarities which exist too. She wonders how easy it really is to maintain a cultural identity which is genuinely separate from Italy.

focus

Rina acknowledges the substantial similarity of the educational systems, but is still anxious to draw attention to some differences.

il programma di studio	*syllabus*
la storia	*history*
le vicende	*events*
incuriosire	*to excite curiosity*
le radici	*roots*

a Qual è la differenza principale che Rina evidenzia?

b Qual è, secondo Rina, il modo per mantenere l'identità separata?

Anna	Ma a parte queste differenze, il programma di studio nelle scuole di San Marino è **uguale a** quello italiano?
Rina	Noi abbiamo dei programmi **simili a** quelli italiani, però, in particolare curiamo la storia e la legislazione sanmarinese, affinché i ragazzi possano conoscere sempre meglio le vicende del loro paese, della loro repubblica e la legislazione anche del passato e quella attuale.
Anna	Con la stampa e i mass media prevalentemente italiani, **non le sembra difficile** mantenere un'identità culturale sanmarinese?
Rina	Noi **riteniamo che** per capire, comprendere un altro popolo, altri popoli, **sia** necessario essere coscienti della propria identità culturale. Di qui, cerchiamo di avvicinare, incuriosire i ragazzi proprio alla storia del proprio paese perché riscoprano la loro

origine, le loro radici. E lo facciamo attraverso il metodo della ricerca. In quest'anno scolastico ad esempio, tutte le classi seconde stanno affrontando un lavoro di ricerca sulla storia della scuola sanmarinese dai primi del Novecento ai giorni nostri.

affinché possano conoscere	*so that they can get to know*
attuale	*of the present day*
di qui	*that's why*
perché riscoprano	*so that they can rediscover*
stanno affrontando	*are embarking on*
dai primi del Novecento	*from the early twentieth century*

key phrases

uguale a	*the same as*
simili a	*similar to [plural]*
non le sembra difficile ...?	*don't you think it's difficult to ...?*
riteniamo che ... sia	*we maintain that ... it is*

5 ⑦

The question of San Marino's cultural identity still intrigues Anna. She talks about it to Edith Tamagnini, the director of San Marino's tourist board.

f o c u s

Anna wants Edith to assess how far it is possible to talk of two separate cultural identities.

propria	*its own*
accomunare	*to link*
orgogliosi	*proud*
una convenzione	*agreement, convention*
buon vicinato	*peaceful coexistence*

a Anna riceve una risposta diretta?
b Secondo Edith, c'è antagonismo fra San Marino e l'Italia?

Anna	**Fino a che punto si può sostenere che** San Marino **abbia** una propria identità culturale che la distingue dall'Italia?
Edith	Infatti, è una teoria che non si può sostenere. I sanmarinesi sono fratelli degli italiani, perché abbiamo una cultura, un amore per l'arte che ci accomunano all'Italia. Però esiste una forte identità culturale legata alla nostra storia.
Anna	Quindi **le sembra esagerato parlare di** antagonismo fra i sanmarinesi e gli italiani?
Edith	Sì, è assolutamente esagerato. Un conto è essere orgogliosi di appartenere a questo piccolo stato, un conto è avere dell'antagonismo con l'Italia, che non esiste perché noi abbiamo **fra l'altro** una convenzione di amicizia e di buon vicinato con l'Italia che ha sempre tutelato degli ottimi rapporti.

un conto è …	*it's one thing to…*
…un conto è …	*…it's another to …*

k e y   p h r a s e s

fino a che punto si può sostenere che … abbia ?	*to what extent can one maintain that … has?*
le sembra esagerato parlare di ?	*does it seem an exaggeration to talk of ?*
fra l'altro	*incidentally*

6 ⑧

And what of San Marino's future?

f o c u s

Anna obtains Antonella Mularoni's views.

fiera	*proud*
sparire	*to disappear*

a Sarà indipendente San Marino fra cento anni?
b Che cosa ne pensa Antonella a riguardo?

Anna	Ma cosa mi dici del futuro di San Marino? Sarà indipendente fra cento anni?
Antonella	Io penso di sì. Pensare ad una guerra tra stati europei, oggi come oggi, mi sembra una cosa improbabile. Del resto, noi abbiamo ottimi rapporti con l'Italia, per cui non riesco a immaginarmi l'Italia che invada San Marino. **Del resto**, fiera della mia identità, mi dispiacerebbe molto vedere San Marino perdere la sua indipendenza e vedere San Marino scomparire dalla carta geografica.

oggi come oggi	*in this day and age*
che invada	*invading*

k e y   p h r a s e

del resto *besides, anyway*

Patterns 2

i) Debating

Putting forward your point of view

In discussion there are several emphatic ways to get your point across:

Ritengo che ...	*I maintain that* ...
Sostengo che ...	
... il decentramento **sia** fondamentale	*... decentralisation is fundamental*
... la legge **debba** cambiare	*... the law should change*
Sono convinto che ...	*I am convinced that* ...
... i politici **siano** tutti bugiardi	*... politicians are all liars*

Another way of asserting what you think is to stress what you are not saying or denying:

Non dico che	**sia** impossibile	*I'm not saying*	*it's impossible*
Non è che	**sia** inutile	*It's not that*	*it's useless*
Non nego che	**sia** stato un errore	*I'm not denying*	*it was a mistake*

Beware: **dire che** rarely takes the subjunctive unless it occurs with **non** or **si**:

Lei dice che è impossibile?	*Are you saying it's impossible?*

But:

Si dice che sia impossibile	*They say it's impossible*

Qualifying

When you're developing an argument, you often need to qualify what you say:

Non dico che sia corrotto,	**ma**	non è molto onesto	*... but ...*
	però		*... yet ...*
	comunque		*... however ...*
	tuttavia		*... nevertheless ...*

And you may want to highlight contrasts:

Non credo che la monarchia sia inutile,	**anzi ...**	*... on the contrary ...*
	al contrario ...	

Making extra points

When you're pursuing an argument, you may want to add to what you've got to say and occasionally make digressions:

Inoltre,	sono orgoglioso della mia identità culturale	*In addition , ...*
Per di più,		*What's more, moreover...*
In ogni caso,		*Anyway, ...*
Del resto,		*Besides, ...*
Fra l'altro,		*Incidentally, ...*

Patterns 2

ii) Debating: asking questions

Open questions

If you have a genuine query, you ask an 'open' question:

È	vero o no?		Is it	true or not?
	giusto o no?			right or not?
	una buon'idea o no?			a good idea or not?

Things are not always clear-cut or black and white. One way of seeking the fine shading of an argument is **fino a che punto?** (*to what extent?*):

Fino a che punto	sei/è d'accordo?		To what extent	do you agree?
	ti/le sembra giusto?			does it seem right?

Fino a che punto ...			To what extent is ...
... il sistema	scolastico italiano è	similo a	quello inglese?	... similar to ...

Fino a che punto ...				To what extent is ...
... il sistema	scolastico italiano è	simile a	quello inglese?	... similar to ...
	politico	uguale a		... the same as ...
	giuridico	diverso da		... different from

Fino a che punto si può ...		To what extent can one ...
... ritenere che	la Scozia debba essere indipendente?	... maintain ...
... dire che	il Galles abbia un'identità separata?	... say ...

Leading questions

The tone of your voice and your facial expressions can influence discussion, but the way you phrase your questions is also important:

Le sembra ...		Does it strike you as .../ Do you think it is ...	
... esagerato	parlare di differenze?		... excessive ...
... ingiusto	abolire il sistema proporzionale?		... unfair ...
... ridicolo	rivendicare un parlamento scozzese?		... ridiculous ...

If you want people to agree with what you have said, you can use **non** or **vero**:

Non le sembra	difficile mantenere un'identità culturale?	Don't you feel	it's difficult to ...
	impossibile		it's impossible to ...

È difficile .../ impossibile ...   It's difficult .../ impossible ...
  ... mantenere un'identità culturale, vero?   ... to maintain a separate identity, isn't it?

But if you have doubts, or are sceptical about what you are asking, the key words are **davvero?** or **proprio**:

Ma è davvero	il modo migliore?	But is it really	the best way?
	la soluzione ideale?		the ideal solution?
Ma è proprio	necessario?	But is it absolutely	necessary?
	inevitabile?		inevitable?

Si può davvero parlare di differenze?   *Can one really talk of differences?*
Le sembra davvero difficile mantenere un'identità culturale?
Do you really feel it's difficult to maintain a separate identity?

Practice 2

Il deputato ideale

The tables below show the results of a survey carried out in 1993.

1 Guarda la prima tabella. Cosa ne pensi?
 a Per ciascuna delle voci [*entries*], cerca di formare una frase, usando: **ritengo che** oppure **è essenziale che**.
 p.es. Ritengo che il deputato ideale non debba rubare.
 È essenziale che il deputato ideale sappia parlare.

 b Cerca di scrivere un ritratto [*portrait*] breve del deputato ideale, usando almeno una volta **inoltre/per di più**:
 p.es. Per me è importante che il deputato ideale mantenga le promesse e sia vicino alla gente. Per di più, ritengo che debba essere competente ....

2 Guarda la seconda tabella. Il 60 per cento è favorevole al deputato maschio.
 a Fino a che punto sei d'accordo?:
  i) Sono assolutamente d'accordo perché …
  ii) Sono d'accordo fino a un certo punto perché ...
  iii) Non sono d'accordo. Ritengo invece che ...

 b Adesso formula delle domande sul tema:
  i) Se non hai le idee chiare, fai una domanda 'aperta'.
 p.es. Il deputato ideale dev'essere un uomo o una donna?
  ii) Se sei favorevole all'uomo deputato trova una domanda appropriata, usando **non** oppure **vero**?
  iii) Se non sei convinto che sia meglio un uomo, trova una domanda, usando **davvero/proprio**?

3 Guarda le ultime due tabelle. Il 66 per cento ha una cattiva opinione del deputato per cui ha votato nelle ultime elezioni, mentre il 65 per cento non vorrebbe essere deputato, anche a parità di stipendio.
 a Anche tu hai una cattiva opinione dei politici? – Hai fiducia o sfiducia? Li apprezzi o li disprezzi?
 b Cerca di motivare la tua opinione con l'aiuto dei seguenti vocaboli: **corrotto; incapace; egoista; opportunista; bugiardo; altruista; idealista; capace; onesto.**
 p.es. Sono convinto/ritengo che i politici siano tutti bugiardi.

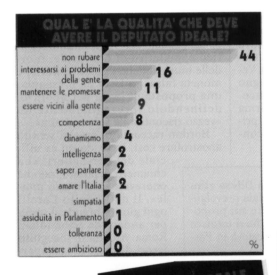

QUAL E' LA QUALITA' CHE DEVE AVERE IL DEPUTATO IDEALE?

Qualità	%
non rubare	44
interessarsi ai problemi della gente	16
mantenere le promesse	11
essere vicini alla gente	9
competenza	8
dinamismo	4
intelligenza	2
saper parlare	2
amare l'Italia	2
simpatia	1
assiduità in Parlamento	1
tolleranza	0
essere ambizioso	0

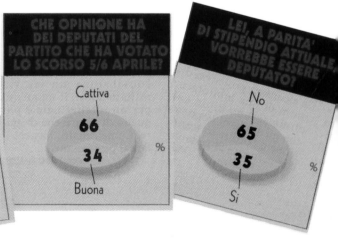

IL DEPUTATO IDEALE DEVE ESSERE:
Un uomo 60 %
Una donna 40

CHE OPINIONE HA DEI DEPUTATI DEL PARTITO CHE HA VOTATO LO SCORSO 5/6 APRILE?
Cattiva 66 %
Buona 34

LEI, A PARITA' DI STIPENDIO ATTUALE VORREBBE ESSERE DEPUTATO?
No 65 %
Sì 35

Il comitato per le modifiche elettorali all'unanimità a favore di una riduzione dei seggi

Forse nel prossimo Parlamento soltanto 400 deputati

ROMA — Camere più snelle. Nel prossimo Parlamento italiano siederanno meno deputati e meno senatori: in totale seicento eletti, o poco più, invece degli oltre novecento attuali. E' questo l'orientamento unanime prevalso nel comitato per la riforma elettorale, istituito in seno alla commissione bicamerale per le riforme istituzionali presieduta da Ciriaco De Mita.

Il numero dei seggi a Montecitorio dovrebbere passare dagli attuali 630 a non più di 400. Una riduzione drastica. Anche a Palazzo Madama è prevista una diminuzione non appena saranno differenziati i compiti legislativi e i poteri dei due rami del Parlamento.

L'ipotesi avanzata per Palazzo Madama è quella di portare a 200 il numero dei seggi rispetto ai 315 eletti nelle consultazioni politiche del 5 aprile. A questi vanno aggiunti i dieci senatori a vita che attualmente siedono a Palazzo Madama. L'annuncio della riduzione dei parlamentari è stato dato ieri sera da Cesare Salvi del Pds, coordinatore del gruppo di lavoro che si occupa di riscrivere i meccanismi di voto.

«I deputati saranno 400 e la decisione è stata presa all'unanimità», ha spiegato Salvi. Per quanto riguarda il Senato ci sarà certamente anche lì una diminuzione. «Ma di questo — ha precisato — occorrerà ancora discutere. Prima, infatti, vanno precisati i compiti sia del Senato sia della Camera».

Salvi ha rivelato anche che, scartata ogni forma di governo di tipo presidenzialistico, nella commissione sembra prevalere l'idea di una riforma elettorale, con varie opzioni possibili, in cui possano convivere sia il sistema proporzionale sia quello maggioritario. «Sì, si tratta di lavorare su una proposta di sistema misto», ha sottolineato Salvi.

Ad un mese dall'insediamento dei membri della commissione, i lavori sembrano procedere abbastanza speditamente. Nel comitato che si occupa della forma dello Stato prende corpo una nuova forma di regionalismo. Secondo lo schema presentato da Silvano Labriola allo stato centrale resterebbero solo i compiti di politica estera, difesa, ordine pubblico, finanza pubblica, giustizia.

Institutional reform

The article above was written at the end of 1992, at a time when the question of the reform of Italy's political institutions was a pressing issue.

1 Guarda i titoli:
   a Di che cosa si tratta? Che cosa è stato proposto?
   b Chi è favorevole alla proposta?

2 Adesso controlla Wordpower 1.
   a Trova un altro nome per: **Montecitorio; Palazzo Madama**
   b Completa le frasi:
      i) I deputati siedono a ...
      ii) I senatori siedono a ...

3 Guarda i paragrafi 1–4, leggendo soltanto le prime due frasi.
   a Sarà ridotto soltanto il numero dei deputati o anche il numero dei senatori?
   b Attualmente quanti deputati ci sono?
   c Per quanto riguarda il Senato, che cosa è stato proposto?

   d C'è ancora da discutere sulla proposta per il Senato?

4 *Apart from parliamentary reform, the issue of electoral reform was under discussion. The only clear decision was that a presidential style of government was not envisaged.*

   Guarda i paragrafi 5–6.

   a Fino a che punto sono chiare le idee sul nuovo tipo di sistema elettorale da scegliere?
   b Qual è l'altro problema che è stato discusso?

Royalist or Republican?

Your Italian friend wants to know how you feel about the monarchy.

Headlines 🔟

React to these news items.

ECCO PERCHE' ODIAMO I POLITICI

È vero che gli italiani detestano gli uomini che li rappresentano in Parlamento, nelle Regioni, negli Enti locali? E che cosa non gli perdonano? Lo scrittore Guido Almansi lo ha chiesto a un campione scelto, novantasei intellettuali, e ha raccolto i giudizi in un libro. Ne è scaturito un impietoso sondaggio sul rapporto, sempre più deteriorato, tra Paese reale e Paese legale. Un atto d'accusa a più voci, non tutte condivisibili, da cui abbiamo tratto quattordici testimonianze. Esemplari.

UMBERTO ECO, SCRITTORE

Io non odio i politici in generale. Sono stato adolescente nel periodo del qualunquismo e ho in orrore le professioni di disdegno verso la politica. C'è però una cosa che suscita, se non il mio odio, il mio risentimento e la mia amarezza, ed è che si formino situazioni di regime, o di stallo (che è lo stesso), per cui i politici restano troppo al potere senza che vi sia naturale ricambio e di generazioni e di orientamenti. È in questo ristagno che il compromesso da strumento diviene vizio, l'immobilismo viene incoraggiato, la corruzione smette di essere episodica per farsi endemica.

LUCIANO DE CRESCENZO, SCRITTORE

Un tempo benedicevo l'esistenza dei politici. Pensavo: «Meno male che ci sono loro che si occupano di queste cose, altrimenti dovrei occuparmene io». Poi ho cambiato idea e sono arrivato alla conclusione che la politica è sempre «una attività minore a eccezione di quelle volte in cui bisogna darsi da fare per difendere la Libertà e la Giustizia del proprio Paese». Le ragioni che mi portano, se non a odiare, quanto meno a sospettare dell'homo politicus? Tre possono essere i motivi che inducono un individuo sano di mente a dedicarsi full time alla politica: o il desiderio di potere, o il guadagno facile o un ideale più o meno nobile. I primi mi appaiono come fanciulli ritardati. I secondi sono ancora meno rispettabili. Restano gli idealisti, ovvero i più pericolosi, perché non tengono conto degli errori e corrono diritti verso l'abisso.

ERNESTO BALDUCCI, SACERDOTE

Non c'è dubbio che di anno in anno il livello della moralità del ceto politico scende in basso. Perché questo declino? Una ragione è nel venir meno delle spinte ideologiche. Fare politica voleva dire assumersi la responsabilità delle lotte del bene contro il male. I partiti organizzavano aspettative di giustizia sociale, paure morali sul destino della libertà... La politica è diventata puro pragmatismo che fa affidamento sulle risorse della furbizia e della forza. Così il ceto politico si riproduce attraverso una selezione in negativo: vanno avanti i peggiori e cioè i più spregiudicati.

Politicians and the people

The widening gulf between ordinary people and politicians is the subject of a book which is discussed here:

1 Guarda il titolo e il testo legato al titolo:
   a Su che tipo di persona si basa il campione [*sample*] scelto da Guido Almansi?
   b Che cosa si intende per 'paese reale e paese legale'?
2 Guarda i tre giudizi:
   a Qual è l'aspetto più negativo sottolineato[*stressed*] da Umberto Eco?
   b Lui odia i politici?
3 a In passato De Crescenzo benediceva i politici. Perché?
   b Adesso ha cambiato idea. Secondo lui, ci sono tre motivi che portano un uomo a fare politica. Sai dire quali sono e qual è il più pericoloso?
4 Per Balducci, invece, manca soprattutto l'idealismo e mancano le vecchie ideologie politiche: non si tratta più di lottare per la giustizia sociale. Lui come giudica il ceto politico di oggi?
5 Quale dei tre giudizi condividi di più?

il qualunquismo, *a reference to an a-political movement after World War II;* ricambio, *change, turnover;* ristagno, *stagnation;* ovvero, *that is to say;* il venir meno, *decline;* il ceto, *class*

Profile ⑪

Ascolta il giornalista Giancarlo Infante che parla del suo lavoro.

Wordpower 2

Wordbuilding

La libertà, l'uguaglianza, la fraternità
(liberty, equality, fraternity) are all good political words. See if you can learn a few more. First, translate the words in bold type:

Il governo ha perso **la maggioranza**.
In Italia ci sono varie **minoranze** linguistiche.

Next, find Italian nouns and adjectives for the following:

democracy; republic; monarchy; anarchy; revolution; state; government

e.g. dictatorship **la dittatura**
dictatorial **dittatoriale**

Now find the appropriate verb and another noun linked to the following:

la riforma; la vittoria; l'elezione; la fondazione; la liberazione; la votazione; il voto l'opposizione; la conquista

e.g. **la conquista** conquest
conquistare to conquer
il conquistatore conqueror

The right word for the right context

In Unità 17 you have already seen the importance of choosing your words carefully, since two words may have similar meanings but differ in degrees of formality or specialisation. Both Rina, the headmistress (*Interactions 3,4*), and Antonella, the lawyer (*Interaction 6*), speak quite formally and choose words which are not commonly used in everyday conversation.

1 Can you find everyday equivalents of : **apprendere, comprendere, di qui, fiera**?
2 In Interaction 3 Rina talks about **l'inserimento precoce delle lingue**. Can you paraphrase that more simply in Italian?
3 Try to do the same for **le vicende del loro paese** in Interaction 4.

Troubleshooting

fare/farsi	to make	rendere/rendersi

Both **fare** and **rendere** can mean *to make* but they cannot be used interchangeably. Look at these examples:

Mi ha fatto un caffé	*He made me a coffee*
Mi ha fatto ridere	*He made me laugh*
Me l'ha fatto fare	*He made me do it*
Lo hanno fatto direttore	*They made him a director*
Mi sono fatto capire	*I made myself understood*

Rendere can normally be substituted by *to render* in English and is generally used with adjectives:

Mi ha reso felice	*He made me happy*
Ha reso infelice sua moglie	*He made his wife unhappy*
Hanno reso obbligatorio il servizio militare	*They made military service compulsory*
La neve rende difficile il viaggio	*The snow makes the journey hard*
Mi sono reso utile	*I made myself useful*

Notice that if another verb accompanies *to make*, then **fare** not **rendere** is used.

Mi ha fatto sentire felice	*He made me feel happy*
Mi ha fatto apparire ridicolo	*He made me look ridiculous*

If the second verb is reflexive, the reflexive pronoun is omitted:

Mi ha fatto sedere	*He made me sit down*

Unità 19

LO SCAMBIO DI CULTURE

In this unit you will be hearing and telling stories, discussing migration and emigration, prejudice and racism, as well as doing some revision.

Between the late nineteenth and mid twentieth century, Italy's relative poverty led to enormous numbers of Italians emigrating, mostly to other European countries or to America, Canada, Australia, Argentina and Brazil. This mass exodus was one of the largest in history, and it is estimated that there are over 50 million people of direct Italian descent living outside Italy today. There were sporadic waves of emigration – **l'emigrazione** – the largest of which happened about the time of the First World War, when over 12 million Italians left to seek a better life. The last big wave came in the 1950s and early 1960s, after which emigration virtually ceased.

The years of the Economic Miracle saw massive internal migration – **le migrazioni interne** – during which it is estimated that 15 million people moved from one region to another or from the country to the city. By the 1960s, there was work and prosperity to be found in such northern centres of industry as Turin, which attracted workers from all over the country, particularly the South. The result was a gradual exchange of cultures – **uno scambio di culture** – as workers from different regions came into contact. This has meant that although some of the traditional prejudice shown by Northerners towards Southerners still exists, to some extent it has waned.

Like many other countries, Italy is subject to racial tension and racism. The 1980s saw the start of an influx of immigrants – **immigrati**, or, as they are usually termed, **extracomunitari** – people mainly from countries outside Europe such as north Africa and Somalia. Having so far opened the door to about two million **extracomunitari**, Italy is now having to come to terms with the problems of integration, which for about 100 years were faced by millions of her own countrymen as they embarked on life in a new country.

Interactions

1 ❶

Signora d'Eugenio and her husband have lived in Piemonte for thirty years, having left their native region of Puglia in the 1960s.

> *focus*
>
> scarseggiare   *to be scarce*
> il Meridione   *the South*
>
> *a* Perché il marito della signora d'Eugenio ha deciso di lasciare la Puglia?
> *b* Che lavoro faceva?

Antonio	Signora d'Eugenio, Lei da quanti anni è qui in Piemonte?
Sig.ra d'E.	Da trent'anni circa.
Antonio	E prima di venire in Piemonte, dove abitava?
Sig.ra d'E.	Abitavamo in Puglia perché noi siamo pugliesi. Siamo di Cerignola, provincia di Foggia e poi, dato che il lavoro scarseggiava in Meridione, mio marito ha deciso di cercare lavoro qui in Piemonte, perché c'era molta richiesta negli anni Sessanta.
Antonio	Che cosa faceva suo marito?
Sig.ra d'E.	Era autista dei pullman e anche qui ha continuato a fare l'autista dei pullman; faceva la linea Cumiana a Torino.
Antonio	E ha trovato difficoltà all'inizio?
Sig.ra d'E.	I primi anni sì. I primi due, tre anni sì. Poi mi sono abituata al punto di sentirmi più piemontese adesso che pugliese.

al punto di sentirmi   *to the extent that I feel*

2 ❷

Integration wasn't always easy in the early days as there was plenty of prejudice against Southerners, especially those with large families, who found it hard to find decent housing to rent.

> *focus*
>
> Antonio gets Signora d'Eugenio to elaborate on the early days when they lived in an old shack.
>
> il razzismo   *racism*
> l'avvenimento   *event*
> i maschietti   *young, little boys*
>
> *a* Nella prima casa la famiglia ha dovuto fare a meno di varie comodità: quali?
> *b* Perché la padrona è rimasta sorpresa nel vedere la signora d'Eugenio che faceva il bagno ai figli?

Sig.ra d'E.	Trent'anni fa c'era tanto razzismo. Noi siamo arrivati qui con cinque figli. La prima aveva otto anni, l'ultima aveva cinque mesi, e c'era molto questa ... contrarietà verso le famiglie numerose perché meridionali. Secondo loro, tutti i meridionali erano sporchi. Non affittavano le case e noi abbiamo dovuto ... abbiamo dovuto adattarci in una cascina vecchia dove non c'era acqua, non c'era luce, non c'era il bagno. Eravamo già abituati al bagno e alla doccia, però qui abbiamo dovuto regredire.
Antonio	Quindi, è stato molto difficile all'inizio?
Sig.ra d'E.	Difficilissimo, direi.
Antonio	E si ricorda di qualche avvenimento in particolare?
Sig.ra d'E.	Ma guardi, l'avvenimento che ancora dopo trent'anni lo ricordo bene è questo: Io un giorno stavo facendo il bagno ai due maschietti, uno di quattro anni e l'altro di due. È arrivata la padrona di casa a prendere l'affitto e mi ha visto: "Ma cosa fa, il bagno?"

E ho detto: "Perché – Lei non lo fa il bagno? – una piemontese pura!" E mi fa: "Ah, ma io credevo che loro non usavano fare il bagno". Questo non lo dimenticherò mai. Quindi la convinzione che avevano di noi meridionali che non ci laviamo mai, che siamo sporchi! Ma adesso, invece, tutto è cambiato, adesso io mi sento più piemontese di loro, e loro mi trattano come fossi una piemontese.

perché meridionali	*because they were Southern*
regredire	*to regress, go back*
e mi fa ...	*and she says to me ...*
come fossi	*as if I were*

3 ③

Leaving family and friends behind inevitably means there are things you miss. Signora d'Eugenio recalls what it was like.

focus

gli odori	*herbs*
mancare a	*to miss, to lack*
le comodità	*equipment*

a Chi e che cosa le mancava di più nei primi anni?
b Qual è stato il cambiamento che ha reso la vita più facile?

Antonio	Che cosa le manca del suo paese?
Sig.ra d'E.	I primi anni mi mancava l'affetto della famiglia, i genitori, mio padre, mia madre, mia sorella, i nipotini. Poi ... alla domenica da noi in Puglia si usa fare dei pranzi particolari, quindi con degli odori particolari . E io, puntualmente qui alla domenica, rivivevo ... mi mancavano gli odori del mio paese, della mia cucina. A Natale, per esempio ... il primo Natale passato qui è stato triste. Primo, perché eravamo in una casa che – più che casa sembrava una stalla; – e poi ... i dolci che si fanno giù da noi mi mancavano. Ma mi mancavano anche le comodità per poterli fare perché non avevo lo spazio, non avevo niente. Adesso non più, perché, con lo sviluppo – no? – nei supermercati adesso trovi tutto, tutto quello che troveresti in Puglia. Non ci sono più questi problemi adesso.

io puntualmente rivivevo	*I would regularly be ... reminded [lit. relive]*
giù da noi	*down where we come from [i.e. in the South, in Puglia]*
una stalla	*stable, cowshed*

4 ④

Signora Dari is also a migrant, from the province of Cagliari in Sardinia. She and her family came to live in Piemonte thirty years ago.

focus

Antonio wants to know how difficult the transition was and whether things have changed.

ambientarsi   *to settle in, adapt*
soffrire di   *to suffer from*
diffidenti   *mistrustful, suspicious*

a   Quale aspetto della vita in Piemonte ha trovato particolarmente difficile?
b   Qual è stata la sua difficoltà maggiore nei suoi rapporti con i piemontesi?

Antonio	Signora Dari, da quanti anni Lei è in Piemonte?
Sig.ra Dari	Trent'anni. Mio marito è venuto prima, un anno o due prima, e poi siamo venuti noi, la famiglia, io e i miei figli, dalla Sardegna, dalla provincia di Cagliari.
Antonio	Era molto diverso all'inizio, è stato difficile ambientarsi?
Sig.ra Dari	Difficilissimo, perché non conoscevo nessuno e la gente è diversa, e il freddo che c'era, era una temperatura diversa dalla nostra e ne ho sofferto abbastanza, io specialmente.
Antonio	E la vita è cambiata molto in questi trent'anni?
Sig.ra Dari	Sì, si. Anche la gente è cambiata.
Antonio	E all'inizio ha trovato difficile?
Sig.ra Dari	Ma difficile, perché non capivo il dialetto e parlavano sempre in dialetto e quindi io non capivo. Ho trovato un pochino difficile anche perché sono diversi da noi qua; ormai mi sono abituata e non ci faccio più caso.
Antonio	Ma adesso la gente è anche cambiata?
Sig.ra Dari	Sì, sì.
Antonio	In che senso?
Sig.ra Dari	Mah, sono più affabili, più ... come dire ... più ...
Antonio	Aperti?
Sig.ra Dari	Più aperti, forse ci capiscono di più. Prima, appena arrivati, erano diffidenti.

non ci faccio più caso	*I don't pay any attention to it any more*
appena arrivati	*when we first arrived*

187

5 ⑤

Signora Dari has vivid memories of some of the early problems which began when she left with her children to join her husband in Piemonte.

Antonio	Ricorda qualche avvenimento in particolare di quei giorni?
Sig.ra Dari	Dunque noi, quando siamo partiti dal nostro paese, siamo partiti con la nave e il treno. E i mobili, mio marito li ha comprati qua; però abbiamo spedito in ferrovia e via mare i piatti, quelle robe lì. E non sono arrivati, siamo arrivati prima noi.
Antonio-	Le cose spicciole?
Sig.ra Dari	Sì, quindi mi sono trovata a disagio, non conoscendo nessuno, con cinque figlie, specialmente per la roba da mangiare – andavamo a mangiare in trattoria. E a mangiare in trattoria per sette persone era un po'...
Antonio	Costoso?
Sig.ra Dari	Eh.
Antonio	Adesso tornerebbe in Sardegna?
Sig.ra Dari	Per sempre no, sinceramente.

	I figli sono qua, i nipoti sono qua, e anche ... non lo so ... no ... penso proprio di no.
Antonio	Non si troverebbe bene al suo paese?
Sig.ra Dari	No ... andarci e starci qualche mese, due o tre mesi, però sempre tornare qua.
Antonio	Per quale motivo?
Sig.ra Dari	Mah, forse un vero motivo, non c'è ... però ...
Antonio	Però le mancherebbe anche il Piemonte?
Sig.ra Dari	Sì, tanto anche.
Antonio	Allora, Lei è perfettamente integrata qui pur non considerandosi piemontese?
Sig.ra Dari	Sì. Esatto. Non mi sento piemontese, io mi sento sarda, e i figli anche, e ne sono anche orgogliosa.

quelle robe lì	*that sort of stuff*
non conoscendo nessuno	*since I didn't know anybody*
pur non considerandosi ...	*although you don't consider yourself ...*
ne sono orgogliosa	*I am proud of it*

Practice

Telling a story

Here is the start of a story with the tenses highlighted in bold.

Setting the scene	*imperfect*
	Ero sola in casa: fuori **pioveva e tirava** vento.
What you were doing	*imperfect continuous*
	... **stavo leggendo** un giallo a letto ...
What happened	*passato prossimo*
	... quando **ho sentito** uno strano rumore. **Mi sono cacciata** sotto le coperte. Che paura! ...
What had happened previously	*pluperfect*
	... Mio marito **era andato** a Milano. **Aveva telefonato** poco prima per dire che **aveva perso** il treno ...
What the situation was	*imperfect*
	... Non **sapevo** cosa fare ... **ero** terrorizzata ...
What was happening	*imperfect*
	... Il rumore **si faceva** sempre più forte ... Qualcuno **si avvicinava** alla porta ...
Getting to the dramatic bit	*present★*
	... Ad un tratto la porta **si apre** e **vedo** un uomo alto e
	... magro, dai lunghi capelli bianchi che **mi guarda**, perplesso, e **mi fa:**...

★This is for dramatic effect; otherwise use the *passato prossimo* to say what happened.

Spinning a yarn

Try and fill out the details of the story sketched out above and make up an ending.
Write it down. Try reading it aloud as dramatically as possible, and then record it on tape. Listen to yourself a day later: can you understand the story? If not, why not?

Mi ricordo che ...

Now think about something which has happened to you, however simple or ordinary. Have you ever:
a missed or been late for an important appointment?
b had a row with a friend or colleague?
c met with a strange coincidence or series of mishaps?

In explaining what happened, try and use a few of the phrases you have learned in previous units:

siccome	⎫		**quindi**	⎫	**allora** *so ...*
dato che	⎬ *since...*		**perciò**	⎬ *therefore, so ...*	
visto che	⎭		**per cui**	⎭	

Write down your story – in note form if you wish. Using the notes, try and tell it to fellow learners if possible and record yourself on tape. Did the audience understand your story? And do you understand it when you play it back later to yourself?

Telling stories   **Un veneto a Torino**   Listen to the cassette.

Canti degli emigranti

Questi sono alcuni versi presi dalle tante canzoni degli emigranti, alcune delle quali risalgono al secolo scorso.
Quali sono i problemi e i sentimenti espressi?

1   Mamma mia

Mamma mia dammi cento lire,
che in America voglio andar.
Cento lire io te le dò
Ma in America no, no, no!

2   Addio, addio amore

Nebbia alla valle, nebbia alla montagna,
nella campagna non ci sta nessuno,
addio, addio amore,
casca e si coglie…
l'olivo casca, l'albero e le foglie.

Casca l'olivo, casca la ginestra,
casca l'olivo, il pruno e la ginestra
addio, addio amore, ecc.

3   Cara moglie

Cara moglie di nuovo ti scrivo
che mi trovo al confine di Francia
anche quest'anno c'è poca speranza
di poterti mandare del danè.

che = perché;   danè *money*

4   Il meridionale

Io sono nato laggiù in Meridione
dove la gente fa colazione
con un po' di cipolla e pane
e certezza non ha del domani.
Dove ancora il padrone è barone
e quando passa gli bacian le mani.
Dove il divorzio esiste di fatto,
dove le mamme si vestono a lutto,
dove le mogli son senza mariti
e le baracche hanno i terremotati.
Dove il meglio aspettando si spera,
dove si muore sepolti in miniera.

Io sono nato laggiù in Meridione
dove profuma la zagara in fiore,
dove il sensale porta l'amore
e le ragazze son vergini ancora,
dove il treno lascia i villeggianti
e fa il carico degli emigranti,
dove la barba si fa dal barbiere
e il calzolaio fa ancora il mestiere,
dove ancora non c'è l'ospedale
e l'autostrada ci han fatto passare,
dove i giovani voglion tornare
e i vecchi ci voglion morire.

Io sono nato laggiù in Meridione
e voglio fare la rivoluzione.

...ME FERMARE L'ORRORE DEI NAZISKIN?

Aggressioni selvagge contro gli immigrati. Assalti agli ebrei e stelle gialle sui loro negozi. La violenza razzista dei naziskin non conosce limiti. Sono tutti giovanissimi, ...n hanno vissuto sotto Hitler, ma si richiamano alla ...a ideologia perversa. Come difendersi?

1 La stampa ha dato risalto alle aggressioni e agli assassinii dei ...aziskin. Vi sembra giusto?

❑ No: più si parla di loro e più si ...entono eroi. Meglio ignorarli

❑ Sì, è giusto che tutti sappiano a quali orrori porta l'odio razziale

2 In Europa cresce il numero degli ebrei intenzionati a emigrare in Israele. Che ne pensate?

❑ Hanno ragione ad avere paura

❑ Esagerano: ora nessun Paese permetterebbe il ripetersi di quei crimini

❑ Forse le persecuzioni potrebbero ricominciare, ma solo in Germania

3 Che cosa ha provocato il ritorno del neonazismo?

❑ La crisi economica

❑ L'arrivo dei profughi dal Terzo Mondo e dall'Est europeo

❑ La riunificazione della Germania

❑ L'ignoranza dei giovani

4 Come si può combattere questo fenomeno?

❑ Con leggi più severe

❑ Facendo rispettare le leggi che già esistono

❑ Organizzando squadre di volontari che proteggano gli immigrati

❑ Eliminando le ingiustizie sociali

5 Sarebbe giusto arrestare chi inneggia all'odio razziale?

❑ Sì, perché ci vuole fermezza

❑ No, sarebbe eccessivo

6 Le sedi dei naziskin devono essere chiuse?

❑ Sì, perché costituiscono un pericolo per la collettività

❑ No, è meglio non esasperarli

7 Le "teste rapate" appartengono quasi sempre alle frange ultrà dei tifosi di calcio. Perché?

❑ Perché allo stadio vengono tollerati comportamenti che altrove sarebbero inammissibili

❑ Perché si comincia con l'odiare i tifosi avversari e si finisce con l'odiare i negri e gli ebrei

❑ Non lo so, forse è un caso

8 Secondo voi quanti sono i militanti naziskin in Italia?

❑ Un centinaio

❑ Un migliaio

❑ Mezzo milione

❑ Non lo so

I Naziskin: razzismo giovanile

The existence of young neo-Nazi groups - known as **naziskin** *because they shave their heads - has dismayed many Italians. It moved this monthly magazine to promote an anti-racist campaign by asking its readers to fill in the questionnaire above.*

Prova a riempire il questionario.

Liberi di essere razzisti

The following anonymous letter was published in a well-known weekly magazine.

1 Qual è il ragionamento (*argument*) dell'autore della lettera?

2 Sei d'accordo con quello che dice?

3 Secondo te, perché la lettera non è stata firmata? Avrebbe dovuto esserlo?

4 Adesso leggi parte della risposta: Qual è la preoccupazione maggiore della rivista?

5 Condividi questa preoccupazione? – Pensi che sia valida anche per il tuo paese?

la Boniver	*Margherita Boniver, a leading socialist MP*
perché essi svolgano	*so that they undertake*

LIBERI DI ESSERE RAZZISTI

Io mi domando: esiste il libero arbitrio e la possibilità di pensare con la propria testa? Perché devo sentire uno del telegiornale che dice queste testuali parole: «La auspicata società multirazziale»? O la Boniver socialista che afferma: Abbiamo bisogno di extracomunitari perché essi svolgano lavori che gli italiani non vogliono più fare»? Perché ci deve essere il trionfo dei buoni sentimenti? Non ho diritto di essere antidemocratico, antipartitico, xenofobo e razzista? Per favore basta con i buoni sentimenti, basta col cuore in mano, basta con lo Stato sociale, con la bontà, col gridare viva i negri e viva gli ebrei. Non se ne può più!

LETTERA NON FIRMATA

Questo fa pensare (l'ho già notato in altre lettere del genere, che purtroppo non sono poche) alla miscela di violenza e di viltà che appaiono spesso affiancate, spiegano perché certi atti di trasgressione avvengano sempre contro un debole, un isolato, siano sempre compiuti in gruppo. Mostrano quanto arrischiata e infondata potrebbe essere la frase che ci ripetiamo sempre: «Niente paura, nel nostro Paese i razzisti, gli antisemiti, i portatori di pericolo violento sono pochi». Penso a quante persone se ne stanno zitte e al sicuro, in attesa del momento buono, pensando esattamente ciò che l'anonimo autore di questa lettera non proprio nobile pensa, senza scoprirsi. In attesa che venga un momento «migliore».

Profile ⑧

Ascolta Fredo Olivero, il responsabile
dell'Ufficio Stranieri e Nomadi a Torino.

I vu cumprà

I vu cumprà - or *vuccumprà* - *refer to coloured
immigrants. The name derives from pidgin Italian
'You want to buy?' -mainly because so many
immigrants have traditionally earned a living as
itinerant salesmen on beaches and in the streets.*

*A minority of immigrants have taken to selling
their wares or even begging -* **elemosinare/ chiedere
l'elemosina** - *outside churches. In Turin a storm of
protest arose when the Archbishop* **(l'arcivescovo)**
*condemned this in a leaflet which was circulated to all
parish priests* **(parroci)** *and put up on the church
doors.*

Guarda i due titoli di sotto:

   a Quale dei due titoli sembra più
   obiettivo? Perché?

   b A quale storia della Bibbia si fa allusione,
   parlando del 'tempio'?

La carità: pro e contro

*How and whether one should give to charity is an
issue which never fails to arouse passionate debate:
predictably, the affair in Turin was no exception.*

1 Guarda il titolo del giornale a destra.
Quale sarà l'argomento (*topic*) discusso?

2 Leggi rapidamente l'articolo concentrandoti
sui paragrafi 1,4,6,7 e 9.

   a Qual è stata la reazione del padre Adolfo
   Porro? (*para. 1*)

   b Qual è la sua opinione? Elenca i motivi
   che dà a sostegno della sua tesi. (*para 4*).

3 a Quale, invece, è stata la reazione del
   monsignor Luigi di Liegro? (*para 6*)

   b Secondo lui, è la prima volta che la
   Chiesa scoraggia la carità? (*para 7*)

   c Che cosa significa 'i barboni di
   professione'?

   d Nel complesso, il monsignore giustifica
   l'azione dell'arcivescovo?

4 Leggi la difesa del teologo Gianni Baget
Bozzo e di Gian Paolo Salvini. (*para 9*)

   a Secondo loro, l'intervento
   dell'arcivescovo è stato 'giusto e
   razionale': perché?

   b Sei d'accordo?

5 Infine, cerca di fare il riassunto delle varie
posizioni. Cerca di discutere il problema
generale della carità.

gli accattoni	*beggars*
gli emarginati	*the dispossessed, the underclass*
la Caritas	*Charitable church organisation*
i mendicanti	*beggars*
Civiltà Cattolica	*Catholic journal*
oculata	*discerning*
lenire un bisogno	*assuage, soothe, ie. meet a need*

Il vescovo di Torino ai parroci

Via dal tempio i vuccumprà

Sagrato delle chiese vietato agli immigrati

L'arcivescovo di Torino denuncia l'invadenza dei questuanti davanti alle chiese

Anatema del cardinale: non fate carità agli immigrati

Carità agli immigrati
«La Curia è razzista»

«Quel divieto sulla carità è sottilmente razzista. Perché contribuisce a radicare tra la gente il rifiuto degli stranieri. La Chiesa non può liquidare la questione-immigrati con il cartello: "Non date le mille lire...". La verità è che gli accattoni danno fastidio ai preti abituati al quieto vivere».

L'«eretico» è il padre camilliano Adolfo Porro. Non è il solo ad attaccare il documento della Caritas approvato dal cardinale Saldarini. Sono critici anche il superiore Antonio, e i padri Cipriano e Mario: quattro religiosi che assistono una cinquantina di minorenni e ammalati extracomunitari nel centro di accoglienza «Madian» di Torino.

Una piccola rivolta. Eppure la Curia sostiene che l'iniziativa è nobile: dirottare le offerte domenicali verso gli istituti per poveri ed extracomunitari. Aiuti organizzati, non casuali. Per tutelare la corretta immagine della carità: «Si pratica spesso senza opportuna sapienza». E anche per un'«esigenza di ordine». Ecco l'invito. «Pressante». «Non dare più soldi a coloro che ci chiedono aiuto alla porta delle chiese».

Padre Adolfo è indignato: «Non è tollerabile che la Chiesa non senta più il dolore degli emarginati. E allora perché io ho scelto di vivere testimoniando la crescita di Cristo nella storia? Per una Chiesa imborghesita? Nell'Antico Testamento il Signore dice agli israeliti: "Il vostro incenso è un fumo che mi fa tossire". Vogliamo ripetere lo stesso errore?». Per Padre Adolfo la mozione contro le elemosine è proprio sbagliata. Primo: non spiega le cause dell'immigrazione. Secondo, tace sulle multinazionali: «Nei Paesi sottosviluppati i colossi industriali europei utilizzano malavalanza locale. E costringono le popolazioni a emigrare». Terzo, non parla dei miliardi buttati dalla Cee: «Tonnellate di frutta distrutte per mantenere alti i prezzi». Conclusione: la Chiesa faccia il proprio mestiere. Sia coscienza critica. Non si lavi le mani.

Le certezze del padre camilliano sono meno solide per don Antonio Mazzi, che lavora in venticinque comunità per il recupero dei drogati. Non nasconde perplessità sul documento. «Per noi preti della strada è difficile capire i meccanismi curiali — dice Mazzi —. Il Signore andava a cercare i poveri, non li evitava. Quell'invito a non dare l'elemosina mi riempie di tristezza. Vogliamo che la Chiesa sia una sposa vestita di lusso? Dove va il cattolicesimo? Mi rassicura però che l'iniziativa sia stata promossa dal cardinale Saldarini. Non saprei, forse è una strategia che risponde meglio ai bisogni».

La Chiesa si interroga. Le intenzioni della Curia torinese sembrano rispettabili. Ma semina dubbi la perentorietà dei consigli (in arabo e in italiano) a mendicanti e venditori: «Ti chiediamo di non venire più davanti alla nostra chiesa. Non vogliamo comprare cose inutili o superflue...». Anche monsignor Luigi di Liegro, responsabile della Caritas romana, confessa una «prima impressione negativa»: «In effetti il messaggio può involontariamente incrementare la diffidenza nei confronti degli stranieri».

Tuttavia nella capitale la Caritas già da tempo scoraggia il «mestiere avvilente dell'accattonaggio». I fedeli sono invitati a versare oboli per i centri di assistenza. Un antidoto ai barboni di professione. Dice Di Liegro: «Prima arrivavano a Roma pullman pieni di mendicanti: avevano gli elenchi delle chiese più redditizie».

Attenti ai profittatori. Anche se il rischio di una errata interpretazione del documento anti-elemosine rimane: «Sì, a una prima lettura — ammette monsignor Ersilio Tonini, arcivescovo emerito di Ravenna — ma è sbagliato parlare di una cacciata degli immigrati. Il tentativo della Curia torinese è educativo: invece di sbriciolarsi in maniera irrazionale gli aiuti vanno organizzati. Mi chiedo però se la comunità cattolica sarà in grado di capire. In ogni caso, il cristiano è libero. Non c'è un comando alla carità».

Favorevole al documento è il teologo Gianni Baget Bozzo: «Un intervento giusto e razionale: perché la carità non sia limitata ad un atto individuale». E il gesuita Gian Paolo Salvini, direttore di Civiltà Cattolica: «Anche la carità dovrebbe essere oculata, cioè efficace sia nell'individuare il bisogno sia nel lenirlo. Può darsi che vi sia anche il desiderio di eliminare spettacoli indecorosi alla porta delle chiese. Ma il desiderio è quello di stimolare la carità, non di scoraggiarla. Per fedeltà all'atteggiamento evangelico più autentico».

Vito D'Angelo

Caro fratello ...

Here is the text of the leaflet mentioned on p. 192.

1 **a** A chi è indirizzato il volantino, e da chi, in teoria, viene firmato?
   b Che cosa si chiede ai 'cristiani' di fare?
2 Rileggi il brano in cui vengono spiegate le ragioni del divieto di elemosina da: 'Non siamo d'accordo' ... a ...'carità cristiana'.
   a Che cosa potrebbe significare 'una forma scadente di carità cristiana?'
   b Fino a che punto ti sembra una buona spiegazione?
3 Alla fine del testo, il parroco si dice 'disposto ad ulteriori chiarimenti'. Come extracomunitario, cercheresti di ottenere dei chiarimenti? Quali?
4 L'uso del tu, invece del Lei, nel testo rende più accettabile il messaggio, o no? Cosa ne pensi?

il sagrato	*the front/space in front of a church*
rivolgendoti al Centro	*by going to the church's welfare centre*
pertanto	= quindi, perciò

Caro fratello che vendi ed elemosini davanti alla nostra chiesa, è mio dovere informarti che invitiamo tutti i cristiani a non darti più soldi o comprare la tua merce. Potrai trovare ascolto e solidarietà rivolgendoti al Centro... Ti chiediamo pertanto di non venire più davanti alla nostra chiesa. Non siamo d'accordo infatti né di comprare cose inutili o superflue né di vederti elemosinare alla porta della chiesa: è un'umiliazione che ti porta a vendere la tua dignità e induce a una forma scadente di carità cristiana. Disposto ad ulteriori chiarimenti, il Parroco.

Troubleshooting

The following indefinite pronouns and adjectives have come up so far in various contexts. Here is a summary:

anyone	anything	any

The pronoun **chiunque** means *anyone, anybody (at all)*. When placed after the verb it is slightly more emphatic:

Può farlo **chiunque**	*Absolutely anyone can do it*
Chiunque avrebbe detto la stessa cosa	*Anyone would have said the same*

Beware: do not confuse the English indefinite *anyone* with the interrogative and negative *anyone*:

C'è qualcuno in casa?	*Is there anyone at home?*
Non conosco nessuno	*I don't know anyone*

Qualsiasi and **qualunque** are adjectives both meaning *any (whatsoever)*: to say *anything (whatsoever)*, they combine with **cosa**:

Per te farei **qualunque cosa**	*I would do anything for you*
È capace di **qualsiasi cosa**	*He is capable of anything*

Troubleshooting

With other nouns, **qualsiasi** and **qualunque** mean *any*:

Va bene **qualunque** pezzo	*Any piece will do*
Prendi **qualsiasi** giornale	*Take any newspaper*

After the noun the meaning is *any old*:

Prendi un giornale **qualunque**	*Take any old paper*
Dammene uno **qualsiasi**	*Give me any old one*

This can have a pejorative connotation:

È un medico **qualsiasi**	*He's not much of a doctor*

Beware: do not confuse the English indefinite *anything/ any* with the interrogative and negative *anything/any*:

Posso fare qualcosa?	*Can I do anything?*
No, non puoi fare niente	*No, you can't do anything*
Vuoi alcune mele?	*Do you want any apples?*
Non hai soldi?	*Haven't you got any money?*

whoever   whatever   whichever

When **chiunque** is used with the subjunctive, it means *whoever (no matter who)* and occasionally *whichever*:

Chiunque sia, non voglio parlargli	*Whoever he is, ...*
Chiunque di voi venga, sarà il benvenuto	*Whichever one of you comes ,...*

When **qualunque/qualsiasi** are used with the subjunctive they mean *whatever* and sometimes *whichever*:

Domani non vengo, **qualsiasi cosa** lui possa dire	*... whatever he may say*
Qualunque cosa io faccia, non sei mai soddisfatta	*Whatever I do, ...*
Qualunque sia il problema, non sono disposto ad aiutare	*Whatever the problem is, ...*
Sarò contento, **qualunque** sia il risultato	*...whatever the result*
Qualsiasi libro tu scelga andrà bene	*Whichever book you choose ...*

Sia and **qualsiasi** tend not to be used together, as they sound clumsy in the same phrase.
Beware: sometimes in English *whatever* is not used in a strict indefinite sense, but rather with the meaning *all, everything (that)*:

Tutto quello che possiedo è tuo	*Whatever (all/everything) I own is yours*
Ti darò tutto quello che vuoi	*I'll give you whatever you want*
Farò tutto quello che dici	*I'll do whatever you say*

The same applies to *whichever*: in English it can have the meaning of *what/the one*:

Ti darò quello/a che vuoi	*I'll give you whichever (the one, what) you want*

Unità 20

PUNTI DI VISTA

You will be hearing and putting forward your points of view as you discuss relations between the sexes. You will do some revision, try your hand at building up an argument and brush up on interviewing techniques.

In legal terms the relationship between the sexes is fairly similar throughout Western Europe, but in Italy what is striking is that parity at work and in the home is a relatively recent achievement. Italian women were politically active long before they were given the vote in 1945 – they were, for example, active in the Resistance – but they were always organised by men. It was in 1950 that the first law to protect women was passed (when it became illegal to sack a pregnant woman), but feminism was still a long way off: divorce and abortion were illegal, while birth control or living together were unthinkable. Children born out of wedlock did not have equal rights, adultery was still on the statute book as a crime and married women were legally subjugated to their husbands. A popular slogan of the time was: **'Uomini addetti alla produzione, donne alla riproduzione.'** ('Men produce, women reproduce.')

Only a few decades later, this point of view has undoubtedly become a minority one: the zero growth rate of the Italian population, where single-child families and two working parents are increasingly common, would seem to bear this out. The first really independent Italian feminist group, **Demau (Demistificazione dell'autoritarismo)** was founded in 1965, but the real catalyst of the women's movement was the battle in the 1970s to legalise divorce (supported by a majority even of Catholic women). This, together with the influence of American feminism, led in 1975 to the passing of the **Diritto di Famiglia** – Family Law – which revolutionised the position of women, giving them legal parity with men. In 1977 legislation was passed against sexual discrimination, and in 1991 a law on equal opportunities – **le pari opportunità** – was passed. Paternity leave became a legal right in 1990 and, with many feminist battles now won, strident feminism has given way to a general re-appraisal of the masculine role in an emancipated relationship.

Interactions

1 ❶

Elena Pino is a young lawyer working for the state legal service in Florence. Anna Mazzotti asked her for her **punto di vista** on what it is like for a woman to work in the legal profession.

> *focus*
>
> Elena believes women are becoming increasingly important at work.
>
> | | |
> |---|---|
> | la grinta | *determination* |
> | il vincolo | *constraint* |
>
> a Perché, secondo Elena, la professione di avvocato è adatta alle donne?
> b Qual è stato l'ostacolo maggiore alla carriera di Elena?

Elena Io credo che in questi ultimi tempi le donne abbiano sempre più preso piede nel mondo del lavoro, perché è una professione molto adatta per le donne. Da un lato, è necessario essere pieni di grinta, di coraggio, di energia e quindi, la figura femminile è adatta per questo tipo di lavoro, e dall'altro, credo anche che chi abbia necessità di ... di tempo libero per la famiglia, per dedicarsi ai figli, può farlo molto comodamente, perché si può organizzare il lavoro, portandolo a casa – o comunque, non avendo vincoli di orario, è molto più flessibile come attività.

Anna Ma quali difficoltà hai incontrato tu personalmente?

Elena Mah ... io non ho trovato una grande difficoltà per il fatto di essere una donna. La mia esperienza è stata difficile, perché io ero giovane. Ho iniziato a lavorare nel mio campo a ventiquattro anni, e io anche dimostro pochi anni – molti meno anche di quelli che ho. E quindi, per me, la difficoltà più grossa è stata quella di dimostrare le mie capacità e la mia conoscenza professionale, indipendentemente dal fatto che sembravo una bambina ... e una ragazzina senza esperienza.

perché è una professione	*i.e. the legal profession*
chi abbia necessità ...	*whoever needs ...*
per il fatto di essere	*on account of being*
dimostro pochi anni	*I look young*

2 ❷

Elisabetta Lombardo is a successful businesswoman. She runs her own hotel, the Aziza Hotel at Follonica on the coast of Tuscany and is the president of the Follonica Hoteliers' Association.

> *focus*
>
> Her views do not exactly coincide with those of Elena Pino.
>
> | | |
> |---|---|
> | superare | *to overcome* |
> | affermare | *to assert* |
> | la vita affettiva | *emotional life* |
>
> a Secondo Elisabetta, è più difficile per una donna che per un uomo avere successo nel lavoro?
> b Secondo lei, è possibile per una donna conciliare lavoro e famiglia?

Elisabetta Sono Elisabetta Lombardo. Sono proprietaria dell'Aziza Hotel a Follonica. Sono dieci anni che lo gestisco personalmente. L'ho ideato io, l'ho costruito e me ne occupo personalmente. Adesso sono Presidente dell'Associazione Albergatori locale e quindi, mi occupo anche dei problemi collettivi della nostra categoria.

Anna Elisabetta, secondo te, è più difficile per una donna che per un uomo avere successo?

Elisabetta	Ritengo che precisamente per una donna è più difficile che per un uomo, perché deve superare degli ostacoli dovuti a pregiudizi che ancora esistono nella mentalità degli uomini e anche delle donne.
Anna	Concretamente, qual è l'atteggiamento degli uomini rispetto alla donna, sul lavoro?
Elisabetta	Secondo me, gli uomini sono abituati a considerare le donne da conquistatori. Quando poi fai capire che vuoi pensare solo al lavoro, allora tentano di coinvolgerti, pensando di gestire le tue opinioni. E allora diventa duro ... difficile lottare per affermare invece le tue idee.
Anna	Ma quali altri ostacoli deve superare una donna, secondo te, per arrivare al successo?
Elisabetta	La donna, secondo me, per dedicarsi al successo e alla carriera, deve rinunciare a una parte della vita affettiva, e dei suoi spazi. La donna ha più bisogno di ... di spazi personali che non un uomo, e il lavoro li assorbe tutti.

l'atteggiamento	*attitude*
tentano di coinvolgerti	*they try to win you over*
pensando di gestire le tue opinioni	*in an attempt to control (i.e. manage) how you think*

3 ③

Maria Grazia Contri has risen to the top of her chosen profession: she is Director of Tourism for the region of Piemonte and a self-confessed feminist.

focus

Antonio Borraccino asked her if she felt women were best at certain types of work.

esplicare	*to do, carry out*
la sensibilità	*sensitivity*
captare	*to grasp*
i posti preminenti	*top jobs*
sensibile	*considerable*

a   Ci sono dei lavori per cui le donne sono più adatte?

b   Fino a che punto c'è parità nel lavoro?

Maria Grazia	Come femminista, direi che la donna va bene da tutte le parti. Certo, può dare di più, per questa caratteristica femminile, in campi dove c'è da esplicare un lavoro ... non so, nella diplomazia, un lavoro proprio di sensibilità nel captare le situazioni. Forse questo sì. Però sono altrettanto convinta che la donna-ingegnere, la donna-avvocato, la donna-medico, sono bravissime, quindi non vedo un ruolo inferiore della donna in questo momento.
Antonio	Quindi c'è parità a tutti i livelli?
Maria Grazia	Direi che ufficialmente, formalmente, sì. Bisogna poi

esaminare le situazioni caso per caso, nei singoli uffici, nei singoli posti di lavoro. Se nel mio caso, come funzionario pubblico, abbiamo in realtà moltissime donne che occupano dei posti preminenti, nel caso della donna in politica, della donna manager, abbiamo una sensibile riduzione di donne a questi livelli, ma non perché siano meno brave. Perché stanno lottando da decenni per arrivare là dove agli uomini è stato concesso tutto. Posso citare il caso di mia sorella, che è un avvocato molto famoso a Genova, e che è riuscita ad arrivare proprio in questi mesi alla massima carica del campo amministrativo pubblico: è diventata segretario generale della Presidenza del Consiglio dei Ministri - incarico che non era mai stato affidato prima ad una donna.

agli uomini è stato concesso tutto	*men have been granted everything*
alla massima carica	*to the highest position*
incarico che ... non era mai stato affidato	*an appointment ... which had never been entrusted*

4 ④

Although Maria Grazia is a feminist, she is far from being prejudiced against men.

focus

Antonio asked her how her husband felt about her success.

un assertore	*champion, supporter*
allevare	*to bring up, raise*
sfondare in	*to make a name for oneself, be successful*

a In che modo la mentalità del marito di Maria Grazia differisce da quella dei genitori di lei?
b Maria Grazia pensa che una donna di successo debba sacrificare la sua femminilità?

Maria Grazia Mio marito è stato il primo convinto assertore della indipendenza del ruolo della donna. Io infatti sono stata allevata in una famiglia dove si pensava che il matrimonio fosse la massima aspirazione per la donna, e ho trovato un uomo di grande cultura - mio marito è professore universitario di medicina - che mi ha sempre convinta - il nostro è stato un rapporto iniziato da giovanissimi, quindi 15 anni io, 18 lui. Sono stata "allevata" tra virgolette da lui in questo modo: "devi farti una posizione"; "devi lavorare fuori casa, indipendentemente dal bisogno finanziario o economico." Quindi io gli sono molto grata per questa educazione, che in realtà non tutti i maschi di allora davano alla propria donna - questo spingermi sempre comunque ad uscire e ad affermarmi in quanto donna, e non in quanto solo moglie o solo madre.

Antonio La donna è diversa dall'uomo?
Maria Grazia La donna è diversa. Io mi auguro che le donne ... l'augurio più bello che io possa fare alle donne manager, alle donne che sfondano nel campo economico, sociale e politico, è che rimangano donne, assolutamente. La femminilità è una qualità che deve essere conservata a tutti i livelli, anche perché ci sono ancora più probabilità di successo se la donna, pur conservando il cervello, conserva la sua femminilità.

che il matrimonio fosse	*that marriage was*
tra virgolette	*so to speak*
questa educazione	*this upbringing*
questo spingermi	*this constant encouragement*
sempre comunque ...	*at all times, come what may ...*

Revision – building an argument

Refresh your memory by going over some of the words and phrases from previous units – and learn a few more.

i) Expressing your point of view

You can express your point of view in direct fashion, from polite agreement:

Infatti	*That's right*
Sono proprio a favore	*I'm very much in favour*

to dissent and contradiction:

Non è vero/così/il caso	*It's not true/the case*
Lei si sbaglia	*You're mistaken*
Non sono d'accordo	*I don't agree*
Non ha senso	*It's pointless*
Sono decisamente contro	*I'm dead against*

and the very colloquial:

Balle! Sciocchezze! *Rubbish!*

If you are contradicting or diasagreeing with someone and you want to soften the blow, you can always start:

In realtà ...	*Actually, in actual fact ...*
Scusi, ma ...	*Excuse me, but ..., with respect ...*

You can come straight out with your beliefs:

Secondo me ...	È giusto che ...
A mio parere ...	È necessario che ...
Credo/penso che ...	È essenziale che ...
Mi sembra/pare che ...	È importante che ...
Sono convinto che ...	È vero che ...
Ritengo che ...	È ovvio/chiaro che ...
	È evidente che ...

Over to you ...

Can you remember which of these do not require the subjunctive? Check out Unità 18.

In a more sustained argument, however, you need various ways of explaining, qualifying, contrasting and adding to what you are saying.

ii) Explaining/ giving a reason

In Unità 19 you revised words and phrases meaning *since,* such as **siccome, dato che, visto che**. Sometimes - in fact, quite often - these are replaced by the gerund form of the verb:

Essendo un lavoro molto difficile, serve tanta pazienza
Being/since it is a very difficult job ...
Essendo medico, lavora anche la notte
Being/since she/he is a doctor ...
Avendo due bambine, ho poco tempo a disposizione
Having/since I have ...
Non conoscendo nessuno, abbiamo avuto problemi
Not knowing/since we didn't know anyone ...

Over to you ...

Can you rephrase the above sentences, using **siccome**, **dato che** or **visto che**?

iii) Investigating

Remember that when you are asking questions you have plenty of alternatives to **perché**?

<u>Per quale motivo/ragione</u> preferisci il matrimonio?
<u>Come mai</u> non ti interessa il femminismo?
<u>È per questo che</u> non ti vuoi sposare?
<u>In che senso</u> non ti senti libero?
<u>Cosa intendi per</u> 'smitizzare' un rapporto?
<u>In che cosa consiste</u> la tua paura di un rapporto?
Per una donna, <u>che senso ha</u> lottare per ottenere la parità?

Over to you ...

What do the underlined phrases mean? Check them out in Unità 16 and 17.

iv) Adding to the argument

In Unità 18 you saw how to make extra points:

Inoltre • per di più • in ogni caso • del resto

And how to digress:

fra l'altro

In Unità 17 you learned to clarify:

cioè • vale a dire • in altre parole

Over to you ...

What do the phrases mean? Check them out.

v) Presenting both sides

When you present both sides of the picture you can say:

Da un lato ... dall'altro
Da una parte ... dall'altra
On the one hand ... on the other

And when making a contrasting point you can choose from:

d'altra parte	*on the other hand*
invece	*but, on the other hand*
mentre	*whereas*

You can also use the following:

tuttavia • comunque • però • ma • anzi

Over to you ...

What do these last expressions mean? Check them out in Unità 18.

vi) Qualifying the argument

If you want to qualify what you've said, with *despite* or *although*, you'll need the following expressions with the subjunctive:

Nonostante	sia un uomo, fa tutto in casa
Malgrado	sia sposato, mi sento molto libero
Despite the fact, although	*he's a man ...*
	I'm married, ...

Benché	sia donna, è molto sciovinista
Sebbene	lui abbia un certo fascino, è antipatico
Although	*she is a woman she is very chauvinist*
	he has a certain charm, he's not nice

Pur plus the gerund can replace **benché/sebbene**, in which case the subjunctive is not used.

Pur essendo donna, è molto sciovinista
Pur avendo un certo fascino, è antipatico

Or you can use **anche se**:

Anche se è una donna, è molto sciovinista
Even if/though she is a woman ...

For **pur** plus the gerund and other expressions requiring the subjunctive, see Syst. 18, notes 5 and 2.

Practice

To wed or not to wed?

A sample of Italians were asked to express their views on marriage and living together, irrespective of their present circumstances. The results were published in this magazine.

Guarda la tabella.

Come la pensano gli italiani secondo il sondaggio pubblicato in questa rivista? E tu, come la pensi?

| prescindendo da | *leaving aside, irrespective of* |

Prescindendo dalla sua attuale condizione, è favorevole al matrimonio o alla convivenza?

		Uomini	Donne
	59,9%	52,0	67,0
Matrimonio	15,1%	16,5	13,8
Convivenza come fase di passaggio	13,5%	18,5	9,1
Convivenza	8,0%	9,3	6,9
Né matrimonio né convivenza	3,5%	3,7	3,2
Non sa/non risponde			

TRE QUARTI DEL CAMPIONE SCEGLIE, IN PRIMA O IN SECONDA BATTUTA, LA STRADA DEL MATRIMONIO. IL DESIDERIO DI AMARSI NELLA LEGALITÀ È PIÙ FORTE NELLE DONNE E IN CHI HA GIÀ FATTO NELLA VITA QUESTA SCELTA. SONO INVECE IN GRAN PARTE I GIOVANI, SOPRATTUTTO STUDENTI UNIVERSITARI E LAUREATI, A OPTARE PER LA CONVIVENZA.

La parola agli uomini

How do men see themselves these days? Are they sexist and chauvinistic - **maschilisti e sciovinisti** *- or liberated -* **emancipati**? *To make up your mind, look at the two tables taken from a survey into men in the post-feminist era.*

1 Secondo la prima tabella, come vorrebbero essere gli uomini? Sono sorprendenti alcune delle loro scelte? In che senso?

2 Cerca di riflettere sull'argomento: secondo te, quali sono le qualità più importanti che un uomo deve avere?

3 Leggi i risultati della seconda tabella. Rispetto al matrimonio e alla paternità, che importanza ha il lavoro?

4 Cerca di riflettere sui risultati della terza tabella: secondo te, quali sono stati i cambiamenti più importanti nei rapporti d'amore negli ultimi anni?

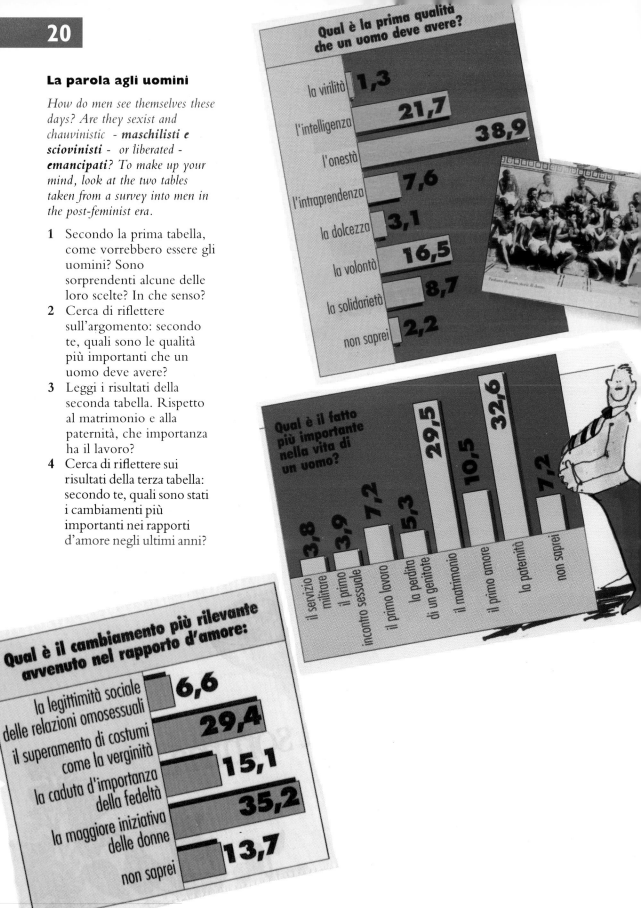

Qual è la prima qualità che un uomo deve avere?

la virilità	1,3
l'intelligenza	21,7
l'onestà	38,9
l'intraprendenza	7,6
la dolcezza	3,1
la volontà	16,5
la solidarietà	8,7
non saprei	2,2

Qual è il fatto più importante nella vita di un uomo?

il servizio militare	3,8
il primo incontro sessuale	3,9
il primo lavoro	7,2
la perdita di un genitore	5,3
il matrimonio	29,5
il primo amore	10,5
la paternità	32,6
non saprei	7,2

Qual è il cambiamento più rilevante avvenuto nel rapporto d'amore:

la legittimità sociale delle relazioni omosessuali	6,6
il superamento di costumi come la verginità	29,4
la caduta d'importanza della fedeltà	15,1
la maggiore iniziativa delle donne	35,2
non saprei	13,7

Macho o micio? - macho or wimp?

A test you can do with your partner: ideally the identikit you come up with should match his or hers as closely as possible. Try it. All you have to do is count up how many A's and how many B's you get, then look at our summary of the four identikits which accompanied the test.

Oltre 15 risposte B
Sei così sicuro di te, che non permetti a nessuno di ostacolare il tuo esuberante machismo. 'Bella, qui sono io che decido', sembra essere il tuo motto preferito. Dio che uomo vero!

Tra 20 e 15 risposte B
Sei un macho pentito. - Nonostante alcune difficoltà, sei sulla buona strada. Il processo diventa irreversibile. La metamorfosi è evidente.

Tra 11 e 15 risposte A
Sei un vero uomo! Riesci perfettamente a conciliare le parti femminili e maschili della tua personalità. In passato è stato un po' difficile accettare il tuo lato femminile, ma ormai non hai più nessun problema.

Oltre 15 risposte A
Corri il rischio di essere un vero e proprio micio! E commendevole rimettere in discussione i ruoli nell'ambito della coppia, ma non esagerare con la dolcezza, altrimenti c'è il pericolo che ti dimentichi dei tuoi propri bisogni.

Test: macho o micio?

Gioco-test da fare in due (seppure in due momenti separati). L'uomo risponderà normalmente, secondo attitudini e inclinazioni. La donna (possibilmente la sua partner) dovrà dare le risposte come se si trovasse al posto dell'uomo dei suoi sogni; o, molto più prosaicamente, a quello che vorrebbe avere accanto. Alla fine non resta che confrontare i punti di arrivo, i profili, per controllare il grado più o meno intenso di amalgama.

Come si gioca

Ci sono venti domande a cui rispondere. Per ogni risposta A avanzate o contrassegnate una casella sulla tabellina A; per ogni risposta B avanzate di una casella sull'altra tabellina, la B. Alla fine contate i punti nelle due tabelline e andate a leggere il relativo profilo.

1) «Sono affascinante. Mi chiedo solo perché le donne non lo capiscano», può dirlo solo un uomo
a) sicuramente autoironico
b) un po' cretino

2) Vi piace provocare nei vostri interlocutori un sentimento
a) di affetto
b) di rispetto

3) Una mamma culla il proprio bambino. Voi siete
a) il bambino
b) il papà assente

4) Nella vostra stanza ideale c'è
a) un bambino che grida
b) una grande pace

5) I test sui giornali...
a) non ve ne perdete uno
b) spesso li saltate

6) Tra i vostri antenati preferireste annoverare
a) un poeta di fama
b) un pirata della Filibusta

7) Un po' di rimmel sulle ciglia prima di andare a una festa...
a) perché no?
b) ma che siamo matti?

8) Vi piace di più immaginarvi come
a) un piumino d'oca, caldo e accogliente

b) un nero frac, bello e impossibile

9) Quando discutete vi piace poter
a) esporre le vostre idee
b) dire l'ultima parola

10) Una cosa che vi riuscirebbe proprio difficile fare:
a) rinunciare al quieto vivere
b) mettere la sordina alle vostre opinioni

11) Quando c'è qualcosa che non va, voi
a) fuggite, come un purosangue immalinconito
b) ruggite, come un leone in gabbia

12) Quando amate
a) diventate un altro
b) rimanete comunque voi stesso

13) Con il genere umano vi capita spesso di sentire
a) che c'è un filo a legarvi
b) che uno dei due è di troppo

14) Primo appuntamento galante con una donna
a) sperate che v'inviti a cena a casa sua
b) pensate a tutto voi: cena e dopocena

15) Un padre che cambia il pannolone al figlio. La cosa
a) vi intenerisce
b) un po' vi infastidisce

16) I migliori risultati li ottenete quando
a) temete di perdere
b) avete voglia di vincere

17) Vi offendereste se vi dicessero che siete i tipi da
a) auto col telefonino
b) utilitaria

18) L'orgoglio
a) impedisce spesso di fare la cosa giusta
b) spinge quasi sempre a fare le cose migliori

19) Infanzia è un bambino
a) da amare
b) che apre delle porte davanti a sé

20) La bistecca saporita la fa
a) il pascolo buono
b) la mucca di valore

1	2	3	4	5	6	7	8	9	10	11	12	13	14	15	16	17	18	19	20	TABELLA A
1	2	3	4	5	6	7	8	9	10	11	12	13	14	15	16	17	18	19	20	TABELLA B

Io, macho perduto, mi pento

Lei parla come il ricco Epulone che, una volta all'inferno, vuol mandare a dire ai suoi familiari di vivere meglio per evitare almeno a loro la punizione del fuoco eterno. Maschilista dei più ostinati, ora convertito, lei invia un messaggio in bottiglia a tutti coloro che vogliono intendere: non fate come me, salvatevi finché siete in tempo. Temo però che, come nella parabola evangelica, i peccatori, maschilisti orbi e incalliti, non la ascolteranno e continueranno caparbi e irremovibili nel loro antico credo «macho», tramandato di padre in figlio.

La ringrazio comunque, gentile signore, per il suo rimpianto soprattutto e per

Sono un marito tradito e abbandonato. Sposato con una donna eccezionale, per autoritarismo e comodità l'ho trasformata in governante, con il risultato di ridurla, triste, spenta e disamorata. Troppo sicuro e distratto, non ho saputo cogliere i suoi mille segnali e alla fine se n'è andata con i figli. L'amore per l'altro è stata solo la spinta finale, non la causa. Quando la rivedo ho rimpianto per lei, per la storia che avrebbe potuto esserci se non fossi cresciuto con questa maledetta educazione maschilista.

Andrea D. (Alessandria)

la testimonianza che, se non altro, potrà consolare qualche vittima di simili situazioni, qualche moglie che ancora porta la croce, ancora innamorata, ancora governante del suo signor marito. Altro non le posso dire, an-

che perché il suo sembra più che altro uno sfogo per il quale forse era difficile trovare un ascoltatore. Inadatti gli amici, probabilmente non ancora ex maschilisti come lei, inadatta la moglie, non più interessata ai suoi senti-

menti, e tanto più inadatta la sua nuova compagna, in nome della quale («per riguardo, non per paura») lei mi prega di non pubblicare il cognome.

Cosa fanno gli amici quando tocca loro una confessione di questo genere? Danno una pacca sulla spalla, fanno un sorriso, mormorano qualche parola di consolazione. Di altro, di diverso, io posso solo aggiungere che sarebbe forse il caso una volta di parlare con i figli. Non per convertirli se già non lo sono (ricordi il ricco Epulone) ma per raccontare loro la sua, la vostra storia, come se fosse una favola da tramandare nelle generazioni, una specie di parabola familiare. ●

A cautionary tale

The above letter, from a repentant male chauvinist whose wife has left him, was answered in fairly unsympathetic and ironic style, perhaps because, to cap it all, it appears he has a new girlfriend!

Cosa ne pensi della risposta? Fino a che punto ha ragione Isabella Bossi Fedrigotti?

> il ricco Epulone *the rich man in the parable (Luke 16, 19–31);* orbo *blind;* incallito *hardened;* caparbio *obstinate;* il credo *creed;* uno sfogo *an outburst;* tocca loro una confessione *they have to confess;* sarebbe il caso *it would be a good idea*

For better or for worse?

This magazine published the views of the under-30s and the over-30s on marriage. Look at the next page.

1 Leggi il primo articolo.

a Fra le quattro persone che danno il loro parere, quanti escludono assolutamente il matrimonio? Per quali motivi?

b Quanti, invece, sono favorevoli al matrimonio, e perché?

2 Leggi il secondo articolo.
a Fra le persone intervistate, chi non è sposato?
b Quali sono i motivi per cui Cinzia, Raffaele e Marina si sono sposati?
c Per quali motivi Silvana e Gianni sono a favore della convivenza?

3 Condividi (*do you share*) il punto di vista di alcune delle persone intervistate nei due articoli? - Quali?

> a patto che la convivenza non venisse intesa *as long as living together wasn't understood;* l'incubo *nightmare;* non sarebbe stato d'accordo *he wouldn't agree;* la fede *wedding ring;* fosse più vincolante *was more binding;* più esigenti di quanto non lo fossimo da sposati *more demanding than when we were married*

SOTTO I TRENTA LA PENSANO COSI

Valerio Casanova, 26 anni, ricercatore:«La convivenza to-glie importanza al rapporto. Il matrimonio al contrario ti obbliga a un certo tipo di riflessione. Io opto per il matri-monio. Per dire"sì" a lei e agli altri e perché ratifica una promessa eterna».

Federico Da Rin, 25 anni, pubblicitario: «Sono per il ma-trimonio, più che altro per un senso di continuità della tra-dizione. Potrei anche convivere, a patto che la convivenza non venisse intesa come prova, ma semplicemente come un matrimonio anarchico».

Antonella Frazzetta, 27 anni, pubblicitaria:«Convivo felice-mente da quattro anni e la sola idea del matrimonio fa scattare reazioni di claustrofobia. L'unico vero problema è mia madre: ancora oggi non si dà pace. Noi siamo di ori-gine meridionale e al sud la convivenza è ancora vista co-me un disonore. Credo che molti dei suoi parenti, fratelli e sorelle inclusi, non lo sappiano».

Susanna Cardin, 25 anni, studentessa: «Da tre anni convi-vo con un coetaneo. I miei si sono divisi presto e io sono cresciuta con l'incubo del vincolo matrimoniale».

IL PARERE DEGLI OVER TRENTA

Cinzia e Raffaele Ferrari, 30 anni, grafici: «Quando siamo andati a vivere insieme, quattro anni fa, non avevamo al-tro progetto che quello di consolidare la nostra unione che per noi era unica, impareggiabile e non aveva bisogno di nessuna sanzione ufficiale. Poi è arrivato "lui" ed abbia-mo pensato che forse non sarebbe stato d'accordo con una scelta "contro". Inoltre sentivamo crescere intorno a noi un muto rimprovero, soprattutto da parte dei nonni... ed eccoci con la fede al dito!».

Michele Ciarla, 37 anni, organizzatore teatrale: «Noi non ci siamo sposati nemmeno quando è nata nostra figlia. Ancora oggi che ho smussato le mie convinzioni non con-divido il matrimonio come istituzione. L'unico problema di legalizzazione l'ho affrontato riconoscendo mia figlia: per-ché mi sentivo padre e perché è giusto così».

Marina Vinsate, 36 anni, assistente sociale: «Abbiamo co-minciato a convivere convinti che la nostra scelta fosse più vincolante dei diritti e dei doveri imposti dall'esterno. An-che quando è nata Martina. Poi lei è andata all'asilo, alle elementari, alle medie. Abitiamo in provincia e l'ostilità di cui noi non avevamo mai tenuto conto ha cominciato a pesare su di lei. Così ci siamo sposati ».

Silvana Campanella, 46 anni e Gianni Stella, 47 anni, sce-nografo: «Siamo entrambi divorziati. Otto anni fa abbiamo scelto di convivere come soluzione definitiva, perché pen-siamo che il nostro è un rapporto libero e che va reinven-tato ogni giorno. Io e Gianni siamo reciprocamente più esigenti di quanto non lo fossimo da sposati e questo non fa che rafforzare il nostro legame».

Famiglia e lavoro

Back to women talking about women. Below is an extract from an interview with Ada Grecchi, the Vice President of the Prime Minister's Equal Opportunities Commission – **la Commissione Parità della Presidenza del Consiglio**.

al contrario • comunque
sono convinto che • senz'altro

1 Leggi rapidamente il brano e poi cerca di sostituire le parole indicate con altre, scegliendo fra quelle in alto.

2 Cerca una parola o una frase italiana che sostituisca quelle inglesi:

   a [*Although*] la donna abbia fatto molti progressi, secondo Ada Grecchi le sue conquiste sono ancora molto precarie.

   b Purtroppo, [*since*] le donne non dirigono i quotidiani e non partecipano quanto l'uomo alle tavole rotonde televisive, non sono in grado di fare opinione.

   c [*There not being/since there isn't*] un grande interesse per i cosiddetti problemi 'femminili' nel mondo del lavoro, non c'è dubbio che molte donne trovano ancora difficile conciliare famiglia e lavoro.

   d [*Despite the fact that/although*] esistano delle leggi, le donne non otterranno la parità fino a quando non ci sarà maggior interessamento da parte delle imprese.

   e [*What's the point*] parlare di parità, se il mondo del lavoro non è disposto a trovare soluzioni adatte alle donne?

Esiste, certo, la possibilità di conci-liare lavoro e famiglia e a questo problema sta dedicando assidui studi la divisione quinta della Commissione Cee; gli strumenti sono diversi e si chiamano: part-time, orario flessibile, jobsharing, telelavoro, eccetera. Il pro-blema è però volere che ci sia la pos-sibilità di conciliazione tra gli interessi dell'impresa e quelli della famiglia, perché se la cultura è nel senso di tro-vare solo soluzioni penalizzanti per le donne, allora le leggi servono a poco.

Io ritengo che non ci sia grande in-teresse per i problemi cosiddetti «fem-minili», anzi — io direi — che ce n'è troppo e troppo sbagliato; le donne non fanno opinione perché non dirigo-no i quotidiani, perché non hanno tempo per andare alle tavole rotonde televisive a «parlare» dei problemi che, in concreto, sono chiamate a risolve-re, perché sono abituate da secoli a subire umiliazioni in silenzio. E ogni conquista delle donne ha il sapore della provvisorietà: basta niente e si ri-torna ancora più indietro.

Canzoni delle donne

I problemi e i sentimenti delle donne sono spesso stati espressi in canzoni diventate molto famose. Fra quelle più conosciute ci sono le canzoni delle mondine, ragazze che lasciavano le famiglie per lavorare nelle risaie della Val Padana [*the Po valley rice fields*].

Bella ciao (mondine)

Alla mattina appena alzata,
o bella ciao, bella ciao, bella ciao ciao ciao,
alla mattina appena alzata,
in risaia mi tocca andar.

E fra gli insetti e le zanzare,
o bella ciao, ecc.
e fra gli insetti e le zanzare,
un dur lavor mi tocca far.

Il capo in piedi col suo bastone,
o bella ciao, ecc.
il capo in piedi col suo bastone,
e noi curve a lavorar.

O mamma mia o che tormento,
o bella ciao, ecc.
o mamma mia o che tormento,
io t'invoca ogni doman.

Ma verrà un giorno che tutte quante,
o bella ciao, ecc.
ma verrà un giorno che tutte quante,
lavoreremo in libertà.

Amore mio non piangere

Amore mio non piangere,
se me ne vado via,
io lascio la risaia,
ritorno a casa mia.

Ragazzo mio non piangere,
se me ne vò lontano,
ti scriverò da casa
per dirti che ti amo.

Non sarà più la capa
che sveglia alla mattina,
ma là nella casetta
mi sveglia la mammina.

Vedo laggiù fra gli alberi
la bianca mia casetta,
e vedo laggiù sull'uscio
la mamma che mi aspetta.

Mamma papà non piangere
non sono più mondina,
son ritornata a casa
a far la signorina.

Mamma papà non piangere
se sono consumata,
è stata la risaia
che mi ha rovinata.

Com'erano le condizioni in cui lavoravano?

In passato, nonostante la mancanza di diritti politici, molte donne italiane parteciparono ad importanti lotte e proteste. Nell'Italia settentrionale e centrale, prima della prima guerra mondiale, molte contadine furono attive nelle leghe socialiste, e protestarono contro l'entrata dell'Italia in guerra.

La lega

Sebben che siamo donne paura non abbiamo
per amor di nostri figli, per amor di nostri figli,
sebben che siamo donne paura non abbiamo
per amor di nostri figli, in lega ci mettiamo,
aoilioilà, e la lega la crescerà.
[...]
Sebben che siamo donne paura non abbiamo
abbiam delle belle buone lingue, abbiam delle belle
buone lingue,
sebben che siamo donne paura non abbiamo
abbiam delle belle buone lingue e ben ci difendiamo,
aoilioilà, ecc.
[...]

E anche a mi marito

E anche a mio marito tocca andare
a fa' barriera contro l'invasore,
ma se va a fa' la guerra e poi ci muore
io resto sola con quattro creature.

E avevano ragione i socialisti
tanti ne muore e un' siamo ancora lesti
e se anche il prete dice che dovresti
a morir, te un ci vai qui un c'enno cristi.

E a te Cadorna un bastan l'accidenti
che a Caporetto n'hai ammazzati tanti
noi si patisce tutti questi pianti
e te nato d'un cane non li senti.

E 'un me ne importa della tu' vittoria
e 'un me ne importa della tu' bandiera
sputo su quest'Italia tutt'intera
e vado in culo al re con la su' boria.

Ma quando si farà rivoluzione
ti voglio ammazza' lo nato di cane
e ai generali figli di puttane
gli voglio spara' tutti con il cannone.

> un … lesti   *we are not ready (to go and die);*
> te … cristi   *there's no way you'll do it;*
> della tu' vittoria   *i.e. Italy's victory;*
> Cadorna   *A notorious First World War general
> who was held responsible for the disastrous defeat
> at Caporetto in November 1918*

Quali sono i vari sentimenti espressi?

Per tradizione, le donne
meridionali sono meno
militanti. Comunque, negli
ultimi decenni hanno
cominciato a lottare
contro la Mafia.

Donne e Mafia

*Five hundred southern women
were interviewed about the
Mafia. Their answers to the two
questions are shown below:*

Che cosa ne pensi dei
risultati? Sono sorprendenti?

Profile ⑤

Ascolta Alberta Pasquiera che lavora alla Commissione Parità della Regione Piemonte.

In the hot seat

1 Try and sharpen your interviewing techniques and prepare to grill Ada Grecchi on her life, her interests, and her personal and social values. Your questions must be aimed at finding out as much as possible about her in order to discover what kind of a person she is. Begin with the basics - birth, family, schooling etc., and move on to questions aimed at discovering how she thinks and what she believes in. The phrases in section iii of the Revision section on p.200, plus sections iii and parts of iv of Patterns 1,

Unità 17 will help with the second part of the interview.

If you prefer, try this out by preparing an interview with any famous person who interests you.

2 Now interview a willing friend or fellow learner, having first prepared the questions: the aim is to extract as much information as possible in order to make up your mind what sort of a person he/she is. Try and record yourselves. Listen together, then discuss your performance. Do you both make yourselves clear? Try and think of improvements and then swap roles.

Before you begin, look over: Unità 16, Patterns 1, sections i-vi, ix and Patterns 2; plus Unità 17, Patterns 1, section iv.

Troubleshooting

Chi

Chi is widely used in Italian. Here is a summary of its main uses:

who?		*who(m)?*	
Chi è?	*Who is it?*	A chi scrivo?	*Whom shall I write to?*
Chi viene?	*Who is coming?*	Per chi lo fa?	*Who is he doing it for?*

whose?		*who by?*	
Di chi è?	*Whose is it?*	Di chi è il film?	*Who is the film by?*

Troubleshooting

some people   those who

> C'è chi si sposa per amore e chi per interesse
> *Some people (there are those who) marry for love and some for self-interest*
> C'è chi ama il vino e chi lo detesta   *Some people love wine and some hate it*

those who...   anyone who...   whoever

> Chi non ha pagato, lo deve fare subito
> *Those who haven't/Anyone who hasn't paid must do so at once*
> Chi arriva in ritardo, non viene ammesso
> *Anyone who arrives late is not admitted/Those who arrive late are not admitted*
> Può venire chi vuole   *Whoever wants to can come*
> Puoi parlare con chi vuoi   *You can talk to whoever you like*
> Esco con chi mi pare   *I go out with who(ever) I like*

some ... others

> Chi gridava, chi piangeva e chi rideva
> *Some were shouting, some were crying and others were laughing*

anyone who (may)

Chi can occasionally be used with the subjunctive:

> Per chi abbia bisogno di un orario flessibile, è un lavoro proprio adatto
> *For anyone needing flexible working hours, it's a perfect job*
> È il luogo ideale per chi abbia voglia di riposare
> *It's the ideal place for anyone wanting a rest*

Notice that **chi** is always singular and is used with the third person singular of the verb.

anche

Anche means *also, as well, too*. In English these adverbs can be used in two ways but the different meanings are only made clear by the context and intonation. The sentence:'I would also like some bread', can mean either: 'I would like some bread in addition to other things, ' or: 'I, too, would like some bread'. This ambiguity is easily avoided in Italian by the proper placing of **anche**. Compare the following:

> Vorrei anche un po' di pane   *(in addition, I'd like)*
> Anch'io vorrei un po' di pane   *(I too would like)*
> Giovanni va anche in Francia   *(in addition, he's going)*
> Anche Giovanni va in Francia   *(Giovanni too is going)*

Anche normally comes after the verb when you are saying what you want or did *in addition to something else*. When you are saying what you want or did *as well as someone else*, then **anche** generally precedes the verb.

Systems 16

1 Pluperfect tense

avevo cominciato a lavorare
ero arrivata presto

The pluperfect tense (e.g. *had done*), is formed by the imperfect of **avere** or **essere**, plus the past participle of the verb required:

cominciare	arrivare
avevo cominciato	ero arrivato/a
avevi cominciato	eri arrivato/a
aveva cominciato	era arrivato/a
avevamo cominciato	eravamo arrivati/e
avevate cominciato	eravate arrivati/e
avevano cominciato	erano arrivati/e

Note: The pluperfect can be made passive (e.g. *had been done*). To do this, the auxiliary verb, always **essere**, must be in the pluperfect followed by the past participle of the verb:

Ero stato messo in cassa integrazione
I had been laid off
Le finestre **erano state rotte**
The windows had been broken

Uses

The pluperfect is used to describe an event or action which took place prior to another in the past.

Siccome avevo ottenuto un aumento, ho potuto cambiare casa
Mi ero appena fidanzato, quando ho perso il lavoro

The pluperfect is more consistently used in Italian than in English, especially with the word *after*:

Dopo che mia madre si era sposata, non ha lavorato
After my mother (had) got married she didn't work

2 Using da with the present and the imperfect

studio da due anni
studiavo da due anni

Da can mean both *since* and *for*. You will be familiar with its use with the present tense,

where it corresponds to the English perfect, *have done /have been doing ... for/since*. When used with the imperfect, **da** corresponds to the English pluperfect, *had done/had been doing ... for/since*:

Abito a Genova da molto tempo
I have lived/been living in Genoa for a long time
Abitavo a Genova da ...
I had lived/been living in Genoa for/since ...

The same use of tenses applies with **da quando**:
Lo conosco da quando ero piccolo
I have known him since I was little
Lo conoscevo da quando ...
I had known him since ...

An alternative to **da** is **essere ... che**, also with the present or imperfect:
È un anno che studio l'italiano
I have been studying Italian for a year
Era un anno che studiavo l'italiano
I had been studying Italian for a year

Note: Per can also be used to talk about the duration of past actions, but it refers to actions which are over and done with. The tenses correspond to the English:

Ho vissuto a Torino per due mesi
I lived in Turin for two months (and no longer do)
Avevo vissuto a Torino per due mesi
I had lived in Turin for two months (and no longer did)

3 Some uses of the infinitive (1)

prima di fare il fotografo
dopo aver fatto il militare

Prima di or **dopo** are followed by an infinitive when both parts of the sentence refer to the same person. In the case of **prima di**, the simple infinitive is generally used:
Prima di venire a Torino, lavorava a Roma
Prima di fare la guida, ho fatto l'interprete
Prima di trasferirci a Napoli, avevamo vissuto a Pisa

Notice that the Italian can be rendered in two ways in English:
Before coming/he came to Turin, he was working in Rome
Before being/I was a guide, I was an interpreter

Before moving/we moved to Naples, we had lived in Pisa

Sometimes **prima di** can be used with a past infinitive if the emphasis is strongly on a pluperfect meaning:

Ho deciso di non sposarmi prima di aver finito gli studi
I decided not to marry before I had finished my studies

It would be possible to say:

Ho deciso di non sposarmi prima di finire gli studi
... before finishing ...

Dopo, however, is always used with the past infinitive. This is formed with the infinitive of either **essere** or **avere**, plus the past participle. Any pronouns are attached to the infinitive auxiliary:

Dopo aver studiato ingegneria, ho seguito un corso di francese
Dopo essersi laureato, è andato in India

Note that there are four ways of rendering the above:

After having studied/studying/I had studied/I studied
After having got/getting/I had got/I got

Note: Senza, grazie per and **ringraziare per** can be similarly used. **Senza** is used like **prima di**; **grazie** and **ringraziare** like **dopo**:

Sono uscito senza parlargli
I went out without talking to him
Sono uscito senza fare/aver fatto colazione
I went out without having/having had breakfast
Grazie/ti ringrazio per aver inviato il pacco
Thank you for sending (having sent) the parcel
Grazie/la ringrazio per essere venuto
Thankyou for coming (having come)

See Syst. 18, note 4, p. 217 for more on the infinitive.

4   Some uses of the gerund

entrando in casa, l'ho visto
ho imparato **studiando**

As you have already seen, the gerund of a verb (the *-ing* form) ends in **-ando** for **-are** verbs, and **-endo** for all other verbs (see Systems 14, note 4, p.117). When it is used on its own (i.e.

not as part of the present or imperfect continuous in conjunction with **stare**), the gerund must refer to the subject of the sentence. Compare the following:

Camminando per strada, ho visto Mina
Walking along the street/As I walked ...
Ho visto Mina che camminava per strada
I saw Mina walking/who was walking ...

In the first sentence the gerund can be used because both verbs refer to the same person. In the second sentence the subject is not the person doing the walking, therefore the gerund cannot be used.

The present or past gerund expresses **cause** and **modality**, as well as the concept *'while/as'*:

Essendo timido, non ha cercato aiuto
Since he was shy he didn't seek help
Avendo perso il treno, sono arrivato in ritardo
Since I had missed the train, I arrived late
Riuscirai solo studiando
You will only succeed by studying
Sbagliando s'impara
You learn by your mistakes (by making mistakes)

See Syst. 18, note 5, p. 217 for more on the gerund.

5   Combining modal and reflexive verbs

ho potuto sposarmi
mi sono potuto/a sposare

The modal verbs **dovere, potere** and **volere** can take either **avere** or **essere** when followed by a reflexive verb in the **passato prossimo**, but the reflexive pronoun changes position:

Ha voluto fidanzarsi
Si è voluta fidanzare
She wanted to/insisted on getting engaged
Abbiamo dovuto fermarci
Ci siamo dovuti/e fermare
We had to stop

Reinforcement 16

A   What had happened?

Say what had happened previously by putting the lettered phrases into Italian and matching them up with the appropriate numbered phrase.

a *I had just bought a house when unfortunately*
b *Since I had not yet signed a contract*
c *I had been sacked*
d *Since I hadn't yet graduated*
e *After I (had) returned from India*
f *I had just finished my studies when*

1 non avevo le qualifiche necessarie
2 mi hanno offerto un lavoro
3 la ditta mi ha trasferito a Milano
4 non avevo voglia di cercare un impiego
5 alla fine non mi hanno offerto il lavoro
6 per cui ero in cerca di lavoro

B   Story of my life

Below is an account of your life to date. Can you complete it using the correct tense?

[*Abitare*] a Cardiff da quando avevo 12 anni. Prima [*vivere*] a Bangor per un paio d'anni, e prima ancora a Londra. Ho fatto l'università a Leeds, dove ho conosciuto mio marito. Quando l'ho incontrato, lui [*studiare*] arte da un anno, e dopo aver preso la laurea, ha trovato subito lavoro. Mi sono sposata prima di finire gli studi e abbiamo avuto un figlio. Dopo un anno ho cercato lavoro e [*essere*] 10 anni che [*fare*] la guida. Nel frattempo, mio marito ha cambiato lavoro: [*essere*] 8 anni che [*lavorare*] per la stessa ditta e aveva cominciato a stufarsi. Per fortuna ha trovato un ottimo impiego con l'aiuto di un vecchio amico che [*conoscere*] da quando era piccolo e adesso siamo tutti e due molto contenti.

C   Before and after

You're finding out about the life history of a couple with whom you are now on **tu** terms.

Ask him:
1 *what he did before becoming a social worker.*
2 *where he used to live before he moved to Milan.*

Ask her:
3 *was she working before she got married?*
4 *what she did after she (had) left school.*

Ask both:
5 *did they used to go out in the evening after having children?*
And now:
6 *thank them for coming.*

D   How and why

Can you answer these questions by using a past or present gerund as appropriate?

e.g.   Perché non sei venuto al cinema?
Mah, [*leggere*] le recensioni, mi è passata la voglia.
Mah, avendo letto le recensioni ...

1 Come mai sei rimasto a casa ieri?
Mah, [*perdere*] le chiavi di casa, mi è stato impossibile uscire.
2 Come ha fatto ad imparare l'italiano?
Mah, con tanta pazienza, [*studiare e frequentare*] corsi.
3 Come mai Sergio non è venuto alla festa?
Mah, [*essere*] un tipo piuttosto lunatico, avrà preferito stare da solo.
4 Come hai fatto ad arrivare così presto?
Ah, ho scoperto che [*girare*] a sinistra dopo il semaforo, e [*prendere*] la traversa dopo il ponte, si fa molto prima.

E   When/as I was ...

Put the sentences below into Italian: in which ones is it not possible to use a gerund?

1 *As I was going to into town, I saw a horrendous (spaventoso) accident.*
2 *When I came out of the cinema I met Gemma and Edda.*
3 *I had been in the bookshop for ten minutes when I saw Emma talking to Michele.*
4 *While I was going along via del Corso I noticed the police stopping cars.*
5 *As I went towards Piazza della Repubblica I saw Sandra coming out of the chemist's.*

F   Alternatives

Find alternatives to the following:
1 Abbiamo dovuto sederci.
2 Si sono potuti divertire.
3 Non ho voluto dimettermi.
4 Non ti sei potuta laureare?

Systems 17

1 Present subjunctive: regular forms

> è essenziale che lo **porti**
> è necessario che lo **legga**
> è importante che lo **apra**
> è meglio che lo **finisca**

The subjunctive mood is a form of the verb used in Italian to convey a variety of attitudes, such as uncertainty, desire, hope and fear.

There are four tenses of the subjunctive: present, perfect, imperfect and pluperfect:

An easy way to form the regular present subjunctive is to begin by changing the **io** form of the present indicative as follows:

	parlare	**vendere**	**dormire**	**finire**
Indic.	parl**o**	vend**o**	dorm**o**	finisc**o**
subj.	parl**i**	vend**a**	dorm**a**	finisc**a**

The full forms are:

io	parl**i**	vend**a**	dorm**a**	finisc**a**
tu	parl**i**	vend**a**	dorm**a**	finisc**a**
lui/lei	parl**i**	vend**a**	dorm**a**	finisc**a**
Lei				
noi	parl**iamo**	vend**iamo**	dorm**iamo**	fin**iamo**
voi	parl**iate**	vend**iate**	dorm**iate**	fin**iate**
loro	parl**ino**	vend**ano**	dorm**ano**	finisc**ano**

Notes:

a) All the singular forms are the same. The context generally makes the subject clear, otherwise the subject pronouns are used.

b) The **noi** forms are identical to the present indicative.

2 Present subjunctive: irregular forms

i) Derived from present indicative io form

> sono contento che **vada** bene
> mi dispiace che non **possa** venire

All verbs with irregular indicative present tense forms have irregular present subjunctive forms. With only a few exceptions their subjunctive is easily formed from the **io** form of the indicative.

infin.	indic.	subj.
andare	vado	vada
dire	dico	dica
dovere	debbo★	debba
fare	faccio	faccia
piacere	piaccio	piaccia
potere	posso	possa
salire	salgo	salga
tenere	tengo	tenga
uscire	esco	esca
venire	vengo	venga
volere	voglio	voglia

★**devo** is more common in the indicative, but the subjunctive is formed from the alternative, **debbo**

Once you have the singular form, it is easy to follow a regular pattern for the rest:

vada	vada	vada	andiamo	andiate	vadano
dica	dica	dica	diciamo	diciate	dicano

ii) Not derived from io form

> mi fa piacere che **stia** meglio
> temo che **sia** troppo tardi

There are a few verbs whose present subjunctive is not based on the **io** form of the present indicative:

avere	abbia	abbia	abbia
	abbiamo	abbiate	abbiano
essere	sia	sia	sia
	siamo	siate	siano
dare	dia	dia	dia
	diamo	diate	diano
sapere	sappia	sappia	sappia
	sappiamo	sappiate	sappiano
stare	stia	stia	stia
	stiamo	stiate	stiano

3 Some uses of the subjunctive (1)

The subjunctive is frequently used in Italian, but its use is becoming increasingly flexible, particularly in the spoken language. Watertight grammatical conditions which demand the subjunctive at all times are becoming fewer and fewer and in many cases the use or not of the subjunctive is a stylistic choice. The following are therefore broad guidelines.

In subordinate clauses:

i) After verbs expressing emotions or feelings

Emotions of pleasure, displeasure, hope, fear, regret, surprise, and expectation generally require the subjunctive:

Mi fa piacere che tu stia qui
Mi dispiace che voi non abbiate più tempo
Che peccato che loro non siano qui
Non mi sorprende che sia in ritardo

ii) After verbs expressing wishes and requests

Verbs such as **volere** or **chiedere** require the subjunctive when the subject of the different parts (clauses) of the sentence are different:

Voglio che lui venga subito
I want him to come at once
Chiede che lei ci accompagni
He is asking her to come with us
Vuoi che paghino direttamente?
Do you want them to pay directly?

iii) After some adjectives and impersonal expressions

Adjectives expressing value judgements often require the subjective:

È necessario/essenziale/importante che ...
È strano/curioso/naturale/normale/meglio che ...

È meglio che telefoni io
È strano che non capisca

Bisogna che, occorre che and **non importa che** require the subjunctive:

Bisogna che imparino molto

Beware: the expressions **è chiaro / ovvio / evidente ... che** do not take the subjunctive.

For further uses, see Syst. 18, note 2, p. 216.

In independent clauses: let ... may ...

Sometimes, instead of being introduced in a subordinate clause by another verb or adjective, the subjunctive is found on its own:

Che facciano quello che vogliono!
Let them do what they want
Che Dio li aiuti! *May God help them!*

4 Present subjunctive referring to the future

spero che **sia** una bella giornata
mi auguro che **vada** meglio

There is no future subjunctive tense and the present subjunctive is used to refer to the future. The context makes it clear:

Spero che riesca a finire il lavoro
I hope he'll manage to finish the work
Mi auguro che faccia bel tempo domani
I hope it will be fine weather tomorrow

However, it is common for the indicative future tense to be used even after phrases which can take the subjunctive:

Spero che riuscirà a finire il lavoro
Mi auguro che farà bel tempo domani

5 The subjunctive is not needed ...

As mentioned already, there are verbs and phrases which only require the subjunctive when the subjects are different in both parts of the sentence:

Teme di essere malato	Teme che Ida sia malata
He is worried **he** is ill	**He** is worried **Ida** is ill
Sono contento di poter venire	Sono contento che tu possa venire
I am pleased **I** can come	**I** am pleased **you** can come
Mi dispiace di essere in ritardo	Mi dispiace che loro siano in ritardo
I am sorry **I** am late	**I** am sorry **they** are late
Voglio venire	Voglio che tu venga
I want to come	**I** want **you** to come

Similarly, in Syst. 16, note 3, p. 210 you saw that **prima di** required an infinitive if the subject was the same in both parts of the sentence. If this is not the case, the subjunctive is used:

Prima di uscire devi cenare	Prima che voi usciate, Marco deve cenare
Before **you** go out **you** must have supper	Before **you** (both) go out, **Marco** must have supper

6 Verbs with two auxiliaries

> **È** migliorata la situazione?
> Non **ha** migliorato la situazione

Certain verbs can be used with either **avere** or **essere**, depending on whether they are being used transitively (i.e. with a direct object), or intransitively (i.e. no direct object).
The most common include: **cominciare / iniziare; finire/ terminare; migliorare / peggiorare:**

> Il film è iniziato alle 21 (*intransitive*)
> La lavorazione dei mosaici è iniziata nel'500 (*intransitive*)
> Ha iniziato a lavorare (*transitive: **a lavorare** is equivalent to a direct object such as **lavoro**)*
> Ho iniziato all'età di tredici anni (*transitive: the direct object is implicit rather than explicit, but is clear he began **something** - i.e. work)*

See Ref.VIIIB, 2, p.257 for a list of similar verbs.

7 A note on the conditional (1)

> Quali **sarebbero** questi slogan?

The conditional can be used to express irritation or scepticism:

> E questo, cosa sarebbe?
> *What's this supposed to be?*
> Come sarebbe a dire?
> *What's that supposed to mean?*

See Syst. 18, note 7, p. 218 for more on the conditional.

Reinforcement 17

A Get cracking

You're always quick to say what needs doing. Use the appropriate subjunctive form:

e.g. Giulio non ha ancora portato i libri?
   È importante che li porti subito!

1 Gina non ha ancora spedito il pacco?
   È essenziale che lo .... oggi!
2 Renzo non è ancora partito?
   È importante che .... adesso!
3 Patrizio non ha ancora letto l'articolo?
   È necessario che lo .... per domani!
4 Silvana non ha ancora mangiato?
   È meglio che .... subito, sai.

B Form it right

Check up on some irregular subjunctive verb forms by completing the sentences:
1 È normale che il governo non [*volere*] pagare.
2 Mi sorprende che tu non [*riuscire*] a studiare.
3 È meglio che lei non [*dire*] troppo.
4 Ho paura che la lettera [*contenere*] brutte notizie.
5 Mi fa piacere che loro [*potere*] venire.
6 Mi dispiace che loro non [*venire*] a trovarci qualchevolta.
Make up sentences of your own, using the 6 phrases above requiring the subjunctive.

C Translate it

Translate the sentences below, using a subjunctive verb:
1 *It doesn't matter that he can't swim.*
2 *I'm afraid that Marta isn't well.*
3 *It's odd that Tiziana has a temperature.*
4 *I want you to give me a hand today.*
5 *I hope that everything is sorted out.* [essere a posto]

D Change the subject

Rewrite the sentences below changing the second subject to the one indicated:

e.g. È contento di rimanere a casa. [*loro*]
   È contento che loro rimangano a casa.

1 Mi fa piacere essere qui. [*Lei*]
2 Carla ha paura di fare tardi. [*loro*]
3 Spero di poter venire. [*voi*]
4 Temo di dover cambiare programma. [*noi*]
5 Prima di uscire, voglio mangiare. [*tu*]

E Which is right?

Pick out the correct auxiliary verb each time:
1 *Ho/sono* cominciato/a a lavorare nel 1981.
2 *Abbiamo/siamo* finito/i.
3 Lo spettacolo *ha/è* terminato/a.
4 La tradizione *ha/è* iniziato/a con i Medici.
5 L'intervento della polizia *ha/è* migliorato/a la situazione.
6 La situazione economica *ha/è* molto peggiorato/a nel 1989.

Systems 18

1 Perfect subjunctive

spero che **abbia finito**
mi dispiace che **sia partito**

This is formed with the present subjunctive of **avere** or **essere**, plus a past participle. Like the indicative **passato prossimo**, it is used to refer to completed actions in the past. It generally occurs after the present, the future or, very occasionally, the **passato prossimo**:

È strano che non abbia telefonato
Partirò la settimana prossima, a meno che non mi abbiano cambiato programma

2 Further uses of the subjunctive (2)

The subjunctive is used in **che** clauses after verbs, adjectives or even nouns expressing:

i) Belief and opinion

Credo/penso che sia un problema
Mi pare/sembra che abbia capito
Ho l'impressione che voglia partire
Immagino che sia molto ricco
Ritengo che debba pagare
È giusto/ingiusto/assurdo/ridicolo che sia così

ii) Degrees of certainty and uncertainty

È probabile / possibile / impossibile / facile / difficile che ...
It's probable / possible / impossible / likely / unlikely that ...

Dubitare requires the subjunctive:
Dubito che partano in tempo

Note that **può darsi che** ... *perhaps/maybe* takes the subjunctive, but not **forse**.

Forse è stanco
but: Può darsi che sia stanco
Indirect questions can also take the subjunctive, usually when preceded by **non so se**..., *I don't know whether*; **mi chiedo perché** ..., *I wonder why:*

Non so se sia stata una buon'idea
Mi chiedo perché non siano venuti

iii) Denial and other negatives

Nega che il marito sia malato
Non è che sia stupido, ma non capisce

Non dico che abbia torto, ma non sono d'accordo
Non è detto che sia il caso

iv) With certain conjunctions

The subjunctive is generally used after the following:

affinché/perché	*so that, in order that*
a meno che (non)	*unless*
prima che	*before*
senza che	*without*
nel caso che/in caso	*should you, if*
benché, sebbene	*although*
nonostante/malgrado	*despite, although*
a condizione che	*on condition that*
a patto che/purché	*as long as*

Ti aspetterò al bar, a meno che tu non voglia venire qui
In caso decidiate di venire, vi lascio l'indirizzo

v) After superlatives and comparatives in relative clauses

When using a superlative adjective before a finite verb (i.e. not an infinitive or gerund), the subjunctive is necessary:

È la cosa più bella che esista
È il libro più interessante che io abbia mai letto
but: È più sensato rimanere che partire

Primo, ultimo, unico, solo, nessun also require the subjunctive before a finite verb, as they can be considered absolutes, hence superlative:

È l'unico che abbia capito
Non c'è nessuno che voglia dare una mano
In comparisons of inequality involving a verb (*e.g. he's less intelligent than he thinks*), the subjunctive is used after **di quanto** (**non**):
È più noioso di quanto si creda

Di quel(lo) che can be used instead, in which case the indicative is used:
È più noioso di quel che si crede

See also Systems 15, note 1iid, p. 122.

You also use the subjunctive in sentences like:
Cerco una segretaria che sappia il polacco
Vorrei trovare degli orecchini che non costino un occhio!
In the examples, the secretary / earrings haven't yet been identified.

vi) After some indefinite adjectives and pronouns

Qualsiasi, qualunque, chiunque, chi can take the subjunctive, but *not* in all cases. See Troubleshooting 19 and 20, p. 194-5 and 209.

3 Notes on the impersonal si

i) Si with verbs

In Book 1, Systems 7, note 5, p.198, you saw that when **si** is used impersonally with verbs, it becomes plural when used with plural objects:

Il libro si vende solo in Italia
but: I libri si vendono solo in Italia

Notes:

a) This is often best rendered by a passive construction:
The book is only sold in Italy

b) On signs you will see:
Vendesi *i.e.* si vende
Affittasi *i.e.* si affitta

c) When a verb used with **si** is in the **passato prossimo**, the auxiliary is always **essere**:
Si è mangiato molto
People ate a lot / a lot was eaten
I libri si sono venduti solo in Italia
The books were only sold in Italy

If the verb normally takes **essere**, the plural (usually masculine) form of the past participle is used even where there is no plural object:
Si è andati presto al mare
People went early to the seaside

ii) Si with adjectives

Because **si** is used in a general sense, it is always considered masculine plural when used with an adjective:
A San Marino si è coscienti della propria identità
In San Marino people are conscious of their identity

Note:

The same applies to other impersonal constructions:
È importante/Bisogna essere pieni di grinta
It's important/necessary to be full of determination
Essere orgogliosi è un conto, essere ostili è un altro
It's one thing to be proud and another to be hostile

iii) Si with reflexive verbs

When **si** is used with third person reflexives, the juxtaposition of two **si** is avoided as follows:

Ci si alza presto in vacanza (*not* si si alza)
Ci si è divertiti a San Marino

For more on **si** with other pronouns, see Ref. IV, 2ii, p. 248.

4 Further uses of the infinitive

The infinitive can be used as a noun, with or without the article (which is always masculine singular). It generally corresponds to the English -ing form:
Viaggiare in aereo diventa sempre più pericoloso
Travelling (to travel) by plane is becoming increasingly dangerous
Il mangiar bene è essenziale alla salute
Eating well is essential for health

Note:

The infinitive is also used as a command or instruction in public notices, recipe books or on packets :
Non sporgersi dal finestrino
Do not lean out of the window
Spingere/Tirare   *Push/Pull*
Friggere   *Fry*
Aprire qui   *Open here*

5 A further use of the gerund

The present or past gerund can be combined with **pur** (**pure**, *also, while*) to mean *although, while*:
Pur **essendo** molto bravo, non ha preso il posto
Riesce a farsi rispettare, pur **essendo** molto affabile
Pur **avendo portato** l'ombrello, mi sono bagnato
Pur **essendo arrivato** in ritardo, è stato ammesso.

Note:

The gerund must refer to the subject of the sentence.

6 Far fare and use of pronouns

In Troubleshooting, constructions with **fare** followed by another verb were dealt with. Any object pronouns are direct when following an infinitive that has no object:

La/lo ha fatto entrare
He showed her/him in
La/lo ha fatto studiare/mangiare
He made her/him study/eat

But the pronouns are indirect when the infinitive has an object of its own:

Le/gli ha fatto studiare il libro/mangiare la pizza
He made her/him study the book/eat the pizza

7 A note on the conditional (2)

The conditional is commonly used in the media to express hearsay or an unconfirmed report. In these cases the Italian simple conditional corresponds to the English present tense.

Il governo non sarebbe disposto a cedere
The government is (reputed to be) unwilling to give in

The past conditional (formed from the conditional of **avere** or **essere** plus the past participle) corresponds to the English past tense. See Ref. VIII D, 4, p. 261.

L'aereo sarebbe caduto in una zona montagnosa
The plane fell (is reported to have fallen) in a mountainous region

Reinforcement 18

A In the past

Rewrite the sentences below to set the action in the past:

e.g. È impossibile che venga.
  È impossibile che sia venuto.

1 Immagino che sia difficile.
2 Dubito che capisca bene.
3 È difficile che riesca a convincerlo.
4 Può darsi che si senta imbarazzato.
5 Non so se si divertano.
6 Mi chiedo perché non voglia venire.
7 È facile che accompagni Maria in macchina

B Odd one out

Which of the expressions in Italics does not require the subjunctive?

1 *In caso/se/nel caso che* decidiate di andarci, me lo fate sapere?
2 *Anche se/sebbene/benché* non abbiano vinto, si sono divertiti.
3 *Può darsi che/è possibile che/forse* Elena abbia sbagliato strada.
4 Puoi stare con noi *purché/a patto che/a condizione che* tu stia zitto.

C I say

When does **dire** need the subjunctive? Try to use the appropriate verb form:

1 Sergio è un tipo corrotto - si dice che [*rubare*] tanti soldi.
2 Tu dici che [*rubare*] in passato?
3 Non dico che [*rubare*], ma non mi fido di lui.
4 Fino a che punto si può dire che [*essere*] un uomo onesto?

D Translations

Can you put the following into Italian?

1 *I want a pen that writes.*
2 *It's the worst film I've seen.*
3 *She's the only one who knows how to swim.*
4 *He's the first one who has ever complained.* [lamentarsi]
5 *They are the nicest children I have ever met.*
6 *He isn't as clever as he thinks.*

E What did people do?

Answer the questions below, following the example:

e.g. Hanno bevuto molto?
  Sì, si è bevuto molto.

1 Hanno preso il sole?
2 Hanno pranzato bene?
3 Hanno venduto molti quadri?
4 Sono partiti presto?
5 Si sono divertiti tanto?

F   Which pronoun?

Choose the appropriate pronoun in each case:

e.g. Nilde è simpatica, fa' *la/le* venire da noi.
   Falla venire

1   Attraversare la strada è pericoloso, fa' *lo/gli*
   guardare bene prima.
2   *La/le* ho fatto capire che lo studio è
   importante.
3   *Li/gli* ha fatti venire.
4   *Lo/gli* ha fatto capire la situazione.

Systems 19

Writing letters (1)

Letter-writing conventions are not uniformly rigid in Italian, but here are some broad examples ranging from the informality of a postcard **(1)** to a formal letter to people you have never met **(4)**.

1 *Angela is writing to Marcello, who is an old friend.*

il tempio della Concordia   23 - 7 - 1993

Caro Marcello,
Questa città è veramente incantevole.   Gent. Sig. M. Ceccato
Sto bene e mi diverto molto.   via Ricasoli 14, int. 11
Salutami Carlo e Mena.   20132 Milano
Bacioni, a presto,
                    Angela

2 *Lucia is writing to a older couple whom she knows quite well to thank them for their hospitality.*

Firenze, 22 agosto 1993

Cara signora Paola e caro signor Giorgio,

Sono rientrata un po' a malincuore a Firenze, perché le giornate passate in vostra compagnia sono state veramente splendide. - È stato bello rivedervi.
Vi ringrazio della vostra ospitalità e spero che mi darete la possibilità di ricambiare la vostra gentilezza l'estate prossima qui da me.
Potreste riferire a Vanessa che le manderò le informazioni che mi ha richiesto non appena possibile? - E vi prego anche di fare i miei migliori auguri a Carla e a Davide: ho saputo che è nato il figlio. Vi ringrazio di vero cuore.
Vi aspetto fin da ora e in attesa di ricevere ogni tanto vostre notizie, vi saluto affettuosamente.

Lucia Pisani

3 *A letter to confirm house-swapping arrangements for the second year: Alison has met the Bianchis, but does not know them well.*

Londra, 2 luglio 1993

Cari signori Bianchi,

Siamo contentissimi di poter ripetere l'esperienza dell'anno scorso.
Siamo stati veramente bene a casa vostra in Calabria lo scorso luglio e spero che anche voi, vi siate trovati bene, qui da noi.
Grazie della lettera nella quale ci comunicate l'orario di arrivo a Heathrow. Se non ci saranno inconvenienti - e traffico permettendo - dovreste essere a casa verso le due, così avrete a disposizione tutto il pomeriggio per potervi sistemare. La chiave è dal signor Lavery, un nostro vicino molto gentile che abita al numero 57.
Troverete i contatori dell'acqua e della luce staccati. In caso non ricordiate dove si trovano, rivolgetevi al signor Lavery.
Vi prego di fare come se foste a casa vostra; usate pure lo stereo, il televisore e anche il telefono. I letti sono tutti fatti, perciò dormite pure dove vi è più comodo.

Spero di non aver tralasciato nulla di importante e che tutto sia chiaro.
Un'ultima raccomandazione: potreste gentilmente dare la chiave al signor Lavery quando partite?
Vi auguro un piacevole soggiorno e vi invio cordiali saluti.

Alison Mayle

4 *John has never met the Espositos, but was put in touch with them by a friend who stayed with them. He is going to attend a course as part of his degree and is writing to confirm his arrival as a paying guest.*

Leeds, il 20 giugno 1993

Gentilissimi signori Esposito,

Sono lieto di apprendere dalla vostra lettera che siete disposti ad ospitarmi il prossimo agosto.
Arriverò a Pisa il 29 luglio alle ore 14 e conto di essere a Firenze nel tardo pomeriggio.
Vi sarei grato di comunicarmi in tempo eventuali problemi circa l'ora di arrivo.
Accludo alla lettera il certificato rilasciato dall'università che attesta la mia iscrizione al corso di laurea di lingua italiana.
In attesa di conoscervi personalmente, invio distinti saluti.

John Willis

1 Addressing the envelope

a there is no punctuation

b the house number comes after the street and flat numbers are either preceded by **int. (interno)** or separated by a line **/**

c the code (**CAP - codice di avviamento postale**) and province are usually given

d c/o is **presso** though **c/o** is now also used

e Common abbreviations are as follows:
Gent. Sig.ri Bruni - *or* Famiglia Bruni
(Gent./Gent.ma = Gentile/Gentilissima)
Gent. Sig.ra e Sig.C.-   *Mr and Mrs*
Gent. Sig.ra e Dott. V.-   *Dr and Mrs*
Gent. Sig./ Gent.ma Sig.ra/ Sig.na -
                        Mr/ Mrs/ Miss
Dott./Dott.ssa -   *Dr (a medical doctor, or anyone with a university degree).*

Note that Mrs comes before Mr/Dr, etc.

2 Beginnings and endings

(i) Where to put your address
In Italian you put the full address on the back of the envelope (preceded by **mitt.= mittente** *sender*), not at the top of the letter iteself. In a private letter the only heading is the date and place name. In the opening greeting, - *Dear Mr...,* etc. - the title is generally written without capitals.

(ii) Writing to close friends and relatives
Common beginnings are:
    Carissimo/a *My dear;*   Caro/a *Dear*

Common endings are:
    Un bacio   *Kisses* ;
    Bacioni   *A big kiss/Lots of kisses*
    Un (affettuoso) abbraccio   *A (big) hug*
    Un caro saluto   *Love*
    Tanti cari saluti/Carissimi saluti   *Lots of love*

Salutoni - literally *a big hello* - is a common greeting on postcards.

(iii) Being on friendly but not intimate terms (letters 2 & 3)
There are various ways of addressing people with whom you are not quite on first name terms:
    Cara signora Paola ... caro signor Giorgio
    Nearest English equivalents: *Dear Paola & Giorgio Bruni*

Cari signori Magnaschi *Dear Mr & Mrs Magnaschi*

Common endings include:
Cari saluti; Affettuosi saluti
Warm regards, Love
Cordiali saluti
Yours; Best wishes Kind regards
They are frequently a little more elaborate:
Vi/ti saluto affettuosamente
La/vi/ti invio cordiali saluti
Con i più cordiali saluti

(iv) Writing to acquaintances or people you have never met (See letter 4)
Some of the most common forms of address are:
Gentilissima/gentile signora/signorina Segni
Dear Mrs/Miss S.
Gentilissimi/gentili signori Mencattini
Dear Mr and Mrs M.
Gentile signora Russo, gentile dottor Russo
Dear Dr and Mrs R
If both recipients are doctors and your letter is fairly formal, you can say:
Gentile dottoressa Renzi, gentile dottor Renzi

Common endings include:
Distinti saluti *Yours sincerely*
They can often be more elaborate:
Invio distinti saluti
Le porgo cordiali/distinti saluti (*quite formal*)

3 Common phrases in correspondence

A Referring back – to a meeting or event

È stato un vero piacere conoscervi
It was a real pleasure meeting you
È stato bellissimo passare il weekend da voi
It was lovely to spend the weekend with you

Over to you …
Find similar phrases in the letters.
Now see if you can say the following:
1 *It was lovely to meet your family*
2 *It was a fun having Carlo to stay* [ospitare]

B Thanking someone

Ti/le sono molto grato/a del libro
I am very grateful for the book
Ti/vi ringrazio vivamente dei/per i fiori
Thank you so much for the flowers

La ringrazio/grazie per tutto quello che ha fatto
Thank you for all you have done
Grazie di tutto *Thanks for everything*
Grazie delle/per le foto *Thanks for the photos*
Grazie per aver mandato le foto
Thanks for sending (having sent) the photos
Grazie per avermi ospitato
Thanks for putting me up
Grazie per essere venuto l'altro giorno
Thanks for coming the other day

When you thank someone for doing, or having done, something you always use the past infinitive: **avere** or **essere** as appropriate with the past participle. See Syst. 16, note 3, p. 210.

Over to you …
Find similar phrases in the letters.

Now try and say the following:
1 *I am very grateful for your help*
2 *Thank you for the books/ a lovely evening*
3 *Thank you for sending me the information*
4 *Thank you for arriving on time*

C Congratulations and good wishes

Felicitazioni per la promozione
Congratulations on your promotion
Le mando (le più) vive congratulazioni per il successo ottenuto
May I warmly congratulate you on your success.
I miei migliori/più cari auguri per la nascita di Simone
Congratulations on the birth of Simone
Auguri di buon compleanno *Happy Birthday*

Over to you …
Are there any similar phrases in the letters?

D Referring to something enclosed

Allego le istruzioni / i documenti
I am attaching the instructions / documents
Accludo la sua lettera / una foto
I enclose his/her letter/ a photo
Ti mando/invio un articolo interessante
I am enclosing/sending an interesting article

Over to you …
Find a similar phrase in the correspondence.
Now say the following:
1 *I enclose a cheque for 50.000 lire*

E Expressing how you feel

Spero di vederti presto   *I hope to see you soon*
Spero di non aver dimenticato nulla
I hope I haven't forgotten anything
Spero che tu stia meglio   *I hope you are better*
Spero che le vacanze siano andate bene
I hope your holidays went well
Ti/vi auguro una bella vacanza
I hope you have a good holiday
Mi è molto dispiaciuto sapere che ...
I was very sorry to hear that ...
Sono rimasto contento di sapere che ...
I was pleased to hear that ...
In attesa di un nostro incontro
I look forward to meeting you
Ti/la/vi aspetto fin da ora
I look forward to seeing you
Non vedo l'ora di partire/vederti
I can't wait to leave/see you
Notice that there is no need for a subjunctive
verb if the subject is the same in both parts of
the sentence. See Systems 17, note 5, p. 214.

Over to you ...
Find some similar phrases in the letters.
See if you can say the following:
1 *I hope to arrive by 3 o'clock*
2 *I hope your mother is better*
3 *I hope I haven't got it wrong [sbagliare]*
4 *I was sorry to hear you can't come*
5 *I am pleased the photographs arrived*

F   Requests

Se questo le/vi crea/dà/arreca disturbo, la/vi
prego di farmelo sapere
Please would you let me know if this is inconvenient
La/vi prego di comunicarmi eventuali problemi
*Please would you let me know if there are any
problems*
Se non arriva la lettera, mi potrebbe avvisare?
If the letter doesn't arrive, can you inform me?
Fammi/mi faccia sapere a che ora arrivi/arriva
Let me know what time you are arriving
Fammelo/me lo faccia sapere appena puoi/può
Let me know as soon as you can
Mi potrebbe comunicare il suo numero di volo?
Could you please let me have your flight number?
Ti/le sarei grato/a di comunicare l'ora di arrivo
*I would be grateful if you would let me know when
you are arriving*

Ti/le sarei grato/a se mi potessi/potesse dire
quando arriverai/arriverà
*I would be grateful if you could tell me when you are
arriving*

Notice that with **ti/le sarei grato se** the
imperfect subjunctive is used: you will mostly
only need the forms **potessi** and **potesse**.
Ti/le sarei grato di tends to be a set phrase,
used mostly with **comunicare.**

Over to you ...
Find some similar phrases in the letters.
Now see if you can say the following:
1 *Let me know if Piero is coming*
2 *Could you please let me have your office phone
number?*
3 *If you are going to be late, please let me know*
4 *I would be grateful if you could turn off the
electricity*
5 *I would be grateful if you would let me have the
necessary information.*

G Passing messages on to other people

Salutami i tuoi/Giorgio
Regards to your parents/ family/Giorgio
Affettuosi saluti ai tuoi/a Giorgio
Love to your parents/family/Giorgio
Auguri a Giulia per l'esame
Best wishes to Giulia for the exam
Ti/la/vi saluta Marianne
Marianne sends her love (to you)
Potresti/potrebbe far sapere a Giorgio che ...
Would you (please) let Giorgio know that ...
A Giorgio, digli da parte mia che ...
Tell Giorgio from me that ...
Potresti/potrebbe chiamarlo/la da parte mia?
Could you ring him/her for me?

Over to you ...
Find similar phrases in the letters.
Now try and say the following:
1 *Regards to everyone*
2 *Would you please tell Giorgio I will write to
him?*
3 *Tell David from me that I am glad he got the job*
4 *Congratulate your daughter on the birth of the
baby*

Systems 20

Writing letters (2)

In most languages, including Italian, writing letters to business and other organisations requires a more formal style and a knowledge of business terminology. Unless you work in business yourself, however, you are unlikely to be proficient at the latter. Below are five letters which cover some common everyday situations in which a knowledge of specific business terminology is not required.

1 A letter to confirm a booking

Spett.le Direzione,
Albergo Miramare,
Viale Kennedy 42,
95121 Catania

Santa Maria a Vico
8 agosto, 1993

Spettabile Direzione,

oggetto: conferma prenotazione
con la presente desidero confermare quanto già concordato per telefono il giorno 7 agosto c.m. Il nostro arrivo è previsto per il giorno 31 c.m. alle ore 10 circa. Il soggiorno è confermato fino al giorno 20 del prossimo mese.
Allego l'anticipo richiesto e in attesa del vostro riscontro, vi porgo distinti saluti,

Carlo Lardaro
Viale Carfora, 30
81028 Santa Maria a Vico
Caserta

oggetto *reference*
quanto = quello che
c.m. corrente mese *inst. - this month*

In the letters which follow, the name and address of the addressee and writers are not included, as they follow the pattern of letter 1.

2 Requesting information: a subscription

Spettabile Redazione,

vi sarei grato se poteste inviarmi la quota dell'abbonamento annuale per 'Panorama', con informazioni sulle modalità di pagamento ed eventuali sconti.
In attesa di una gentile risposta, vi invio i miei più distinti saluti,

3 Requesting further information: renting a house

Egregio signore,

in riferimento all'annuncio apparso sul Times del 25 - 3 concernente case da affittare in Abruzzo, gradirei poter ricevere delle foto a riguardo.
Inoltre, desidererei sapere se le case si trovano in una zona isolata; in qual caso l'utilizzo dell'automobile si renderebbe necessario.
Ringraziandola anticipatamente per la sua cortese attenzione, le porgo i più distinti saluti,

4 Requesting further information: language courses

Spettabile Istituto,

sono interessato ai vostri corsi estivi e gradirei ulteriori informazioni riguardo il programma di studio a livello avanzato. Inoltre, vi sarei molto grato se poteste inviarmi informazioni sull'alloggio presso famiglie private (prezzi, modalità di pagamento, ecc). In attesa di una vostra sollecita risposta, se possibile, a giro (di) posta, invio i più cordiali saluti,

5 Letter to a Tourist Board

Spettabile Azienda,

sono un appassionato di trekking e avendo deciso di trascorrere le mie prossime vacanze a contatto con la natura in montagna, vi scrivo per poter avere informazioni sul vostro Parco Nazionale. In particolare, vorrei sapere se esistono degli itinerari per il trekking; dove sono situati e come sono organizzati. Inoltre, gradirei sapere se esistono nella zona degli alberghi in grado di offrire servizi specifici a bambini e a persone anziane, visto che viaggerò con due bambini piccoli e una signora anziana di settantacinque anni.
Sarebbero gradite anche informazioni su musei, chiese, o monumenti di particolare interesse artistico e culturale.
In attesa di una vostra cortese risposta, porgo cordiali saluti,

I Beginnings and endings

a The addressee's address (**il destinatario**) goes in the top left-hand corner, and the address of the sender (**mittente**) often goes in the bottom right-hand corner. You can add, where necessary, **per la cortese attenzione di** ... *For the attention of ...*

b When addressing a company or organisation, the **voi** form of address is used. In very formal letters capitals are used: **Voi/Vostro/a**.

c Companies or organisations are usually addressed as **Spettabile Ditta/ Direzione/Segreteria/Redazione**, etc., which can be abbreviated either: **spett.le** or **spett.**-*Dear Sir/Madam.*

d Individuals can be addressed as follows: **Egregio signore/ragioniere/direttore**, etc.

There is no feminine equivalent of **egregio** : **Gentile / Gentilissima professoressa / avvocatessa,** etc.

The **Lei** form is used, and in very formal letters capitals are used for the various forms of the pronouns used: **La prego/la Sua lettera**, etc. In informal work relations the formula **Caro/a** plus the surname is sometimes used: **Caro Bianchi,** etc. This may be accompanied by the **tu** form of address.

e Endings vary. There is no exact Italian equivalent of the English distinction between *yours faithfully* (used when you do not address the recipient by name) and *yours sincerely* (used in conjunction with a name)

The following endings are roughly equivalent but the last one is the least formal:

Colgo l'occasione per inviare i più distinti saluti
Voglia/vogliate gradire i miei migliori saluti
Le/vi porgo distinti saluti
Distintamente/ Molto distintamente
Distinti saluti
Le/vi invio/porgo i più cordiali saluti

Other common endings include:
In attesa di una sua/vostra sollecita risposta
Ringraziandola/vi anticipatamente per il suo vostro cortese interessamento
In attesa del suo/vostro riscontro

2 Common phrases in correspondence
A Referring back

In/con riferimento alla sua lettera del 25 c.m.
With regard to your letter of the 25th inst.
In risposta alla sua/vostra (lettera) del 2-3-93
In reply to yours of 2-3-93
Desidero confermare quanto concordato telefonicamente
I should like to confirm our telephone agreement

Over to you ...
Find some similar phrases in the correspondence.

Now say the following:
1 *I should like to confirm our fax agreement.*
2 *With reference to your letter of 9-1 inst.*

B Referring to something enclosed

La ringrazio della sua lettera del ... Le invio in allegato il listino prezzi
Thank you for your letter of ... with price list enclosed
Invio/accludo una busta affrancata con l'indirizzo
I enclose a stamped addressed envelope
Come da Lei/voi richiesto, allego / alleghiamo ...
As requested, I/we enclose ....

Over to you ...
Find any similar phrases in the correspondence.

Now say:
1 *I enclose the documents requested.*

C Apologies

Voglia/vogliate accettare/la/vi prego di accettare le mie scuse per il ritardo
Please accept my apologies for the delay
Mi scuso per l'eventuale disturbo
Sorry to trouble you/I hope/trust this is not inconvenient

In English, the above phrase is often a way of indirectly asking someone to see to your request and in Italian this can be rendered as follows:
Ringraziandola anticipatamente per la sua cortese attenzione, in attesa di una sua cortese/sollecita risposta ...

I trust this is not inconvenient, hoping to hear from you ...

Over to you ...
Check the correspondence for a similar phrase.

Now say:
1 *Please accept my apologies for the incorrect information*

D Requests

Potrebbe/potreste gentilmente inviare il listino prezzi
Would you kindly/be so kind as to send the price list
La/vi pregherei di indicarmi le date del corso estivo
Could you please/possibly tell me the dates of the summer school
Vi pregherei di spedirmi il vostro ultimo catalogo
Would you please send me your latest catalogue
Sarei lieto/a di ricevere il vostro listino prezzi
I would appreciate receiving a price list
Desidererei ricevere il vostro ultimo opuscolo
I would like to receive your latest brochure
Gradirei ulteriori informazioni riguardo ...
I would appreciate/be grateful for further information on ...
Sarebbe/sarebbero gradito/gradite ... un opuscolo aggiornato/delle informazioni.
I would appreciate/be grateful for ... an up-to-date brochure/some information.
Le/vi sarei grato se potesse/poteste mandare la risposta a giro (di) posta
I would be grateful if you could send me a reply by return.

Over to you ...
Pick out similar phrases from the correspondence.

How many ways can you say the following?:
1 *I would be grateful if you could send me an updated price list.*
2 *Could you please send me some information on the National Park?*

Note: with **le/vi sarei grato se**, the imperfect subjunctive is used. see Ref. VIIIF, 3 pp.262–3.

Cultura level 4

*'Piazza d'Italia:
Malinconia'.*
Collezione privata

Questo quadro fa
parte di un ciclo
di opere eseguite
fra il 1912 e il
1915. I dipinti che
fanno parte di
questo ciclo
raffigurano spesso
ambienti
misteriosi e irreali
immersi in spazi
vuoti. Si tratta di
quadri che
appartengono alla
'pittura
metafisica',
movimento di cui
De Chirico è
considerato il
fondatore. Il
movimento – che
mirava a scoprire
quello che esiste al
di là della realtà
fisica – durò poco
più di un
decennio, ma fu
sufficiente a
rendere celebre il
pittore.

*Quali sentimenti
provi a guardare il
quadro? A che cosa
ti fanno pensare il
muro, il treno, la
statua e le ombre?*

Salvatore Quasimodo (1901-68)

Figlio di un ferroviere siciliano, Quasimodo nacque a Modica, in provincia di Ragusa. È considerato uno dei protagonisti più importanti della poesia 'ermetica' e uno dei massimi poeti italiani. Nel 1959, gli fu attribuito il Premio Nobel per la poesia. Da giovane, seguì studi di ingegneria, ma nel 1929 si trasferì a Firenze, dove fu introdotto nell'ambiente letterario fiorentino da sua sorella, moglie dello scrittore Elio Vittorini. Divenne famoso con la raccolta *Acque e Terre*, pubblicata nel 1930.

La poesia di Quasimodo può essere articolata in due fasi: una prima fase in cui i temi dominanti sono quelli della sua terra natale, la Sicilia; e una seconda fase di impegno civile, maturata con l'esperienza della guerra. Le poesie delle raccolte *Ed è subito sera* (1942) e *Giorno dopo Giorno* (1947) appartengono a quest'ultima fase.

Il tema centrale di 'Ed è subito sera' è la solitudine, a cui si aggiunge il senso della brevità della vita e della sua perenne oscurità, appena illuminata per un attimo da un raggio di sole, cioè da speranze e illusioni.

'Alle fronde dei salici', tratta da *Giorno dopo giorno*, testimonia l'impegno civile del poeta, che denuncia gli orrori dell'occupazione nazista.

Quali sono le immagini che ti colpiscono maggiormente nelle due poesie?

Ed è subito sera

> Ognuno sta solo sul cuor della terra
> trafitto da un raggio di sole
> ed è subito sera

Alle fronde dei salici

> E come potevamo noi cantare
> con il piede straniero sopra il cuore,
> fra i morti abbandonati nelle piazze
> sull'erba dura di ghiaccio, al lamento
> d'agnello dei fanciulli, all'urlo nero
> della madre che andava incontro al figlio
> crocefisso sul palo del telegrafo?
> Alle fronde dei salici, per voto,
> anche le nostre cetre erano appese,
> oscillavano lievi al triste vento.

salici	*weeping willows*
le nostre cetre ...appese	*our lyres were hung up, i.e., nobody could sing or write poetry (the lyre is the symbol of poetry)*

Eugenio Montale (1896-1981)

Nato a Genova, Montale si affermò presto negli ambienti letterari genovesi e fiorentini. Apprezzato come saggista, giornalista, traduttore (tradusse TS Eliot) e soprattutto come poeta, Montale ricevette il Premio Nobel per la letteratura nel 1975. Nelle sue prime raccolte – *Ossi di seppia* (1925), *Le Occasioni* (1939) e *La Bufera* (1956), si avverte un profondo pessimismo, alimentato dalla dolorosa consapevolezza della tragedia del vivere e dal rifiuto di ogni vana e illusoria consolazione. La lingua di Montale non è facile; densa e precisa, dai toni quasi discorsivi, è tuttavia ricca di suggestivi simboli.

In 'Meriggiare', (*to spend midday*), che scrisse a vent'anni, è già possibile cogliere la concezione severa che ha della vita. In un paesaggio arido, nell'ora calda di un mezzogiorno estivo, il poeta, che riposa sotto gli alberi all'ombra di un muro, rivolge l'attenzione verso le cose minute – i merli (*blackbirds*), le serpi (*snakes*), le formiche (*ants*) e le cicale (*cicadas*). Montale, nella natura, legge il significato della condizione umana: l'assurdità e il male di vivere, l'impossibilità di raggiungere la felicità – simboleggiata dal muro con in cima 'cocci aguzzi di bottiglia' (*sharp pieces of bottle*).

Leggi ad alta voce la poesia. Secondo te, anche il suono delle parole evoca il paesaggio arido e rovente? Che cosa significano le parole 'schiocchi', 'frusci', 'scricchi'?

Fino a che punto, secondo te, Montale si rassegna all'idea di un'esistenza incomprensibile?

Meriggiare pallido e assorto

> Meriggiare pallido e assorto
> presso un rovente muro d'orto,
> ascoltare tra i pruni e gli sterpi
> schiocchi di merli, frusci di serpi.
>
> nelle crepe del suolo o su la veccia
> spiar le file di rosse formiche
> ch'ora si rompono ed ora s'intrecciano
> a sommo di minuscole biche.
>
> osservare tra frondi il palpitare
> lontano di scaglie di mare
> mentre si levano tremuli scricchi
> di cicale dai calvi picchi.
>
> E andando nel sole che abbaglia
> sentire con triste meraviglia
> com'è tutta la vita e il suo travaglio
> in questo seguitare una muraglia
> che ha in cima cocci aguzzi di bottiglia.

la veccia	*vetch (a plant)*
sterpi	*scrub, dry twigs*
il palpitare ... mare	*the sun's reflection on the sea are like glinting scales*
calvi picchi	*bare mountain tops*
com'è tutta la vita ...	*life consists of ...*
in questo seguitare ...	*following ...*

APPENDIX

Answers

Unit 11 – Practice 1

Best-dressed skier (p. 15)
Mi servono ... dei guanti/degli scarponi/degli occhiali paravento/delle calze. Quali mi consiglia?
Mi serve ... una tuta da sci/un giaccone da sci. Quale mi consiglia?

Colour counsellor (p. 15)
Non comprare quei guanti rosa. Compra invece quelli verdi (rossi, neri, etc).
Non prendere quel maglione viola. Prendi invece quello giallo (marrone, azzurro, etc).
Non provate quegli occhiali paravento dorati. Provate invece quelli neri (rossi, gialli, etc).

Laying down the law (p. 15)
1 non muoverti!   2 non fate chiasso!   3 non interferire!   4 non toccate!

Breathless (p. 16)
1 Masks. The title means 'breathless'.   2 The organs most affected by pollution. Smog damages the bronchials; lead – the brain; exhaust fumes – the throat.

Wordpower 1
Body language - Over to you (p. 18)
1 an arm and a leg.   2 dug his heels in.   3 soaked to the skin.   4 green fingers.   5 my right hand.

Unit 11 – Practice 2

Odd one out (p. 24)
1 il cappello.   2 il sangue.   3 il gambero.   4 il polpo.

Backseat driver (p. 25)
2 Metta le catene per neve!   3 Non sorpassi!   4 Non suoni il clacson!   5 Stia attento/a ai ciclisti!   6 Si fermi e dia la precedenza!

How did you feel? (p. 25)
1 Mi sono annoiato/a.   2 Mi sono arrabbiato/a.   3 Mi sono seccato/a.   4 Mi sono divertito/a.

Social Conscience (p. 25)
1 To give blood. You have to be between 18 and 65 years old.   2 You will feel good and also help create a better society.

Unit 12 – Practice 1

Foreign parts (p. 34)
1 Dove andrai esattamente?   2 Partirai con gli amici?   3 Prenderai l'aereo o il treno?   4 Dovrai trovare alloggio?   5 Starai in un albergo?   6 Quanto tempo rimarrai?

exactly (?)

Dead cert (p. 34)
1 Ma perderete il treno, farete tardi!   2 Ma prenderai freddo, ti ammalerai!   3 Ma ti farai male, ti romperai la schiena!
Che ridicolo! Farai brutta figura e ti vergognerai! Che peccato! Perderete il treno e farete tardi! Sta' attento! Prenderai freddo e ti ammalerai! Non fare il cretino! Ti farai male e ti romperai la schiena!

Unscramble this! (p. 35)
1 prossima.   2 entro.   3 fra.   4 fa.

Sounding out (p. 35)
1 Vorrei sapere se sarai libero la settimana prossima.   2 Fra quanto tempo pensi di saperlo?   3 Quando pensi di arrivare a casa stasera? Ti richiamerò alle nove.   _He probably said:_
1 Non lo so ancora.   2 Lo saprò stasera quando tornerò a casa.   3 Penso di essere a casa entro/per le nove.

Odd one out (p. 35)
1 Israele.   2 la Svizzera.   3 la marcia.   4 l'uva.

Getting round to it (p. 35)
sto per.   come mai.   dammi tu.   ti farebbe comodo.

Changing Europe (p. 37)
1 Economic development; better public services and administration; political stability.   2 A life without frontiers.

Unit 12 – Practice 2

Would you be so kind! (p. 42)
1 Avrei bisogno di un martello.   2 Avrei bisogno di forbici.   3 Avrei bisogno di un ago.   4 Avrei bisogno di dormire.

A change of plan (p. 42)
You will have to change dottoressa Angeli's room booking to dottor Reni and book a double room for ingegner Chiarini who is now bringing his wife.
Also any arrangements for picking them up from the airport on their arrival will have to be changed as they are now coming in on an earlier flight.

Weather forecast (p. 42)
1 Pioverà in Inghilterra e anche in Germania. Farà bel tempo in Italia e in Turchia. Nevicherà sulla penisola scandinava. Sarà nuvoloso in Russia.
2 The bottom report refers to the map.

Green fingers (p. 42)
1 The article refers to autumn and recommends giving plants less water, but treating them with more insecticides and taking off dead flowers and leaves .
2 The main jobs are: deadheading; keeping the plant out of draughts at a constant temperature; treating it for diseases; taking off dead or damaged leaves, reducing watering; no spraying; stopping feeding except those plants which are in flower and will need a potassium-based fertiliser. No repotting is also recommended.
3 The advice makes good sense.

Unit 13 – Practice 1

Advice, please! (p. 52)
a 2.   b 3.   c 4.   d 1.

Try your luck (p. 52)
Buongiorno, vorrei una camera, per favore./Sì, una singola con bagno./Rimango per dieci notti./Ah, non avete per caso una camera doppia per dieci notti?/Va bene, può darmela? (_or_ me la può dare?)/Benissimo, la prendo.

Odd one out (p. 52)
1 una veranda.   2 il pompiere.   3 il cuscino.   4 la vestaglia.

Rip-off (p. 52)
1 Paying 7000 lire for three postcards. 2 Her daughter.
3 Champoluc in Valle d'Aosta. 4 Her daughter's friends.
5 She would have liked to report the shop to the Tourist
Office in Champoluc.

Portofino (p. 53)
Para (a) ✗ , ✔ Para (b) ✔ , ✗ Para (c) ✗ , ✔ Para (d) ✗ , ✔

Wordpower 1 (p. 54)
4 - beforehand.

Over to you (p. 54)
1 in ritardo. 2 tardi. 3 presto. 4 in anticipo.
1 (a) in ritardo. (b) tardi. 2 (a) presto. (b) in anticipo.

The right word for the right situation – Over to you (p. 54)
1 restaurant. 2 premises. 3 the slow train. 4 space/hole.
5 stairwell. 6 vain. 7 verses. 8 environment.

Unit 13 – Practice 2

Flying the nest (p. 59)
You could ask: Ti è piaciuta l'Umbria? Ti è piaciuto il
centro/il posto? Ti sono piaciuti i corsi?
Ti interessi della natura?/Sei un appassionato della natura?
Sei interessato al teatro/alla ceramica?

How did it go? (p. 60)
Dove sei andato precisamente?/E ti è piaciuto?/
Ti sono piaciuti?/Bene, e di che cos'altro ti interessi?

Your kind of holiday (p. 60)
1 (a) cruises. (b) camping.

Leave it to us (p. 61)
1 Those who know how to go round the world know where
to stop. (a) 2 (b) 3 That you won't have to go completely
native. 4 Evocative.

Dream come true (p. 62)
1 The Far East in winter 2 Some selling points: you will see
old and modern facets of 20 countries; the cruise is exclusive
and will take you where few have been in great comfort.
3 No, it is only metaphorically a jewel. 4 It appeals to the
romantic spectator of exotic cultures. The use of the phrase
'sfilerà davanti ai vostri occhi' and the future tense has the
effect of reassuring potential travellers that they will see a great
deal, but effortlessly, because every detail has been taken care
of in advance.

Wordpower 2
Multiple meanings (p. 62)
1 stay or sojourn. 2 residence (permit). 3 living room.
4 retirement. 5 hotel; full-board. 6 goalkeeper.
7 porter. 8 country. 9 village. 10 sent to hell.
11 same the world over.

Over to you (p. 62)
4 10 and 11

Unit 14 – Practice 1

Heirlooms (p. 71)
(a) Di chi è? (4) (b) A quando risale? (2) (c) Di che cosa
è fatto? (5) (d) Di chi era? (3) (e) È molto vecchia? (1)

(f) I pedali, a che cosa servono? (6)

Conversion (p. 71)
1 Le pareti sono state abbattute. 2 I pavimenti sono stati
sabbiati e verniciati. 3 Il camino è stato pulito è restaurato.
4 Ho fatto costruire una finestra nuova. 5 Ho fatto riparare
il tetto.

Valuation (p. 71)
1 Il gravicembalo dates from 1787 and comes from Parma;
the chest of drawers dates from the middle of the eighteenth
century and comes from Piedmont.
2 The chest of drawers.

Si comincia così (p.73)
1 Art restorer. 2 You can get a diploma course from a
recognised college or start as an apprentice. 3 The minimum
age requirement is 15 years and it only applies to the
apprenticeship.

Una vita, una storia (p. 73)
1 When she started learning; how it went at first; how she got
on with clients; what are the pros and cons.
2 In three years she has changed form being a full time wife
and mother to being an art restorer.
3 (a) She started when she was 28, in Rome. It took her 10
years to learn the trade working in the studio of a famous
restorer and taking courses. (b) When she wasn't needed
full time by her family she decided to set up her business; she
attracted clients by working in antique markets where people
could see what she was doing and how well she did it.
(c) Yes, the advantages do outweigh the disadvantages.

Unit 14 – Practice 2

Doomsday (p. 78)
1   Sono state distrutte/bombardate.
    Guernica è stata distrutta/bombardata dai tedeschi.
    Coventry è stata distrutta/bombardata dai tedeschi.
    Dresda è stata distrutta/bombardata dagli inglesi.
2   Sono stati bruciati vivi: Giovanna d'Arco è stata bruciata dagli
    inglesi.
    Girolamo Savonarola è stato bruciato vivo dai Borgia.
    Giordano Bruno è stato bruciato vivo dalla Chiesa.
3   Sono stati assassinati.
    Leon Trotsky è stato assassinato da un giovane stalinista.
    Giovanni Falcone è stato assassinato dalla Mafia.
    Pietro Borsellino è stato assassinato dalla Mafia.

That was the year that was (p. 78)
1 Quando sono stati costruiti il Palazzo Carignano e la
Cappella della Santa Sindone? (1679; 1668). 2 Quando è
stato fondato il Museo Egizio? (1824). 3 Quando è stato
aperto il primo parlamento a Torino? (1848). 4 Quando è
stato dipinto La nascita di Venere? (1484). 5 Quando è stato
inondato il Ponte Vecchio? (1966). 6 La Galleria degli
Uffizi, quando è stata danneggiata da una bomba? (1993).

Guide for the day (p. 78)
L'Abbazia e il Palazzo di Westminster
1 L'Abbazia fu fondata nel'100, all'epoca in cui l'Inghilterra fu
conquistata dai normanni. 2 Fu ricostruita nel'200 e
nel'700. 3 Fino al'500 i re e le regine d'Inghilterra hanno
abitato nel palazzo. 4 Molte persone famose sono sepolte
nell'abbazia.

La Torre di Londra
1 Molte persone famose sono state incarcerate nella torre.
2 È il posto in cui i gioielli della Corona sono custoditi.
3 Fino al 1831 ci tenevano animali selvatici, come i leoni.

Disaster in Florence (p. 79)
1 **(a)** A bomb went off in Florence. **(b)** Five people died and the Uffizi Gallery was damaged. **(c)** In Italy there have been lethal bomb attacks in the past.
2 **(a)** The Accademia dei Georgofili was completely destroyed. **(b)** It was one of the oldest institutions in the world where one could study agrarian science.
3 **(a)** The flood; the most famous work of art lost was the Crucifix of Cimabue. **(b)** The Uffizi was built in the sixteenth century by Vassari. **(c)** Yes.

Wordpower
A few false friends (p. 80)
1 floor/pavement. 2 cellar/cafeteria.

Over to you (p. 80)
1 what is known as. 2 so-called.

Similar word, different gender – Over to you (p. 80)
1 bust/envelope. 2 sheet/leaf. 3 bench (desk)/bank.
4 (political) party/game (match). 5 purpose/end (finish).

Unit 15 – Practice 1

How about it? (p. 90)
1 (b). 2 (a). 3 (d). 4 (c).

What's on? (p. 90)
1 Pubs; discotheques; tea rooms; karaoke clubs; disco/piano/wine/cocktail bars; beer houses; dance-halls.
2 **(a)** Four Green Fields and Shawerma. **(b)** Henry Cow and Il Porticciolo. **(c)** Shawerma. **(d)** The Seaman's Country Pub.
3 (a) Safari. **(b)** Piper on Friday nights. **(c)** Piper, Scarabocchio, Vanity Disco Club.
4 **(a)** Bibelot Dolci. **(b)** Bibelot Dolci. **(c)** Babington.

Inside information (p. 91)
1 C'è tanto traffico quanto a Londra? 2 Gli affitti sono altrettanto alti? 3 A Roma c'è tanta delinquenza quanta a Londra? 4 Ci sono altrettanti problemi sociali?
5 È altrettanto difficile trovare scuole buone? 6 Si spende altrettanto per divertirsi?

New releases (p. 91)
1 2. 2 **(a)** Ricky e Barabba. **(b)** L'ultimo dei mohicani. **(c)** Sognando la California. **(d)** Il danno. 3 **(a)** And they cross America in a battered old car, sleeping under the stars. **(b)** by chance ... hard times. **(c)** to do without. **(d)** he is imprisoned for letting some American settlers escape.

Long weekend (p.92)
Venerdì mattina potremmo visitare il castello, oppure andare a Holyrood Palace. Altrimenti potremmo fare la spesa a Princes Street. Nel pomeriggio potremmo visitare la città nuova, oppure andare al Museo Nazionale di Antichità. Dopo potremmo/si potrebbe cenare in centro oppure visitare un pub in George Street. Sabato mattina potremmo scalare Arthur's Seat nel parco di Holyrood, oppure visitare i quartieri di Greyfriars e Grassmarket. Domenica, oltre a visitare la città, potremmo fare una gita. Potremmo/si potrebbe visitare la casa di Sir Walter Scott ad Abbotsford, oppure vedere l'abbazia di Melrose. Altrimenti potremmo visitare il castello di Craigmillar.

Wordpower 1
Over to you (p. 92)
1 fantastico. 2 straordinario. 3 simpatica. 4 tipico.
5 squisito. 6 magnifico. 7 interessante. 8 affascinante.

Unit 15 – Practice 2

Any vacancies? (p. 96)
1 **(a)** Patrizia is 26 years old and has a degree in electrical engineering. Enzo is a biologist and is 28 years old. Alessandro is 28 years old and has a degree in economics and commerce. Eleonora ia 25 years old and has recently graduated in business economics. **(b)** Eleonora. **(c)** in an established/reputable company; at university; good knowledge of English; specialisation in organization. **(d)** seeks professional position in a reputable company; will consider offers of work; seeks employment (offers himself).
(e) Patrizia wants a position in a reputable company where she can use her electrical engineering skills; Enzo wants to work as a researcher in a pharmaceutical company; Alessandro is looking for work in banking or insurance; Eleonora would like to use her management and linguistic qualifications.

Youthful values (p. 96)
1 Which do you consider are the most serious social problems at the moment? What do you want out of work?
2 the difficulty in finding work.
3 **(a)** an interesting and stimulating job. **(b)** money.

Work ethic (p. 97)
1 working hours, income, readiness to change jobs, career expectations.
2 Cecilia can work anything from nine to twelve hours depending on whether she is working in the office or shooting an advert. She works so hard because she enjoys her work. Andrea works from nine to five and never takes his work home with him.
3 Cecilia doesn't earn a lot, although she could earn more if she wanted to, but she has enough for her needs at the moment and does the work mainly because she enjoys it. Andrea has a modest income and also feels he has enough for his needs. He prefers to have lots of leisure time rather than a big salary. As he says, what is the point of having so much money if you don't have the time to spend it?
4 Cecilia would move only if the job on offer was more stimulating or could teach her something new or give her more experience. She would not move for money alone. Andrea would only move if the job offered was in a town where he wanted to go and live. He wouldn't move just to further his career or for more money.
5 No, not very much.

What's in store? (p. 98)
1 (e). 2 (d). 3 (a). 4 (c). 5 (b). 6 (f).

Wordpower 2
Over to you (p. 98)
disappointing; polite; awful.
1 soddisfacente. 2 facile. 3 bassi. 4 buono.
5 rilassante. 6 educato.

Systems level 3

Reinforcement 11

A Home alone (p. 103)
1 Chiudi il portone a chiave (Chiudete). 2 Pulisci il bagno (Pulite). 3 Butta la spazzatura (Buttate). 4 Innaffia le piante (Innaffiate). 5 Rispondi al telefono, prendi tutti i messaggi, stai attento/a a scrivere i nomi (Rispondete, prendete, state attenti/e). 6 Dai da mangiare al gatto (Date). 7 Tieni tutto in ordine! (Tenete).

B Common sense (p. 103)
1 Ascoltalo allora! 2 Guardali allora! 3 Provale allora! 4 Aspettala allora! 5 Cercala allora! 6 Ma certo, chiedilo!

C Say cheese! (p. 103)
1 Mettetevi a sedere. 2 Alzatevi. 3 State fermi. 4 State zitti. 5 Sorridete. 6 Ascoltatemi. 7 Abbiate pazienza.

D Small talk (p. 103)
1 Si accomodi. 2 Provi. 3 Si serva. 4 Beva. 5 Prenda. 6 Passi. 7 Dia. 8 Faccia. 9 Senta; porti. 10 Stia.

E Stop it! (p. 104)
1 Per piacere, non urlate. 2 Per piacere, non piangere. 3 Per piacere, non fate confusione. 4 Per piacere, non prendetelo in giro. 5 Per piacere, non parlargli di queste cose. 6 Per piacere, non preoccuparti tanto.

F Bloody-minded (p. 104)
1 Io invece non mi sono svegliato/a di buon'ora.
2 Io invece non mi sono tolto/a le scarpe.
3 Io invece non mi sono addormentato/a tardi.
4 Io invece non mi sono sporcato/a le mani.
5 Noi invece non ci siamo messi/e i guanti.
6 Noi invece non ci siamo lavati/e il viso.

G Tear-jerker (p. 104)
Nadia e Michele si sono incontrati all'università e si sono innamorati subito. È stato il colpo di fulmine. Dopo un anno Nadia si è laureata e ha trovato un lavoro, ma Michele ha smesso di studiare e si è messo a fare la bella vita. Nadia si è arrabbiata e ha deciso di lasciarlo. Allora Michele si è rimesso a studiare, si è laureato e si è trovato un lavoro anche lui. Si sono sposati e hanno avuto un figlio. Nadia ha smesso di lavorare e si è dedicata al bambino. Ma si è trovata troppo sola e si è lamentata molto. I due hanno cominciato a litigare, la vita è diventata veramente impossibile e alla fine si sono separati. Nadia si è risposata, ma il povero Michele non ha potuto vivere senza la famiglia, è diventato tossicodipendente e alla fine si è suicidato.

H Star laws (p. 104)
accetterò; risolverò; controllerò; non perderò; mi concederò; farò; starò; sentirò; non provocherò; sarò; non uscirò.

I Aches and pains (p. 104)
1 gli ... gli... 2 si ... le ... 3 gli ... gli ... 4 si ... le ...

Reinforcement 12

A Doomwatch (p. 108)
1 scompariranno. 2 sarà. 3 cambierà; diventerà. 4 si diffonderà. 5 scopriranno. 6 potranno. 7 sconfiggerà. 8 sarà. 9 rimarrà.

B Multiple choice (p. 108)
1 festeggeranno. 2 mangerò. 3 pagheremo. 4 giocherò. 5 cominceranno. 6 farai; rimarrai. 7 terremo; berremo. 8 dirò; verrò.

C That's definite (p. 108)
1 verrà. 2 rimarrà. 3 si terrà; berremo. 4 vorranno.

D Hunches (p. 109)
1 Il marito avrà almeno cinquant' anni. 2 Sarà pittore o musicista. 3 La moglie si occuperà di teatro. 4 Avrà i capelli tinti. 5 Saranno molto ricchi.

E Reunion (p. 109)
non andrò/non vado. rimarrò/rimango. verrà/viene. farò/faccio.

F If that's OK... (p. 109)
1 telefonami/telefonatemi (chiamami/chiamatemi). 2 fallo subito/fatelo subito. 3 dalle/datele il mio numero di telefono. 4 vacci/andate lì subito. 5 dagli/dategli una mano.
Using Lei: 1 mi telefoni/chiami. 2 lo faccia subito. 3 le dia il mio numero di telefono. 4 ci vada subito. 5 gli dia una mano.

G Cop-out (p. 109)
1 pagherei. 2 scriverei. 3 pulirei. 4 spiegherei. 5 mangerei. 6 berrei. 7 farei.

H Consequences (p. 109)
1 Il mio partner si offenderebbe/si ubriacherebbe. 2 I miei genitori si arrabbierebbero/sarebbero depressi. 3 I miei bambini protesterebbero/si arrabbierebbero. 4 I miei nonni si divertirebbero. 5 Il mio amico nuovo si annoierebbe.

I Frustration (p. 110)
1 non me lo dici? 2 non me lo fai vedere? 3 non ce lo dai? 4 non ce lo spieghi? 5 non me lo leggi? 6 non me lo pulisci?

J It's all yours (p. 110)
1 Se ti serve la macchina te la do domani. 2 Se vi serve la lavatrice ve la regalo. 3 Se vi serve il computer ve lo presto volentieri. 4 Se ti servono i dischi te li porto domani. 5 Se ti servono le cassette te le mando stasera. 6 Se vi servono i giornali ve li do subito. 7 Se vi servono le stoviglie ve le presto senz'altro.

K Change it round (p. 110)
1 Te la posso dare domani/Posso dartela domani. 2 Ve la posso regalare/Posso regalarvela. 3 Ve lo posso prestare volentieri/Posso prestarvelo volentieri. 4 Te li posso portare domani/Posso portarteli domani. 5 Te le posso mandare stasera/Posso mandartele stasera. 6 Ve li posso dare subito/Posso darveli subito. 7 Ve le posso prestare senz'altro/Posso prestarvele senz'altro.

L Settling in (p. 110)
1 Ti ci sei abituata davvero? 2 Ci tieni molto davvero? 3 Ci tieni tanto davvero? 4 Ci pensi davvero?

Reinforcement 13

A So how did you like it? (p. 113)
1 A me è piaciuta soprattutto la gente e ai miei bambini è piaciuta la pesca subacquea. 2 A me è piaciuto soprattutto il

paesaggio e a mio figlio è piaciuta la vita notturna.   **3** A me sono piaciuti soprattutto i costumi tradizionali e a mia figlia sono piaciuti i mercati.   **4** A tutti è piaciuto il cibo e a me è piaciuto soprattutto il pesce.   **5** A mio marito è piaciuto fare lunghe passeggiate e a me è piaciuto prendere il sole.

B What did you say? (p. 114)
1 Senta, i bagagli, me li/ce li può portare su?   **2** Senta, la chiave, me la/ce la può dare?   **3** Scusi, le lenzuola, me le/ce le può cambiare?   **4** Scusi, l'ora della partenza, me la/ce la può dire?   **5** Scusi, i francobolli per la Gran Bretagna, me ne/ce ne può dare?

C Make up your mind (p. 114)
1 glielo.   **2** glielo.   **3** ve lo.   **4** te lo.

D Never mind! (p. 114)
1 Non importa, gliene compro un altro.   **2** Non importa, gliene do un'altra.   **3** Non importa, gliene presto un'altra.   **4** Non importa, gliene regalo un altro.

E Who is it for? (p. 114)
1 gliela.   **2** gliele.   **3** glieli.   **4** glielo.

F Will they or won't they? (p. 114)
1 te lo.   **2** se le.   **3** ve li.   **4** te li.   **5** te la.   **6** se le.   **7** se lo.   **8** ve la. [me la, ce la *or* gliela *also make sense*]

G Lo, la, li, le or ne? (p. 115)
1 Sì, l'ho visto./Sì, cosa ne pensi?   **2** Sì, li ho letti./Sì, cosa ne pensi?   **3** Sì, ne ho proprio bisogno./Sì, le ho comprate ieri.   **4** Sì, ne ho ancora bisogno./Sì, l'ho ricevuta ieri.   **5** Sì, lo so./Sì, me ne rendo conto.   **6** Anna li manda./Anna se ne occupa.

H Favours (p. 115)
1 Elio, spegneresti il televisore? (spegnerebbe).   **2** Corrado, apriresti la finestra? (aprirebbe).   **3** Chiudereste la porta? (chiudereste).   **4** Comprereste il giornale? (comprereste). *The voi form is used for the plural* Lei *as well as for* tu.

I Would, should, could, might (p. 115)
1 could (permission); ought to (obligation).   **2** should (probability); ought to (obligation).   **3** would (wishes); might (vague possibility).   **4** could (definite possibility); ought to (obligation).   **5** would (wishes); could (permission).   **6** would (wish); could (permission).

Reinforcement 14

A Period home (p. 119)
1 È stata ristrutturata nel 1973.   **2** Le pareti al pianterreno sono state abbattute.   **3** Il camino è stato restaurato.   **4** Gli infissi sono stati rinnovati.

B Further improvements (p. 119)
1 Il tetto sarà/verrà riparato.   **2** La cucina sarà/verrà rifatta.   **3** Le pareti saranno/verranno tappezzate.   **4** I soffitti saranno/verranno imbiancati.

C All included? (p. 119)
1 No, le finestre vengono pulite.   **2** No, la biancheria viene lavata.   **3** Sì, le piante vanno innaffiate.   **4** Sì, il telefono va pagato.

D Have you got it? (p. 119)
1 Non ce l'ho – è andato/a perso.   **2** È rimasto molto deluso.   **3** Sono rimasti uccisi.   **4** Ieri, mi sono fatto/a tagliare i capelli.

E Metamorphosis (p. 120)
1 Prima ci andava spesso.   **2** Prima giocava spesso.   **3** Prima usciva spesso.   **4** Prima sorrideva spesso.

F Memory lane (p. 120)
Il venerdì finivo il lavoro alle tre. Avevo sempre sete dopo, per cui bevevo un bicchiere d'acqua minerale al bar, poi prendevo il tram e tornavo a casa. Poi preparavo un paio di panini per fare merenda e aspettavo Gaetano. Arrivava sempre in ritardo. Mi chiedeva di scusarlo, poi quando vedeva i panini, mi diceva che ero un angelo! Non riuscivo ad arrabbiarmi quando mi faceva i complimenti! Insomma, alla fine uscivamo e andavamo nel bosco. Gaetano proponeva di andare fino al fiume, ma gli dicevo che era troppo lontano.

G Witness (p. 120)
1 Stavo servendo un cliente/servivo un cliente.   **2** No, stavano correndo/correvano tanto rapidamente.   **3** Sì, portava una camicia rossa.   **4** Stavamo giocando a carte e bevendo vino/giocavamo a carte e bevevamo vino.

H Avere or essere? (p. 120)
1 ho.   **2** hanno.   **3** ha.   **4** è.   **5** è.   **6** ha.

I Who do you mean? (p. 120)
1 Antonella è una simpatica ragazza per cui facevo molte cose.   **2** Arrigo e Nina sono i proprietari del negozio in cui lavoravo.   **3** Il signor Binni è un bravo professore da cui imparavo molto.   **4** Sono ragazzini simpatici a cui davo spesso delle caramelle.

J No luck (p. 120)
1 Purtroppo il signore a cui piaceva il quadro non l'ha comprato.   **2** Purtroppo i giovani a cui piacevano i dischi non li hanno comprati.   **3** Purtroppo la coppia a cui piaceva la poltrona non l'ha comprata.   **4** Purtroppo le ragazzine a cui piacevano le collane non le hanno comprate..

K Historical quiz (p. 121)
1 È l'anno in cui Martin Luther King è stato/venne assassinato.   **2** È il giorno in cui l'anniversario della liberazione d'Italia è/viene festeggiato.   **3** È il luogo in cui sono sepolti gli ex-re d'Italia.   **4** Ecco la ragione per cui il continente ha preso il suo nome, a partire dal 1507.   **5** Questo è il motivo per cui in italiano si chiama mongolfiera.

Reinforcement 15

A Fair-minded (p. 124)
1 Il Tamigi è altrettanto inquinato./Il Tamigi è inquinato quanto il Tevere.   **2** Il Museo Vaticano è altrettanto interessante./Il Museo Vaticano è interessante quanto il British Museum.   **3** Londra è altrettanto caotica./Londra è caotica quanto Roma.   **4** A Londra si spende altrettanto./A Londra si spende tanto quanto a Roma.

B Dim view (p. 125)
1 È stupido come/quanto la figlia.   **2** È ficcanaso come/quanto la cognata.   **3** È scontroso come/quanto la nonna.   **4** È scemo e antipatico come/quanto i padroni.

C Big-headed (p. 125)
1 Manlio ha capito (tanto) quanto te/ha capito altrettanto bene.   2 Loro hanno fatto tanti progressi quanto voi/hanno fatto altrettanti progressi.   3 Lei ha ottenuto voti buoni come i tuoi/ha ottenuto voti altrettanto buoni.   4 Sandra ha imparato i verbi tanto rapidamente quanto voi/ha imparato altrettanto rapidamente..

D Does Rome have more to offer? (p. 125)
eg A Londra ci sono tanti parchi quanti a Parigi?
A Madrid i trasporti pubblici sono (così) buoni come a Roma?

E Get better soon! (p. 125)
1 Più ti preoccupi, peggio è.   2 Meno lavori, meglio è.
3 Meno mangi, meglio è.   4 Più ci pensi, peggio è.

F Reserve judgement (p. 125)
1 Te lo dirò quando l'avrò mangiata.   2 Ve lo dirò appena l'avrò sentito.   3 Glielo dirò appena l'avrò assaggiato.
4 Te lo dirò quando ci sarò stato/a.

G Adamant (p. 125)
1 Non farò niente fino a quando non sarai pronto.   2 Non voglio parlargli fino a quando non si scuserà/non si sarà scusato.   3 Non lo chiamerò fino a quando non avremo mangiato.   4 Non ho intenzione di discuterlo fino a quando non l'avrà letto.

H Back-pedal (p. 125)
1 Quando troverò l'articolo, te lo darò.   2 Appena lo vedrò, gli dirò di chiamarti.   3 Se vorrai migliorare il tuo inglese, ti potrò aiutare.   4 Quando ci andrai tu, verrò anch'io.

I If and when … (p. 126)
1 Se vieni, porta un maglione.   2 Se sei pronto, vieni subito.
3 Quando sei pronto, fammelo sapere.   4 Quando l'avrai finito, potrai restituirmelo/me lo potrai restituire?
5 Quando avrai prenotato, ti dispiace telefonarmi/chiamarmi?

J What can have happened? (p. 126)
1 Si sarà abbronzato.   2 Si sarà divertito.   3 Avrà incontrato della gente simpatica.   4 Mi avrà dimenticato?

K I've done it already (p. 126)
1 Ne ho già mangiata un po'.
2 Ne abbiamo già parlato. [no agreement]
3 Perché ne ho già prese un po'.
4 Ne ho già comprati.

L I did it yesterday (p. 126)
1 Gliel'ho spiegata ieri.
2 Glieli abbiamo restituiti ieri.
3 Me ne sono lamentata ieri. [no agreement]
4 Me le sono comprate ieri.

Unit 16 – Practice 1

Odd one out (p. 137)
1 un dipendente.
2 essere … promosso/assunto.
3 la restaurazione.

Milestones (p. 137)
1 Sono nato/a a —— (place) , il —— (date, month, year).
2 Sono andato/a a scuola a —— (place) fino al —— (date/year).
3 Ho conosciuto mia moglie/mio marito a —— (place).
4 Ho sempre abitato/vissuto/a —— (place).
5 Avevo —— (number) anni quando ho finito la scuola/terminato gli studi; quando ho cominciato/finito di lavorare; mi sono sposato/a; ho divorziato; ho avuto figli.

Che cosa c'è di nuovo? (p. 138)
1 Experts predict that between now and the year 2000 many new professions and new business opportunities will develop.
2 (a) Media/PR; teaching and training; entertainment.
(b) Tourism and leisure.   (c) Health, welfare and the environment.   (d) Industry.   (e) Information technology.
(f) Agriculture.

Mettersi in proprio (p. 138)
1 (a) paper.   (b) since she was a child.   2 She worked in publishing, for a commercial television company and in advertising.   3 She didn't find it satisfying.   4 She did a course at the National Paper Museum in France.   5 The paper used for her products is handmade and contains flowers, petals, leaves and twigs.

Farsi avanti (p. 139)
1 Carla was promoted and Elisabetta changed her job.
2 (a) After three years she couldn't stand spending eight hours a day in front of a computer screen. She wanted to use her skills and do something useful.   (b) She told her boss how she felt and asked for an alternative job.   (c) She found a more satisfying, better-paid job in the complaints office.
3 (a) Elisabetta was working for a pittance as a telephonist, but doing all sorts of other jobs and being forced to do unpaid overtime. Her boss ignored her complaints.   (b) She resigned and found another job in a large hotel with better hours, more money and paid overtime.   (c) She's very happy especially as she is taking a course so that she can become a receptionist.   4 (a) dopo; già; fino a; fa; dopo aver … tentato.   (b) e poi; così; tanto che; in realtà; almeno; inoltre; insomma.

Unit 16 – Practice 2

Cuori solitari (p. 144)
1 respectability; reasonable financial position; kindness/affection/good manners. Attractiveness is less frequently cited.

Relating to others (p. 144)
Mi trovo proprio bene con mia nonna.   Voglio proprio bene al mio fidanzato/alla mia fidanzata.   Mio cugino/mia cugina mi è tanto simpatico/a.   Vado molto d'accordo con i miei colleghi.   Sono tanto affezionato/a a mio nonno.
Il mio professore mi è proprio antipatico.

Il partner ideale (p. 144)
1 Both men and women rate sincerity and intelligence most highly, although more men than women want an intelligent partner. And both put health and beauty at the bottom of their requirements. Women are more concerned that their ideal partner should be generous and protective, while men are more concerned than women that their partners should be passionate and resourceful.

Understanding neighbours (p. 146)
1 Sì, infatti. Siccome la musica piaceva ai miei genitori, ho studiato al Conservatorio.   2 Sì, infatti. Dato che mia madre

si era ammalata, ho interrotto gli studi. **3** Sì, infatti. Visto che non mi piaceva il mio lavoro, ne ho cercato un altro.

Wordpower 2
Describing people: animal idioms (p. 146)
1 eagle/clever. **2** screech-owl/flirtatious. **3** whale/fat. **4** elephant/good memory. **5** ant/industrious. **6** dormouse/deep sleeper. **7** cockerel/a charmer, male flirt. **8** mule/obstinate. **9** bear/grumpy. **10** parrot/womaniser. **11** wolf/cunning. **12** mosquito/tiresome.

Unit 17 – Practice 1

Helping hand (p. 155)
1 Vuole che le dia una mano con i bagagli? **2** Vuole che le faccia un caffe? **3** Vuole che apra la finestra? **4** Vuole che venga con Lei? **5** Vuole che le scriva i numeri?

Odd one out (p. 155)
1 i saldi. **2** la fine, la metà. **3** l'astinenza. **4** un orfanotrofio.

Solidarity (p. 156)
1 The article is about voluntary aid and the feature is devoted to all the associations and groups involved in voluntary activities. **2 (a)** The Quavio Association helps cancer victims in the home. Maria Deganello is organizing a collection for an orphanage in southern India which needs equipment. And the Pro Juventute Don Carlo Gnocchi Foundation does research into new aids for disabled people. **(b)** The first and third organizations need donations of money, but the second wants things such as clothing, shoes, non perishable foodstuffs, books and soap. **3 (a)** CIFFRE helps disabled children and their families. **(b)** It offers support, information and advice to the children and those close to them. **(c)** Teachers and parents are particularly involved so that they can receive basic information to help them assist those who are actually handicapped in school and at home.

Complaints column (p. 157)
1 (a) Readers get in touch because they see laws being abused or disregarded. **(b)** 'Epoca' will identify those responsible for the problems raised and will ensure explanations are published. **2 (a)** iii **(b)** ii. **3** The woman is complaining that the price of fish is too high. **4** (b). **5** So why is a publicity campaign being launched and paid for by a public body for a product which cannot widely be consumed? **6 (i)** in order to; (*Although there is increased demand for Mediterranean fish its production must be limited in order to protect the sea as a whole*). **(ii)** this is why; (*Alternative ways of raising fish at present amount to 11 per cent of production and will be developed to account for 25 per cent*). **(iii)** one must bear in mind; (*In non-EC countries lower wages and less spent on conservation make fish cheaper than in Italy [ie affect the price less]*). **(iv)** it should not be forgotten (*Mediterranean fish is superior to imported fish*).

Wordpower 1
Over to you (p. 158)
1 (d). **2** (h). **3** (e). **4** (c). **5** (g). **6** (a). **7** (f). **8** (b).

Wordbuilding (p. 158)
1 squilibrato. **2** spopolata. **3** sfiducia. **4** scaricarla.

Unit 17 – Practice 2

The state of the world (p. 162)
1 (a) possa. **(b)** ci siano. **2 (a)** less crime, more honesty, more open politics, less pollution, more prosperity, less unemployment, less racism.

It's agony (p. 163)
1 An engagement that lasts too long. **2 (a)** sia; abbiano; si dicano **(b)** vada; stia scomparendo

A call for action (p. 163)
1 The initiative is called 'Estate pulita' - A clean summer – and it aims to clean up coastal areas such as beaches. **2 (a)** The magazine is acting as a mouthpiece for the campaign for nine weeks. **(b)** voluntary ecological/anti-pollution service. **3 (a)** Yes, it became the symbol when the campaign started in 1992. **(b)** The places chosen for cleaning are all areas of great natural value.

Unit 18 – Practice 1

Hearsay (p. 171)
1 Si dice che abbiano mandato un uomo su Marte!
2 Sembra che abbiano scoperto una cura per il raffreddore!
3 Si dice che abbiano inventato un' auto che non va a benzina! **4** Sembra che siano riusciti a creare un tulipano nero!
5 Si dice che sia stato eletto un Papa donna!

Odd couple (p. 172)
You: Ho l'impressione che abbiano problemi, che litighino, e che non vadano d'accordo. Non c'è dubbio che sia un rapporto difficile, e che dovranno separarsi.
Partner: Mi pare che lei sia molto timida, mentre lui sia egoista. Sembra che lui non voglia aiutare in casa e che lei non sappia come farsi valere. È ovvio che è un disastro!

Reporting back (p. 172)
Dubito che il problema sia stato risolto. Dubito che abbiano capito la situazione. Sembra che non sappiano che cosa fare. È difficile che favoriscano maggiori investimenti. Io sono contrario/a a una riduzione del personale, mentre loro non lo sono.

Dieci buoni motivi (p. 173)
1 It is written for holidaymakers to attract them to San Marino. **2** conservare le proprie tradizioni; un itinerario su misura; nuove emozioni; una vacanza meno affrettata; una cornice veramente unica; numerose manifestazioni culturali; un' isola di tranquillità; l'autentico artigianato locale; la gastronomia tipica; l'angolo del collezionista; la tradizionale ospitalità sanmarinese. **3** un itinerario su misura – a tailor-made itinerary; la terza età – pensioners; un convegno – a conference; qualche peccato di gola – a bit of what you fancy; quotati – sought-after/valued. **4** That it's an ideal place to go for a holiday. **5** (a) is incorrect. The point that is missing is that San Marino provides a uniquely beautiful setting for a wide range of cultural and sporting facilities.

Istituzioni sanmarinesi (p. 174)
1 (b). **2** 61 sq km and 23 000 inhabitants. **3** Everyone speaks Italian, the majority are Catholics and the people, climate and landscape are similar. **4** It asserts the inviolability of civil rights, equality before the law and secret universal suffrage. **5** Two Heads of State who hold office for six

months.   **6** Il Consiglio Grande e Generale which has 60 members who are elected for five years.   **7** Il Congresso di Stato which has ten members.   **8** absolutely.   **9** (b).

Unit 18 – Practice 2

Institutional reform (p. 181)
1 (a) Parliamentary reform. They are proposing to reduce the number of deputies.   **(b)** The committee for electoral reform.   **2 (a)** Montecitorio – La Camera dei Deputati. Palazzo Madama – Il Senato della Repubblica.
(b) (i) Montecitorio   **(ii)** Palazzo Madama.   **3 (a)** both.
(b) 630.   **(c)** 200 (a reduction from 315).   **(d)** Yes.
4 (a) They want to find a system which is somewhere between proportional representation and first past the post.
(b) The other problem which has been discussed is regionalism - ie what should be governed centrally and what should be left to the individual regions.

Ecco perché odiamo i politici (p. 182)
1 (a) intellectuals.   **(b)** ordinary people, the government and political institutions.   **2 (a)** corruption.   **(b)** not in general.   **3 (a)** De Crescenzo used to praise politicians because they did a job he didn't fancy doing.   **(b)** a desire for power, easy money and idealism. He thinks the idealists are the most dangerous.   **4** Balducci feels that the political class is sinking lower and lower morally and that this is reflected in the policies that they formulate.

Wordpower 2
The right word for the right context (p. 183)
1 apprendere – imparare; comprendere – capire; di qui – ecco perché; fiera – orgogliosa.   **2** l'introduzione delle lingue a una giovane età.   **3** gli avvenimenti nel loro paese.

Unit 19 – Practice

Canti degli emigranti (p. 190)
1 Mamma mia expresses the fear of separation felt by those living with the reality of emigration: the mother won't let her son go to America.   **2 Addio amore** is a fruit-picking song sung by women in the depopulated countryside from which all the young men have had to emigrate.   **3 Cara moglie** expresses the pain of separation and the desperate poverty of families left behind, dependent on the meagre remittances of their menfolk, many of whom worked for a pittance.
4 Il meridionale expresses the anger and homesickness of the emigrant, but it also points to the injustices in his native region which have forced him to emigrate.

Liberi di essere razzisti (p. 191)
1 The so-called argument is that people should be free to think what they want without being told by well-meaning politicians, etc, that everyone must support a multiracial society.   **4** The magazine's chief concern is the extent of covert racism which might exist: it points to the fact that in his cowardice the anonymous writer could be typical of others – all silent supporters of violence against the defenceless. It is dangerous, therefore, to be complacent and believe racists are a tiny minority.

I vu cumprà (p. 192)
(a) The more objective headline is the one beginning **Anatema del cardinale**. The other headline, with its biblical image of the temple is more emotive.   **(b)** It refers to Jesus turning out the money lenders from the temple.

La carità: pro e contro (p. 192)
1 The topic under discussion is whether to give charity to immigrants and whether the Church has been racist.
2 (a) He is strongly opposed to the ban and believes it is implicitly racist because it helps create suspicion of foreigners.
(b) He believes the Church is failing in its duty to defend the dispossessed. The ban is wrong because it doesn't explain the causes of immigration, nor does it mention the role of the multinationals whose use of cheap labour forces many to emigrate. Finally, he condemns the failure to say anything against the EC's huge waste in destroying food to keep prices high.   **3 (a)** Monsignor Luigi di Liegro admitted the tone of the message was offputting and could inadvertently fuel suspicion of foreigners.   **(b)** He points out that the Church has always discouraged begging, since there are plenty of unscrupulous people making a living out of the wealthiest churches.   **(c)** Professional tramps/beggars.   **(d)** Yes.
4 (a) They think the archbishop is right because charity is not just an individual act and should be targeted with discretion to benefit the most needy. Discouraging individual charity actually encourages properly-organised charity.

Caro fratello… (p. 194)
1 (a) It is addressed to the *vu cumprà* and is ostensibly from the parish priest.   **(b)** They are asked not to give alms or buy any of the immigrants' wares.   **2 (a)** A second-rate form of charity.   **4** Some people might consider the use of *tu* as condescending and therefore offensive.

Unit 20

Revision – building an argument.
Over to you sections (p. 200)
(i) È vero/ovvio/chiaro/evidente … che, *and secondo me/a mio parere require no subjunctive. The subjunctive is more usual with the other phrases, but not obligatory, especially if referring to the future or a clear fact.*   **(ii)** *All the phrases can replace the gerund, eg* siccome è un lavoro …; visto/dato che è medico …; siccome ho due bambine …; visto/dato che non conoscevamo …
(iii) Why/for what reason?; how come?; is it because of that/is that why?; in what way?; what do you mean by?; what does (it) consist of/what's it about?; what's the point?
(iv) in addition; what's more/moreover; anyway; besides; incidentally.   ie/that is to say; in other words.
(v) nevertheless; however/yet (comunque *and* però); but; on the contrary.

To wed or not to wed (p. 201)
A majority of Italians favour marriage – almost 60 per cent, and this figure rises to about **75** per cent when you include the figures supporting living together as a temporary stage.

La parola agli uomini (p. 202)
1 Most men value honesty, followed by intelligence.
3 Marriage and paternity are considered at least four times as important as work.

Cautionary tale (p. 204)
Your response to the rather ironic, trenchant style of the reply will be personal!

For better or worse (p. 204)

1 (a) Antonella and Susanna: Antonella opposes marriage because it makes her feel claustrophobic and Susanna says her parents separated, so marriage gives her nightmares! **(b)** Valerio and Federico favour marriage: Valerio says living together diminishes marriage, which for him represents an eternal promise. Federico says marriage preserves a sense of tradition: even if he lived with someone he would see it as marriage, albeit anarchistic. **2 (a)** Michele, Silvana and Gianni are not married. **(b)** Cinzia, Raffaele and Marina all married as a result of social pressure after having children. **(c)** Silvana and Gianni favour living together permanently because they believe their relationship is stronger from being renegotiated day by day.

Famiglia e lavoro (p. 205)

1 senz'altro; comunque; sono convinto che; al contrario.
2 (a) benché. **(b)** siccome/dato/visto che. **(c)** non essendo. **(d)** malgrado/nonostante. **(e)** che senso ha?

Canzoni delle donne (p. 206)

Bella ciao and **Amore mio non piangere**: The conditions were harsh and often ruined their health. They lived away from their families, were woken early by the overseer and worked long hours in the mosquito-infested rice fields, supervised by the boss with his stick. **La lega** and **E anche a mi marito**: Defiance, suspicion and hatred of unfeeling authority are all expressed, as well as devotion to children and husbands. In **E anche a mi marito** the Church, the army and the country itself are all attacked for being indifferent to the plight of ordinary people.

Systems level 4

Reinforcement 16

A What had happened? (p. 211)

(a) Avevo appena comprato una casa quando purtroppo ... (3)
(b) Siccome non avevo ancora firmato un contratto ... (5)
(c) Ero stato/a licenziato/a ... (6)
(d) Siccome non mi ero ancora laureato/a ... (1)
(e) Dopo essere tornato/a dall' India ... (4)
(f) Avevo appena finito gli studi quando ... (2)

B Story of my life (p. 212)

Abito; ho vissuto; studiava; sono; faccio; erano; lavorava; conosceva.

C Before and after (p. 212)

1 Che cosa hai fatto prima di diventare assistente sociale? **2** Dove abitavi prima di trasferirti a Milano? **3** Dove lavoravi prima di sposarti? **4** Che cos'hai fatto dopo aver lasciato la scuola? **5** Uscivate la sera dopo aver avuto i bambini? **6** Vi ringrazio/grazie per essere venuti/e.

D How and why (p. 212)

1 avendo perso **2** studiando e frequentando **3** essendo **4** girando; prendendo.

E When/as I was (p. 212)

1 Andando in città, ho visto un incidente spaventoso.
2 Uscendo dal cinema , ho incontrato Gemma e Edda.
3 Stavo nella libreria da dieci minuti quando ho visto Emma che parlava con Michele. **4** Camminando lungo via del Corso ho notato i carabinieri che fermavano le macchine.

5 Andando verso Piazza della Repubblica ho visto Sandra che usciva dalla farmacia.

F Alternatives (p. 212)

1 Ci siamo dovuti/e sedere. **2** Hanno potuto divertirsi.
3 Non mi sono voluto/a dimettere. **4** Non hai potuto laurearti?

Reinforcement 17

A Get cracking (p. 215)

1 spedisca. **2** parta. **3** legga. **4** mangi.

B Form it right (p. 215)

1 voglia. **2** riesca. **3** dica. **4** contenga. **5** possano.
6 vengano.

C Translate it (p. 215)

1 Non importa che non sappia nuotare. **2** Ho paura che/temo che Marta non stia bene. **3** È strano che Tiziana abbia la febbre. **4** Voglio che tu mi dia una mano oggi.
5 Spero che tutto sia a posto.

D Change the subject (p. 215)

1 Mi fa piacere che Lei sia qui. **2** Carla ha paura che loro facciano tardi. **3** Spero che voi possiate venire. **4** Temo che noi dobbiamo cambiare programma. **5** Prima di uscire voglio che tu mangi *means 'Before **you** go out, I want you to eat'. But* Prima che io esca, voglio che tu mangi *means 'Before **I** go out, I want you to eat'.*.

E Which is right? (p. 215)

1 ho cominciato. **2** abbiamo finito. **3** è terminato.
4 è iniziata. **5** ha migliorato. **6** è molto peggiorata.

Reinforcement 18

A In the past (p. 218)

1 Immagino che sia stato difficile. **2** Dubito che abbia capito bene. **3** È difficile che sia riuscito/a a convincerlo. **4** Può darsi che si sia sentito/a imbarazzato/a. **5** Non so se si siano divertiti/e. **6** Mi chiedo perchè non abbia voluto venire. **7** È facile che abbia accompagnato Maria in macchina.

B Odd one out (p. 218)

1 Se. **2** Anche se. **3** Forse. **4** they all require the subjunctive.

C I say (p. 218)

1 abbia rubato. **2** ha rubato. **3** rubi. **4** sia.

D Translations (p. 218)

1 Voglio una penna che scriva. **2** È il peggior film che io abbia visto. **3** È l'unica che sappia nuotare. **4** È il primo che si sia mai lamentato. **5** Sono i bambini i più simpatici che abbia mai incontrato. **6** È meno intelligente di quanto (non) pensi/di quel che pensa.

E What did people do? (p. 218)

1 Sì, si è preso il sole. **2** Sì, si è pranzato bene. **3** Sì, si sono venduti molti quadri. **4** Sì, si è partiti presto. **5** Sì, ci si è divertiti tanto.

F Which pronoun? (p. 219)

1 lo. **2** le. **3** li. **4** gli.

Reinforcement 19

3 Useful phrases for correspondence
A Referring back – to a meeting or event (p. 222)
Letter 2 È stato bello rivedervi.   **Letter 3** siamo stati veramente bene a casa vostra ...
1 È stato molto bello incontrare la sua famiglia.   **2** È stato divertente ospitare Carlo.

B Thanking someone (p. 222)
Letter 2 vi ringrazio della vostra ospitalità; vi ringrazio di vero cuore.   **Letter 3** grazie della lettera.
1 Ti/le sono molto grato/a del tuo/suo aiuto.   **2** Grazie dei/per i libri; ... della/per la simpatica serata.   **3** Grazie/ti/la ringrazio per avermi mandato le informazioni.   **4** Grazie/ti/la ringrazio per essere arrivato/a in tempo.

C Congratulations and good wishes (p. 222)
Letter 2 Vi prego ... di fare i miei migliori auguri a Carla e Davide.

D Referring to something enclosed (p. 222)
Letter 4 Accludo alla lettera il certificato ...
1 Allego un assegno di 50 000 lire.

E Expressing how you feel (p. 223)
Letter 2 spero che mi darete la possibilità di ricambiare la vostra gentilezza ...; vi aspetto fin da ora.   **Letter 3** siamo contentissimi di ...; spero di non aver tralasciato nulla di importante.   **Letter 4** sono lieto di apprendere ...
1 Spero di arrivare entro le tre*.   **2** Spero che tua/sua madre stia meglio.   **3** Spero di non aver sbagliato.   **4** Mi è dispiaciuto sapere che non puoi/può venire.   **5** Sono contento/a che le foto siano arrivate.

*Conto di arrivare *means 'I am expecting to arrive'.*

F Requests (p. 223)
Letter 3 vi prego di fare come se foste a casa vostra; potreste gentilmente dare la chiave al signor Lavery?   **Letter 4** vi sarei grato/a di comunicarmi ... eventuali problemi.
1 Fammi/mi faccia sapere se viene Piero.   **2** Mi potrebbe comunicare il suo numero d'ufficio?   **3** Se farai/farà tardi, ti/la prego di farmelo sapere.   **4** Ti/le sarei grato/a se potessi/e staccare la luce.   **5** Ti/le sarei grato/a di comunicarmi le informazioni necessarie.

G Passing on messages to other people (p. 223)
Letter 1 salutami Carlo e Mena.   **Letter 2** potreste riferire a Vanessa che ...
1 Saluti a tutti.   **2** Potresti riferire/dire a Giorgio che gli scriverò?   **3** A Davide, digli da parte mia che sono contento/a che abbia preso il posto.   **4** Auguri a tua/vostra figlia per la nascita del bambino; *or:* la prego di fare gli auguri a sua figlia per la nascita del bambino.

Reinforcement 20

2 Common phrases in correspondence
A Referring back (p. 226)
Letter 1 ... desidero confermare quanto già concordato per telefono.
1 Desidero confermare quanto concordato per fax.

B Referring to something enclosed (p. 226)
Letter 1 Accludo l'anticipo richiesto.
1 Allego i documenti richiesti.

C Apologies (p. 226)
Letter 3 Ringraziandola anticipatamente per la sua cortese attenzione ...
1 La prego di accettare le mie scuse per le informazioni sbagliate.

D Requests (p. 226)
Letter 2 vi sarei grato se poteste inviarmi ...   **Letter 3** gradirei poter ricevere ...; desidererei sapere se ...   **Letter 4** gradirei ulteriori informazioni ...   **Letter 5** gradirei sapere ...; Sarebbero gradite anche informazioni ...
1 Le sarei grato/a se potesse mandarmi un listino prezzi aggiornato; vi sarei grato se poteste inviarmi un listino prezzi ...; sarebbe gradito un listino prezzi ...; gradirei un listino prezzi ...   **2** Potrebbe/potreste gentilmente inviare delle informazioni sul Parco Nazionale; vi pregherei di spedirmi delle informazioni sul Parco Nazionale; sarei lieto/a di ricevere delle informazioni ...

Basics

These notes are meant as a guide for those learners who have little or no experience of the terminology of grammar.

1   Noun

A noun is a word used for naming people, animals, places, objects and concepts: *Mary; cat; Italy; table; justice.*
Number and gender: the number of a noun refers to whether it is singular or plural. The gender of a noun refers to whether it is masculine, feminine or neuter. In English nouns have no grammatical gender, but in Italian they are either masculine or feminine. The gender of a noun is shown by the article or by [m] or [f].

2   Article

Articles are words meaning *the, a, an.* They are used before a noun or its accompanying adjective. *The* is a **definite** article and is used with specific objects: *the boy, the flowers. A* and *an* are **indefinite** articles and are used with non- specific objects: *a cat, an idea. Some (any)* is also used as an article to convey indeterminate quantity: *some wine, some flowers.* Many languages call this the **partitive** article.

3   Adjective

Adjectives are words which describe or 'modify' nouns or pronouns. There are four main kinds:
Descriptive: *the happy boy, a black cat, he is sad, it is difficult*
Possessive: *his book, your cat, my boy, their problems*
Demonstrative: *this book, that cat, these boys, those problems*
Interrogative: *how much bread? how many books? which cat? what sort?*

4   Pronoun

This is a word which replaces a noun. There are different kinds of pronouns.

i)   Personal pronouns

These include **subject** pronouns and **object** pronouns.

Subj.	Object			
Subject	*Reflexive/ Reciprocal*	*Disjunctive*	*Direct Object*	*Indirect Object*
I	myself	me	me	me
you	yourself	you	you	you
he	himself	him	him	him
she	herself	her	her	her
one	oneself	one	one	one
we	ourselves	us	us	us
you	yourselves	you	you	you
they	themselves	them	them	them
	(each other)	(each other)	(each other)	(each other)

Although in English the forms are frequently identical, it is worth knowing how they are used because in Italian the forms vary far more.

A **subject** pronoun denotes the subject or doer of a verb: *I read, you write, it works.*
A **reflexive** pronoun denotes what you do to yourself: *I wash myself.* A **reciprocal** pronoun denotes what people do each other: *they love each other.*
A **disjunctive** or **stressed** pronoun is used mainly with preposition: *come with me, speak to her.*
An **object** pronoun denotes the object of an action, and there are two types of object, **direct** and **indirect**. A **direct** object pronoun denotes what is directly affected by the action of the verb and it immediately follows the verb: *Mary saw me, Charles invited you, Susan met him, Anna thanked them, the children ate it.*
An **indirect** object pronoun is less directly linked to the action of the verb and generally answers the questions 'of whom?', 'of what?', 'to whom?', etc. It often follows a preposition linked to the verb: *John spoke to me, Alex wrote to you.* But compare: *I read the story to them; I read them a story.* In both cases *them* is an indirect object pronoun.

ii)   Other types of pronoun

Relative: words like *who, whom, which, that* and *what: the boy who is here; the man whom I saw; the book which is on the table; what I want is a drink.*
Interrogative: words like *who? whom? what? which [one/ones]? how much/many?* They introduce questions: *Who did you say was coming? What/which one do you want? How many are there?* In English the forms of relative and interrogative are in most cases identical. This is not true of Italian and it is important to distinguish between the two.
Demonstrative: words like *this [one], these [ones] , that [one], those [ones].* They refer to nouns which have been pointed out: *I'll take this one; I like that one; these ones are best; I'll have those.*
Possessive: these are: *mine, yours, his, hers, ours, theirs.* They replace a phrase containing a possessive adjective: *this is mine [my book]; show me yours [your book].*

5   Preposition

This is a word or words indicating relationships in space or time: *on, in, from, with, at, of, in front of, next to, etc.*

Prepositions are often differently used in English and Italian, so take extra care.

6   Verb

This is a word used for denoting a physical or mental action or state: *to eat, to drink, to think, to be* [these are the **infinitive** forms of a verb]. In Italian the infinitive is a single word, not two as in English.

i)   Tenses

A verb has different tenses. A tense indicates the time when the action of the verb takes place, e.g. now - the **present**: *I sing, he sings, etc.*; later - the **future**: *I will sing*; and the **past**: *I sang, I have sung, I did sing.*

ii) Compound tenses

A tense can be made up of two or more parts: e.g. an **auxiliary** verb and a **past participle**: *I have eaten; he has finished.*

The **auxiliary** is the 'helper' verb which in English - with past tenses - is usually *to have*. The **past participle** of English verbs often ends in *-ed* or *-en* and forms part of various tenses: *I have written; he had played; we will have started.* Many English past participles are irregular, e.g. *thought, sung, run.* In Italian the auxiliary can be *to have* (**avere**) or *to be* (**essere**). As in English, many past participles are irregular.

iii) The person of a verb

The shorthand way of referring to the form of a verb is to talk about the **first**, **second** and **third person singular** or **plural**.

	Sing.	**Plural**
First person:	I	We
	[the speaker]	*[speaker + s.one else]*
Second person:	You	You
	[person spoken to]	*[person spoken to + s.one else]*
Third person:	He, she, it	They
	[person spoken about]	*[people spoken about]*

In the verb *to go, I go, we go* are the first persons singular and plural; *you go* the second person singular and plural; *he/she/it goes* are the third person singular and *they go* is the third person plural. Verb endings vary much more in Italian than in English, which allow the pronoun to be omitted: *(io) lavoro, (noi) siamo partiti.*

iv) Transitive and intransitive verbs

A **transitive** verb is a verb which can take a direct object [see 4i above]: *I saw her; they ate pasta; he wrote a letter.* In these examples the direct objects are: *her, pasta, letter.* A verb defined as transitive does not have to be used with a direct object: *they ate quickly; he wrote to her.* Nevertheless, if a verb can be used with a direct object it is generally defined as transitive. An **intransitive** verb can never be used with a direct object: *Mary arrived late; I lay down.* In Italian it can be useful to understand these broad distinctions when learning about the use of the auxiliary. NB. Some verbs can be transitive or intransitive: *he walked the dog* (trans.); *he walked to work* (intrans.).

v) Finite and non finite verbs

A **finite** verb is a form of verb where the tense and person are indicated: *I want; it will be; they thought.*

A **non-finite** verb form has neither person nor tense marked, therefore infinitives, participles and gerunds are non-finite: *to go; gone, going*

In the phrases *It is easier to say than to do,* or *Easier said than done, to say, to do, said* and *done* are all non-finite verbs.

vi) Active and passive voice

The **voice** - active or passive - indicates the relationship between the verb and the subject: in the **active** voice, the subject of the verb performs the action; in the **passive** voice the subject of the verb is the recipient of the action. The sentences *the fire destroyed the house* and *the house was destroyed by the fire* have a similar basic meaning, but in the first one *the fire* is the subject of *destroyed*, which is in the active voice, while in the second *the house* is the subject of *was destroyed*, which is in the passive voice.

vii) Indicative, subjunctive and imperative mood

These are verb forms which express the attitude of the speaker or writer. In English the main moods are considered to be:

Indicative: This expresses statements and questions - what are known as declarative sentences: *I am coming; will you leave?.* There are many indicative-mood tenses in English.

Imperative: This expresses commands: *come here; leave at once.* In English there is no separate imperative mood.

Subjunctive: subjunctive verb forms tend to express uncertainty, desire, wishes hopes and fears, etc. In English this mood is virtually obsolete, although a few forms are still sometimes used, e.g. *it is essential that you be present (present subjunctive); if I were you (past subjunctive)* but in Italian it is very widespread.

7 Adverb

This is a word used to give extra information about, or modify, verbs, other adverbs or adjectives.

When used with a **verb**, an adverb describes an action: *they eat quickly; he runs fast; Ann sings well.*

When **two adverbs** come together, the degree or intensity of that action is described: *they eat too quickly; he runs very fast; Anne sings extremely well.*

Adverbs can also modify **adjectives**: *Mary is very good; my car is too old; this is extremely difficult.*

8 Sentences and clauses

Any group of words, or even a single word which is complete in its meaning, could be considered a sentence: e.g. *Gardening* is a complete answer to the question *Where is George?*; Traditionally, though, a sentence is defined as a collection of words which normally include a finite verb: *Where is George? He is gardening.* These are both known as simple sentences and have one **main clause**. Some sentences have more than one main clause: *I read a book and she watched television.* In addition to main clauses some sentences contain **subordinate clauses**: *when he had eaten his breakfast he went to work; because she had not studied, she failed the exam.* The subordinate clauses are: *when he had eaten* and *because she had not studied.* These are called subordinate because in general they are not considered complete without a main clause.

Reference

200	duecento	1001	milleuno
201	duecento uno	1008	milleotto
300	trecento	1528	millecinquecentoventotto
301	trecento uno	2000	duemila
400	quattrocento	2001	duemilauno
500	cinquecento	2008	duemilaotto
600	seicento	15.000	quindicimila
700	settecento	10.000	diecimila
800	ottocento	100.000	centomila
900	novecento	1.000.000	un milione
999	novecentonovantanove	2.000.000	due milioni
1000	mille	1000.000.000	un miliardo
		2000.000.000	due miliardi

I QUANTITY

I Cardinal numbers: numbers for counting

I numeri da zero a duecento [0-200]

0	zero	30	trenta
1	uno	31	trentuno, etc
2	due	40	quaranta
3	tre	41	quarantuno, etc.
4	quattro	50	cinquanta
5	cinque	51	cinquantuno, etc.
6	sei	60	sessanta
7	sette	61	sessantuno, etc
8	otto	70	settanta
9	nove	71	settantuno, etc
10	dieci	80	ottanta
11	undici	81	ottantuno, etc
12	dodici	90	novanta
13	tredici	91	novantuno, etc .
14	quattordici	100	cento
15	quindici	101	cento uno [centuno]
16	sedici	108	cento otto [centotto]
17	diciassette	111	centoundici
18	diciotto	120	centoventi
19	diciannove	121	centoventuno, etc
20	venti	128	centoventotto
21	ventuno	130	centotrenta
22	ventidue	140	centoquaranta
23	ventitrè	150	centocinquanta
24	ventiquattro	160	centosessanta
25	venticinque	170	centosettanta
26	ventisei	180	cento ottanta [centottanta]
27	ventisette		
28	ventotto	190	centonovanta
29	ventinove	200	duecento

Notes

a) When **uno** and **otto** are part of numbers above 20, the final vowel of **venti**, **trenta**, etc is omitted: **quarantuno** - 41; **sessantotto** - 68; **centoventuno** - 121; **centoventotto** - 128; **duecentotrentuno** - 231; **duecentotrentotto** - 238, etc.

When **uno** and **otto** are part of 101, 108, 201, 208, 301, 308, etc., it is common to pronounce the final o of **cento**: **cento uno, duecento uno, trecento uno**.

b) When **tre** is part of a number it must be written with an accent: **ventitrè** - 23; **trentatrè** - 33.

c) Odd and even numbers: 2,4, 6 sono numeri **pari**; 1,3,5 sono numeri **dispari**.

Notes

a) **Cento** is invariable, but **mille**, **milione** and **miliardo** change in the plural:

mille lire   **duemila** lire   **diecimila** lire
un milione di lire   **due milioni** di lire
un miliardo di lire   **due miliardi** di lire

b) **Milione/i**, **miliardo/i** require **di** before a noun:
un milione di sterline, dieci miliardi di dollari

This is not the case when additional numbers are used:
un milione [e] duecentomila sterline
tre miliardi [e] cinquecentomila dollari

c) **Mille** and **mila** retain the final **-e** and **-a** in front of **uno** and **otto**.

e is sometimes inserted
mille (e) uno

2 Ordinal Numbers: numbers for indicating order

1st	primo	**11th**	undicesimo
2nd	secondo	**12th**	dodicesimo
3rd	terzo	**13th**	tredicesimo
4th	quarto	**14th**	quattordicesimo
5th	quinto	**15th**	quindicesimo
6th	sesto	**16th**	sedicesimo
7th	settimo	**17th**	diciassettesimo
8th	ottavo	**18th**	diciottesimo
9th	nono	**19th**	diciannovesimo
10th	decimo	**20th**	ventesimo

Notes

a) Roman numbers are used to indicate ordinal numbers:
I [primo]   II [secondo]   XX [ventesimo]

b) Ordinal numbers are abbreviated thus: 1° 2° 3° etc.

c) Like adjectives, they agree with the accompanying noun. They generally precede the noun except in the case of monarchs and popes:
la terza pagina   *but*   Enrico terzo   Paolo sesto

3 Fractions (le frazioni)

With the exception of *a half*, fractions are expressed by combining cardinal and ordinal numbers, as in English:

un quarto **di**   *a quarter of*   **tre** quarti **di**   *three quarters of*
un terzo **di**   *a third of*   **due** terzi **di**   *two thirds of*
un decimo **di**   *a tenth of*   **la** metà **di**   *half*

Notes

a) **Di** is always required:

la metà del mio stipendio   *half my salary*
tre quarti del mio stipendio   *three quarters of my salary*

b) **Mezzo** (not **metà**) is used for units of measure:

mezzo chilo, per favore   *half a kilo, please*

c) **Metà** can also mean *mid*:

Arrivo a metà settimana   *I'm coming midweek*
Parto a metà luglio   *I'm leaving in mid July*

4 Percentages (le percentuali)

The definite article is always used:

il cinquanta per cento   *fifty per cent*

To indicate a decimal point, a comma (**virgola**) is used in Italian:

1,5 - uno virgola cinque   *1.5 - one point five*
99,9 - novantanove virgola nove   *99.9 - ninety nine point nine*

5 Collective numbers

un paio **di**	*a pair, a couple*
due paia **di**	*two pairs*
una decina **di**	*about ten*
una dozzina **di**	*a dozen*
una trentina **di**	*about thirty*
una quarantina **di**	*about forty*
una cinquantina **di**	*about fifty*
un centinaio **di**	*about a hundred*
centinaia **di**	*hundreds of*
un migliaio **di**	*about a thousand*
migliaia **di**	*thousands of*

6 Basic arithmetic

L'addizione:	3 più/ e 2 fa 5	3 + 2 = 5
La sottrazione:	10 meno 6 fa 4	10 - 6 = 4
La moltiplicazione:	6 per 6 fa 36	6 x 6 = 36
La divisione:	10 diviso 2 fa 5	10 ÷ 2 = 5

7 Basic measurement

La stanza è **lunga** 4 metri e **larga** 3 metri
  The room is 4 metres by 3
La stanza è **alta** 5 metri   *The room is 5 metres high*
La valigia **pesa** 20 chili   *The suitcase weighs 20 kilos*

Note

The words **lungo** (*long*), **largo** (*wide*), **alto** (*high*), agree with the noun.

8 Useful expressions of quantity

i) *Double, treble*: il doppio di; il triplo di
  il doppio/il triplo del mio stipendio

ii) *Twice, 3,4 times etc*: due, tre, quattro volte:
  È due volte più grande   *It's twice as big*

iii) *Both*: tutti e due [m/m & f]; tutte e due [f]:
  Vengono tutti e due i bambini   *Both children are coming*
  Sono arrivate tutte e due le ragazze   *Both girls arrived*

iv) *All...3/4/5/etc*: tutte e tre/quattro/cinque, etc.:
  Vengono tutti e tre   *All three are coming [m/ m & f]*
  Sono arrivate tutte e quattro   *All four came [f]*

v) *Some...any*: [see Book 1, Syst. 5, 2 iii, p. 98]
To express *some/any* in Italian it is necessary to distinguish between countable and non-countable nouns: non-countable nouns have no plurals, e.g. substances and some foods. The partitive article [**di** + the definite article] is to refer to unspecific items:

Countable nouns	Non-countable nouns
dei/degli/delle	**del/dello/della/dell'**
Ci sono **dei** francobolli	C'è **del** pane
Ci sono **delle** buste?	C'è **della** marmellata?
There are some stamps	*There is some bread*
Are there any envelopes?	*Is there any jam?*

Where the idea of amount is implicit, the following are used:

Countable nouns	Non-countable nouns
un po' di + *plural*	**un po' di**
alcuni/e + *plural*	
qualche + *sing.*	
Mi dà **un po' di/alcune** ciliegie?	Mi dà **un po' di** formaggio?
Mi dà **qualche** ciliegia?	*Will you give me some/a bit of cheese?*
Will you give me some/a few cherries?	

Notes

a) The above are all used only when amount is in focus, otherwise they can be omitted, as in English:

C'è pane e burro da mangiare
There's bread and butter to eat
Ci sono riviste e giornali da leggere
There are magazines and newspapers to read

b) **Qualche** is always followed by a singular noun and verb despite the plural meaning:

Ieri è venuto qualche amico
Yesterday a few friends came

c) On its own, as a pronoun, *some/any* is *ne*:

Ne vuoi?   *Do you want some/any?*
Ne ho, grazie   *I've got some, thanks*
[See Book 1, Syst. 8, note 1, p. 201]

vi) *No ... not any ...*
In negative sentences the partitive usually disappears:

Avete del formaggio?	Non abbiamo formaggio
Avete della birra?	Non abbiamo birra
Avete delle arance?	Non abbiamo arance

However, with non-countable nouns, the definite article is sometimes used to signify *not ... any*, often with slight nuances of meaning: Compare the following:

Non c'è zucchero nel caffè	*There's no sugar ...*
Lo zucchero non c'è	*There isn't any sugar (and should be)*
Non c'è pane in casa	*There's no bread ...*
No, il pane non c'è	*No, there isn't any bread ... (& you would expect there to be)*
Ieri, non c'era pesce	*There was no fish ...*
Ieri, il pesce non c'era	*There wasn't any fish (as you would expect there to be)*

Notes

a) The phrases without the article simply tell us that there isn't/aren't any

b) If the definite article is used, then it can imply one of the following: there really should be; you're surprised there isn't; you're emphasising there isn't.

c) The definite article can only be used when the noun precedes the verb.

With plural nouns, the use of the definite article may occasionally express *no* ... ; *not* ... *any*, particularly with familiar, everyday objects. Compare the following:

Non ci sono forchette	*There are no forks (general observation)*
Scusa, le forchette non ci sono	*Sorry, there aren't any forks (ie. there should be some)*

In general, however, the use of a definite article with plural nouns is unlikely to express *no* ... ; *not* ... *any*:

Non ci sono bambini nel parco	*There are no/aren't any children in the park*
But: I bambini non ci sono	*The children aren't there/here*

When **mancare** [*lit. to be lacking*] is used, the definite article accompanies singular nouns, both countable and non-countable, but not, in general, plural nouns:

Manca la carta/la firma	*There isn't any/is no paper/signature*
Mancano guide/forchette	*There aren't any/are no guides/forks*

vii) *No, not a single ...*

Nessun can be used, with singular countable nouns only to make a negative emphatic.

Non ci sono problemi	Non c'è nessun problema
There aren't any problems	*There's no problem (at all)*
Non ci sono sbagli	Non c'è nessuno sbaglio
There aren't any mistakes	*There is no/not a single mistake*
Non ci sono difficoltà	Non c'è nessuna difficoltà
There aren't any difficulties	*There isn't a single difficulty/ any difficulty at all*

Notes

a) In particularly formal and emphatic contexts, **nessun** can be replaced with **alcun**.

b) The spelling changes of **nessun** and **alcun** follow the rules for the indefinite article.

[See Book 1, Syst. 1, note 3, p. 79 and Syst. 2, note 1, p. 83]

II TIME

For notes on telling the time see Book 1, Unità 4, Patterns 2, 2ii–iv, p. 60.

I Days of the week (i giorni della settimana)

(il)	lunedì	*Monday*	(il)	venerdì	*Friday*
(il)	martedì	*Tuesday*	(il)	sabato	*Saturday*
(il)	mercoledì	*Wednesday*	(la)	domenica	*Sunday*
(il)	giovedì	*Thursday*			

Notes

a) Weekdays are written without capital letters in Italian.

b) The article is only used to express habitual action:
La domenica vado a Roma e il lunedì vado a Napoli
On Sundays I go to Rome and on Mondays I go to Naples

c) To say on a specific day, drop the article:
Domenica vado a Roma e lunedì vado a Napoli
On Sunday I'm going to Rome and on Monday I'm going to Naples

d) Di is sometimes used to express habitual action:
Siete aperti anche di domenica? *Are you open on Sundays too?*

2 Months of the year (i mesi dell'anno)

gennaio	*January*	luglio	*July*
febbraio	*February*	agosto	*August*
marzo	*March*	settembre	*September*
aprile	*April*	ottobre	*October*
maggio	*May*	novembre	*November*
giugno	*June*	dicembre	*December*

Notes

a) Months are written without capitals in Italian.

b) To express *in*, either **a** or **in** is used:
Arrivo **a** luglio *I'm arriving in July*
Sono nato **in** luglio *I was born in July*

c) **In** is more common if habitual action is involved:
In gennaio vado sempre in montagna
In/every January I always go to the mountains

3 Dates (le date)

The year is written as one word and the definite article is required:

Il millequattrocentonovantadue	*1492*
Il millenovecentosessantotto	*1968*
Il 1992 è un anno bisestile	*1992 is a leap year*

Notes

a) To express *in*, **in** plus the article is required:
Sono nato **nel** millenovecentocinquantuno.
I was born in 1951.

b) Another way of saying when you're born is to use **di**:
Di che anno sei/è? - Sono del '50/1950
[lit. of what year are you? - I'm of '50/1950.]

c) With complete dates there is no article before the year:
Sono nato il 13 agosto, 1946

d) Apart from the 1st of the month, dates are expressed with cardinal numbers:

il primo maggio	*May 1st*
il due aprile	*April 2nd*
l'otto luglio	*July 8th*
l'undici febbraio	*February 11th*
il ventun marzo	*March 21st*
il trentuno agosto	*August 31st*

e) There is more than one way of asking the date:
Qual è la data (di) oggi?   È il 3 ottobre
Quanto ne abbiamo oggi?   Ne abbiamo 3

f) To express *on*, use the article:
Arrivo il 26 ottobre

g) If you use the day with the date the article is dropped:
Arrivo giovedì 26 ottobre

4 Centuries (i secoli)

BC : **aC [avanti Cristo]**   AD : **dC [dopo Cristo]**
In Italian, as in English, ordinal numbers are used:
il terzo secolo ac. *the third century BC*
From the thirteenth century on, there are two possibilities in Italian:

il Duecento	il tredicesimo secolo	13th c.
il Trecento	il quattordicesimo secolo	14th c.
il Quattrocento	il quindicesimo secolo	15th c.
il Cinquecento	il sedicesimo secolo	16th c.
il Seicento	il diciassettesimo secolo	17th c.
il Settecento	il diciottesimo secolo	18th c.
l'Ottocento	il diciannovesimo secolo	19th c.
il Novecento	il ventesimo secolo	20th c.

Note

The alternative form, **Duecento**, etc., is especially common in art and literature. Capital letters are always used.

5 Seasons (le stagioni dell'anno)

la primavera	*spring*	l'autunno	*autumn*
l'estate (f.)	*summer*	l'inverno	*winter*

Notes

a) The definite article is required:
Mi piace l'autunno

b) To express *in*, **in** is used, without the article:
Sono nato **in** primavera/estate/autunno/inverno
I was born in spring/summer/autumn/winter
Siamo **in** estate   *It's summer*

c) With **estate** and **inverno** only, **di** can also be used, especially where habitual action is involved:
D'estate vado al mare   *In the summer I go to the seaside*
D'inverno fa freddo qui   *In the winter it's cold here*
but:
In autunno fa ancora bel tempo qui.
In the autumn the weather is still fine here

III   PLACE

1 Geographical position

Il nord; del nord/settentrionale	*the north; northern*
Il sud; del sud/meridionale	*the south; southern*
L'est; dell'est/orientale	*the east; eastern*
L'ovest; dell'ovest/occidentale	*the west; western*

Notes

a) To express *in*, the definite article plus **in** is used:
Torino è nell'Italia settentrionale, Pescara è nell'Italia orientale
La Finlandia si trova nell'Europa settentrionale

b) **A** and **di** are used to express the relationship between places:
Frascati è a nord di Roma   *Frascati is north of Rome*

c) **A** or **verso** express direction:
Bisogna andare a/verso sud   *You have to go south*

2 Continents (i continenti)

l'Africa	l'Asia	l'Australasia	l'Europa	l'America
Africa	*Asia*	*Australasia*	*Europe*	*America*

Notes

a) The definite article is normally required, with or without prepositions:
Mi piace **l'**Africa   *I like Africa*
Parla molto **dell'**Africa   *He talks a lot about Africa*
Parte **dall'**Africa   *He is leaving from Africa*

b) With the preposition **in**, however, the article is not always required:
Vado **in** Africa   *I go to Africa*
Vivo **in** Africa   *I live in Africa*

c) When the noun is modified, the article is used with **in**:
Vado **nell'**Africa meridionale   *I'm going to southern Africa*

3 Countries, regions, large islands and groups of islands

The article is usually required:
l'Italia   **la** Gran Bretagna   **il** Belgio   **lo** Zaire
gli Stati Uniti   **i** Paesi Bassi   *but:* Israele
il Piemonte   **la** Toscana   **gli** Abruzzi   **le** Marche
la Sicilia   **la** Sardegna   **la** Corsica   **le** Eolie
le Tremiti

Notes

a) *In* and *to* is usually expressed by **in**, without the article:
Vivo **in** Italia, **in** Toscana
Vado **in** Italia, **in** Toscana
Sono nato **in** Sicilia ma lavoro **in** Belgio

b) If the country or region is masculine the article is sometimes used with **in**. This is less common, nowadays, but some Italian regions retain the article:
il Molise - vado **nel** Molise
il Veneto - abito **nel** Veneto
but:
il Piemonte - vado/abito **in** Piemonte

c) Countries which are islands or which are identified with their main town do not require the article and follow the rules set out in section 4 below:

> Cuba Haiti Malta Trinidad Bahrain
> Hong Kong Monaco San Marino.

This is also the case with many large non-Italian islands:

> Bali Cipro Corfù Creta Malta Taiwan Zanzibar

d) Plural countries, regions or islands require the article:

> Quest'anno vado **nei** Paesi Bassi e **negli** Stati Uniti
> Vivo **nelle** Marche ma sono nato **negli** Abruzzi
> Ho visitato **le** Bahamas, **le** Bermuda e **le** Canarie

e) Countries, regions and islands modified by an adjective or adjectival phrases require the article:

> Vado **nell'**Italia meridionale
> Vivo **nella** Sicilia occidentale

4 Towns and small islands

The article is normally not required:

> Edimburgo Parigi Berlino Capri
> Ischia Lipari Stromboli Lampedusa

Exceptions:

> L'Aia [*The Hague*] L'Aquila L'Avana [*Havana*]
> Il Cairo La Mecca Il Pireo [*Piraeus*] La Spezia

Notes

a) *To* and *in* are expressed by **a**:

> Lavoro **a** Roma e passo le ferie **a** Capri o **a** Cuba

b) Geographical names normally taking **a** require the article if they are modified:

> M'interessa **la** Berlino del secolo scorso/**la** vecchia Roma

5 Countries and nationalities

In Italian capital letters are only used for the name of the country.

	il paese	*la nazionalità*
Afghanistan	l'Afghanistan [m]	afgano
Albania	l'Albania	albanese
Algeria	l'Algeria	algerino
America (USA)	l'America **gli** Stati uniti	americano statunitense
Angola	l'Angola	angolano
Argentina	l'Argentina	argentino
Armenia	l'Armenia	armeno
Australia	l'Australia	australiano
Austria	l'Austria	austriaco
Azerbaijan	l'Azerbaigiàn [m]	azerbaigiano
Bangladesh	il Bangladesh	★
Barbados	le Barbados	★
Belarus	la Bielorussia	bielorusso
Belgium	il Belgio	belga
Bolivia	la Bolivia	boliviano
Bosnia-Herzegovina	la Bosnia-Erzegovina	bosniaco-erzegovino
Botswana	il Botswana	★
Brazil	il Brasile	brasiliano
Bulgaria	la Bulgaria	bulgaro
Burma	la Birmania	birmano
Cameroon	il Camerun	camerunense
Canada	il Canadà	canadese
Chile	il Cile	cileno
China	la Cina	cinese
Colombia	la Colombia	colombiano
Croatia	la Croazia	croata
Cuba	Cuba	cubano
Cyprus	Cipro	cipriota
Czech Republic	la Repubblica Ceca	ceco
Denmark	la Danimarca	danese
Egypt	l'Egitto	egiziano
El Salvador	El Salvador [m]	salvadoregno
England	l'Inghilterra	inglese
Estonia	l'Estonia	estone
Ethiopia	l'Etiopia	etiope
Fiji	le isole Figi	figiano
Finland	la Finlandia	finlandese
France	la Francia	francese
Germany	la Germania	tedesco
Ghana	il Ghana	ganese
Giorgia	la Giorgia	giorgiano
Great Britain (UK)	la Gran Bretagna il Regno Unito	britannico
Greece	la Grecia	greco
Guatamala	il Guatemala	guatemalteco
Guyana	la Guyana	★
Haiti	Haiti	haitiano
Hong Kong	Hong Kong	★
Hungary	l'Ungheria	ungherese
Iceland	l'Islanda	islandese
India	l'India	indiano
Indonesia	l'Indonesia	indonesiano
Iran	l'Iran [m]	iraniano
Iraq	l'Iraq [m]	iracheno
Ireland	l'Irlanda	irlandese
Israel	Israele	israeliano
Italy	l'Italia	italiano
Jamaica	la Giamaica	giamaicano
Japan	il Giappone	giapponese
Jordan	la Giordania	giordano
Kazakhstan	il Kazakstan	kazaco
Kenya	il Kenya	keniota
Korea	la Corea	coreano
Kuwait	il Kuwait	kuwaitiano
Kyrgystan	il Kirghistan	kirghise
Latvia	la Lettonia	lettone
Lebanon	il Libano	libanese
Libya	la Libia	libico
Lithuania	la Lituania	lituano
Luxembourg	il Lussemburgo	lussemburghese
Macedonia	la Macedonia	macedone
Madagascar	il Madagascar	malgascio
Malawi	il Malawi	★
Malaysia	la Malesia	malese
Mauritius	Maurizio	mauriziano
Malta	Malta	maltese
Marocco	il Marocco	marocchino
Mexico	il Messico	messicano
Moldova	la Moldavia	moldavo
Monaco	Monaco	monegasco
Mongolia	la Mongolia	mongolo
Mozambique	il Mozambico	mozambicano
Namibia	il Namibia	namibiano
Nepal	il Nepal	nepalese
Netherlands	l'Olanda/i Paesi Bassi	olandese

New Zealand	**la** Nuova Zelanda	neozelandese
Nicaragua	**il** Nicaragua	nicaraguense
Nigeria	**la** Nigeria	nigeriano
Norway	**la** Norvegia	norvegese
Pakistan	**il** Pakistan	pakistano
Paraguay	**il** Paraguay	paraguayano
Peru	**il** Perù	peruviano
Philippines	**le** Filippine	filippino
Poland	**la** Polonia	polacco
Portugal	**il** Portogallo	portoghese
Puerto Rico	Portorico	portoricano
Rumania	**la** Romania	rumeno
Russia	**la** Russia	russo
San Marino	San Marino	sanmarinese
Saudi Arabia	**l'**Arabia Saudita [m]	saudita
Scotland	**la** Scozia	scozzese
Senegal	**il** Senegal	senegalese
Serbia	**la** Serbia	serbo
Seychelles	**le** Seychelles	★
Slovakia	**la** Slovacchia	slovacco
Slovenia	**la** Slovenia	sloveno
Somalia	**la** Somalia	somalo
South Africa	**il** Sudafrica	sudafricano
Spain	**la** Spagna	spagnolo
Sri Lanka	**lo** Sri Lanka	singalese
Sudan	**il** Sudan	sudanese
Sweden	**la** Svezia	svedese
Switzerland	**la** Svizzera	svizzero
Syria	**la** Siria	siriano
Taiwan	Taiwan	★
Tajikistan	**il** Tagikistan	tagico
Tanzania	**la** Tanzania	tanzaniano
Thailand	**la** Thailandia	thailandese
Trinidad	Trinidad [m]	★
Tunisia	**la** Tunisia	tunisino
Turkey	**la** Turchia	turco
Turkmenistan	**il** Turkmenistan	turkmeno
Uganda	**l'**Uganda	ugandese
Ukraine	**l'**Ucraina	ucraino
Uruguay	**l'**Uruguay	uruguaiano
Uzbekistan	**l'**Uzbekistan	uzbeco
Venezuela	**il** Venezuela	venezuelano
Vietnam	**il** Vietnam	vietnamita
Wales	**il** Galles	gallese
Yemen	**lo** Yemen	yemenita
Yugoslavia	**la** Iugoslavia	iugoslavo
Zaire	**lo** Zaire	zairiano
Zambia	**lo** Zambia	zambiano
Zimbabwe	**lo** Zimbabwe	zimbabwiano

★ Adjectives of nationality are not commonly used. Reference tends to be made to **gli abitanti di …**

IV PRONOUN REVIEW

I Pronoun categories

Subject		Stressed [disjuntive]	
I	**io**	*me*	**me**
you	**tu**	*you*	**te**
he, she	**lui, lei**	*him, her*	**lui, lei**
you [formal]	**Lei**	*you*	**Lei**
we	**noi**	*us*	**noi**
you	**voi**	*you*	**voi**
they	**loro**	*them*	**loro**
See Book. 1, Syst. 1, note 6, p. 80.		See Book. 1, Syst. 7, note 1, p. 197.	

Note
Formal subject pronouns exist as follows:
egli (*he*) ; **ella** (*she*); and where there is a need for them:
esso, essa (*it*) ; **essi, esse** (*them*)

Reflexive	Direct obj.	Indirect obj.
mi	mi	mi
ti	ti	ti
si	lo, la	gli, le
si	la	le
ci	ci	ci
vi	vi	vi
si	li, le	gli/loro★
See Bk.1, Sys. 2 note 6ii, p. 85	See Bk.1, Sys. 6, note 1, p.193	See Bk.1, Sys. 6 note 1, p.193

★ **gli** is more usual, especially in speech. **Loro** is formal and literary and comes after the verb:
    Ho dato loro la lettera   Parlerò loro di cinema

2 Pronoun combinations

i) Indirect object and direct object pronouns

	lo	la	li	le	ne
mi	**me lo**	**me la**	**me li**	**me le**	**me ne**
ti	**te lo**	**te la**	**te li**	**te le**	**te ne**
gli, le	**glielo**	**gliela**	**glieli**	**gliele**	**gliene**
ci	**ce lo**	**ce la**	**ce li**	**ce le**	**ce ne**
vi	**ve lo**	**ve la**	**ve li**	**ve le**	**ve ne**

See Syst. 12, note 7, p. 106.

Notes
a) **Loro** is never combined with other pronouns. In expressions involving two pronouns **gli** is used instead:
    Mi ha detto di darglielo
b) **Loro**, however, is used as a stressed (disjunctive) pronoun in expressions involving contrast or emphasis:
    Mi ha detto di darlo a loro!   Lo offrirò a loro, non a voi!

Reference

ii) Reflexive and direct object pronouns

The reflexive forms **mi**, **ti**, **ci** and **vi** combine as in the table above and the pattern for **si** is identical:

	lo	la	li	le	ne
si	**se lo**	**se la**	**se li**	**se le**	**se ne**

See Syst. 13, note 5, p.112.

Notes

a) When the reflexive **si** is combined with the impersonal **si** (*one, you*), it becomes **ci** in order to avoid **si si**:

Ci si alza presto la mattina
One gets up early in the morning
Ci si diverte in vacanza
One enjoys oneself on holiday

b) When combined with other pronouns, the impersonal **si** comes last and there is no spelling change:

Lo si fa spesso   La si vede ogni tanto
Gli si parla molto   Mi si dice che è difficile
The exception is **ne**:
Se ne parla spesso   Se ne mangia a Natale

iii) ci with direct object pronouns and ne

The adverb of place, ci can also combine with the direct object pronouns lo, la, li, le and ne:

	lo	la	li	le	ne
ci	**ce lo**	**ce la**	**ce li**	**ce le**	**ce ne**

Quando lo porti al cinema? Ce lo accompagno stasera
When are you taking him to the cinema?
I'm taking him there this evening.

With **mi**, **ti** and **vi** the order is different and there is no spelling change:

	mi	ti	vi
ci	**mi ci**	**ti ci**	**vi ci**

Quando mi porti al cinema? Ti ci porto stasera.

Notes

a) Ci, the adverb of place, cannot combine with **ci** the direct object pronoun, *us*. **Vi**, the alternative form of the adverb **ci** is used to avoid **ci ci**:

Quando ci porti al cinema? Vi ci porto stasera.

b) When **ci** is combined with the impersonal **si** it comes first, but there is no spelling change:

Come ci si arriva?   *How do you get there?*

V   ADJECTIVES

I Position of adjectives

There are no hard and fast rules for this, but the following are generally applicable:

i) Before the noun

Demonstrative adjectives like **quella**:
quella ragazza
Interrogative adjectives like **quale?**
quale ragazza?
Possessive adjectives like **mia**:
la mia ragazza

Note

In set phrases possessives can come after:
a casa mia (*my home*), colpa mia (*my fault*),
a modo mio (*my way*)

ii) After the noun

Adjectives of colour, religion, nationality and most other descriptive adjectives:
l'esame difficile   la gonna rossa   il ragazzo italiano
la fede cristiana

iii) Using two adjectives:

The two are separated if one of them is demonstrative, possessive or interrogative:

quell'esame **difficile**	*that difficult exam*
la **mia** gonna **rossa**	*my red skirt*
quale ragazzo **italiano**?	*which Italian boy?*

The same is true with many descriptive adjectives:

una **grande** casa **antica**	*a large old house*
un **piccolo** quaderno **giallo**	*a small yellow exercise book*
un **nuovo** romanzo **tedesco**	*a new German novel*
una **vecchia** sedia **rotta**	*an old broken chair*
un **bel** vestito **nuovo**	*a lovely new dress*
una **brutta** maglia **vecchia**	*a horrible old jumper*

Notes

a) If an adverb like **molto** or **tanto** is used with an adjective, they both follow the noun. Adverbs do not agree with the noun, while adjectives do:

una casa **molto antica**	*a very old house*
ragazzi **tanto simpatici**	*extremely nice boys*

b) Sometimes two adjectives are placed together but they are usually linked by **e** (*and*). It is more common for them to go after the noun:

un uomo **alto e bello**	*a tall handsome man*
una donna **snella e bionda**	*a slim blond woman*

However, they can also precede it. The effect is more emphatic:

il **giovane e simpatic**o atleta   *the charming young athlete*

iv) Variable position and changes in meaning

Many descriptive adjectives can go before the noun as well as after it. The most common are:

antico	vecchio	nuovo	giovane
bello	brutto	buono	cattivo
grande	piccolo	lungo	breve
povero	caro	diverso	

The position of some adjectives can determine slight changes in meaning. After the noun they can have a more literal meaning:

La minestra è cattiva	*The soup is horrible/bad*
È una cattiva idea	*It's a bad idea*
La carne è buona	*The meat is nice/good*
È una buona cosa	*It's a good thing*

Sometimes the changes in meaning are more than slight:

	Before the noun	After the noun
caro	*dear, lovely*	*expensive*
diverso	*several*	*different*
grande	*great*	*large*
nuovo	*another*	*new*
povero	*unfortunate*	*poor*
vecchio	*old [for many years]*	*old [age]*

È un vecchio amico di mio figlio	
He is an old friend of my son's	
Sì, il mio amico è vecchio	*Yes, my friend is old*
Ci sono diversi problemi	*There are various problems*
Ci sono problemi diversi	*There are different problems*

2 Common suffixes

In Italian nouns or adjectives can be given different shades of meaning by the addition of suffixes. The resulting shades of meaning can be subtle and hard to translate, so words with suffixes are best understood in context. Some of the most widely-used suffixes are listed below.

i) Diminutive suffixes

These can convey not only the idea of small or reduced size, but also affection or a friendly attitude. A suffix can also be used as a euphemism and a way of avoiding offence:

È un po' bruttino/vecchiotto

-ino/a

kiss	bacio	bacino
beautiful	bello	bellino
ugly	brutto	bruttino
town	città	cittadina
can	latta	lattina
hand	mano	manina
village	paese	paesino
bench	panca	panchina
small	piccolo	piccolino
boy/girl	ragazzo/a	ragazzino/a
gift	regalo	regalino
silly	sciocco	sciocchino

-icino/a

book	libro	libricino
light	lume	lumicino

-ellino/a

flower	fiore	fiorellino
rose	rosa	rosellina

-olino/a

cool	fresco	frescolino
drop	goccio	gocciolino
thin	magro	magrolino
bunch	mazzo	mazzolino
fish	pesce	pesciolino

-ello/a

tree	albero	alberello
basin	bacino	bacinella
child	bambino	bambinello
grain, kernel	grano	granello
in love	innamorato	innamoratello
shepherd	pastore	pastorello
swallow	rondine	rondinella
wine	vino	vinello

The following suffixes can imply something attractive as well as small:

-icello/a

field	campo	campicello
river	fiume	fiumicello
mountain	monte	monticello
veg.garden	orto	orticello
lawn/meadow	prato	praticello
sun	sole	solicello
wind	vento	venticello

-etto/a

bottle	bottiglia	bottiglietta
house	casa	casetta
garden	giardino	giardinetto
island	isola	isoletta
boring	noioso	noiosetto
eyes	occhi	occhietti
small	piccolo	piccoletto
unfortunate	povero	poveretto
brush	spazzola	spazzoletta
mirror	specchio	specchietto
man	uomo	ometto
old (person)	vecchio/a	vecchietto/a

Depending on the context in which they are used, the following have connotations of smallness but can also indicate affection or goodwill on the part of the speaker: alternatively they can imply something mediocre. These suffixes are known as **vezzeggiativi**:

-uccio/a

affair	affare	affaruccio
mouth	bocca	boccuccia
warm	caldo	calduccio
horse	cavallo	cavalluccio
thing	cosa	cosuccia
film	film	filmuccio
word	parola	paroluccia

-uzzo/a

lip	labbro	labbruzzo
street	via	viuzza

ii) Augmentative suffixes (accrescitivi)

The following suffixes may also have connotations of goodwill/ affection:

-otto/a

difficult	difficile	difficilotto
young man	giovane	giovanotto
boy	ragazzo	ragazzotto
stupid	stupido	stupidotto
old	vecchio	vecchiotto

-one/a

This is a large category. If the suffix ends in **-e**, it is masculine, irrespective of the meaning:

bargain	affare	affarone
child	bambina	bambinona
beautiful	bella	bellona
bag	borsa	borsone
woman	donna	donnone
film	film	filmone
window	finestra	finestrone
thief	ladro	ladrone
book	libro	librone
eyes	occhi	occhioni
pan	pentola	pentolone
road	strada	stradone
boy	ragazzo	ragazzone

iii) Derogatory suffixes (dispregiativi)

-accio/a

This is the most common ending:

bag	borsa	borsaccia
hat	cappello	cappellaccio
woman	donna	donnaccia
film	film	filmaccio
weather	tempo	tempaccio
day	giornata	giornataccia
book	libro	libraccio
nose	naso	nasaccio
boy	ragazzo	ragazzaccio
man	uomo	omaccio

Other endings include:

-astro/a

sweet	dolce	dolciastro
yellow	giallo	giallastro
poet	poeta	poetastro
green	verde	verdastro

-ucolo/-uncolo/-upola

teacher	maestro	maestrucolo
thief	ladro	ladruncolo
man	uomo	omuncolo
house	casa	casupola

iv) Suffixes with independent meanings

As you saw in Unità 14, Wordpower 1, many words formed from suffixes have acquired separate though sometimes linked meanings. Here are some more:

carro *cart*	carrello *trolley*	carretto *wheelbarrow*
calza *stocking*	calzini *socks*	calzoni *breeches, trousers*
candela *candle*	candelina *(birthday) candle*	candelotto *tear gas/smoke bomb/stick of dynamite*
carta *paper*	cartella *briefcase*	cartone *cardboard*
spalla *shoulder*	spalletta *parapet (bridge)*	spallina *epaulette/shoulder pad*

barba *beard*	barbone *tramp*	medaglia *medal*	medaglione *pendant, medalion*
busta *envelope*	bustarella *bribe*	occhio *eye*	occhiello *buttonhole*
cesto *basket*	cestino *waste-basket*	ombra *shade*	ombretto *eyeshadow*
cassetto *drawer*	cassettone *chest-of-drawers*	pacco *parcel*	pacchetto *packet*
collo *neck*	colletto *collar*	patata *potato*	patatina *crisp*
coperta *cover*	copertina *book cover*	sacco *sack*	sacchetto *(paper/plastic) bag*
forno *oven*	fornello *burner*	spazzola *brush*	spazzolino *(tooth) brush*
lista *list*	listino *(price) list*	tavola *table/plank*	tavoletta *bar/tablet (chocolate)*
mano *hand*	manette *handcuffs*	uva *grapes*	uvetta *raisins*

VI SPELLING AND PRONUNCIATION

I Plurals of nouns and adjectives

i) -ca, -ga endings.

To keep the hard sound in the plural, an **h** is always needed:

L'amica simpatica	le amiche simpatiche
La strada larga	le strade larghe

ii) -co, -go endings

The hard sound of **-co** nouns is kept unless it is preceded by a vowel:

il mio amico polacco	i miei amici polacchi
il tedesco simpatico	i tedeschi simpatici

Exceptions include:

il buco i buchi		*hole, holes*
il fuoco i fuochi		*fire, fires*

[**-co** preceded by a vowel, but ending is **-chi**]

il porco i porci		*pig, pigs*

[**-co** preceded by a consonant, but ending is **-ci**]

The hard sound of the **-go** ending is kept:

il lago lungo	i laghi lunghi

But if the ending is **-ologo** and the word refers to a profession, the ending tends to be **-gi**:

il biologo, i biologi	l'archeologo, gli archeologi
lo psicologo, gli psicologi	

Otherwise it is **-ghi**:

il catalogo i cataloghi	il dialogo i dialoghi

iii) -cia, -gia endings

The **i** is usually dropped from the plural if the endings are preceded by a consonant:

l'arancia, le arance	*orange, oranges*
la spiaggia, le spiagge	*beach, beaches*

Otherwise the **i** is usually retained:

la ciliegia, le ciliegie	*cherry, cherries*
la camicia, le camicie	*shirt, shirts*

If a noun has a consonant preceding the **-cia** or **-gia** ending and is pronounced with the stress on the **i**, the **i** is retained in the plural:

l'allergia, le allergie	*allergy, allergies*

Note

You may encounter individual variations on the above rules: it is possible to spell the plural of **ciliegia**, **ciliege** [instead of **ciliegie**] and the plural of **provincia**, **provincie** [instead of **province**]. For the learner, however, it is best to use the guidelines given.

iv) -cio, -gio endings

There is no need for two **i**'s in the plural:

il bacio, i baci	*kiss, kisses*
l'orologio, gli orologi	*watch, watches*

v) -io endings

There is only one **i** in the plural:

il figlio, i figli	*son, sons/children*
lo studio, gli studi	*study, studies*

If the **i** in the singular is stressed, then there are two **i**'s in the plural:

lo zio, gli zii	*uncle, uncles*

The exception is:

il tempio	*temple*

Its plural should be **tempi**, but, in order to distinguish it from the plural of **tempo** (*time*), the form **i templi** is generally used.

2 Stress patterns

i) General guidelines

It is not always easy to know where to stress a word. As a general guideline, the stress comes on the last but one vowel and on the end of a word if this is marked by an accent:

amico scarpe farmacia città perché

Exceptions to this are numerous. It is worth marking where the stress comes when you learn new vocabulary: many dictionaries indicate stress.

ii) Accents

Rules for the use of accents exist, but by and large the convention is to use a grave accent [`] for most words apart from those ending in **-che**:

perché,	*because/why*	benché,	*although*

and also:

né ... né,	*neither ... nor*	sé,	*self*

Accents are also used to distinguish between words with the same spelling but different meanings:

né ... né,	*neither ... nor*	ne,	*of it/them*
sé,	*self*	se,	*if*
tè,	*tea*	te,	*you*
dà,	*he/she/it gives, you give*	da,	*from, by, etc.*
è,	*he/she/you/it is*	e,	*and*

Parla molto di sé	*He talks a lot about himself*
Se vieni, ci divertiamo	*If you come we'll have fun*
Mi dà un etto di formaggio	*Can you give me 100 grams of cheese?*
Vado da mia nonna	*I'm going to my grandmother's*

VII   VERBS AND PREPOSITIONS

Prepositions can be tricky for the language learner, as their meaning and use in different languages frequently differ.

I   Verbs requiring no preposition in Italian

chiedere qlco	to ask **for** s.thing
pagare qlco	to pay **for** s.thing
aspettare qlcu/qlco	to wait **for** s.o./th.
cercare qlcu/qlco	to look **for** s.o./th.
guardare qlcu/qlco	to look **at** s.o./th.
ascoltare qlcu/qlco	to listen **to** s.o./th.
sognare qlcu/qlco	to dream **about** s.o./th.

Notes

a) *To ask for or after someone* is **chiedere di**:
Ho chiesto di Aldo — *I asked after Aldo*
Di chi devo chiedere? — *Who must I ask for?*

b) *To pay for someone* is **pagare per**:
Ho pagato io per Aldo — *I paid for Aldo*

2   Verbs with no prepositions before an infinitive

i)   Verbs used impersonally [see Ref. VIII B 1ii and iii, p. 257 for definitions]

bastare	*to be enough*
bisognare	*to be necessary*
convenire	*to be a good idea*
importare	*to matter, to mind*
interessare	*to be interested in*
occorrere	*to need, be necessary*
piacere	*to like*
sembrare	*to seem*
servire	*to be of use*

Le conviene arrivare in anticipo
It would be a good idea [for you] to arrive early
Gli dispiace non venire — *He is sorry not to come*
Occorre partire presto — *It's necessary to leave early*

ii)   Impersonal expressions with essere

essere ...	*to be ...*
semplice/facile/difficile	*simple/easy/difficult*
giusto/ingiusto	*fair/unfair*
interessante/importante	*interesting/important*
meglio/peggio	*better, best/worse*
permesso/vietato/proibito	*allowed/forbidden*
utile/inutile	*useful/useless*

È meglio partire presto — *It's best to leave early*
È facile parlare italiano — *It's easy to speak Italian*

3   Verbs and expressions with di

The following require di before an infinitive, noun   or pronoun:

avere bisogno	*to need*
avere fretta	*to be in a hurry*
avere tempo	*to have time*
avere intenzione	*to intend*
avere paura	*to be afraid*
avere vergogna	*to be ashamed*
avere voglia	*to feel like*
essere contento	*to be pleased*
essere curioso	*to be curious*
essere felice	*to be happy*
essere stanco	*to be tired of*
essere stufo	*to be fed up with*
accettare	*to accept*
accorgersi	*to notice*
ammettere	*to admit*
aspettare	*to wait*
aspettarsi	*to hope, to expect to*
augurarsi	*to hope*
avvisare	*to inform, advise*
cercare	*to try*
cessare	*to cease, stop*
chiedere	*to ask*
credere	*to believe*
decidere	*to decide*
diffidare	*to distrust*
dimenticare/si	*to forget*
dire	*to say*
domandare	*to ask*
dubitare	*to doubt*
fare a meno	*to do without*
fare finta di	*to pretend*
fidarsi	*to trust*
fingere	*to pretend*
finire	*to finish*
lagnarsi	*to complain*
lamentarsi	*to complain*
meravigliarsi	*to be surprised at*
minacciare	*to threaten*
non vedere l'ora	*to look forward to*
offrirsi	*to offer*
pensare	*to plan, think of*
pentirsi	*to regret*
pregare	*to beg*
promettere	*to promise*
rendersi conto	*to realise*
ricordare/si	*to remember*
rifiutare/si	*to refuse*
sapere	*to know*
sentirsi	*to feel like*
sforzarsi	*to try hard*
smettere	*to stop, give up*
sognare	*to dream of doing*
sperare	*to hope*
stancarsi	*to get tired of*
stufarsi	*to be fed up with*
stupirsi	*to be amazed*
temere	*to fear, be afraid*
tentare	*to try, attempt*
vantarsi	*to boast*

vergognarsi	to be ashamed
vivere	to live on
Mi fido di te	I trust you
Si vergogna di me	He's ashamed of me
Non vedo l'ora di partire	I'm looking forward to leaving
Ho smesso di fumare	I've given up smoking
Ha smesso di parlare	He stopped talking
Mi rendo conto delle difficoltà	I realise the difficulties
Penso di partire domani	I'm thinking of leaving tomorrow
Cosa pensi del film?	What do you think of the film?

Note the expressions:

Ho detto di no/di sì	I said no/yes
Penso/credo/spero di sì	I think/believe/hope so
Penso/credo/spero di no	I don't think/believe so, I hope not

4 Verbs and expressions with a

i) The following require a before an infinitive, noun or pronoun:

abituarsi★	to get used to
affrettarsi	to hurry
aiutare	to help
assistere	to attend, to participate in
assomigliare★	to ressemble, look like
andare	to go and
annoiarsi	to be bored
avere ragione	to be right
avere torto	to be wrong
cominciare	to begin
continuare	to continue
convincere	to persuade
costringere	to force/compel
dare fastidio★	to bother
decidersi	to make up one's mind
dedicarsi★	to devote oneself
divertirsi	to enjoy oneself
esitare	to hesitate
essere deciso	to be determined
essere disposto	to be prepared
essere pronto	to be ready
fermarsi	to stop
forzare	to force
giocare	to play
imparare	to learn
impegnarsi	to undertake to
incoraggiare	to encourage
insegnare★	to teach
invitare	to invite
mandare★	to send
mettersi	to set about, to begin
obbligare	to oblige/force
parlare★	to talk
persuadere	to persuade
prepararsi	to get ready to
provare	to try
rassegnarsi	to resign oneself
rinunciare	to give up
rispondere★	to answer, reply

riuscire	to succeed
rivolgersi★	to address oneself to
sparare★	to shoot at
sopravvivere★	to survive, to outlive
telefonare★	to telephone
tornare	to return, to do again
voler bene★	to be fond of, to love
Ho pensato al problema	I've thought about the problem
Mi sono preparato a partire	I got ready to leave
Si è messa a studiare	She began to study
Ho provato a capire	I tried to understand

Notes

a) Verbs marked ★ require **a** before a person and hence an indirect object pronoun: this is not the case for the others on the list:

Gli insegno a leggere	I teach him to read
Le assomigli molto	You ressemble her a lot

but:

Lo aiuto a leggere	I help him to read
La devi convincere a venire	You must persuade her to come

b) Note the following expressions:

andare a trovare qualcuno	to visit someone
mandare a chiamare qualcuno	to send for someone
tornare a fare qualcosa	to do something again

ii) The following double object verbs require a before a person, and hence an indirect object pronoun:

chiedere qlco. a qlcu.	to ask s.o. for s.th.
comprare qlco. a qlcu.	to buy s.th. for s.o.
consegnare qlco. a qlcu.	to deliver s.th. to s.o.
consigliare qlco. a qlcu.	to recommend s.th. to s.o.
dare qlco. a qlcu.	to give s.o. s.th.
dire qlco. a qlcu.	to tell s.o. s.th.
far sapere qlco. a qlcu.	to let s.o. know s.th.
far vedere qlco. a qlcu.	to show s.o. s.th.
insegnare qlco. a qlcu.	to teach s.o. s.th.
inviare qlco. a qlcu.	to send s.o s.th.
leggere qlco. a qlcu.	to read s.o. s.th.
mandare qlco. a qlcu.	to send s.th. to s.o.
offrire qlco. a qlcu.	to offer s.o. s.th.
portare qlco. a qlcu.	to bring s.o. s.th.
presentare qlco./qlcu. a qlcu.	to present s.th. or s.o. to s.o.
prestare qlco. a qlcu.	to lend s.o. s.th.
promettere qlco. a qlcu.	to promise s.o. s.th.
proporre qlco. a qlcu.	to propose s.th. to s.o.
regalare qlco. a qlcu.	to give s.th. to s.o. [gift]
restituire qlco. a qlcu.	to give s.th. back to s.o.
rubare qlco. a qlcu.	to steal s.th. from s.o.
scrivere qlco. a qlcu.	to write s.th. to s.o.
spedire qlco. a qlcu.	to send s.th. to s.o.
spiegare qlco. a qlcu.	to explain s.th. to s.o.
suggerire qlco. a qlcu.	to suggest s.th. to s.o.

Ho chiesto un aumento al direttore
I've asked the director for a rise
Gli ho chiesto un aumento
I've asked him for a rise

5 Verbs taking a and di

Many common verbs require **a** with the person and **di** before an infinitive:

chiedere a qlcu. di	to ask s.o. to
comandare a qlcu. di	to order s.o. to
consentire a qlcu. di	to allow s.o. to
consigliare a qlcu. di	to advise s.o. to
dire a qlcu. di	to tell s.o. to
domandare a qlcu. di	to ask s.o. to
impedire a qlcu. di	to prevent s.o. from
ordinare a qlcu. di	to order s.o. to
permettere a qlcu. di	to allow s.o. to
proibire a qlcu. di	to prohibit s.o. from
proporre a qlcu. di	to propose s.o. should
ricordare a qlcu. di	to remind s.o. to
sconsigliare a qlcu. di	to advise s.o. not to
suggerire a qlcu. di	to suggest s.o. should
vietare a qlcu. di	to forbid s.o. to

A few verbs used impersonally are also in this category:

andare a qlcu. di	to be fine/all right for s.o. to
capitare a qlcu. di	to happen to s.o. to
succedere a qlcu. di	to happen to s.o. to

Ho chiesto al direttore di darmi un aumento
I've asked the director to give me a rise
Gli ho chiesto di darmi un aumento
I've asked him to give me a rise
A Lina capita qualchevolta di perdere il treno?
Does Lina ever miss the train? [lit. does it ever happen to her to miss …?]
Sì, le capita ogni tanto
Yes it happens to her occasionally

6 Verbs and expressions requiring da

There are far fewer of these in Italian and they do not often tend to cause confusion.

derivare **da**	*to derive from*
diverso/differente **da**	*different from/to*
difendere **da**	*to defend from/against*
dipendere **da**	*to depend on*
giudicare **da**	*to judge by/on*
indipendente **da**	*independent of*

7 Verbs and expressions requiring per

Note the following linked with place:

camminare **per** strada	*to walk **along** the street*
girare **per** il mondo	*to go **around** the world*
incontrare qlcu **per** strada	*to meet s.o. **in** the street*
partire **per** Londra	*to leave **for** London*
passare **per** Londra	*to pass **through** London*

8 Verbs and expressions requiring in, su, con

The following can cause confusion with English:

entrare **in**	*to enter*
incidere **su**	*to affect*
congratularsi **con**	*to congratulate s.o.*

Sono entrato **in** una stanza enorme
I entered an enormous room
Questo non incide **sulla** decisione
This doesn't affect the decision
Mi sono congratulato **con** lui
I congratulated him

9 Di or da?

The use of **da** and **di** affects the meaning of the following similar expressions:

i)

libero **da**	*to be free from/of*
libero **di**	*to be free to*

Per ora sono libero **da** preoccupazioni
I'm free of worries for the moment
Sei libero **di** fare quello che vuoi
You're free to do what you want

ii)

liberarsi **da**	*to free/save oneself from*
liberarsi **di**	*to rid oneself of*

Si è liberato **dal** pericolo   *He saved himself from danger*
Mi sono liberato **del** cliente   *I got rid of the client*

VIII VERBS

The emphasis in this section is on helping you deal with problems and irregularities of the main tenses. The regular forms, plus notes on how to use the tenses, are in the Syst. sections.

A PRESENT TENSE

1 Regular forms

See Book 1, Syst. 2, note 6 p. 84 for **-are** and **-ere** verbs and Book 1, Syst. 3, note 1 p. 87 for **-ire** verbs. The uses of the present are on p. 88. [Book 1, Syst. 3, note 3]

i) -ire verbs

The majority of regular **-ire** verbs take the **-isco** pattern [like **finire** and **capire**]. Below is a list of the main verbs which do not take the **-isco** pattern.

aprire	*to open*	investire	*to invest*
avvertire	*to warn, notify*	offrire	*to offer*
bollire	*to boil*	partire	*to leave*
consentire	*to consent*	pentirsi	*to regret*
convertire	*to convert*	scoprire	*to discover*
coprire	*to cover*	seguire	*to follow*
divertire	*to amuse*	sentire	*to feel, to hear*
dormire	*to sleep*	servire	*to serve, be useful*
fuggire	*to run away, escape*	soffrire	*to suffer*
		vestire	*to dress*

Notes

a) Verbs which are compounds of any of the above follow the same pattern: e.g. riaprire, ricoprire, riscoprire, risentire.
b) Some **-ire** verbs can take either pattern. The most common of these are:

applaudire	*to applaud* **[applaudo/applaudisco]**
assorbire	*to absorb*
inghiottire	*to swallow*
mentire	*to lie*
nutrire	*to feed*
starnutire	*to sneeze*
tossire	*to cough*

2 Irregular forms

i) -are verbs:

Infinitive	Present	Meaning
andare	vado vai va andiamo andate vanno	*to go*
dare	do dai dà diamo date danno	*to give*
fare[1]	faccio fai fa facciamo fate fanno	*to make, to do*
stare	sto stai sta stiamo state stanno	*to be, to stay*

Other verbs of this type:

1 rifare *to redo*;   stupefare *to amaze*

ii) -ere verbs:

Infinitive	Present	Meaning
Auxiliaries:		
avere	ho hai ha abbiamo avete hanno	*to have*
essere	sono sei è siamo siete sono	*to be*
Modal verbs:		
dovere	devo devi deve dobbiamo dovete devono	*to have to*
potere	posso puoi può possiamo potete possono	*to be able*
volere	voglio vuoi vuole vogliamo volete vogliono	*to want*
Other:		
bere	bevo bevi beve beviamo bevete bevono	*to drink*
cogliere[1]	colgo cogli coglie cogliamo cogliete colgono	*to catch, gather*
cuocere	cuocio cuoci cuoce cociamo cocete cuociono	*to cook*
muovere[2]	muovo muovi muove moviamo movete muovono	*to move*
piacere	piaccio piaci piace piacciamo piacete piacciono	*to like, please*
rimanere	rimango rimani rimane rimaniamo rimanete rimangono	*to stay, to remain*
sapere	so sai sa sappiamo sapete sanno	*to know*
scegliere	scelgo scegli sceglie scegliamo scegliete scelgono	*to choose*
sedere[3]	siedo siedi siede sediamo sedete siedono	*to sit*
tacere	taccio taci tace tacciamo tacete tacciono	*to be silent*
tenere[4]	tengo tieni tiene teniamo tenete tengono	*to hold, to have*
valere[5]	valgo vali vale valiamo valete valgono	*to be worth*

Other verbs of this type:

1 accogliere *to welcome*; raccogliere *to pick up, to gather, pick*; sciogliere *to melt/dissolve*; togliere *to remove/take off*
2 commuovere *to move [emotions]*; promuovere *to promote*
3 possedere *to possess*
4 appartenere *to belong*; contenere *to contain*; mantenere *to keep, maintain*; ottenere *to obtain*; ritenere *to claim, to maintain*; trattenersi, *to remain*
5 prevalere *to prevail*

Note:

For **piacere** see Book 1, Syst. 6, note 2 p. 193. It is possible to use parts of the verb other than **piace** or **piacciono** as follows:

Io gli piaccio	*He likes me [I am pleasing to him]*
Tu gli piaci	*He likes you*

iii) –ire verbs

Infinitive	Present	Meaning
apparire	appaio appari appare	*to appear*
	appariamo apparite appaiono	
cucire	cucio cuci cuce cuciamo	*to sew*
	cucite cuciono	
dire[1]	dico dici dice diciamo	*to say*
	dite dicono	
morire	muoio muori muore	*to die*
	moriamo morite muoiono	
salire[2]	salgo sali sale saliamo	*to go up, get into*
	salite salgono	
scomparire	scompaio scompari scompare	*to disappear*
	scompariamo scomparite	
	scompaiono	
udire	odo odi ode udiamo	*to hear*
	udite odono	
uscire[3]	esco esci esce usciamo	*to go out*
	uscite escono	
venire[4]	vengo vieni viene	*to come*
	veniamo venite vengono	

Other verbs of this type:

1 contraddire *to contradict*; disdire *to cancel*
2 risalire *to date from, to go up, get into again*
3 riuscire *to manage, succeed*
4 avvenire *to happen*, intervenire *to intervene*

Note

Apparire and **scomparire** can also take the **–isco** ending.

iv) Verbs based on –trarre:

These all have a similar pattern:

Infinitive	Present	Meaning
attrarre	attraggo attrai attrae	*to attract*
	attraiamo attraete attraggono	

See also: distrarre distrarsi *to entertain, to distract: to amuse oneself*; estrarre *to extract*; sottrarre *to take away*; trarre *to draw, to pull*

v) Verbs based on –porre:

Infinitive	Present	Meaning
comporre	compongo componi	*to compose*
	compone componiamo	
	componete compongono	

See also: esporre *to expose*; imporre *to impose*; opporre *to oppose*; porre *to place*; proporre *to propose*; supporre *to suppose*

vi) Verbs based on –durre:

Infinitive	Present	Meaning
condurre	conduco conduci conduce	*to lead, conduct*
	conduciamo conducete	
	conducono	

See also: dedurre *to deduce*; introdurre *to introduce*; produrre *to produce*; ridurre *to reduce*; sedurre *to seduce*; tradurre *to translate*

B PRESENT PERFECT (PASSATO PROSSIMO)

Regular forms

See Book. 1, Syst. 6, notes 3-4, p. 194. There are notes on the use of this tense in Book. 1, Syst. 6, note 5, p. 195. Remember, there are two parts to the verb – an auxiliary verb and a past participle.

Which auxiliary? Essere or avere?

The majority of verbs take **avere**. If you learn the important ones taking **essere** then you can assume the others take **avere**.

I Verbs taking essere

i) Many intransitive verbs

andare	*to go*
apparire	*to appear*
arrivare	*to arrive*
bastare	*to be enough*
cadere	*to fall*
costare	*to cost*
crollare	*to collapse*
dipendere	*to depend*
divenire	*to become*
diventare	*to become*
durare	*to last*
emergere	*to emerge*
entrare	*to come in*
esistere	*to exist*
essere	*to be*
intervenire	*to intervene*
morire	*to die*
nascere	*to be born*
partire	*to leave*
pervenire	*to arrive, come to*
restare	*to stay*
rimanere	*to stay*
ritornare	*to return*
riuscire	*to manage, succeed*
scadere	*to run out, expire*
scappare	*to dash, to escape*
sparire	*to disappear*
stare	*to stay, be*
svenire	*to faint*
tornare	*to return*
uscire	*to go out*
valere	*to be worth*
venire	*to come*

Notes

a) For a definition of 'intransitive' see Basics, note 6iv, p. 241.
b) Beware: do not assume that all verbs of movement take **essere**. There are some which don't. [See Ref VIII, 2i and 3, below.]

ii) Impersonal verbs

These verbs express actions which cannot be attributed to a specific person or thing, for example verbs for the weather. These are always used in the it form [third person singular].

balenare	*to flash with lightening*
diluviare	*to pour*
grandinare	*to hail*
lampeggiare	*to lighten*
nevicare	*to snow*
piovere	*to rain*
tuonare	*to thunder*

Note

In speech it is common to use **avere** as well as **essere** as the auxiliary. You can say **è piovuto** or **ha piovuto**. [See Book 1, Profile 2 p. 221].

iii) Verbs used impersonally

There are a number of verbs, like **piacere**, whose it and they forms [third person, singular and plural] tend to be used, often in conjunction with **mi, ti, gli, le, le, ci, vi**:

accadere	*to happen*
avvenire	*to happen*
bastare	*to be enough*
bisognare	*to be necessary*
capitare	*to chance, happen to*
convenire	*to be advisable, advantageous*
dispiacere	*to be sorry*
importare	*to matter/to mind*
mancare	*to lack/be missing*
occorrere	*to be needed*
parere	*to seem*
piacere	*to like*
rincrescere	*to regret*
sembrare	*to seem*
servire	*to serve, be needed*
succedere	*to happen*

mi **è** piaciuto; ti **è** servito? gli **è** bastato; le **è** sembrato; Le **è** parso difficile? ci **è** capitato, etc.

iv) Reflexive verbs

If a verb is reflexive it always takes **essere**.

Infinitive	Passato prossimo	Meaning
alzarsi	mi sono alzato/a	*to get up*
divertirsi	mi sono divertito/a	*to enjoy oneself*
fermarsi	mi sono fermato/a	*to stop*
lavarsi	mi sono lavato/a	*to wash oneself*

Note

Beware: many reflexive verbs can also be non reflexive – and take **avere**:

alzare	ho alzato la voce	*I raised my voice*
lavare	ho lavato il pavimento	*I washed the floor*
fermare	ho fermato la macchina	*I stopped the car*

2 Essere and avere

Some verbs take **essere** if they are being used intransitively. Otherwise they take **avere**. The most common are: **cominciare, finire, salire, scendere**:

Il film **è** cominciato/finito tardi *[intransitive]*
Sono salito in treno/**sono** sceso dal treno
Ho cominciato/finito il lavoro *[transitive]*
Ho salito le scale/**ho** sceso le scale

i) Other verbs of this type include:

aumentare	*to increase*
avanzare	*to advance*
calare	*to lower, to go down*
cambiare	*to change*
correre	*to run*
crescere	*to grow*
diminuire	*to diminish, to reduce*
fuggire	*to run away, to escape*
giungere	*to arrive at, to reach, join*
guarire	*to get well, to cure*
iniziare	*to commence, to begin*
invecchiare	*to grow old, to age*
migliorare	*to improve*
passare	*to pass, to spend [time]*
peggiorare	*to get worse, to worsen*
salire	*to go up, to get in*
saltare	*to jump*
scendere	*to go down, to get out of*
terminare	*to end, to put an end to*
volare	*to fly*

Notes

a) Transitive and intransitive verbs are defined in Basics 6iv, p. 241.

b) A few verbs can take **avere** as well as **essere** when being used intransitively: **correre, saltare, volare** take **essere** when they express movement to a place:

sono corso a casa; **sono** volato a vederlo; **sono** saltato dal treno.

However, in other intransitive expressions they take **avere**:

ho corso per due ore; **ho** saltato per cinque minuti; **ho** volato in elicottero.

Like all the other verbs in the list they take **avere** when there is a direct object:

ho corso un chilometro.

ii) Modal verbs: dovere, potere, volere

These can take either **avere** or **essere**. This depends on the auxiliary required by the infinitive which follows:

ho potuto studiare   [**studiare** takes **avere**]
sono potuto/a partire   [**partire** takes **essere**]

In spoken Italian **avere** is often used instead of **essere**:

ho dovuto partire

If **dovere**, **potere** or **volere** are used with a reflexive verb there are two possible constructions:

With **avere**:	With **essere**:
Gina ha voluto sposarsi	Gina si è voluta sposare
Le ragazze hanno potuto divertirsi	Le ragazze si sono potute divertire

These are both used in spoken Italian.

3 Avere

Avere is used with transitive verbs. It is also used with the intransitive verbs below:

abitare	*to live*
brillare	*to shine*
camminare	*to walk*
chiacchierare	*to chat*
cenare	*to have supper*
collaborare	*to collaborate*
dormire	*to sleep*
esagerare	*to exaggerate*
esitare	*to hesitate*
giocare	*to play*
girare	*to turn*
insistere	*to insist*
litigare	*to quarrel*
lottare	*to struggle*
nevicare★	*to snow*
pattinare	*to skate*
parlare	*to speak*
partecipare	*to participate*
passeggiare	*to walk/stroll*
piangere	*to cry*
piovere★	*to rain*
pranzare	*to have lunch*
respirare	*to breathe*
ridere	*to laugh*
sciare	*to ski*
sopravvivere★	*to survive*
sorridere	*to smile*
starnutire	*to sneeze*
telefonare	*to phone*
tossire	to cough
viaggiare	*to travel*
vivere★	*to live*

Essere can be used with the verbs marked ★, but it is less usual in everyday speech.

For irregular past participles, see the chart in Book 1, pp.251–252 and the alphabetical list in section C4, pp. 259–60.

C OTHER PAST TENSES

I Imperfect (l'imperfetto)

Regular forms

For the regular forms of the imperfect see Syst. 14, note 2, p. 116. For the uses of the imperfect, see Syst. 14, note 3, p. 116 and Syst. 16, note 2, p. 210.

Irregular forms

There are three main patterns:

i) Essere

This is the only verb whose imperfect is not based on its infinitive:

essere   ero   eri   era   eravamo   eravate   erano

ii) Dare and stare

Their imperfect is formed with regular **–are** endings:

dare   da**vo** da**vi** da**va** da**vamo** da**vate** da**vano**
stare   sta**vo** sta**vi** sta**va** sta**vamo** sta**vate** sta**vano**

iii) Other verbs with 'contracted' infinitives

These verbs 'expand' their stem in the following way and then use the regular **–ere** endings

infinitive	expanded stem	Imperfect tense
attrarre[1]	**attra–**	attra**evo** attra**evi** attra**eva** attra**evamo** attra**evate** attra**evano**
opporre[2]	**oppon–**	oppon**evo** oppon**evi** oppon**eva** oppon**evamo** oppon**evate** oppon**evano**
produrre[3]	**produc–**	produc**evo** produc**evi** produc**eva** produc**evamo** produc**evate** produc**evano**
bere	**bev–**	bevevo bevevi beveva bev**evamo** bev**evate** bev**evano**
dire[4]	**dic–**	dic**evo** dic**evi** dic**eva** dic**evamo** dic**evate** dic**evano**
fare[5]	**fac–**	fac**evo** fac**evi** fac**eva** fac**evamo** facevate facevano

Other verbs of this type include:

1 distrarre, *to distract, to entertain*
2 supporre, *to suppose*
3 tradurre, *to translate*
4 maledire, *to curse*
5 stupefare, *to amaze*

2 A note on the pluperfect (il trapassato prossimo)

See Syst. 16, note 1, p. 210. The pluperfect is formed from the imperfect of the auxiliaries **avere** and **essere**, plus the past participle:

avevo portato	ero partito/a
I had brought	*I had left*

3 Simple past (il passato remoto)

Regular forms

parlare	vendere	finire
parl**ai**	vend**ei/etti**	fin**ii**
parl**asti**	vend**esti**	fin**isti**
parl**ò**	vend**è/ette**	fin**ì**
parl**ammo**	vend**emmo**	fin**immo**
parl**aste**	vend**este**	fin**iste**
parl**arono**	vend**erono/ettero**	fin**irono**

Notes

a) The alternative **-etti**, **-ette**, **ettero** ending of **-ere** verbs is probably more widely used in speech than **-ei**, **è** and **erono**.

b) Although the **passato remoto** is used in formal writing and speech to describe an action that took place at a specific time in the past, it is also regularly used in informal speech, especially in areas of Tuscany and the South.

Irregular forms

For the many irregularities which have to be learned individually, see the table in C 4 below. Note, however, the following patterns:

i) Essere

essere **fui** fosti **fu** fummo foste **furono**

ii) Dare and stare

dare	**diedi** (detti)	desti	**diede** (dette)
	demmo	deste	**diedero** (dettero)
stare	**stetti**	stesti	**stette**
	stemmo	steste	**stettero**

iii) Common irregularities

avere	**ebbi**	avesti	**ebbe**
	avemmo	aveste	**ebbero**
chiedere	**chiesi**	chiedesti	**chiese**
	chiedemmo	chiedeste	**chiesero**
leggere	**lessi**	leggesti	**lesse**
	leggemmo	leggeste	**lessero**
mettere	**misi**	mettesti	**mise**
	mettemmo	metteste	**misero**
prendere	**presi**	prendesti	**prese**
	prendemmo	prendeste	**presero**
sapere	**seppi**	sapesti	**seppe**
	sapemmo	sapeste	**seppero**
scrivere	**scrissi**	scrivesti	**scrisse**
	scrivemmo	scriveste	**scrissero**
tenere	**tenni**	tenesti	**tenne**
	tenemmo	teneste	**tennero**
vedere	**vidi**	vedesti	**vide**
	vedemmo	vedeste	**videro**
venire	**venni**	venisti	**venne**
	venimmo	veniste	**vennero**
vivere	**vissi**	vivesti	**visse**
	vivemmo	viveste	**vissero**
volere	**volli**	volesti	**volle**
	volemmo	voleste	**vollero**

Notes

a) In irregular **passato remoto** verbs the first person (**io**) provides the basis for the third person singular and plural forms (**lui, lei, Lei, loro**). The **io** form is therefore the one given in verb tables.

b) The other forms of the verb, **tu, noi** and **voi**, are regularly formed from the infinitive. Notice that in the table above, **venire**, therefore has endings in **-isti**, etc., while the other **-ere** verbs have endings in **-esti**, etc.

c) Dare and stare, like all contracted infinitive **passato remoto** verbs, use the regular **-ere** endings for the **tu, noi** and **voi** forms.

iv) Other verbs with contracted infinitives

attrarre	attrassi	**attraesti**	attrasse
	attraemmo	**attraeste**	attrassero
proporre	proposi	**proponesti**	propose
	proponemmo	**proponeste**	proposero
ridurre	ridussi	**riducesti**	ridusse
	riducemmo	**riduceste**	ridussero
bere	bevvi	**bevesti**	bevve
	bevemmo	**beveste**	bevvero
dire	dissi	**dicesti**	disse
	dicemmo	**diceste**	dissero
fare	feci	**facesti**	fece
	facemmo	**faceste**	fecero

Notes

a) For the **tu, noi** and **voi** forms the regular **-ere** ending is added to the expanded infinitive. [See Ref. C 1iii, p. 258 for expanded infinitives).

b) For the other verbs formed like the verbs above, see VIII A iv-vi, p. 256.

4 Main irregularities of the passato prossimo and the passato remoto forms: 66 verbs.

Most of the following verbs are irregular in both past tense forms:

Infinitive	Past participle	Passato remoto	Meaning
accendere	acceso	accesi	to turn on
accogliere	accolto	accolsi	to welcome
accorgersi	accorto	accorsi	to realise
apparire	apparso	apparvi	to appear
attrarre	attratto	attrassi	to attract
avere	avuto	ebbi	to have
bere	bevuto	bevvi	to drink
cadere	caduto	caddi	to fall
chiedere	chiesto	chiesi	to ask
chiudere	chiuso	chiusi	to close
conoscere	conosciuto	conobbi	to know
correre	corso	corsi	to run
crescere	cresciuto	crebbi	to grow
dare	dato	diedi/detti	to give
decidere	deciso	decisi	to decide
difendere	difeso	difesi	to defend
dipingere	dipinto	dipinsi	to paint
dire	detto	dissi	to say, tell
dirigere	diretto	diressi	to direct
discutere	discusso	discussi	to discuss
distinguere	distinto	distinsi	to distinguish

dividere	diviso	divisi	*to divide*
essere	stato	fui	*to be*
fare	fatto	feci	*to do, to make*
fingere	finto	finsi	*to pretend*
giungere	giunto	giunsi	*to arrive, reach*
leggere	letto	lessi	*to read*
mettere	messo	misi	*to put*
muovere	mosso	mossi	*to move*
nascere	nato	nacqui	*to be born*
opporre	opposto	opposi	*to oppose*
nascondere	nascosto	nascosi	*to hide*
parere	parso	parvi	*to seem*
perdere	perso	persi	*to lose*
persuadere	persuaso	persuasi	*to persuade*
piacere	piaciuto	piacqui	*to please*
piangere	pianto	piansi	*to cry*
prendere	preso	presi	*to take*
rendere	reso	resi	*to give back*
ridere	riso	risi	*to laugh*
rimanere	rimasto	rimasi	*to remain, stay*
rispondere	risposto	risposi	*to reply*
rivolgersi	rivolto	rivolsi	*to address, speak to*
rompere	rotto	ruppi	*to break*
sapere	saputo	seppi	*to know*
scegliere	scelto	scelsi	*to choose*
scendere	sceso	scesi	*to descend, get off*
scrivere	scritto	scrissi	*to write*
scuotere	scosso	scossi	*to shake*
spegnere	spento	spensi	*to turn off*
spendere	speso	spesi	*to spend*
spingere	spinto	spinsi	*to push*
stringere	stretto	strinsi	*to squeeze, shake*
succedere	successo	successe★	*to happen*
svolgersi	svolto	svolse★	*to take place*
tenere	tenuto	tenni	*to hold*
togliere	tolto	tolsi	*to remove*
tradurre	tradotto	tradussi	*to translate*
trascorrere	trascorso	trascorsi	*to spend (time)*
vedere	visto	vidi	*to see*
venire	venuto	venni	*to come*
vincere	vinto	vinsi	*to win*
vivere	vissuto	vissi	*to live*
volere	voluto	volli	*to want*

★ Verbs used in the third person

D FUTURE AND CONDITIONAL

I Future

See Syst. 11, note 9, p. 102 for regular **-are**, **-ere** and **-ire** endings and Syst. 12, note 1, p. 105 for spelling changes. For the uses of the future see Syst. 12, note 3, p. 105-6.

Irregular forms

There are three patterns of irregularity in the future:

i) Essere

This is the only verb whose future is not based on the infinitive:

sarò	saremo
sarai	sarete
sarà	saranno

ii) -rò endings

The following verbs follow an identical pattern:

andare	andrò andrai andrà andremo andrete andranno
avere	avrò avrai avrà avremo avrete avranno
cadere[1]	cadrò cadrai cadrà cadremo cadrete cadranno
dare	darò darai darà daremo darete daranno
dire[2]	dirò dirai dirà diremo direte diranno
dovere	dovrò dovrai dovrà dovremo dovrete dovranno
fare[3]	farò farai farà faremo farete faranno
potere	potrò potrai potrà potremo potrete potranno
stare	starò starai starà staremo starete staranno
udire	udrò udrai udrà udremo udrete udranno
vedere[4]	vedrò vedrai vedrà vedremo vedrete vedranno
vivere[5]	vivrò vivrai vivrà vivremo vivrete vivranno

Other verbs of this type include:
1 accadere, *to happen*
2 disdire, *to cancel*
3 soddisfare, *to satisfy*
4 prevedere, *to predict*
5 sopravvivere, *to survive*

iii) -rrò endings

The following verbs have an identical pattern:

attrarre[1]	attrarrò attrarrai attrarrà attrarremo attrarrete attrarranno
bere	berrò berrai berrà berremo berrete berranno
parere	parrò parrai parrà parremo parrete parranno
produrre[2]	produrrò produrrai produrrà produrremo produrrete produrranno
proporre[3]	proporrò proporrai proporrà proporremo proporrete proporranno

rimanere	rimarrò rimarrai rimarrà rimarremo rimarrete rimarranno
tenere[4]	terrò terrai terrà terremo terrete terranno
valere[5]	varrò varrai varrà varremo varrete varranno
venire[6]	verrò verrai verrà verremo verrete verranno
volere	vorrò vorrai vorrà vorremo vorrete vorranno

Other verbs of this type include:
1 all verbs ending in **–trarre**, e.g. estrarre, *to extract*
2 all verbs ending in **–durre**, e.g. introdurre, *to introduce*; ridurre, *to reduce*; tradurre, to *translate*
3 all verbs ending in **–porre**, e.g. esporre, *to expose*; imporre, *to impose*; opporre, *to oppose*
4 contenere, *to contain*; mantenere, *to keep*; ottenere, *to obtain*; trattenersi, *to remain*
5 prevalere, *to prevail*
6 avvenire, *to happen*; intervenire, *to intervene*

2 A note on the future perfect (il futuro anteriore)

See Syst. 15, note 2, p. 122. The future perfect is made up of the future of the auxiliaries **avere** and **essere** plus the past participle:

avrò portato	sarò partito/a
I will have brought	*I will have left*

3 Conditional (il condizionale)

Regular forms

See Syst. 12, note 4, p. 105 for the **-are**, **-ere** and **-ire** endings. The uses of the conditional are in Syst. 13, note 6, p. 113, Syst. 17, note 7, p. 215 and Syst. 18, note 7, p. 218.

Irregular forms

As with the future, there are three patterns of irregularity. These are identical apart from the verb endings:

i) essere

sarei	saremmo
saresti	sareste
sarebbe	sarebbero

ii) –rei endings

andare	andrei andresti andrebbe andremmo andreste andrebbero
avere	avrei avresti avrebbe avremmo avreste avrebbero
cadere[1]	cadrei cadresti cadrebbe cadremmo cadreste cadrebbero
dare	darei daresti darebbe daremmo dareste darebbero
dire[2]	direi diresti direbbe diremmo direste direbbero

dovere	dovrei dovresti dovrebbe dovremmo dovreste dovrebbero
fare[3]	farei faresti farebbe faremmo fareste farebbero
potere	potrei potresti potrebbe potremmo potreste potrebbero
stare	starei staresti starebbe staremmo stareste starebbero
udire	udrei udresti udrebbe udremmo udreste udrebbero
vedere[4]	vedrei vedresti vedrebbe vedremmo vedreste vedrebbero
vivere[5]	vivrei vivresti vivrebbe vivremmo vivreste vivrebbero

Other verbs of this type include:
1 accadere, *to happen*
2 disdire, *to cancel*
3 soddisfare, *to satisfy*
4 prevedere, *to predict*
5 sopravvivere, *to survive*

iii) -rrei endings

attrarre[1]	attrarrei attrarresti attrarrebbe attrarremmo attrarreste attrarrebbero
bere	berrei berresti berrebbe berremmo berreste berrebbero
parere	parrei parresti parrebbe parremmo parreste parrebbero
produrre[2]	produrrei produrresti produrrebbe produrremmo produrreste produrrebbero
proporre[3]	proporrei proporresti proporrebbe proporremmo proporreste proporrebbero
rimanere	rimarrei rimarresti rimarrebbe rimarremmo rimarreste rimarrebbero
tenere[4]	terrei terrresti terrebbe terremmo terreste terrebbero
valere[5]	varrei varresti varrebbe varremmo varreste varrebbero
venire[6]	verrei verresti verrebbe verremmo verreste verrebbero
volere	vorrei vorresti vorrebbe vorremmo vorreste vorrebbero

Other verbs of this type include:
1 all verbs ending in **–trarre**, eg. estrarre, *to extract*
2 all verbs ending in **–durre**, eg. introdurre, *to introduce*
3 all verbs ending in **–porre**, eg. opporre, *to oppose*
4 contenere, *to contain*; mantenere, *to keep*; ottenere, *to obtain*, trattenersi, *to remain*
5 prevalere, *to prevail*
6 avvenire, *to happen*; intervenire, *to intervene*

4 A note on the Past Conditional (il condizionale passato)

The past conditional is made up of the simple conditional of the auxiliaries **essere** and **avere**, plus the past participle:

avrei portato	sarei partito/a
I would have brought	*I would have left*

E IMPERATIVE MOOD

i) For the regular imperative, see Syst. 11, notes 1 and 5, p. 100.

Below is a summary of the verbs which are entirely or partly irregular in the imperative. Irregular parts are marked in bold:

Infinitive	tu	Lei	voi	loro
andare	**vai/va'**	vada	andate	vadano
avere	**abbi**	**abbia**	**abbiate**	**abbiano**
dare	**dai/da'**	**dia**	date	**diano**
dire	**di'**	dica	dite	dicano
essere	**sii**	**sia**	**siate**	**siano**
fare	**fai/fa'**	faccia	fate	facciano
sapere	**sappi**	**sappia**	sapete	**sappiano**
stare	**stai/sta'**	**stia**	state	**stiano**

See Syst. 11, notes 2, 3, 5 and 6, pp.100-101.

ii) Although **voi** is normally used as the plural form of both **tu** and **Lei** imperatives, the **loro** (formal plural) form does occur in very formal settings: a waiter in a top restaurant, or an usher in the law courts.
Signori, vengano da questa parte

F SUBJUNCTIVE MOOD

See Syst. 17 and 18 for an introduction to the subjunctive. The subjunctive has four tenses, two of which appear in this course:

1 Present subjunctive (il congiuntivo presente)

i) Regular forms

	parlare	vendere	partire	finire
io	parli	venda	parta	finisca
tu	parli	venda	parta	finisca
lui/lei/Lei	parli	venda	parta	finisca
noi	parl**iamo**	vend**iamo**	part**iamo**	fin**iamo**
voi	parl**iate**	vend**iate**	part**iate**	fin**iate**
loro	parl**ino**	vend**ano**	part**ano**	fin**iscano**

Notes
a) The singular forms of the present subjunctive are identical: the personal pronouns **io**, **tu**, **Lei**, **lui** and **lei** are therefore often used to avoid ambiguity.
b) The **noi** form of the present subjunctive is identical to the **noi** present tense.
c) The singular [**Lei**] form of the present subjunctive is used for polite imperatives. [See Syst. 11, notes 5, 6, p. 100–1.]

ii) Regular forms with irregular present tense verbs

The present subjunctive of verbs with an irregular present is regularly formed by substituting an **-a** for the final **-o** of the first person form. [See Syst. 17, note 2, p. 213]. It is therefore important to know all irregular present tense verbs.
For a full list, see Ref. VIII A, pp. 255–6, including those rarely used in the first person, e.g. **piacere: piaccio – piaccia**.

iii) Irregular forms

There are very few completely irregular forms of the present subjunctive:

Infinitive	Present subjunctive			Meaning
avere	abbia abbia abbia			to have
	abbiamo abbiate abbiano			
dare	dia dia dia diamo			to give
	diate diano			
essere	sia sia sia siamo			to be
	siate siano			
sapere	sappia sappia sappia			to know
	sappiamo sappiate sappiano			
stare	stia stia stia stiamo			to stay
	stiate stiano			

2 Perfect subjunctive (il congiuntivo passato)

See Syst. 18, note 1, p. 216. This is formed with the present subjunctive of **avere** or **essere** and the past participle of the verb.

	parlare	partire
io	abbia parlato	sia partito/a
tu	abbia parlato	sia partito/a
lui, lei, Lei	abbia parlato	sia partito/a
noi	abbiamo parlato	siamo partiti/e
voi	abbiate parlato	siate partiti/e
loro	abbiano parlato	siano partiti/e

3 Imperfect subjunctive (congiuntivo imperfetto)

i) Regular forms

These are formed from the stem of the infinitive as follows:

	parlare	vendere	finire
io	parlassi	vendessi	finissi
tu	parlassi	vendessi	finissi
lui/lei/Lei	parlasse	vendesse	finisse
noi	parlassimo	vendessimo	finissimo
voi	parlaste	vendeste	finiste
loro	parlassero	vendessero	finissero

ii) Irregular forms

Essere is formed as follows:
fossi fossi fosse fossimo foste fossero
Contracted infinitive verbs use the regular **–ere** endings added to the stem of the 'expanded' infinitive:

attrarre	**attra**essi	attraessi	attraesse	attraessimo
	attraeste	attraessero		
bere	**bev**essi	bevessi	bevesse	bevessimo
	beveste	bevessero		
dare	**d**essi	dessi	desse	dessimo
	deste	dessero		
dire	**dic**essi	dicessi	dicesse	dicessimo
	diceste	dicessero		
fare	**fac**essi	facessi	facesse	facessimo
	faceste	facessero		

opporre	**oppon**essi	opponessi	opponesse
	opponessimo	opponeste	opponessero
stare	**st**essi	stessi	stesse
	stessimo	steste	stessero
tradurre	**traduc**essi	traducessi	traducesse
	traducessimo	traduceste	traducessero

4 A note on the pluperfect subjunctive (congiuntivo trapassato)

This is formed from the imperfect subjunctive of **avere** or **essere** and the past participle:

avessi portato	fossi partito/a

G THE PASSIVE - SUMMARY OF TENSES

See Syst. 14, note 1, p.115 for the formation of the passive. Notice that with the simple tenses, **venire** is an alternative auxiliary to **essere**.

i) Summary of the simple passive tenses.

Present	è/viene chiuso/a	*it is closed*
Future	sarà/verrà chiuso/a	*it will be closed*
Conditional	sarebbe chiuso/a	*it would be closed*
	verrebbe chiuso/a	
Simple past	fu/venne chiuso/a	*it was closed*
Imperfect	era/veniva chiuso/a	*it was closed*
		(used to be)

ii) Summary of compound passive tenses

Pres. perf.	è stato chiuso/a	*it has been/was closed*
Pluperf.	era stato chiuso/a	*it had been closed*
Fut. perf.	sarà stato chiuso/a	*it will have been closed*
Past cond.	sarebbe stato chiuso/a	*it would have been closed*

Note

The present and simple conditional of **andare** can be used as an auxiliary in the passive. This alters the meaning:

va chiuso subito	*it must be closed at once*
andrebbe chiuso subito	*it ought to be closed at once*

Index of grammar

This index refers to the material in Systems and Troubleshooting, Basics and Reference Books 1 and 2. Page references for Units and Systems 1–10 are to Book 1; page references for Basics and Reference sections are to Book 2 unless otherwise indicated.

Lexis

Notes

1 The English translations apply to the words as used in the course.
Nouns ending -o can be assumed masculine unless stated;
nouns ending -a can be assumed feminine unless stated.

2 Abbreviations: m = masculine; f = feminine; m/f = masculine and feminine;
s = singular; pl = plural; pp = past participle; inv = invariable, ie the noun is the same
in the plural as the singular; pr = present; adj = adjective (where English word
doubles as noun/adjective e.g. 'tourist'); adv = adverb; fig = figurative.

3 Symbols: + = irregular present; ★ takes **essere** (see Reference VIIIB 1, pp.
256–7); (★) = takes **essere** and **avere**, depending on how the verb is used (see
Reference VIIIB 2, pp. 257–8).

4 Countries and nationalities are listed in Reference III, 5, pp. 246–7.

A

il 740 (inv)   *tax-return form*
abbagliare   *to dazzle*
abbassare   *to turn down*
abbattere   *to knock down*
l' abbattimento   *breaking down*
l' abbonato   *subscriber*
abbondantemente   *abundantly*
l' abilità (inv)   *ability*
l' abisso   *abyss*
l' abitante (m)   *inhabitant*
abituarsi★ (a)   *to get used to*
abituato/a   *accustomed*
l' abitudine (f)   *habit*
abolito/a   *abolished*
l' aborto   *abortion*
abrasivo/a   *abrasive*
l' accaduto   *incident*
accarezzato/a   *caressed*
l' accattonaggio   *begging*
l' accattone (m/f)   *beggar*
accelerare   *to speed up*
l' accensione (f)   *switching on*
l' accesso   *access*
accettabile   *acceptable*
l' accidente   *accident; event*
accludere (pp accluso) *to enclose*
accogliente   *cosy, welcoming*
l' accoglienza   *welcome*
accogliere+ (pp accolto)   *to welcome*
accomunare   *to link*
l' accordo   *agreement*
   essere d'accordo   *to agree*
accorgersi★ di (pp accorto)   *to notice*
l' accusa   *accusation, indictment*
l' acero   *maple*
l' acido   *acid*
   l'acido solforico   *sulphuric acid*
l' acqua   *water*
   avere l'acqua alla gola   *to be in dire straits*

l' acquacoltura   *fresh-water fish farming*
acquisire   *to acquire*
acquisito/a   *acquired*
acquistare   *to acquire; to buy*
l' acquisto   *purchase*
acustico/a   *acoustic, auditory*
adattarsi★   *to adapt oneself; to submit*
adatto/a   *suitable*
l' addensamento   *accumulation*
addentrarsi★ in   *to get into, become part of*
addio   *goodbye, farewell*
addirittura   *even; actually*
addominale   *abdominal*
addormentarsi★   *to fall asleep*
adeguato/a   *suitable*
adesso   *now*
l' adolescente (m/f)   *adolescent, teenager*
adoperato/a   *used*
adottare   *to adopt*
affabile   *friendly*
l' affabilità (inv)   *friendliness*
affacciarsi★   *to face onto*
affascinante   *charming; fascinating*
affermare   *to assert*
affermarsi★   *to assert oneself*
affermato/a   *affirmed; made known*
l' affermazione (f)   *statement*
afferrare   *to clasp, grasp*
affettivo/a   *emotional*
l' affetto   *affection*
affettuoso/a   *loving*
affezionato/a   *fond of, attached to*
affiancato/a   *side by side*
l' affidamento   *assurance; reliance*
   fare affidamento   *to rely upon*
affidare   *to entrust*
affinché   *so that*
l' affitto   *rent*
affollato/a   *crowded*

affrescato   *frescoed*
affrettato/a   *hurried, rushed*
affrontare   *to confront; to embark upon*
l' afide   *aphid*
l' agenda   *diary*
l' aggeggio   *gadget*
aggirare   *to get round; to avoid*
l' aggressione (f)   *assault, attack*
agire   *to act; to be at work*
l' ago   *needle*
agrario/a   *agricultural*
agricolo/a   *farming (adj)*
l' agricoltura   *agriculture*
l' agrobiologia   *agrobiology*
l' agronica   *agronomics*
aguzzare   *to sharpen*
aguzzo/a   *sharp*
ahimè   *alas*
l' Aids (m)   *Aids*
l' aiuto   *help*
l' albergatore (m)   *hotelier*
l' albergo   *hotel*
l' album (m inv)   *album*
l' alibi (m inv)   *alibi*
alimentato/a   *nourished*
l' alimentazione (f)   *nourishment, feeding*
l' aliquota   *rate*
allegare   *to enclose; to attach; to append*
allestire   *to lay, to prepare*
l' allevamento   *fish farm*
allevare   *to bring up, to raise*
l' alloggio   *accommodation*
allora   *so; then*
   da allora   *since then, ever since*
l' allusione (f)   *allusion*
   fare allusione a   *to allude to*
l' alluvione (f)   *flood*
almeno   *at least*
l' altare (m)   *altar*
alternarsi★   *to alternate*
alternativo/a   *alternative*
alterno/a   *alternate*
l' altezza   *height*
alto/a   *high*
   in alto   *above*
l' altoparlante (m)   *loudspeaker*
altrettanto   *as, just as*
gli altri   *others*
altrimenti   *otherwise*
altro/a   *other*
l' altro/a   *the other one*
   fra l'altro   *incidentally*
altrove   *elsewhere*
altrui   *of others*
l' altruismo   *altruism, unselfishness*
l' altruista (m/f)   *altruist*
alzarsi★   *to get up*
   alzarsi in piedi   *to stand up*
l' amalgama (m)   *combination,*

mixture

l' amante (m/f) *lover*

l' amarezza *bitterness*

ambedue *both*

ambientalista (m/f) *environmental*

ambientarsi★ *to settle in, to adapt*

ambientato/a *set*

l' ambiente *room, living area; working area; surroundings; the environment*

ambiguo/a *ambiguous*

ambizioso/a *ambitious*

l' amicizia *friendship*

ammalarsi★ *to become ill*

ammazzare *to kill*

ammesso/a *admitted*

amministrare *to manage*

amministrativo/a *administrative*

l' amministratore (m) *manager* l'amministratore delegato *managing director*

l' amministrazione (f) *administration, management*

amoroso/a *amorous*

ampio/a *ample; wide*

l' anagrafe (f) *registry office*

anarchico/a *anarchical*

l' anatema (m) *anathema*

ancora *yet; still*

andare+★ *to go* andare a trovare *to visit* andare bene *to be all right* andare d'accordo con *to get on with*

andarsene+★ *to go away*

l' angolo *corner*

animato/a *lively*

l' animazione (f) *animation*

l' annaffiatura *watering*

l' anno *year* di anno in anno *from year to year*

annoiarsi★ *to get bored*

annoverare *to number*

annunciare *to announce*

anonimo/a *anonymous*

l' antagonismo *antagonism, hostility*

l' antenato *ancestor*

l' anticiclone (m) *anticyclone*

l' anticipo *anticipation* in anticipo *in advance; early*

anticonformista (m/f) *unconventional*

antidemocratico/a *antidemocratic*

l' antidoto *antidote*

antifascista (m/f) *anti-fascist (adj)*

antipatico/a *unpleasant*

antipartitico/a *anti-parties (political)*

l' antiquariato *antique-dealing*

l' antisemita (m/f) *anti-Semite*

anzi *on the contrary, indeed, or rather*

aperto/a *open; extrovert; outside* all'aperto *outside*

l' apertura *opening up*

appagante *satisfying*

apparire+★ (pp apparso) *to appear*

appassionante *of great interest; moving*

appassionato/a (di) *very keen (on)*

appassito/a *withered*

appena *just; as soon as*

appena possibile *as soon as possible*

appeso/a *hung*

applicato/a *applied*

appoggiare *to support*

l' appoggio *support*

apportare *to bring*

apposta *specially*

l' apprendimento *learning*

l' apprendista (m/f) *apprentice*

apprezzare *to appreciate*

l' approccio *approach*

approdare★ *to land*

approfittare di *to take advantage of*

appropriato/a *appropriate*

approvare *to approve (of)*

l' appuntamento *appointment* l'appuntamento galante *date*

appunto *exactly, precisely*

l' aquila *eagle*

l' arabo *arabic*

arbitrale *refereeing (adj)*

arbitrario/a *arbitrary*

arbitrio *will* il libero arbitrio *free will*

l' arbitro *referee*

l' architetto *architect*

archiviare *to file*

l' archiviazione (f) *archiving; filing*

l' archivio *archives*

l' arcivescovo *archbishop*

l' argomento *topic, subject*

armato/a *armed*

l' armonizzazione (f) *harmonisation*

l' arnese (m) *tool*

arrabbiarsi★ *to get angry*

l' arredatore (m) *interior designer*

arrestare *to arrest; to stop*

l' arresto *arrest; stop*

arricchito/a *enriched*

arrischiato/a *reckless*

l' arrivismo *social climbing; hard-headedness; careerism*

l' arrosto *roast*

arruolato/a *enlisted*

arterioso/a *arterial*

articolato/a *articulated*

l' artigianato *craftsmanship*

artigiano *artisan, craftsman's (adj)*

artistico/a *artistic*

l' ascoltatore (m) *listener*

l' ascolto *hearing*

l' asilo *nursery school*

l' asma (f) *asthma*

aspettare *to wait for*

l' aspettativa *hope; expectation*

l' aspetto *appearance, aspect*

l' aspirapolvere (inv) *vacuum cleaner*

l' aspirazione (f) *aspiration*

l' assalto *assault*

assassinato/a *assassinated*

l' assassinio *murder*

l' assegno *cheque*

l' assertore (m) *champion, supporter*

assicurativo/a *insurance*

assiduo/a *regular*

l' assistenza *help*

l' associazione (f) *association, society*

assolto/a *performed, done*

assolutamente *absolutely, absolutely not*

assorbire *to absorb*

assorto/a *engrossed*

assumere (pp assunto) *to assume, to take on; to appoint; to acquire*

assumersi★ (pp assunto) *to take on*

l' astinenza *abstinence*

l' attacco *attack*

l' atteggiamento *attitude*

attendere (pp atteso) *to wait*

attento/a *attentive, alert, careful* stare attento (a) *watch out for, be careful*

l' attenzione (f) *attention; kindness* fare attenzione *to pay attention*

l' attesa *wait* in attesa *waiting*

l' attimo *moment* scusa un attimo *sorry, hold on a moment*

l' attitudine (f) *attitude*

l' attività (inv) *activity; job*

l' atto *act; action*

attorniato/a *surrounded*

l' attraversamento *crossing* l'attraversamento ciclabile *cycle crossing*

l' attrazione (f) *attraction*

l' attrice (f) *actress*

attuale *of the present day, present, existing; topical, current*

l' attualità (inv) *recent event; news*

attualmente *at present*

attuare *to put into effect*

l' attuazione (f)   *realization*
   dare attuazione   *to implement*
audace   *bold*
gli audiovisivi *audivisual materials*
augurare   *to hope*
   auguriamocelo   *let's hope so*
augurarsi★ *to hope*
l' augurio   *wish, hope*
aumentare (★)   *to increase; to turn
   up (lighting or volume)*
l' aumento   *increase*
   essere in aumento   *to rise*
l' ausilio   *help*
auspicato/a   *augured; hoped
   for*
l' autista (m/f)   *driver*
l' auto (f)   *car*
l' autobomba   *car-bomb*
autoironico/a *self-mocking*
automaticamente   *automatically*
automatico/a   *automatic*
l' automobilista (m/f)
   motorist
l' autonomia   *independence*
l' autorità (inv)   *authority*
l' autoritarismo   *authoritarianism*
l' avambraccio   *forearm*
   avanti   *ahead*
   in avanti   *ahead (of oneself),
   forward*
l' avanzamento   *promotion*
avanzare   *to go ahead*
avanzato/a   *put forward*
avere+   *to have*
   che cos' hai?   *what's wrong
   with you?*
l' avorio   *ivory*
l' avvenimento   *event*
avvenire+★   *to take place*
avveniristico/a   *futuristic*
avversario/a   *opposing*
avvertire   *to feel; to notice*
avvicinare   *to bring closer*
avvilente   *degrading*
avvisare   *to inform*
l' avviso   *announcement*
avvolto/a   *surrounded, enveloped*
l' azienda   *firm*
aziendale   *business (adj)*
l' azione (f)   *action, deed*

baciare   *to kiss*
il bacino   *basin*
il bagaglio   *luggage*
il balcone   *balcony*
la balena   *whale*
la balera   *dance hall*
   balle!   *rubbish!*
il balletto   *ballet*
la banca   *bank*

bancario/a   *banking (adj)*
il banco   *bench; desk*
la bandiera   *flag*
la baracca   *hovel*
il barbiere   *barber*
il barbone   *tramp*
la barca   *boat*
il barone   *baron*
la barriera   *barrier*
   le barriere doganali   *customs
   barriers*
basare   *to base*
il bastone   *stick*
il battello   *boat*
   battere   *to beat*
la batteria   *battery*
la bellezza   *beauty*
   ben   *as much, many as*
   benché   *although*
la benda   *bandage*
   benedire+ (pp benedetto)   *to
   bless*
il benessere   *prosperity, well-being*
i beni (pl)   *goods*
   i beni culturali   *works of
   art*
il benvenuto   *welcome*
la Bibbia   *the Bible*
la bica   *ant-hill*
   bicamerale   *of both chambers*
il bigliettaio   *ticket seller*
il bigliettino   *little note*
il biglietto   *ticket*
   il biglietto da visita   *calling
   card*
il bilancio   *budget-sheet*
   bilingue   *bilingual*
la bimba   *child (female)*
la biochimica   *biochemistry*
la bioingegneria   *bioengineering*
   biologico/a   *biological*
il biologo   *biologist*
la birreria   *beer house*
la bisnonna   *great grandmother*
   bisognare   *to be necessary*
il bisogno   *need*
   avere bisogno di   *to need*
   bloccare   *to block*
la bocca   *mouth*
   bocciare   *to fail*
la bomba   *bomb*
il bombardamento   *bombing*
   bombardato/a   *bombed*
   bonario/a   *good-natured*
la bonifica   *land reclamation*
la bontà (inv)   *kindness*
il boom (inv)   *boom*
la borgata   *working class district in
   Roman suburbs*
   borghese   *bourgeois (adj)*
il borgo   *little village*
la boria   *vainglory; arrogance*

la borsa   *Stock Exchange*
   la borsa di studio   *scholarship*
il borsista   *scholarship holder*
la botola   *trap door*
la bottega   *shop*
   le botteghe artigiane
   craftsmen's workshops
il bottone   *push-button*
il braccio (pl le braccia)   *arm*
il brano   *piece*
   breve   *short*
la brevità (inv)   *brevity*
la brezza   *breeze*
   brillante   *bright, brilliant; (fig)
   witty, stimulating*
il brio   *brio, liveliness*
i bronchi   *bronchial passages*
   bruciare   *to burn, to burn up*
   brutto/a   *ugly; bad*
   fare brutta figura   *to make a
   bad impression*
la bufera   *storm*
il bugiardo   *liar*
il buio   *dark, darkness*
   buono/a   *kind*
   burocratico/a   *bureaucratic*
il busto   *bust, the upper body*
   buttarsi★   *to throw oneself*
   buttato/a   *thrown away; wasted*

cacciarsi★   *to hide oneself*
la cacciata   *expulsion*
   cadere★   *to fall*
la caduta   *fall, downfall*
il calcio   *football*
   calcolare   *to reckon, to estimate*
la calma   *calm*
il calore   *warmth*
   calpestare   *to trample*
   calvo/a   *bald*
il calzolaio   *shoemaker, cobbler*
il cambiamento   *change*
la camera   *room; chamber*
   la camera oscura   *dark room*
   la Camera di Commercio
   Chamber of Commerce
   la Camera dei Deputati
   Chamber of Deputies
il camion (inv)   *lorry*
   camminare   *to walk*
la campagna   *campaign; country(side)*
il campanilismo   *parochialism; local
   pride*
il campeggio   *camping*
il campione   *sample*
il campo   *field*
il cancro   *cancer*
il candeliere   *candlestick*
il cannone   *cannon; gun*
il canone   *TV licence*

caotico/a *chaotic*

la capa *(woman) overseer*

capace *able*

la capacità (inv) *capacity, ability*

caparbio/a *obstinate*

i capelli (pl) *hair*

il capitale *capital (commerce)*

la capitale *capital (city)*

il capitano *captain*

capitare★ *to happen; to befall*

il capo *boss, head*

    il Capo di Stato *Head of State*

il Capodanno *New Year*

il cappello *hat*

la capra *goat*

captare *to grasp (fig)*

il carattere *character, nature*

la caratteristica *characteristic, feature, trait*

caratteristico/a *typical*

il carcere *prison*

il cardinale *cardinal*

la carica *charge; position*

    in carica *in office*

caricare *to load*

il carico *load*

carino/a *pretty*

la carità (inv) *charity*

caro/a *expensive*

la carta *paper*

    la Carta Costituzionale *constitution, charter*

la cartella *folder, file*

la carriera *career*

cascare *to fall*

la cascina *farmhouse*

la casella *box*

    la casella postale *post office box*

il caso *case; chance; way*

la cassa *fund*

la cassetta *cassette*

il cassettone *chest of drawers*

cassintegrato/a *laid off*

il castello *castle*

casuale *chance; coincidental; accidental*

casualmente *by chance*

la categoria *category, class*

la catena *chain; range*

il cattolicesimo *Catholicism*

cattolico/a *Catholic*

catturare *to capture; to attract*

il cavalletto *easel*

la caviglia *ankle*

la Cee *EEC*

celebrare *to celebrate*

celibe *unmarried*

la cellula *cell*

le ceneri *ashes*

il/la centralinista *switchboard operator*

la ceramica *pottery*

cercare *to look for*

    cercare di *to try to*

la cerimonia *ceremony*

il cerotto *plaster*

la certezza *certainty*

il certificato *certificate*

il cervello *brain*

il ceto *class*

la cetra *lyre*

lo champagne *champagne*

chiacchierare *to chat*

chiamare *to call*

    chiamare aiuto *to call for help*

la chiarezza *clarity*

il chiarimento *clarification, explanation*

il chiasso *racket*

    fare chiasso *to make a racket*

chinarsi★ *to bend over*

il chiodo *nail*

la chioma *foliage*

il chiostro *cloister*

chissà? *who knows?*

chiunque *anyone, anybody (at all); whoever; whichever*

chiuso/a *closed; introvert*

ciascuno/a *each one*

la cicala *cicada*

il ciclo *cycle*

la cifra *figure*

il ciglio (pl le ciglia) *eyelash*

la cima *top*

    in cima a *on the top of*

cinematografico/a *film*

cinquantenne *fifty years old*

ciò *that*

    ciò che *what, that which*

cioè *that is to say*

la cipolla *onion*

la circolazione *circulation; movement*

la circostanza *circumstance*

citare *to quote*

il citofono *intercom*

la città (inv) *city, town*

il cittadino *citizen*

la civetta *owl*

civico/a *civic*

    il senso civico *public spirit*

civile *civil*

la civiltà (inv) *civilisation*

il clacson (inv) *horn*

classificare *to classify, to grade*

la claustrofobia *claustrophobia*

i cocci (pl) *fragments*

cocciuto/a *pig-headed, stubborn*

la coda *queue*

codardo/a *cowardly*

il codice *manuscript*

il coetaneo *someone of the same age*

cogliere + (pp colto) *to catch, pick*

il cognac *brandy*

il cognome *surname*

coinvolgere (pp coinvolto) *to involve; to win over*

la colf (inv) *home help*

collaborare *to work with, to collaborate; to write for*

il collaboratore *contributor*

il colle *hill*

collegare *to connect, link*

colei *she (who), that woman*

la collettività (inv) *collectivity, being together*

collettivo/a *collective; general*

il collezionismo *collecting*

il/la collezionista *collector*

il colloquio *conversation; interview*

il colono *settler*

coloro (pl) *they (who), those people*

colpito/a *struck; affected*

il colpo *blow*

coltivare *to cultivate*

colui *he (who), that man*

il comandamento *commandment*

il comando *order*

combinare *to do, to be up to*

come? *how?; what?*

    come no? *of course*

    come mai? *how come?*

cominciare(★) *to begin*

il comitato *committee*

commendevole *praiseworthy*

il/la commercialista *business consultant*

il commercio *business*

commettere (pp commesso) *to commit*

la commissione *committee; commission*

la comodità (inv) *convenience*

    le comodità *equipment*

comodo *convenient; comfortable*

    fare comodo *to be convenient, to suit*

il compagno *companion*

compenetrato/a *permeated*

competente *competent*

la competenza *authority; competence*

competere *to be somebody's duty*

    al quale compete *who is responsible for*

compiere (pp compiuto) *to complete, to finish, to accomplish*

    aver compiuto 15 anni *to be 15*

il compito *job, task*

complessivo/a *overall*

complesso/a *complex, involved*

il complesso *complex*

    nel complesso *on the whole*

completare *to complete*
complicato/a *complicated*
il complice *accomplice*
la componente *component*
il comportamento *behaviour*
comportarsi★ *to behave*
composto/a *composed*
il compratore *buyer*
comprensivo/a *sympathetic, understanding*
il compromesso *compromise*
computerizzato/a *computerised*
comune *common*
il comune *town hall; municipality*
la comunità (inv) *community*
comunque *anyhow; however; in any case; nevertheless*
concedere (pp concesso) *to allow*
concedersi★ (pp concesso) *to allow oneself*
concentrarsi★ *to concentrate; to gather*
la concessionaria *agency; distributor*
concesso/a *granted*
il concetto *concept*
la concezione *idea*
conciliare *to reconcile*
il concime *fertilizer*
concorrente *competing*
il concorso *competition*
concretamente *really*
concreto/a *actual*
in concreto *actually*
condividere (pp condiviso) *to share*
la condizione *condition*
la conduzione *management*
la conferma *confirmation*
la confessione *confession*
il confine *border*
il confino *internment*
confortevole *comfortable*
confrontare *to compare*
il confronto *comparison; confrontation*
in confronto a *compared to*
la confusione *confusion*
fare confusione *to muddle things up*
il congresso *conference*
i coniugi (pl) *husband and wife*
la conoscenza *acquaintance; knowledge*
la conquista *conquest*
conquistare *to capture, to conquer*
il conquistatore *conqueror*
la consapevolezza *awareness*
la consegna *delivery*
consegnare *to deliver*

la conseguenza *consequence, result*
conseguire *to attain*
conservare *to keep, to preserve*
considerarsi★ *to consider oneself*
considerato/a *considering*
considerevole *considerable*
consigliare *to recommend*
il consiglio *council*
il Consiglio dei Ministri *the Cabinet*
consistere★ (pp consistito) *to consist*
consolare *to console, to comfort*
la consolazione *consolation, comfort*
consolidare *to consolidate; to strengthen*
il consorzio *consortium, league, association*
la consuetudine *custom*
la consulenza *advice*
le consultazioni politiche *elections*
consumato/a *worn out, wasted*
il consumatore *consumer*
contare *to count*
contare per *to count towards*
contemporaneo/a *contemporary*
contenuto/a *contained; moderate; restricted; low*
costi contenuti *low costs*
continuare *to continue*
la continuità (inv) *continuity*
continuo/a *constant*
il conto *account, bill*
per conto di *on behalf of*
tenere conto di *to bear in mind*
contorto/a *involved, complicated*
la contrada *district*
contraddire+ (pp contraddetto) *to contradict*
la contrarietà (inv) *aversion*
contrario/a *contrary, opposite*
essere contrario a *to oppose*
contrarre+ (pp contratto) *to contract*
contrassegnare *to mark*
contrastare *to compete with*
il contrasto *altercation; conflict, clash*
in contrasto con *opposed to*
il contributo *contribution; charge*
contro *against*
controcorrente *against the tide, unconventional*
controllare *to control; to check*
il controllo *check*
il controsoffitto *false ceiling*
il convegno *conference; convention*
la convenzione *agreement; convention*
convergere *to converge*
convertire *to convert*
convinto/a *convinced, persuaded*

la convinzione *belief, conviction*
la convivenza *living together*
convivere (pp convissuto) *to live together*
la coperta *blanket, cover*
coperto/a *overcast*
coprire (pp coperto) *to cover*
il coraggio *courage; (ironical) nerve, cheek, effrontery*
cordiale *cordial*
cordiali saluti *kind regards*
la cornice *setting; picture frame*
il corpo *body*
prendere corpo *to take shape*
corredato/a *furnished; supplied*
correggere (pp corretto) *to correct*
corrente *current*
il conto corrente *current account*
la corrente *current*
la corrente d'aria *draught*
corretto/a *correct, proper*
il caffè corretto *spirit-laced coffee*
la correzione *correction*
corrispondere (pp corrisposto) *to correspond*
corrotto/a *corrupt, corrupted*
la corruzione *corruption*
corsaro/a *pirate (adj)*
il corso *course*
la cortesia *courtesy*
il corvo *crow*
la coscia *thigh*
cosciente *aware*
la coscienza *conscience*
così *so, thus*
così ... come ... *as ... as ...*
così via *so on*
cosiddetto/a *so-called, known as*
la costa *coast*
la costituzione *constitution*
il costo *cost*
la costola *rib*
costruire (pp costruito) *to build; to make*
costruirsi★ *to put together*
costruttivo/a *constructive*
la costruzione *construction, building*
il costume *custom; costume*
creare *to create*
creativo/a *creative*
la creatura *creature; baby*
credere *to think, to believe*
credere di sì *to think so*
il credo *creed*
la crepa *crack*
la creperia *creperie*
crescere(★) *to grow*
la crescita *growth*
il cretino *idiot*

fare il cretino   *to be stupid*
la criminalità (inv)   *crime*
il crimine   *crime*
il cristiano   *Christian*
il criterio   *criterion, rule*
il critico   *critic*
la croce   *cross*
la crociera   *cruise*
crocifisso/a   *crucified*
il crocifisso   *crucifix*
crollare   *to collapse, to fall down*
crudo/a   *crude*
cui   *which, whom*
  in cui   *in which*
  per cui   *so, therefore; for whom*
  tra cui   *amongst which, whom*
cullare   *to rock*
il culo   *bottom, bum*
la cultura   *culture; education*
il cuore   *heart*
la cura   *treatment*
  curare   *to treat; to take care of; to pay attention to*
la curia   *curia (ie ecclesiastical hierarchy/court)*
la curiosità (inv)   *curiosity; curious thing*
curvo/a   *bent (over)*
il cuscino   *pillow*
custodire   *to keep*

D

da   *by; from; since; as; at*
dai   *honestly, come on, come off it*
il dané (inv)   *money (dialect)*
danneggiare   *to damage*
dannoso/a   *harmful*
dare+ (pp dato)   *to give*
  danno un bel film   *there's a good film on*
  dare precedenza   *to give way*
darsi+*   *to devote oneself; to start*
  darsi da fare   *to get moving/busy*
  può darsi   *perhaps, may be*
i dati (pl)   *data*
dato che   *since*
davanti   *in front*
  sul davanti   *at the front*
il debito   *debt*
debole   *weak*
il decennio   *decade*
il decentramento   *decentralisation*
decidere (pp deciso) (di)   *to decide*
  decisamente   *definitely*
la decina   *about ten*
la decisione   *decision*
il declino   *decline*
dedicare   *to devote*
dedicarsi*   *to devote oneself*
definito/a   *clear-cut, defined*

definire   *to define*
definitivo/a   *final (adj)*
deformare   *to disfigure*
degradato/a   *degraded*
la degustazione   *tasting*
la delegazione   *delegation; committee*
il delfino   *dolphin*
il delinquente   *criminal*
la delinquenza   *crime*
delizioso/a   *delightful*
deludente   *disappointing*
deluso/a   *disappointed*
democratico/a   *democratic*
i democristiani (pl)   *Christian Democrat party members/deputies*
il denaro   *money*
denotare   *to signify*
denso/a   *full (of)*
denunciare   *to denounce; to report (crime, etc)*
deperibile   *perishable*
la depressione   *depression*
deprimente   *depressing*
desiderare   *to want; to wish; to covet*
il desiderio   *desire; wish*
destinato/a   *destined*
il destino   *fate, destiny*
destro/a   *right*
deteriorato/a   *deteriorated, damaged*
determinato/a   *determined*
il detersivo   *detergent*
detestare   *to detest, to hate*
devastato/a   *devastated*
la diagnostica   *diagnostics*
il dialetto   *dialect*
la diarrea   *diarrhoea*
la dichiarazione   *declaration*
la didascalia   *caption*
la dieta   *diet*
difendersi* (pp difeso)   *to defend oneself*
il difetto   *defect*
la difesa   *defence*
la differenza   *difference*
  a differenza di   *unlike*
difficile   *difficult; unlikely*
la difficoltà (inv)   *difficulty*
diffidente   *mistrustful, suspicious*
la diffidenza   *suspicion, mistrust*
diffondersi* (pp diffuso)   *to spread*
la diffusione   *spreading*
la dignità (inv)   *dignity*
dilatarsi*   *to expand*
la dimensione   *size*
dimenticarsi* (di)   *to forget*
dimesso/a   *subdued*
dimettersi* (pp dimesso)   *to resign*

diminuire(*)   *to diminish, to lessen*
la diminuzione   *reduction*
le dimissioni (pl)   *resignation*
  dare le dimissioni   *to resign*
dimostrare   *to demonstrate; to look, to appear*
  dimostro pochi anni   *I look young*
dinamico/a   *dynamic, energetic*
il dinamismo   *dynamism*
il dintorno   *environs, suburbs*
il dipendente   *employee*
dipingere (pp dipinto)   *to paint*
il dipinto   *painting*
il diploma   *diploma*
diplomato/a   *professional*
la diplomazia   *diplomacy*
il diporto   *recreation*
dire+ (pp detto)   *to say, to tell*
  dire di sì   *to say so*
diretto/a   *direct; directed*
la direzione   *direction*
il dirigente   *official*
  un dirigente arbitrale   *refereeing official*
dirigere (pp diretto)   *to manage; to direct*
diritto/a   *straight; direct*
il diritto   *right; duty*
  il Diritto comune   *Common law*
dirottare   *to divert*
disabile   *disabled*
il disadattato   *unfit person; misfit*
il disagio   *uneasiness*
  trovarsi a disagio   *to feel awkward*
disamorato/a   *estranged; out of love*
disatteso/a   *ignored, controvened*
discorsivo/a   *of speech, conversational*
il discorso   *subject*
  cambiare discorso   *to change the subject*
discostarsi*   *to diverge, be distanced from*
discreto/a   *fairly good, reasonable*
la discussione   *argument; discussion*
il disdegno   *scorn*
disdire (pp disdetto)   *to cancel*
disegnare   *to design*
il disegno   *drawing*
disfarsi+ * (pp disfatto)   *to get rid (of)*
la disfunzione   *trouble*
il disinquinamento   *cleaning up of pollution*
la disoccupazione   *unemployment*
il disonore   *disgrace*

la disperazione *desperation; despair*

disperdersi★ (pp disperso) *to get separated, scattered*

dispiacere+★ *to mind, to displease*

disponibile *available*

la disponibilità (inv) *willingness; availability*

disposto/a *willing*

disprezzare *to despise*

il dissapore *misunderstanding; slight disagreement*

la distanza *distance*

distinguere (pp distinto) *to distinguish*

la distinzione *distinction*

la distorsione *distortion; sprain*

distratto/a *inattentive*

la distrazione *carelessness*

il disturbo *trouble, (medical) problem*

il dito (pl le dita) *finger*

la ditta *firm*

dittatoriale *dictatorial*

la dittatura *dictatorship*

il dittico *diptych*

divaricare *to open (wide)*

divenire★ (pp divenuto) *to become*

diventare★ *to become*

diverso/a *different*

divertirsi★ *to enjoy oneself, to amuse oneself*

dividersi★ (pp diviso) *to split up*

il divieto *prohibition, ban*

la divisione *department; division*

diviso/a *divided, shared out*

divorziare *to divorce*

il divorzio *divorce*

il dizionario *dictionary*

doganale *customs (adj)*

la dolceria *cake shop/counter*

la dolcezza *gentleness; kindness*

il dolore *sorrow, pain*

doloroso/a *painful*

la domanda *question*
  fare domanda *to apply*
  fare una domanda *to ask a question*

domenicale *Sunday (adj)*

domestico/a *domestic*

domiciliare *domiciliary*

il dominio *dominion*

donare *to donate, to give*

la donazione *donation*

dorato/a *golden*

il dorso *back*

dotto/a *scholarly, learned*

il dovere *duty*

dovere+(★) *to have to, must*

dovuto/a *due*

il dramma *drama*

il drogato *drug addict*

il dubbio *doubt*

il duca *duke*

il ducato *dukedom*

dunque *therefore, so*

la durata *length, duration*

E

l' ebanista (m/f) *cabinet maker*

l' ebreo/a *Jewish person, Jew*

eccessivo/a *excessive*

eccezionale *exceptional*

l' eccezione (f) *exception*

eccitabile *excitable*

ecco *here is; right; so there*

ecologista (m/f) *pro-ecology*

ecologico/a *ecological*

l' economia *economics, economy*

l' Ecu (f, inv) *Ecu*

l' edera *ivy*

l' editoria *publishing*

editrice: la casa editrice *publishing house*

l' edizione (f) *edition*

educativo/a *educational*

educato/a *polite*

l' educazione (f) *education; manners; upbringing*
  l'educazione fisica *PE*
  l'educazione artistica *art lessons*

effettivamente *really, exactly*

effettivo/a *effective*

l' effetto *effect*
  in effetti *actually*

effettuare *to carry out*

efficace *effective*

egiziano/a *Egyptian*

l' egocentrismo *egocentricism*

egoista (m/f) *selfish*

l' elefante (m) *elephant*

l' elemosina *alms, charity*
  chiedere l'elemosina *to beg*

elemosinare *to beg*

elencato/a *listed*

l' elenco *list*

eletto/a *elected*

elettorale *electoral*

l' elezione (f) *election*

eliminare *to eliminate; to get rid of, to remove*

emancipato/a *liberated*

gli emarginati (pl) *the dispossessed, the underclass*

l' emarginazione *marginalisation*

emesso/a *given out, issued*

l' emigrante *emigrant*

emigrare *to emigrate*

l' emigrazione *emigration*

l' emofiliaco *haemophiliac*

emotivo/a *sensitive*

endemico/a *endemic*

energetico/a *(of) energy (adj)*

l' enoteca *wine bar*

l' ente (m) *body, agency*

entrambi/e *both*

le entrate (pl) *income*

entro *by*

l' entusiasmo *enthusiasm*

l' epidermide (f) *epidermis, skin*

episodico/a *sporadic*

l' episodio *incident*

eppure *and yet*

equilibrato/a *well-balanced*

l' equilibrio *balance*
  mantenere l'equilibrio *to keep one's balance*

ereditare *to inherit*

l' eretico *heretic*

l' eroe (m) *hero*

l' erotismo *eroticism*

errato/a *mistaken*

esagerare *to exaggerate*

l' esame (m) *exam*
  dare un esame *to take an exam*

esaminare *to consider; to look into; to examine*

esasperare *to provoke; to infuriate*

esausto/a *worn out*

esecutivo/a *executive*

eseguire *to carry out*

esercitare *to practise, to exercise; to carry out*

l' esercizio *exercise*

esigente *demanding*

esistente *existing*

l' esperimento *experiment*

espirare *to breathe out*

esplicare *to do, to carry out*

l' esplosione (f) *explosion*

esporre+ (pp esposto) *to expound*

espugnare *to take by force*

essendo *as, since it is*

essere+★ (pp. stato) *to be*
  esso/i (m) *it/they*

l' esterno *outside*
  verso l'esterno *outwards*

estero/a *foreign*

esteso/a *extensive*

estetico/a *beauty (adj)*

l' estraneo *stranger*

estremo/a *extreme*
  l'Estremo Oriente *the Far East*

estroso/a *whimsical; capricious*

l' età *age*
  la terza età *pensioners, retired people*

eterno/a *eternal*

l' Europa *Europe*

evadere (pp evaso) *to evade; to escape*

evangelico/a *evangelical*

eventuale *possible; further (adj)*

eventualmente *if need be*

l' evidenza *evidence*

mettere in evidenza *to emphasise*

evidenziare *to emphasise; to point out*

evitare *to avoid*

l' extracomunitario/a *immigrant from outside the European community*

fa *ago*

la fabbrica *factory*

fabbricare *to make, to manufacture*

la faccia *face*

il falegname *carpenter*

il falò (inv) *bonfire*

la fama *fame*

la fame *hunger*

lo stipendio da fame *pittance*

familiare *family*

il/la familiare *relation*

la familiarità (inv) *familiarity*

il fanciullo *little boy*

fare+ (pp fatto) *to do; to make; to act; to say*

fare attenzione *to pay attention*

fare bella/brutta figura *to make a good/bad impression*

fare caso *to pay attention*

fare chiasso *to make a racket*

fare comodo *to be convenient, to suit*

fare confusione *to muddle things up*

fare conoscenze *to get to know people*

fare domanda *to apply*

fare una domanda *to ask a question*

fare male a *to hurt*

farsi★ male *to hurt oneself*

fare a meno di *to do without; to avoid (doing)*

fare parte di *to belong to*

non fare per *to not suit*

fare piacere a *to please*

fare un piacere a *to do a favour*

fare da portavoce *to act as a spokesperson*

fare sapere a *to let someone know*

fare tardi *to be late*

farsi valere *to assert oneself*

fare vedere a *to show*

farmaceutico/a *pharmaceutical*

la farmacia *chemist's*

il fascino *charm*

la fase *phase, stage*

il fastidio *annoyance*

dare fastidio a *to bother*

la fatica *effort; tiredness*

fare fatica *to make an effort*

il fatto *fact; event*

fatto sta che *the fact is*

per il fatto di *on account of*

la favola *fable; story*

favoloso/a *fabulous*

il favore *favour*

favorevole *favourable*

favorire *to help, to aid; to support*

il fax *fax*

la febbre *temperature*

avere la febbre *to have a temperature*

la fede *wedding ring*

fedele *faithful, loyal*

la fedeltà (inv) *faithfulness, loyalty*

il fegato *liver*

la felicità (inv) *happiness*

femminile *female, of women (adj)*

la femminilità (inv) *femininity*

la femminista *feminist*

il fenomeno *phenomenon*

il ferito *wounded person*

fermare *to stop, to halt something*

fermarsi★ *to stop, to come to a halt*

la fermezza *firmness*

fermo *still*

stare fermo *to keep still*

fermoposta *poste restante*

il ferroviere *railwayman*

il fertilizzante *fertiliser*

festeggiare *to celebrate*

il festival (inv) *festival*

la fetta *slice; slab*

la fiaba *fairy tale*

fiammingo/a *Flemish*

il fianco *side*

di fianco *alongside*

il fiato *breath*

senza fiato *breathless*

fidanzarsi★ *to get engaged*

il fidanzamento *engagement*

la fiducia *trust*

fiero/a *proud*

figurare *to be*

figurato/a *figurative*

la fila *line, row*

la Filibusta *freebooting*

il filo *thread*

finale *eventual*

finanziare *to finance*

finanziario/a *financial*

finché *as long as*

la fine *end, ending*

alla fine *eventually*

il fine *end, objective, aim*

finire(★) *to finish*

fino *until, up to*

fino a quando *as long as*

fin da quando *ever since*

il fiordo *fjord*

fiorentino/a *Florentine*

fiorire *to flower*

la fioritura *flowering*

fiscale *fiscal*

fischiare *to whistle*

il fisco *the Treasury*

fisico/a *physical*

fissare *to set, fix*

fisso/a *regular*

flessibile *flexible*

flettere (pp flesso) *to flex, to bend*

la foglia *leaf*

il foglio *sheet (of paper)*

folcloristico/a *folk (adj)*

la folla *crowd*

fondamentale *fundamental*

la fondazione *founding*

fondere *to found*

il fondo *bottom; end; fund*

a fondo *thoroughly*

di fondo *basic*

le forbici (pl) *scissors*

la foresta *forest*

la forma *figure, shape*

formare *to make*

formarsi★ *to form*

la formazione *training*

la formica *ant*

formulare *to formulate*

il foro *forum*

forse *perhaps*

il forte *fort*

il 'fortepiano' *'loud and soft' combination of clavichord and harpsichord known as gravicembalo*

la fortezza *fortress*

fortificato/a *fortified*

la forza *force*

le forze armate *armed forces*

fra *between; among; in*

fra quanto/fra quanto tempo? *how soon?*

il frac *evening dress, tails*

il frammento *fragment*

la frangia *fringe*

la fraternità (inv) *fraternity*

frattanto *meanwhile*

frattempo, nel *in the meantime*

la freccia *indicator*

la freddezza *coldness*

il freddo *cold*

frequente *frequent*

di frequente   *often*
la frequenza   *attendance*
la frivolezza   *frivolity*
la fronda   *foliage*
la frontiera   *frontier, border*
il fruscio   *rustle, rustling*
   fuggire★   *to escape*
il fulmine   *lightning*
      il colpo di fulmine   *thunderbolt, love at first sight*
il fumo   *smoke*
il funzionario   *official*
   fuori   *outside*
la furbizia   *cunning*
   furbo/a   *cunning*
la furia   *fury*
il fusto   *stem*
il futuro   *future*

G

la gabbia   *cage*
   galante   *love (adj)*
      l'appuntamento galante   *date*
il galletto   *cockerel*
la gamba   *leg*
il gambero   *crayfish*
il gancio   *fastening*
il garante   *guarantor*
   garantire   *to guarantee*
il garofano   *carnation*
i gas di scarico (inv)   *exhaust fumes*
la gavetta   *mess-tin*
      fare la gavetta   *to rise from the ranks*
la gelosia   *jealousy*
il generale   *general*
la generazione   *generation*
il genere   *kind, sort, type*
      il genere umano   *human race*
   genetico/a   *genetic*
   genovese   *Genoan*
la gentildonna   *lady*
la gentilezza   *gentleness; kindness*
il gesso   *plaster*
   gestionale   *administrative*
la gestione   *administration*
   gestire   *to run, to manage; to control*
il gesto   *gesture*
   gettare   *to throw*
il ghiaccio   *ice*
il ghiro   *dormouse*
il giaccone   *ski-jacket*
la ginestra   *broom*
il ginocchio (pl le ginocchia)   *knee*
la gioia   *joy, pleasure*
il gioco da tavola   *board game*
il gioiello   *jewel (also fig)*
   Giove   *Jupiter*
   gioviale   *jovial*
la giovinezza   *youth*

   girare   *to turn; to shoot (a film)*
   girare uno spot   *to shoot an advert*
il giro   *turn*
      nel giro di   *in the space of*
      prendere in giro   *to pull someone's leg, to tease*
   giù   *down, down there; in low spirits*
   giudicare   *to judge*
il giudizio   *opinion*
   giungere(★) (pp giunto)   *to arrive, to reach*
   giuridico/a   *legal*
la giurisprudenza   *jurisprudence, law*
   giustificare   *to justify*
   giusto   *just, fair*
la glicerina   *glycerine*
il globo   *globe*
il gluteo   *buttock muscle*
la goccia   *drop*
   godere di   *to enjoy*
il gol   *goal*
la gola   *throat*
il golfo   *bay*
il gomito   *elbow*
la governante   *housekeeper*
   gradevole   *pleasant*
   gradire   *to appreciate*
il grado   *degree*
      in grado di   *able to, capable of*
la grafica   *graphics*
il grafico   *graphic designer*
la grandezza   *size; largeness*
   granducale   *Grand-ducal*
il grappolo   *cluster*
   gratificante   *gratifying, rewarding*
   grato/a   *grateful*
   grave   *serious*
      non è niente di grave   *it's nothing serious*
la grazia   *grace*
   grazioso/a   *charming; graceful*
il greco (pl greci)   *Greek*
la grinta   *determination, guts*
   guadagnare   *to earn*
i guadagni   *earnings*
il guanto   *glove*
   guardare   *to look (at)*
   guardarsi★ intorno   *to look around*
   guarire (★)   *to cure, to get better*
la guarnigione   *garrison*
la guerra   *war*
   gustare   *to taste; to enjoy*
il gusto   *taste*

H

l' handicap (m)(inv)   *handicap*
   handicappato/a   *handicapped*
l' hobby (m)   *hobby*

I

l' ideale (m)   *ideal*
l' idealista (m/f)   *idealist*
   ideare   *to conceive, to plan*
l' identità (inv)   *identity*
l' ideologia   *ideology*
   ideologico/a   *ideological*
   idilliaco/a   *idyllic*
   ignorare   *to ignore*
   ignoto/a   *unknown*
   illusorio/a   *illusory; deceptive*
l' imbarcazione (f)   *boat*
   imbiancare   *to whitewash; to paint*
   imborghesirsi★   *to become bourgeois*
   imbottito/a   *padded*
   imbrogliare   *to cheat, swindle*
l' imbroglio   *muddle; swindle*
   immaginare   *to imagine*
   immaginarsi★   *to imagine*
   immalinconito/a (made)   *melancholy*
l' immigrato   *immigrant*
   immischiarsi★ in   *to involve oneself in*
l' immobilismo   *wait and see policy; stagnation*
   imparare   *to learn*
   impareggiabile   *incomparable*
l' impasto   *mixture*
l' impatto   *impact*
   impedire   *to prevent*
   impegnare   *to take up (time)*
   impegnarsi★   *to commit oneself*
   impegnato/a   *engaged, busy; committed; engaged, involved in*
l' impegno   *committment*
l' impianto   *plant; system*
   impiegare   *to employ, to use; to take (time)*
   impietoso/a   *merciless, pitiless*
l' importanza   *importance*
   importato/a   *imported*
   imposto/a   *imposed*
l' impotenza   *impotence*
   imprenditoria   *enterprise*
      corso di imprenditoria   *business course*
l' impresa   *enterprise; firm*
l' impressione (f)   *impression, feeling*
   imprigionare   *to imprison*
   improbabile   *improbable, unlikely*
   improvvisamente   *suddenly, unexpectedly*
   improvvisato/a   *improvised, on the spur of the moment*
   inadatto/a   *unsuitable*
   inammissibile   *inadmissable*
   inarcare   *to arch*
l' incantesimo   *charm*
   incantevole   *charming; enchanting*

incapace *incompetent; incapable*
incarcerare *to imprison*
incaricato/a *appointed*
l' incarico *appointment*
l' incenso *flattery*
l' incidente (m) *accident*
incidere su (pp inciso) *to affect*
incinta *pregnant*
l' inclinazione (f) *inclination*
incognito/a *unknown*
incollare *to stick*
incominciare(★) *to begin*
l' incomprensione (f) *misunderstanding*
l' incomunicabilità (inv) *incomunicability*
inconfessato/a *unconfessed*
l' incontro *meeting; encounter*
incoraggiato/a *encouraged*
incorniciato/a *framed*
incorporare *to incorporate*
incostante *variable*
incredibile *unbelievable*
incrementare *to increase; to promote*
incrociare *to cross*
l' incubo *nightmare*
incuriosire *to excite somebody's curiosity*
l' incursione (f) *raid*
l' indecisione (f) *indecision*
indecoroso/a *unseemly*
indicare *to point out, to show*
l' indicazione (f) *indication*
indietro *back, behind*
all'indietro *backwards*
l' indifferenza (f) *indifference*
indignato/a *angry, indignant*
l' indirizzo *address; direction*
l'indirizzo politico *political policies*
indissolubilmente *firmly, inextricably*
individuare *to identify; to single out*
l' individuo *individual*
indulgente *lenient*
gli indumenti *clothes*
indurre+ (pp indotto) *to persuade; to induce*
l' industria *industry*
industriale *industrial*
inefficace *ineffective*
l' infanzia *childhood*
infastidire *to annoy; to bother*
infatti *in fact; that's right*
inferiore *lower; lesser*
l' inferno *hell*
infestato/a *infested*
l' infezione (f) *infection*
l' infiammazione (f) *inflammation*
infine *finally*

l' infinità (inv) *infinity; endless amount*
l' infinito *infinity*
l' infisso *fixture*
l' influenza *flu*
influire *to have a bearing on*
infondato/a *groundless*
informale *casual, informal*
informare *to inform*
l' informatica *information technology*
l' infortunato *person injured in an accident*
infuori *outwards*
all'infuori di *except, apart from*
l' ingegneria *engineering*
l' ingegno *intellect, brains*
l' ingiustizia *injustice*
l' ingranaggio *gear; works (fig)*
l' ingresso *entry; entrance hall*
inizialmente *initially*
iniziare(★) *to begin, commence*
l' iniziativa *initiative*
innaffiare *to water*
innamorarsi★ *to fall in love*
innamorato/a *in love*
innanzitutto *first of all*
inneggiare (a) *to sing the praises (of)*
l' inno *hymn; anthem*
inoltre *in addition*
inondato/a *flooded*
inquieto/a *worried, uneasy*
l' inquinamento *pollution*
inquinare *to pollute*
l' insediamento *installation*
l' insegnamento *teaching*
l' inserimento *inclusion*
inserire *to manage to get into; to put in*
inserirsi★ in *to find a place*
l' inserviente (m/f) *attendant*
l' inserzione (f) *advertisement*
l' insetticida (m) *insecticide*
l' insetto *insect*
insidioso/a *treacherous*
insignificante *insignificant, meaningless*
insignito/a *bestowed*
insoddisfatto/a *dissatisfied*
insolito/a *unusual*
inspirare *to breathe in*
intarsiato *inlaid*
intatto/a *untouched*
l' intelligenza *intelligence*
intendere (pp inteso) *to understand*
intendersi★ (pp inteso) *to understand about*
intenerire *to move*
intenzionato/a *inclined; determined*
l' intenzione (f) *intention*

interessare *to concern; to affect (weather)*
interessarsi★ *to be interested*
l' interesse (m) *interest; self-interest*
interessato/a *interested*
essere interessato a *to be interested in*
interferire *to interfere*
l' interlocutore (m) *interlocutor*
interno/a *internal*
l' interno *inside*
l' interpretariato *interpreting*
l' interprete (m) *interpreter*
interrogarsi★ *to question oneself*
interrompere (pp interrotto) *to interrupt; to break off, to stop*
l' intervento *operation; intervention*
intervistare *to interview*
l' intesa *understanding*
l' intestazione (f) *heading*
intimo/a *intimate, close; heart-felt*
intitolato/a *entitled*
intraprendente *enterprising*
l' intraprendenza *enterprise*
intrecciarsi★ *to interweave*
invadente *busy-body; intrusive, interfering*
l' invadenza *intrusiveness*
invano *in vain*
l' invasione (f) *invasion*
invaso/a *invaded*
l' invasore (m) *invader*
invece *instead; on the other hand*
invernale *winter (adj)*
l' investimento *investment*
investire *to invest*
l' invio *dispatch, forwarding*
l' inviolabilità (inv) *inviolability*
l' invito *invitation*
invocare *to invoke, to call for*
invogliare *to tempt*
involontariamente *unintentionally*
l' ipotesi (f) *hypothesis, supposition; idea*
iroso/a *irate, wrathful*
irragiungibile *unattainable*
irremovibile *unshakable*
irreversibile *irreversible*
irrigidirsi★ *to become rigid*
irrinunciabile *cannot be given up*
irritarsi★ *to get annoyed*
iscriversi★ (pp iscritto) *to join, enrol*
l' isolamento *insulation; isolation*
isolarsi★ *to keep oneself to oneself, cut oneself off*
isolato/a *isolated; lonely*
l' isoletta *little island, islet*
ispirare *to inspire*
ispirarsi★ *to draw inspiration*
istituito/a *founded*
l' istituzione (f) *institution*

l' istruzione (f) *training, education*
l' ittica *everything related to fish*
ittico/a *fish (adj)*
l' IVA (f) *VAT*

L

là *there*
di là *over there*
il labbro (pl le labbra) *lip*
il laboratorio *workshop*
lamentarsi★ di *to complain about*
la lamentela *complaint*
il lamento *cry*
la lancetta *hand*
la larghezza *width*
il larice *larch*
la lastra *slab*
il lato *side*
la laurea *degree*
laurearsi★ *to graduate*
la lavatrice *washing machine*
la lavorazione *creation; working*
lavorista (m/f) *pro work;
  workaholic*
la lega *league*
la legalità (inv) *legality, law*
la legalizzazione *legalisation*
il legame *bond, link*
legarsi★ *to tie oneself*
legato/a *linked*
la legge *law*
la leggenda *legend*
leggero/a *light; gentle; mild;
  slight*
legislativo/a *legislative*
la legislazione *legislation*
la legittimità (inv) *legitimacy*
il leone *lion*
la lesione *damage; lesion*
il lessico *word-list, vocabulary, lexis*
lesto/a *ready (to leave)*
la lettera *letter*
le Lettere *arts (degree)*
letterario/a *literary*
il letto *bed*
il letto matrimoniale *double bed*
a due letti *with twin beds*
il lettore *reader*
la lettura *reading*
il leucemico *leukemia sufferer*
levare *to take out*
liberare *to set free*
la liberazione (f) *liberation*
la libertà (inv) *liberty*
il libraio *bookseller*
la licenza *certificate*
la licenza media *basic school
  leaving certificate*
il licenziamento *sacking*
licenziare *to sack*
licenziarsi★ *to resign*

lieto/a *happy*
lieve *light*
lievemente *slightly*
il/la ligure *ligurian*
ligure/i *Ligurian (adj)*
limitare *to limit; to moderate; to
  restrict; to clutter up*
il limite *limit*
la linfa *sap*
la lingua *tongue; language*
liquidare *to settle*
il liquido *liquid*
il liscio *a 'slow' (dance)*
il livello *level*
livornese *from Livorno*
il locale *room; working area*
la località (inv) *place*
la lotta *fight*
il lotto *batch, lot*
la luna *moon*
lunatico/a *moody*
lungo *long; along*
a lungo *a long time*
il luogo *place*
avere luogo *to take place*
il lusso *luxury*
lussureggiante *luxuriant*
il lutto *mourning*

M

le macerie (pl) *ruins*
il macho *macho*
magari *even; perhaps; maybe*
se magari *if, say*
il magazzino *department store*
la maggioranza *majority*
maggiore *more; greater, major;
  greatest*
maggioritario/a *majority (adj)*
il sistema maggioritario *first
  past the post system*
magnifico/a *magnificent*
il malanno *illness*
il malato *ill person*
la malattia *disease, illness*
il male *wrong; illness*
maledetto/a *cursed, damned*
maleducato/a *rude*
malgrado *despite the fact that,
  although*
la malinconia *sadness, melancholy*
malridotto/a *in poor condition*
maltrattare *to treat badly*
il malumore *bad temper*
la mancanza *lack*
mancare *to want, to lack, to be
  short (of), to be missing; to still
  have to do*
la mancia *tip*
il mandato *mandate*
la manifestazione *demonstration;*

display
la mano (pl le mani) *hand*
per le mani *in one's hands*
la manodopera *manpower*
la manopola *knob*
il manoscritto *manuscript*
la manovalanza *unskilled labour*
la manovra *manoeuvre*
mantenere *to maintain, keep*
mantenere le apparenze *to
  keep up appearances*
mantenersi★ *to keep (oneself),
  stay, remain*
manuale *manual*
la manutenzione *maintenance*
il marchio *trademark*
il marciapiede *pavement (sidewalk)*
marcio/a *rotten*
il marciume *rot*
il margine *margin*
la maricoltura *seawater fish farming*
marinaro/a *seaside (adj)*
il marmo *marble*
Marte *Mars*
il martello *hammer*
maschilista *sexist*
il maschio *male*
massimo/a *maximum; greatest*
il massimo *maximum; greatest point*
la materia *subject*
il materiale *material, goods*
matto/a *mad*
andare matto per *to be crazy
  about*
il mattone *brick*
maturato/a *brought to maturity,
  matured*
la maturità (inv) *matriculation exam*
il meccanismo *machinery,
  mechanism, workings*
la media *average*
in media *on average*
le medie (pl) *middle school*
la medicina *medicine*
il medico *doctor*
il medico condotto *GP*
il medico di famiglia *family
  doctor*
medievale *Medieval*
medio/a *average*
la scuola media *middle school*
meglio *rather; better; best*
al meglio *as best one can*
il membro *member*
il mendicante *beggar*
meno *less*
a meno che non *unless*
fare a meno di *to give up*
la mentalità (inv) *mentality*
la mente *mind*
mentre *whereas*
menzionare *to mention*

la meraviglia   wonder, marvel
il mercatino   market
il Mercato Europeo
   Comunitario (MEC)
   European Community (EC)
la merce   goods; produce
la merenda   afternoon tea
   meridionale   southern
il Meridione   the South
il merlo   blackbird
   meschino/a   petty, small-minded
la meta   aim
la metamorfosi   metamorphosis,
   change, transformation
il metro   metre
la metropoli (inv)   metropolis
   metterci (pp messo)   to take
      (time)
   mettere (pp messo)   to put
   mettere in piedi   to set up
   mettersi★ (pp messo)   to put on
      (clothing); to begin; to set up
   mettersi in mostra   to show off
   mettersi in piedi   to stand up
   mettersi a sedere   to sit down
   mezzadrile   share-cropping (adj)
i mezzi (pl)   means
il mezzo   middle, midst
il micio   pussy cat; wimp
il migliaio (pl le migliaia)
   thousand
il miglioramento   improvement
   migliorare(★)   to get better, to
      improve
la migrazione   migration
il miliardo   billion
   militante   militant
il militare   military service
      militare assolto   military service
         done
   militesente   exempt from military
      service
la minaccia   threat
la miniera   mine
il minimo   minimum; modicum
la minoranza   minority
   minore   minor
   minuscolo/a   very small
   minuto/a   small
la minuziosità   meticulousness
   mirare a   to aim at
la miriade   myriad
la miscela   mixture, blend
il miscuglio   mixture
la miseria   poverty
la misura   proportion; measure
   mite   mild
il mobile   piece of furniture
la mobilità (inv)   mobility
il modello   model
la modifica   change, modification
   modificare   to change

il mohicano   Mohican
   molestare   molest, annoy
   moltiplicarsi★   to multiply
la monarchia   monarchy
il monastero   monastery
la mondina   rice weeder
la moneta   coin
   monetario/a   monetary
la mongolfiera   hot-air balloon
   montuoso/a   mountainous
la moquette   wall to wall carpeting
   mormorare   to murmur, to mutter
la morsa   vice
la morte   death
   morto/a   dead
il mosaico   mosaic
la mostra   show
      mettersi in mostra   to show off
il mostro   monster
   motivare   to justify
il motivo   reason
il moto   motion
      rimettersi in moto   to start up
         again
la mozione   motion
la mucca   cow
la muffa   mould
il mulo   mule
   multicolore   multi-coloured;
      variegated, motley
la multinazionale   multinational
      company
   multirazziale   multiracial
   munito/a   supplied
   muoversi+★   to move (oneself)
la muraglia   wall
il muro   wall
il muscolo   muscle
il museo   museum
il musical   musical
   mutare   to alter, change
   mutevole   changeable
   muto/a   silent

N

   nascondersi★ (pp nascosto)   to
      hide
il naso   nose
   natale   native (adj)
   naturalistico/a   of nature, natural
   naturalmente   of course
la nave   ship
   navigare   to sail
la nazionalità (inv)   nationality
i naziskin (pl inv)   young neo-Nazi
      groups
   nazista   Nazi (adj)
la necessità (inv)   need
   negare   to deny
il negro   black person
   nemmeno   not even

il neoimprenditore   new business
      person/entrepreneur
   neolaureato/a   newly graduated
il neonato   newborn baby
il neonazismo   neonazism
il nervo   nerve
il nervosismo   nervousness
   nettamente   decidedly
   netto/a   clear
   neutrale   neutral
   nevicare   to snow
la nevrite   neuritis
il nido   nest; lair
   niente   nothing; well …
      non … niente …   nothing
      non è niente   it's nothing
   nobile   noble
   nocivo/a   noxious, harmful
il nomade   nomad
la nomina   appointment
   nominare   to mention; to take the
      name of
   nonostante   despite the fact that,
      although
   normanno/a   Norman
la nostalgia   nostalgia
   notevole   notable, remarkable
la novità (inv)   novelty
   nubile   unmarried
la nuca   nape of the neck
il nucleo   core; group
   nulla   nothing
il numero   number; size
   numeroso/a   numerous; large
   nuovo/a   new
      di nuovo   again
il nutrimento   nourishment, feeding
   nutrire   to feed
   nuvoloso/a   overcast, cloudy

O

   o … o   either … or …
l' obbligo   obligation
l' obiettivo   objective
l' obolo   small offering
l' oca   goose
l' occasione (f)   opportunity
gli occhiali   glasses
      gli occhiali paravento   ski-
         goggles
l' occhiata   look
      dare un'occhiata   to have a look
l' occhio   eye
   occidentale   western
   occorrere★ (pp. occorso)   to be
      necessary
   occuparsi★ di   to work in, to deal
      with
l' oceano   ocean
   oddio   oh dear
   odiare   to hate

l' odio   *hatred*
l' odore (m)   *smell*
gli odori (pl)   *herbs*
offendersi★ (pp offeso)   *to take offence*
offrirsi★ (pp offerto)   *to offer oneself, to offer one's services*
oggi   *today*
   oggi come oggi   *in this day and age*
ognuno   *every one, all*
l' olivo   *olive tree*
oltre   *over, more than*
   oltre a   *apart from*
oltrefrontiera   *across borders*
oltretutto   *above all*
l' ombra   *shade;shadow*
l' omino   *(dear) little man*
omosessuale   *homosexual*
l' onda   *wave, swell*
l' onestà (inv)   *honesty*
onorare   *to honour*
l' opera d'arte   *work of art*
operante   *operating*
l' operatore (m)   *operator*
l' opportunista (m/f)   *opportunist*
opportuno/a   *advisable, opportune*
l' opposizione (f)   *opposition*
oppure   *or else*
optare   *to opt*
l' opzione (f)   *option*
l' ora   *hour*
   di buon'ora   *early*
l' orario   *time(table)*
   un orario preciso   *a specific time*
l' orata   *gilt-headed bream (most prized bream)*
l' ordinamento   *organisation; order; legal and political system*
l' orecchio (pl gli orecchi/le orecchie)   *ear*
l' oretta   *just about an hour (dim. of hour)*
l' orfanotrofio   *orphanage*
l' organizzatore (m)   *organiser*
l' organizzazione (f)   *organisation*
l' orgoglio   *pride*
orgoglioso/a   *proud*
l' orientamento   *guidance; orientation*
originale   *unconventional*
originariamente   *originally*
l' orizzonte (m)   *horizon*
ormai   *now*
l' oroscopo   *horoscope*
l' orrore (m)   *horror*
   avere in orrore   *to hate*
l' orso   *bear*
l' orto   *vegetable garden*
osare   *to venture; to dare*
oscillare   *to swing*

oscuro/a   *dark, gloomy*
   la camera oscura   *dark room*
l' ospitalità (inv)   *hospitality*
ospitare   *to put someone up, have to stay; give hospitality*
l' osso (pl le ossa)   *bone*
   l'osso di seppia   *cuttle-bone*
l' ostacolo   *obstacle*
l' ostello   *hostel*
l' ostetrica   *obstetrician; midwife*
l' ostilità (inv)   *hostility*
ottenere   *to obtain*
l' Ottocento   *nineteenth century*
l' ottone (m)   *brass*
ovunque   *anywhere*
ovvero   *that is to say*
ovvio/a   *obvious*
l' ozono   *ozone*

P

la pacca   *slap*
il pacchetto   *packet*
la pace   *peace*
   darsi pace   *to resign oneself*
la padrona   *boss (f); owner (f), landlady; mistress*
il paesaggio   *landscape*
il paese   *country; village*
   mandare a quel paese   *to tell someone to go to Hell*
il pagamento   *payment*
il paio (pl le paia)   *pair*
il Palatino   *Palatine Hill*
pallido/a   *pale*
il palo   *pole*
palpitare   *to beat, palpitate*
la panchina   *bench*
la pancia   *tummy; paunch*
il panico   *panic*
la paninoteca   *sandwich bar*
i panni (pl)   *clothes*
il pannolone   *nappy*
il Panteon   *Pantheon*
il pappagallo   *parrot*
la parabola   *parable*
il paradiso   *Paradise*
paradossalmente   *paradoxically*
il paragrafo   *paragraph*
il parallelo   *parallel*
il parassita (m)   *parasite*
il parcheggio   *parking space; car park; parking*
il parere   *opinion*
   a mio parere   *in my opinion*
parere+★ (pp parso)   *to seem*
   mi pare   *I think*
la parità (inv)   *parity, equality*
il parlamentare   *deputy, member of parliament*
il parlamento   *parliament*
la parrocchia   *parish*

il parroco   *parish priest*
il parrucchiere   *hairdresser*
la parte   *part; side*
   fare parte di   *to be belong to*
   da una parte   *to one side; on one hand*
   a parte   *apart from*
   da parte   *aside*
   prendere parte   *to take part*
il partecipante   *participant*
la partenza   *departure*
il particolare   *detail*
particolare   *particular, special*
partigiano/a   *partisan*
partire★   *to leave; to set off; to start*
la partita   *match*
il partito   *party*
il/la partner (inv)   *partner*
il pascolo   *pasture; food*
il passaggio   *passage*
passare (★) *to pass*
il passato   *past*
   il passato prossimo   *present perfect (tense)*
   il passato remoto   *past absolute (tense)*
il passeggero   *passenger*
passionale   *passionate*
la passione   *passion*
il passo   *step*
   fare passi indietro   *to lose ground*
la pastasciutta   *pasta*
pasticcione   *botched, inept, clumsy*
la patente   *licence*
la paternità (inv)   *fatherhood*
patire   *to suffer, to undergo*
il patrimonio   *heritage*
il patto   *understanding*
   a patto che   *as long as*
pazzo/a   *mad*
   andare pazzo per   *to be crazy about*
il peccato   *sin*
   che peccato!   *what a shame!*
il peccatore   *sinner*
pedalare   *to pedal*
il pedale   *pedal*
peggio   *worse*
   alla meno peggio   *as best one can*
il peggioramento   *worsening*
peggiorare(★)   *to get worse*
pei = per i
la pelle   *skin*
la pena   *trouble; penalty*
   la pena di morte   *the death penalty*
penalizzante   *penalising*
pensare   *to think*
   come la pensano   *how they think about things*
   ci penso io   *I'll see to it, leave it to me*

pensare di *to think of*
pensare a *to think about*
il pensiero *thought*
il pensionato *retired person*
la pensione *pension; guest house; board*
    la pensione completa *full board*
    la mezza pensione *half board*
    andare in pensione *to retire*
pentirsi★ di *to regret*
pentito/a *repentant*
il penultimo *penultimate, last but one*
perché *because; why; so that*
perciò *so, therefore*
il percorso *road; route*
perdere (pp perso or perduto) *to lose; to miss (a train)*
perdersi★ (pp perso or perduto) *to get lost*
la perdita *loss*
perdonare *to forgive*
la perentorietà (inv) *peremptory, commanding tone*
il perfezionamento *improvement*
perfino *even*
il pericolo *danger*
il periodo *period, time*
permaloso/a *touchy*
il permesso *permit*
perpetuo/a *perpetual*
perplesso/a *puzzled*
la persecuzione *persecution*
persino *even*
il personale *staff*
la personalità (inv) *personality*
pertanto *therefore, so, for this reason*
la perturbazione *disturbance*
pervenire+★ (pp pervenuto) *to reach*
perverso/a *perverse*
pescoso/a *full of fish, fishable (waters)*
il pessimismo *pessimism*
il petalo *petal*
il petto *chest*
il pezzetto *small piece*
piacere+★ *to please; to like*
il piacere *pleasure*
piano *slowly; gently*
la pianta *sole (of foot); plant*
il pianto *weeping; mourning*
la pianura *plain*
    la Pianura Padana *the Po Plain*
la piastrella *tile*
piazzarsi★ *to be placed*
il picco *peak*
il piede *foot*
piegare *to bend; to fold*

la piena *flood water, flood*
la pietra *stone*
la pioggia *rain*
il piombo *lead*
il piovasco *squall*
il pirata *pirate*
la pista *track*
il pittore *painter*
la pittura *painting*
più *more*
    per di più *what's more*
il piumino *quilt; duvet*
piuttosto *rather*
    piuttosto che *rather than*
il pizzo *rake-off*
la plastica *plastic*
la politica *politics; policy*
    la politica estera *foreign policy*
politico/a *political*
il politico *politician*
il pollice *thumb*
il polmone *lung*
il polpo *octopus*
il polso *wrist*
la polvere *dust*
il pompiere *fireman*
il ponte *bridge*
popolare *popular, of the people*
la popolarità (inv) *popularity*
popolato/a *populated*
portare *to bring; to wear; to carry*
il portatore *bearer; bringer*
il portavoce *megaphone*
    fare da portavoce *to act as a spokesperson*
il porticciolo *little harbour*
il portiere *goalkeeper; porter*
il porto *port, harbour*
le posate (pl) *cutlery*
posizionato/a *with a good job*
la posizione *position*
il possesso *possession*
la possibilità (inv) *possibility*
possibilmente *if possible*
la posta *post*
il posto *place; job*
    essere a posto *to be in place, sorted out*
potassico/a *potassic*
la potenza *power; might*
il potere *power*
potere+(★) *to be able to, can*
la povertà (inv) *poverty, poorness*
la pratica *practice; bureaucratic procedure*
il prato *meadow*
la precarietà (inv) *precariousness*
precario/a *uncertain*
precedente *previous*
la precedenza *priority; right of way*
    dare precedenza *to give way*
la precipitazione *rain*

precisamente *definitely*
precisare *to specify*
la precisione *precision*
preciso/a *exact, specific*
precoce *early*
pregare *to ask*
pregiato/a *top-quality*
il pregiudizio *prejudice*
preminente *pre-eminent, top*
prendere (pp preso) *to take*
    prendere in giro *to tease, to pull someone's leg*
    prendere il sole *to sun-bathe*
    prendere freddo *to catch cold*
    venire a prendere *to pick someone up*
    prendere parte *to take part*
prenotare *to book*
preoccuparsi★ *to worry*
la preoccupazione *worry*
preparare *to prepare, to prepare for*
la preparazione *preparation*
prepotente *domineering*
prescindendo da *leaving aside, irrespective of*
presentarsi★ *to introduce oneself; to look, to appear*
presente *present*
    tener presente *to bear in mind*
la presenza *appearance; presence; attendance*
il/la presidente *chairman/person*
la presidenza *presidency*
presiedere+ *to preside over*
pressante *urgent*
la pressione *pressure; blood pressure*
    la bassa pressione *low pressure*
presso *with, care of*
prestabilito/a *fixed*
prestare *to lend*
il prestigio *prestige*
il prete *priest*
la pretesa *demand, expectation*
prevalentemente *predominantly*
prevalere+ (pp prevalso) *to prevail*
prevedere (pp previsto) *to foresee; to make provision for*
preventivo/a *preventive*
la prevenzione *prevention*
previsto/a *organised; expected; provided for*
prezioso/a *much valued; precious; highly esteemed*
prima *before*
primario/a *primary*
primitivo/a *early, primitive*
primo *first, at first*
primo/a *first; early (adj)*
il principe *prince*
principesco/a *of princes*

il principio *start*
la privacy (inv) *privacy*
il privilegio *privilege*
privo/a *deprived, bereft*
il pro *benefit*
   i pro e contro *pros and cons*
probabile *probable*
la probabilità (inv) *probability*
procedere *to proceed*
il processo *process*
il produttore *producer*
la produzione *production*
la professionalità (inv) *professionalism*
la professione *profession; avowal*
il/la professionista *professional*
   il/la professionista di alta qualificazione *highly educated professional*
il profilo *outline, profile*
il profugo *refugee*
profumare *to perfume*
il profumo *perfume*
progettare *to plan, to design*
la progettazione *planning, design*
il progetto *plan*
il programma *programme*
   il programma di studio *syllabus*
il programmatore *programmer*
la programmazione *programming; planning*
progressivamente *progressively*
proiettare *to project*
la proiezione *projection*
la promessa *promise*
la promozione *promotion*
promuovere+ (pp promosso) *to promote; to pass (a pupil)*
proporre+ (pp proposto) *to propose, to suggest*
proporsi+★ (pp proposto) *to propose for oneself; to put oneself forward*
proporzionale *proportional*
la proposta *suggestion, proposal; offer*
proprio/a *one's own*
   in proprio *on one's own*
   vero e proprio *actual*
proprio *really; just; absolutely*
prosaicamente *prosaically, matter-of-factly*
proseguire *to continue on*
prospettarsi★ *to be shown, to show itself*
la prospettiva *prospect*
prossimo/a *next*
proteggere (pp protetto) *to protect*
la protesi *prosthesis*
la protesta *protest*

protestare *to protest*
protettivo/a *protective*
la prova *trial; test*
provare *to try; to try on*
proveniente *coming from*
la provincia *province; country*
il provino *trial run*
provocare *to cause; to provoke*
la provvisorietà (inv) *provisional nature (of)*
prudente *cautious*
il pruno *blackthorn*
psicologico/a *psychological*
il pub (inv) *pub*
pubblicare *to publish*
pubblicitario/a *advertising (adj)*
il pullman (inv) *coach*
la punizione *punishment*
la punta *point, tip*
   le punte dei piedi *tips of one's toes*
puntare *to rely on; to concentrate on*
il punto *point*
   essere a buon punto *to be getting on all right*
   fino a che punto? *to what extent?*
   il punto vendita *sales point*
   il punto di vista *point of view*
puntualmente *regularly*
puramente *purely*
pure, pur *even; even if; as well as; (please) do*
   usa pure lo stereo *do use the stereo*
il purosangue *thoroughbred*
la puttana *whore*

Q

il quadrante *dial*
quadrato/a *square (adj)*
   il chilometro quadrato *square kilometre*
il quadro *picture*
qualcosa *something*
quale/i *which; such as (formal)*
   il quale *who, which*
la qualità (inv) *quality*
qualsiasi *any (whatsoever); any old; whatever; whichever*
   qualsiasi cosa *anything (whatsoever)*
qualunque *any (whatsoever); any old; whatever; whichever*
   qualunque cosa *anything (whatsoever)*
quando? *when?*
   per quando? *when for?*
quanto/a? *how much?, how many?*

fra quanto? *how soon*
in quanto *in that; as*
quanto (rel. promoun, formal) *what*
quarantenne *forty years old*
il Quattrocento *fifteenth century*
il questionario *questionnaire*
il questuante *beggar*
la questura *police headquarters*
quieto/a *quiet*
   il quieto vivere *the quiet life*
quindi *so, therefore; then*
la quota *altitude*
quotato/a *valued*
quotidiano/a *daily, day to day*
il quotidiano *daily newspaper*

R

la racchetta *ski stick*
raccogliere+ (pp raccolto) *to collect; to gather; to pick up*
il raccoglitore *collector*
la raccolta *collection*
la raccomandazione *personal job contact; recommendation*
raccomandare *to commend, to recommend*
   mi raccomando *please, mind you ...*
il racconto *story*
radicalmente *radically*
radicare *to root*
radicato/a *deep-rooted*
la radice *root*
raffigurante *portraying*
raffigurare *to represent, to portray*
raffinato/a *refined*
rafforzare *to strengthen*
il raffreddore *cold*
il ragazzino *little child*
il raggio *ray*
raggiungere (pp raggiunto) *to achieve; to reach*
raggiungibile *reachable*
il ragionamento *argument; reasoning*
la ragione *reason*
ragionevole *reasonable*
il ragioniere *accountant*
rallentare *to slow down*
il rame *copper*
il ramo *branch (also fig)*
il rametto *twig*
la rapa *turnip*
rapato/a *cropped*
il rapporto *relationship*
il rappresentante *delegate*
raro/a *rare*
rassicurare *to reassure*
ratificare *to confirm*
razionale *rational*

il razzismo *racism*
razziale *racial*
il/la razzista *racist, racist (adj)*
il re (inv) *king*
realistico/a *realistic*
realizzare *to accomplish, fulfil*
la realtà (inv) *reality*
in realtà *actually, in actual fact*
la reazione *reaction*
la recensione *review*
recensito/a *reviewed*
recentemente *recently*
reciprocamente *mutually*
il reclamo *claim*
recuperare *to recover, to retrieve, to salvage; to regenerate*
il redattore *member of editorial staff*
redditizio/a *lucrative, profitable*
la regata *regatta, boat race*
il reggae (inv) *reggae music*
reggente *regent*
il regime *regime*
il regionalismo *regionalism*
il regista *director*
il registro *register*
cambiare registro *to change one's tack*
regredire *to regress, to go back*
il reimpiego *re-employment*
reinventare *to reinvent*
relativo/a *pertinent, relative*
il relax (inv) *relaxation*
la relazione *account, report; relationship*
la reliquia *relic*
remoto/a *remote*
rendere *to make*
rendersi★ (pp reso) *to become*
rendersi conto di *to realise*
il rene *kidney*
il reparto *department*
il reperto *finding; find*
reputare *to consider*
il requisito *requirement*
la resistenza *resistance*
il resoconto *account*
responsabile *responsible*
il responsabile *person in charge*
la responsabilità (inv) *responsibility*
restaurare *to restore*
il restauratore/ la restauratrice *restorer*
la restaurazione *restoration (in general)*
il restauro *restoration*
il resto ·*rest*
del resto *on the other hand, besides, anyway*
la rete *network*
retribuito/a *paid*
la retribuzione *remuneration*
il retro *back*

sul retro *at the back*
il retrobottega *backshop, storeroom*
la revisione *overhaul*
la riabilitazione *rehabilitation*
riassumere (pp riassunto) *to sum up*
il riassunto *summary*
ribelle *rebellious*
la ricaduta *relapse*
il ricambio *exchange; turnover*
ricaricare *to recharge*
ricavare *to extract, to obtain, get something out of*
la ricchezza *wealth*
la ricerca *research; search*
ricercare *to seek; to research*
la ricetta *recipe*
la ricevuta *receipt*
la ricevuta fiscale *obligatory tax receipt*
la ricezione *reception*
richiamare *to call back*
richiamarsi★ *refer*
richiedere (pp richiesto) *to demand*
la richiesta *demand*
riciclare *to recycle*
la ricollocazione *replacement, putting back*
riconfermare *to confirm*
riconoscere *to recognise; to acknowledge*
il riconoscimento *recognition*
ricordare *to remember*
ricordarsi★ di *to remember*
il ricordo *memory*
ricorrente *recurring*
ricostruire *to reconstruct*
ricoverare *to take to hospital*
il ricoverato *patient*
il ricovero *refuge*
ridere (pp riso) *to laugh*
ridicolo/a *ridiculous*
che ridicolo! *how ridiculous!*
ridurre (pp ridotto) *to reduce*
la riduzione *reduction*
rieletto/a *re-elected*
riempire *to fill*
il rientro *return*
rifare+ (pp rifatto) *to repair*
il riferimento *reference*
i riferimenti normativi *legal points of reference*
il rifiuto *refuse, waste; rejection; refusal*
la riflessione *reflection*
riflettersi★ (pp riflesso) *to be reflected*
la riforma *reform*
riformare *to reform*
il rigore *strictness*
riguardare *to concern, to regard*

il riguardo *regard, respect*
rilassante *relaxing*
rilevante *important*
rimanere+★ (pp rimasto) *to remain, to stay; to be*
rimediare *to remedy, to put right*
rimettere (pp rimesso) *to be sick*
rimettersi★ (pp rimesso) *to get better, to recover*
rimettersi a *to start doing something again*
il rimmel (inv) *mascara*
rimpiangere (pp rimpianto) *to regret; to lament*
il rimpianto *regret*
il rimprovero *rebuke*
rinascimentale *renaissance (adj)*
rincorrente *recurrent*
rincorrersi★ (pp rincorso) *to run after each other*
rinnovare *to renew; to redecorate*
rinunciare *to surrender, to give up; to waive; to renounce*
rinverdire *to revive*
il rinvio *postponement, delay*
ripagare *to repay*
riparare *to repair*
il riparo *protection, shelter*
mettere al riparo *to protect, shelter*
ripassare *to go through again*
ripetersi★ *to repeat oneself*
riportare *to bring back; to restore; to quote*
il riposo *rest*
il ripostiglio *utility room*
riprodursi+★ (pp riprodotto) *to be reproduced*
la riprova *proof*
riprovare *to try again*
ripulire *to clean up*
il riquadro *panel, insert*
la risaia *rice field*
risalire+(★) a *to date back to*
il risalto *prominence*
dare risalto a *to lay emphasis on, give prominence to*
il riscaldamento *central heating*
rischiare *to take a risk*
il rischio *risk*
riscoprire (pp riscoperto) *to rediscover*
riscuotere+ (pp riscosso) *to collect*
il risentimento *resentment*
riservare *to keep; to reserve*
la risorsa *resouce*
il risparmio *saving*
rispecchiare *to reflect*
rispettabile *worthy of respect, respectable*

rispettare to respect
il rispetto respect
    rispetto a compared to
risposarsi★ to get married again
la risposta reply, answer
il ristagno stagnation
ristrutturare to convert; to rebuild
ritardato/a retarded, backward
ritenere+ to maintain
ritirarsi★ to hold oneself back; to withdraw
il ritratto portrait
ritrovare to rediscover
la riunione meeting
riunirsi★ to meet
riuscire +★ (a) to succeed
il riuso reuse
l/la rivale rival
    rivelare to reveal
    rivendicare to demand
    rivivere (pp rivissuto) to live over again; to be reminded
rivolgersi★ (pp rivolto) to turn to, to go to
la rivolta rebellion
    rivoluzionare to revolutionize
la rivoluzione revolution
la roba stuff
    robotizzato/a run by robots
il romagnolo inhabitant of Romagna
    romanesco/a of Rome, Roman
il romanticismo romanticism
il romanziere novelist
    rompere (pp rotto) to break
    rompersi★ (pp rotto) to break
il/la rompiscatole nuisance
la rondine swallow
il rosso red light
    passare con il rosso to jump the lights
    rotare+ to revolve
la rotella cog
    rotondo/a round
        la tavola rotonda round table debate
    rotto/a broken
    rovente red-hot
    rovinare to ruin
    rubare to steal
la rubrica address-book; feature
    rudimentale rudimental
    ruggire to roar
    rumoroso/a noisy
il ruolo role

S

    sabaudo/a Savoy
la sabbia sand
    sabbiare to sand
il sacco lot, heap

un sacco di loads of
il saggista essayist
il sagrato the front or space in front of a church
la sala room
il saldo sale
il salice willow
il salone hall
    saltare(★) to jump; to skip over
    fare saltare to blow up
il salto jump; step up
    fare un salto to nip, to pop (into)
la salute health
il saluto greeting
    cordiali saluti kind regards
la salvaguardia safeguarding, protection; conservation
    salvare to save, to rescue
    salvarsi★ to save oneself
il salvataggio rescue; salvage
    salvo che except for
il sangue blood
    sanitario/a health (adj)
il santo saint
il santuario sanctuary, shrine (also fig)
la sanzione sanction
    sapere+ to know
il sapore flavour
    saporito/a tasty
il sarago common bream
    sardo/a Sardinian
    sbriciolarsi★ to crumble away
    scadente second rate, inferior; poor (quality)
la scadenza closing/expiry date; expiration
la scaglia scale
lo scalo port
    fare scalo to call in (at a port)
lo scalpello chisel
lo scambio exchange
    scandinavo/a Scandinavian
lo scappamento exhaust (adj)
    scarico/a discharged, run-down
lo scarico exhaust, waste
    scarno/a meagre; skinny
lo scarpone ski-boot
    scarseggiare to be scarce
    scartato/a rejected
lo scarto discarded item, scrap
    scassato/a clapped out, battered
    scattare to set off; to release
    scaturire★ to spring from
la scelta choice
    scendere(★) (pp sceso) to get off/out of (a vehicle); to descend
la scenografia set-designing
la scheda voting slip
lo schema plan
    scherzare to joke

lo schianto crash (sound)
    di schianto suddenly, abruptly
la schiena back
lo schiocco crackling; snapping (sounds)
lo sci (inv) ski
    sciare to ski
la scienza science
    sciocchezze! rubbish!
    sciovinista (m/f) chauvinist
la scogliera cliff
    scolastico/a school (adj)
la scommessa bet
    scomodo/a inconvenient
    sconosciuto/a unknown
lo sconto discount
    scontroso/a sullen
    scoperto/a exposed
lo scopo aim
    scoprirsi★ (pp scoperto) to reveal oneself
    scoraggiare to discourage
    scorbutico/a grumpy
lo scorcio tail-end; brief period
lo scricchio rasping sound; creak
la scrivania writing desk
    scrosciare to clatter (down)
    scrostare to scrape
la scultura sculpture
la scuola school
    la scuola materna nursery school
    sebbene although
    seccarsi★ to get annoyed
il secolo century
    secondario/a secondary
    secondo according to
    a seconda di according to, depending upon
la sede seat; site, centre
il sedere backside, bottom
il seggio seat (in parliament)
    segnalare to point out
la segnalazione signalling
il segnale sign, signal
il segreto secret
    seguente following
    seguire to follow
    seguitare to carry on, to continue
il seguito succession
    a seguito di following
    selvaggio/a savage
    seminare to sow
    sempre always; still
        sempre più more and more, increasingly
        sempre meno less and less
il senatore senator
    senese Sienese
il seno bosom
    in seno a within
il sensale middleman

la sensazione *feeling*
sensibile *sensitive; considerable*
la sensibilità (inv) *sensitivity*
la sensibilizzazione *raising of awareness*
il senso *sense*
   il senso storico *sense of history*
   che senso ha? *what's the point?*
   non ha senso *it's pointless*
   in che senso? *in what way?*
sensuale *sensuous*
il sentiero *path*
sentirsi★ *to feel*
   come ti senti? *how do you feel?*
   non me la sento di venire *I don't feel up to coming*
separarsi★ *to separate, to break up*
seppellire (pp sepolto) *to bury*
la seppia *cuttlefish*
   l'osso di seppia *cuttle-bone*
seppure *albeit*
serale *evening (adj)*
la serata *evening*
il sereno *calm, clear weather*
sereno/a *calm, clear*
serio/a *serious; responsible; reputable; earnest*
il serio *seriousness*
   sul serio *seriously*
la serpe *snake*
serpeggiare *to meander; to spread*
servire *to be of use, to be used (for)*
   mi serve/mi servono *I need*
   a che cosa serve? *what is it used for?*
servirsi★ *to help oneself*
il servizio *service*
   il servizio sanitario nazionale *the health service*
il sesso *sex*
sessuale *sexual*
settentrionale *northern*
la settimana *week*
il settore *sector*
severo/a *rigorous; severe; stern, austere*
sferrare *to unleash, to launch*
la sfiducia *mistrust*
sfilare *to parade; to unfold*
lo sfogo *outburst*
sfondare in *to make a name for oneself; to be successful*
lo sfondo *background*
sfortunato/a *unfortunate*
sforzarsi★ *to make an effort*
sfruttare *to exploit*
lo sfruttatore *exploiter*
sgradevole *unpleasant*
sia... sia/che... *both... and...*

siccome *since*
la sicurezza *security; confidence, assurance; safety*
sicuro/a *safe; sure*
   di sicuro *certainly*
   al sicuro *in safety*
significare *to mean*
il significato *meaning*
simboleggiare *to symbolise*
simbolico/a *symbolic*
il simbolo *symbol*
la simpatia *liking, attraction*
simpatico/a *kind; nice, pleasant*
simultaneo/a *simultaneous*
sinceramente *honestly*
sincero/a *sincere*
la sindone *shroud*
   la Santa Sindone *the Holy Shroud*
singolare *singular, uncommon*
il/la singolo/a *single person; individual*
singolo/a *single, individual*
lo slancio *impulse*
   con slancio *briskly, rapidly*
lo slogan (inv) *slogan*
slogarsi★ *to sprain; to dislocate*
smarrire *to lose*
smettere (pp smesso) (di) *to stop, to cease doing something*
smitizzare *to debunk, to put into perspective*
lo smog (inv) *smog*
smussare *to blunt; to soften*
snello/a *slender, slim*
il soccorso *aid*
sociale *social*
la società (inv) *society, partnership*
   mettersi in società *to set up in partnership*
socievole *gregarious, sociable*
il socio *partner; member*
soddisfacente *satisfactory*
la soddisfazione *satisfaction*
soffrire di *to suffer from*
soggetto/a *subject*
il soggiorno *living room; stay; residence*
sognare *to dream*
solamente *only*
solare *solar*
il sole *sun*
i soldi *money*
solidarietà (inv) *solidarity*
solido/a *solid, sound, strong*
solitario/a *solitary*
sollecitare *to urge on, encourage*
sollecito/a *quick*
sollevare *to raise*
solo *alone; only*
   da solo *by oneself, on one's own*
la somma *sum*

il sommelier *wine waiter*
la somministrazione *administration; dosage*
sommo *highest*
   a sommo di *on top of*
il sondaggio *survey*
sopportare *to bear, to stand*
sopra *above*
   al di sopra di *above, beyond*
il sopracciglio (pl le sopracciglia) *eyebrow*
il soprannaturale *supernatural*
sopravvivere(★) *to survive*
la sordina *mute*
il sorpasso *overtaking*
sorprendente *surprising*
il sorriso *smile*
sospettare *to suspect*
la sostanza *substance*
il sostegno *support*
sostenere+ *to maintain*
sostenersi+★ *to support oneself*
sostenuto/a *supported*
sostituire *to replace, to substitute*
sottilmente *subtly*
sottolineare *to underline; to stress*
il sottoproletariato *subproletariat*
sottosviluppato/a *underdeveloped*
il sottosviluppo *underdevelopment*
il sottotitolo *sub-heading; sub-title*
sovrano/a *sovereign (adj)*
il sovrappeso *overweight*
la spalla *shoulder*
   alle spalle *behind*
sparare *to shoot*
sparire★ (pp sparso) *to disappear*
spavaldo/a *bold*
lo specialista *specialist, expert*
la specializzazione *specialization*
la specie (inv) *type*
specifico/a *specific*
speditamente *quickly*
spento/a *extinguished; dead*
la speranza *hope*
la spesa *expense, expenditure*
solo/a *alone; only*
spettare *to be somebody's duty*
   al Congresso ... spetta *the Congresso is responsible for*
le spezie (f pl) *spices*
spezzare *to break up; to shatter*
spiare *to spy*
spicciolo/a *small*
lo spicco *prominence*
spiegare *to explain*
la spiegazione *explanation*
spigliato/a *relaxed; confident*
spingere (pp spinto) *to push, to shove*
la spinta *push; stimulus*
lo spirito *spirit*
spiritoso/a *witty*

sponsorizzato/a *sponsored, funded*

sporcare *to dirty*

sporcarsi★ *to get dirty*

la sporcizia *dirt, filth*

lo sportello *door (of vehicle)*

sportivo/a *sporting*

sposarsi★ *to get married*

lo sposo *husband*

spostarsi★ *to move*

lo spot (inv) *TV advert*

spregiudicato/a *unscrupulous*

lo sprint *sprint*

    dare sprint *to give a lift, excitement*

spruzzare *to spray*

spuntare ★ *to sprout*

sputare *to spit*

la squadra *team*

lo squallore *dreariness; sordidity*

squisito/a *exquisite*

stabile *stable; firm*

stabilire *to establish*

stabilirsi★ *to settle, get established*

la stabilità (inv) *stability*

la stagione *season*

    in questa stagione *at this time of year*

lo stalinista *Stalinist*

la stalla *stable, cowshed*

lo stallo *stalemate*

la stampa *press; printing*

la stampella *crutch*

lo standard (m, inv) *standard*

stare+★ *to be; to stay; to keep*

    stare attento (a) *to watch out for*

    stare fermo *to keep still*

    stare per *to be about to*

    stare tranquillo *to keep calm*

    stare zitto *to be quiet*

lo statuto *statute, articles of association*

lo stecchino *toothpick*

la stella *star*

lo stelo *stem*

lo sterpo *dry twig; scrub*

steso *stretched out*

stimolante *stimulating*

lo stipendio *wages, salary*

storcersi★ (pp storto) *to twist*

la storia *history; story*

storico/a *historic*

le stoviglie (pl) *crockery*

lo straccio *rag*

la strada *road*

    a metà strada *half-way*

strafare+ (pp strafatto) *to overdo it*

la strage *massacre, carnage*

lo straordinario *overtime pay*

la strategia *strategy*

strategico/a *strategic*

lo strato *layer*

    lo strato dell'ozono *ozone layer*

straziante *harrowing*

stressante *stressful*

lo strumento *instrument, tool*

strutturato/a *structured; laid out*

gli studi (pl) *studies*

stufarsi★ (di) *to get fed up (with)*

stupendo/a *terrific, wonderful*

la stupidità (inv) *stupidity*

stupire *to amaze*

su misura *made to measure*

subacqueo/a *underwater*

subalpino/a *subalpine*

subire *to undergo*

il substrato *substratum*

succedere★ (pp successo) *to happen*

successivo/a *following*

il sud *south*

sufficiente *enough (adj)*

il suffragio *suffrage, vote*

    il suffragio universale *universal suffrage*

il suggerimento *advice; suggestion*

suggerire *to suggest*

suggestivo/a *evocative, enchanting*

il suicidio *suicide*

il suolo *soil; ground*

suonare *to play (instrument); blow, sound (horn)*

la suora *nun*

il superamento *overcoming*

superare *to exceed; to overcome*

la superficie *surface area*

superfluo/a *superfluous, needless*

superiore *superior; upper*

    la scuola secondaria superiore *senior school*

supino/a *lying down*

suscitare *to stir up, to provoke*

sussultare *to leap*

lo svago *entertainment; relaxation*

lo svantaggio *disadvantage*

svariato/a *various*

sventrato/a *gutted*

sverniciare *to strip off paint*

sviluppare *to develop*

    far sviluppare *to get developed*

svilupparsi★ *to develop*

lo sviluppo *development; growth*

svolgere (pp svolto) *to carry out; to undertake*

svolgersi★ (pp svolto) *to take place*

la svolta *turning point; turn*

T

la tabella *table, list*

tagliare *to cut*

    mi sono tagliato il dito *I have cut my finger*

il taglio *cutting*

il talassemico *thalassemia sufferer*

tale/i *such, this*

talmente *so*

tanto *so much; a lot; as much, as many*

    tanto quanto *as much*

    tanto ... quanto ... *as ... as ...*

    tanto che *so much so that ...*

la tappa *stage*

tappezzare *to paper*

tardi *late*

    più tardi *later*

    sul tardi *latish*

    fare tardi *to be late*

tardo/a *late*

la tassa *tax*

il tassista *taxi-driver*

la tecnica *technique*

tecnico/a *technical*

telefonico/a *telephone (adj)*

il telefonino *portable telephone*

televisivo/a *television (adj)*

il tema *theme, subject; essay*

temperato/a *temperate*

la temperatura *temperature*

la tempesta *storm*

il tempo *time; stage; phase*

    in tempo *in time*

    a tempo pieno *full-time*

il temporale *storm*

la tendenza *tendency*

tenere+ *to hold; to keep*

    tenere a bada *to keep at bay*

    tenere conto *to bear in mind*

    tenere presente *to bear in mind*

    tenere a *to be keen on*

la tenerezza *tenderness*

tenero/a *tender*

tenersi+ *to hold oneself, to be held*

la tensione *tension*

tentare (di) *to try (to)*

il tentativo *attempt*

il teologo *theologian*

la teoria *theory*

la terapia *therapy*

il terapista *therapist*

terminare(★) *to end, to finish*

il terremotato *earthquake victim*

il terreno *soil, ground*

terrestre *terrestrial, earthly*

il territorio *territory*

il terrore *terror*

terrorizzato/a *terrorised*

il terzo mondo *the third world*

la tesi (inv) *thesis; point of view; argument*

teso/a *stretched (out)*

teso/a a *stretched; trying to*

il tesoro *treasure*

il test (inv) *test*

la testa *head*

la testimonianza *testimony, witness, evidence*

testimoniare *to testify*

il testo *text*

testuale *exact*

il ticket *prescription charge*

il tifoso *fan*

la timidezza *timidity; shyness*

tinto/a *dyed*

tipico/a *typical*

la tisana *infusion, herbal tea*

il titolare *owner*

il titolo *title*

toccare *to touch*

   toccare a *to be up to somebody to do something; to have to*

   a chi tocca? *whose turn is it?; who has to do it?*

il tocco *touch*

togliere+ (pp tolto) *to take off*

togliersi+★ (pp tolto) *to take off (clothing)*

tollerabile *tolerable*

la tolleranza *tolerance*

tollerato/a *tolerated*

la tonnellata *ton*

il tono *tone*

torinese *from Turin*

il tormento *torture*

tornare *to return*

   tornare a *to repeat, do again*

la tosse *cough*

tossicodipendente *drug-addicted*

tra *between, among*

   tra l'altro *incidentally*

tradire *to betray*

il traduttore *translator*

il traghetto *ferry*

tramandare *to hand down*

tramandarsi★ *to be handed down*

la tramezza *beam*

tramite *by means of*

tranne *except*

tranquillo *calm*

   stare tranquillo *to keep calm*

tranquillamente *happily; easily, with no trouble*

trapiantare *to transplant*

il trapianto *transplantation; transplant*

trascurato/a *neglected*

trasferire *to transfer*

trasferirsi★ *to move*

trasfigurare *to transform*

trasformare *to transform*

trasformarsi★ *to be transformed*

la trasgressione *transgression, infringement*

trasmettere (pp trasmesso) *to transmit*

trasparente *transparent*

trasparire★ (pp. trasparso) *to shine through*

il trattamento *treatment*

trattarsi★ *to be a question of; to be involved; to be; to be about*

trattenersi+★ *to stay; to remain*

tratto/a *drawn, taken*

il tratto *pull; stroke*

   ad un tratto *suddenly*

traumatizzare *to traumatize*

il travaglio *anguish*

la traversa *turning*

traverso/a *transverse*

   per vie traverse *by underhand methods*

tremendo/a *awful*

tremulo/a *tremulous*

il tribunale *law court*

il trionfo *triumph*

troncare *to make a break*

trovare *to find*

trovarsi★ *to be*

   trovarsi bene con *to enjoy being with, to like being with*

il trucco *trick*

   trucchi del mestiere *the ropes, tricks of the trade*

il tubo *pipe, tube*

il tulipano *tulip*

il tumore *tumour*

il tumulto *riot; turmoil; tumult, uproar*

la tuta *ski-suit; track suit*

la tutela *protection*

tuttavia *still, nevertheless*

tutto *all (adj)*

   everything (adv)

   tutti/e e due *both*

   tutti/e quanti/e *every one*

tuttora *still*

U

ubriacarsi★ *to get drunk*

uccidersi★ (pp ucciso) *to kill oneself*

udire+ *to hear*

l' ufficio *office*

   l'ufficio postale *post office*

gli Uffizi *Uffizi art gallery*

uguale *equal*

   uguale a *the same as*

l' uguaglianza *equality*

ultrà (inv) *extreme*

umido/a *damp, moist*

l' umiliazione (f) *humiliation*

l' umore (m) *humour*

l' umorismo *humour*

l' unanimità (inv) *unanimity*

unanime *unanimous*

l' unghia *nail*

l' unione (f) *union*

l' unità (inv) *unit; unity*

   le unità sanitarie locali (USL) *regional health administrations*

universitario/a *university (adj)*

l' urgenza *urgency*

   d'urgenza *urgently*

urgere *to be urgent, to be pressing*

   urge rimediare *put it right at once*

urlare *to shout, to yell*

l' urlo *cry, shout*

l' usanza *custom*

usare *to use; to be accustomed to*

l' uscio *door; threshold*

l' uso *use*

l' utilitaria *economy/runabout car*

l' utilizzo *use*

V

vagamente *vaguely*

valere+★ (pp valso) *to be worth*

   ne è valsa la pena *it was worth it*

   vale a dire *in other words*

   farsi valere *to assert oneself*

valido/a *valid*

il valore *value, worth*

la valle *valley*

   verso valle *downhill*

il valore *value*

   di valore *valuable*

la valuta *currency*

valutare *to value, to appraise; to judge*

la valutazione *evaluation*

vano/a *empty*

il vano *room; hole; doorway; stairwell*

il vantaggio *advantage, benefit*

il varco *channel (at customs)*

variabile *variable*

variare *to vary*

la variazione *variation*

variegato/a *varied*

vasariano *by Vasari (architect and painter)*

il vaso *pot*

vasto/a *huge; wide*

la veccia *vetch*

vedere (pp visto) *to see*

   fare vedere a *to show*

la vedova *widow*

vegetale *vegetable (adj)*

vegeto/a *thriving*

velato/a *veiled*

la velocità (inv) *speed*

la vendita *sale*
il punto vendita *sales point*
Venere *Venus*
veneziano/a *Venetian*
venire+★ (pp venuto) *to come*
il venir meno *decline*
il ventaglio *fan*
il ventre *tummy, belly*
danza del ventre *belly dance*
la vergine *virgin*
la verginità (inv) *virginity*
vergognarsi★ *to be ashamed of*
la verità (inv) *truth*
verniciato/a *painted, varnished*
vero *true*
vero e proprio *actual*
versare *to pour; to pay*
versatile *versatile*
verso *towards*
verso valle *downhill*
il verso *verse*
il vescovo *bishop*
vespertino/a *evening (adj)*
la vetrata *window*
il vetro *glass*
via *away*
andare via *to go away*
così via *so on*
la viabilità (inv) *the road system*
viaggiare *to travel*
il viaggiatore *traveller*
la vicenda *event; affair*
il vicinato *neighbourhood*
il buon vicinato *peaceful coexistence*

vietare *to forbid*
il/la villeggiante *holidaymaker*
la villeggiatura *holiday*
la viltà (inv) *cowardice*
il vincitore *winner*
vincolante *binding*
il vincolo *constraint, tie*
le virgolette (pl) *inverted commas*
tra virgolette *so to speak*
la virilità (inv) *virility, manliness*
la visione *vision*
la visita *examination; visit*
visitare *to examine; to visit*
visto che *seeing that*
vistoso/a *showy; enormous*
vitale *vital*
la vitalità (inv) *vitality*
la vittima *victim*
la vittoria *victory*
la vivacità (inv) *liveliness*
vivo/a *bright; lively*
dal vivo *ive*
il vizio *vice, bad habit*
vo' = vado *I go*
il vocabolo *word*
il vocabulario *vocabulary*
la voce *voice; entry*
il volantino *leaflet*
volentieri *with pleasure*
gioca volentieri *she enjoys playing*
volerci+★ *to take (time); to be needed*
volere+(★) *to want; to wish*

voler bene *to love, like (someone) a lot*
volere dire *to mean*
la volontà (inv) *will*
il volontario *volunteer*
la volpe *fox*
la volta *time*
una volta *once*
ancora una volta *once again*
il volto *countenance, appearance*
volubile *fickle*
la votazione *voting*
il voto *mark; vow; desire; vote*
i vuccumprà (pl inv) *coloured immigrants*

X

lo xenofobo *xenophobe*

Y

lo yacht *yacht*

Z

la zagara *orange blossom*
la zanzara *mosquito*
zero *zero, nought*
la zizofila *gypsophila*
la zucca *pumpkin*
la zuppa *soup*
la zuppa inglese *trifle*

Acknowledgements

The author and publisher would like to thank the following for permission to use material from their publications:
Silvio Berlusconi Editore SpA for the extracts from *Noi* (p.205 bottom right) and *Sorrisi e Canzoni* (p.162 bottom right); *L'Espresso*/Daniela Minerva and Enrico Pedemonte (p.97); *L'Espresso*/Stefania Rossini (p.162 bottom left); *Gente* (p.62); *Il Giornale*/Marco Travaglio (p.192); *Intimità della famiglia* (p.17); Arnoldo Mondadori Editore SpA for the extracts from *Confidenze* (p. 144), *Donna Moderna* (p. 72); *Epoca* (pp. 53 bottom, 156, 157, 182); *Marie Claire* (pp. 144 bottom right, 201, 205 left) and *Panorama* (pp. 16, 26, 37, 60 bottom, 61, 96 top right, 172, 180, 192 right, 202, 203, 207); *Polizia Moderna* (p. 174); *Pratica* (p. 191 left); *La Repubblica* (pp. 43, 79 top) also for *Tutto Roma* (pp. 90, 91); RCS Rizzoli Press Service for the extracts from *Anna* (pp. 36, 44, 71, 139), *Bella* (pp. 138, 163 top), *Corriere della Sera* (pp. 181, 193, 204) and *Oggi* (pp. 145, 163 bottom); *La Stampa* (pp. 79 bottom, 80).

Every effort has been made to trace all copyright holders, but the publisher will be pleased to make the necessary arrangements at the earliest opportunity if there are any omissions.

The author and publisher would like to thank the following for permission to include poetry from their published collections: Giulio Einaudi Editore, for a poem by Cesare Pavese from *Verrà la morte e avrà i tuoi occhi* (1951); Garzanti Editore, for an extract from *Le ceneri di Gramsci* (1957) by Pier Paolo Pasolini; Arnoldo Mondadori Editore for a poem by Eugenio Montale from *Ossi di Seppia* (1948) and for two poems by Salvatore Quasimodo from *Tutte le poesie* (1960).

Photo credits: Ace (p. 30 bottom); A.G.E. (p. 30 top); Art Directors (pp. 57, 64, 82, 130 top right, centre left and right, bottom right); Julian Baldwin (pp. 65, 160); Antonio Borraccino (pp. 21 inset, 66, 67, 74, 133 inset, 141, 142, 185, 188 top, 192); Bridgeman Art Library (pp. 128, 129, 227); Camera Press (p. 190); J. Allan Cash (p. 167 top); Gerry Firth (pp. 86 bottom, 93, 94 bottom, 148); Grazia Neri (pp. 31, 55, 85 bottom, 86 top, 188 bottom); Hulton Deutsch (pp70 left, 190 inset); Hutchison (p. 35 right); Image Bank (pp. 46, 130 top left, bottom left); Images (p. 28); Katz (p.168); Jeremy Orlebar (pp. 1, 11, 12, 19, 38, 39, 47 bottom, 60, 83, 85 top, 131, 150, 151, 159, 167 bottom, 197); Pictor International (p. 10); Popper (pp. 75 middle, 186, 187, 206, 207); Rex Features (pp. 70 middle and right, 94 top, 196); Select (pp. 35 left, 84, 184); Ski Shoot (pp. 20–1); Spectrum (p. 29); Tony Stone (p. 21 bottom); Sygma (pp. 133, 177); Simon Upton (p. 208); Mick Webb (pp. 26, 78, 198); David Willey (p. 98).